재생산권리 II 정책과 현실 진단

KB160815

서울대학교 법학연구소 공익인권법센터

재생산권리 II 정책과 현실 진단

초 판 1쇄 발행 2024년 06월 28일

기   획 서울대학교 법학연구소 공익인권법센터
엮 은 이 양현아 · 장다혜
발 행 인 한정희
발 행 처 경인문화사
편   집 김윤진 김지선 한주연 김숙희
마 케 팅 하재일 유인순
출판번호 제406-1973-000003호
주   소 경기도 파주시 회동길 445-1 경인빌딩 B동 4층
전   화 031-955-9300   팩   스 031-955-9310
홈페이지 www.kyunginp.co.kr
이 메 일 kyungin@kyunginp.co.kr

ISBN 978-89-499-6800-1 93360
값 26,000원

공익_과인권
32

재생산권리 II
정책과 현실 진단

서울대학교 법학연구소 공익인권법센터 기획

경인문화사

서문

 2004년 11월 개최되었던 학술대회의 후속 작업으로 2005년 7월 『낙태 죄에서 재생산권으로』가 출판된 지 19년이 지났다. 당시에는 낯설고 어색 한 번역으로 거론되던 '재생산권(reproductive rights)'은 학계와 여성운동 의 현장에서 핵심적이고 필수적으로 보장되어야 할 권리로서 인정되었으 며, 두 차례 제기되었던 낙태죄 헌법소원의 공론장에서도 심사기준으로 서 제시되었다. 그리고 2019년 4월 헌법재판소의 형법상 낙태죄에 대한 헌법불합치 결정문에서 여성의 임신중지 결정과 실천을 재생산권의 관점 에서 조망하는 내용이 담기게 되었다. 이 흐름은 임신과 출산이라는 여성 고유의 경험과 판단이 여성들의 삶 속에서 인정되길 열망하는 여성 시민 들의 요구로 가능했는데, 임신중지를 중심으로 재생산권의 내용과 방향 을 다각도로 제시했던 학술대회와 출판 작업이 여성들의 다양한 목소리 를 설명할 수 있는 권리 개념을 제시하는 데에 큰 역할을 했다고 자평한 다. 사회적 맥락을 고려한 재생산권 개념은 그전까지 여성 개인의 자기결 정권 내지 프라이버시권으로 이야기되었던 임신중지를 둘러싼 권리론의 축을 변화시켰으며, 개인의 결정을 둘러싼 사회 현실을 드러냈다.

 재생산권리는 임신중지에 한정되지 않으며, 임신과 출산, 양육뿐만 아 니라 섹슈얼리티에 대한 개인의 자율성에 대한 존중과 이를 보장할 국가 의 책무를 포함하는 다발적인 권리이다. 나아가, 재생산권리가 인간 재 생산 활동의 전 과정에서 건강을 보장하는 사회적 권리와 연결되어 있다 는 점을 강조하기 위해 성과 재생산 건강과 권리(sexual and reproductive health and rights)로 확장되었다. 그러므로 2019년 헌법재판소의 낙태죄 헌법불합치 결정은 재생산권에 대한 논의의 종결이 아닌 시작을 의미한다. 헌재 결정 이후 관련법의 개정이 이루어지지 않은 채 형법상 낙태죄가 실효되었고 그로써 여성의 임신중지 권리를 침해해왔던 큰 장벽은 제거되었다. 이제 장벽이 없어진 빈터에 재생산권을 보장하기 위한 각종 제도와 정책이 촘촘히 들어서야 한다. 그러나 현재까지 낙태죄 실효 이후에 재생산권을 보장하기 위한 움직임은 거의 없는 상태이며, 그 상황에서 여성 시민들은 재생산권 보장을 위한 제도의 빈자리를 맨몸으로 체험하고 있다.

　재생산권 관련 법정책 논의를 재개하기 위해 2022년부터 필자와 연구자들은 〈재생산권리 실현을 위한 제도의 모색〉이라는 주제로 서울대 법학연구소의 지원으로 공동연구를 시작하였으며, 그 과정으로 공익인권법센터와 함께 2022년 5월부터 총 6회의 시리즈 세미나를 진행하였다. 재생산권 관련 제도 및 정책 마련이 시급한 의료 및 보건, 청소년, 미혼모, 입양 등의 영역에서 현재 상황을 공유하고 쟁점을 발굴하고 대응 방향을 모색하기 위한 논의를 전개하였다. 이 책은 주로 이 세미나에서 이루어진 발표들과 토론들을 엮은 것이다. 2005년 출판된 [재생산권 I: 낙태죄에서 재생산권으로](2023년 재판 출간)와의 연속선에서 이 책은 임신중지에 집중되어 있던 기존의 논의를 성과 재생산 전반의 영역으로 확장하면서 재생산권이 제대로 보장되지 않는 현실의 문제점을 드러내고 대응 쟁점을 진단하는 데에 초점을 두고 있다. 이에 본 서의 제목을 『재생산권리 II: 정책과 현실 진단』으로 정하였다.

　'제1부 재생산권리 실현을 위한 방향'은 낙태죄 실효 이후 재생산권의 의미를 다시 조망하고 사회 전반의 영역에서 재생산권 실현을 위한 방향을 제시하는 글들로 구성된다. 제1부를 시작하는 오승이의 글은 2019년 헌법재판소 결정을 분석하며 임신중지권의 기본권적인 성격과 내용을 제시하고 있다. 임신중지권이 자기결정권뿐만 아니라 성과 재생산 권리를 포함한 기본권이라는 점을 강조하며, 이러한 기본권 하에서 태아의 법적 지위는 여성과 태아의 관계를 반영하여 설계되어야 함을 제시한다. 임신중지권을 둘러싼 권리론의 내용과 분석을 바탕으로 향후 임신중지 관련 법률개정의 방향이 성과 재생산 권리에 기반하여 어떻게 구축되어야 하는지를 입법부에 제출된 입법안 분석과 함께 보여준다. 제2장 나영의 글은 2019년 헌법재판소 결정의 한계를 지적하며 임신중지에 대한 비범죄화와 임신중지에 대한 보건의료적 접근의 중요성에 대해 다룬다. 임신중지 관련 법과 정책의 접근 방향으로서 성과 재생산 건강과 권리를 핵심기조로 설정하기 위해 기본법의 마련이 필요하며 건강과 권리 개념을 넘어 사회정의의 관점에서 재생산정의 프레임워크로 확장되어야 한다고 제시한다. 제3장은 양현아의 글로서 성과 재생산 건강 권리에 기초한 정책을 수립하기 위하여 잘 조명되지 않았던 시민들의 다양한 '재생산 활동'에 관한 조사의 중요성을 강조하고 있다. 그동안 인구재생산의 측면에서 접근했던 한국의 재생산정책의 한계와 2019년 헌법재판소 결정 이후 제출된 모자보건법 개정법률안의 문제점을 진단하고 성과 재생산 권리 정책으로서의 패러다임 전환이 필요하다는 점을 지적한다. 모자보건법상 실태조사의 범위와 방법 등을 제안함으로써 살아있는 성과 재생산권리 정책 수립의 방향을 제시한다.

'제2부 성·재생산 건강 권리 정책의 공백'에서는 현재 법률과 정책의 불비 상태에서 비롯된 현장의 혼란과 문제점, 그리고 대안 마련을 위한 핵심 쟁점들을 의료와 보건, 청소년과 교육, 미혼모와 베이비박스의 세 가지 주제로 나누어 살펴보았다.

'2-1부 의료와 보건'을 시작하는 윤정원의 글은 성과 재생산 건강권의 관점에서 임신중지 의료서비스 및 보건정책의 구축방향을 세부적으로 제시한다. 헌법재판소 결정문에서 제시된 임신중지 가능 요건들, 임신주수, 상담 및 정보제공 등을 보건의료적인 관점에서 검토하고, 최선의 의료서비스 제공을 위해 필요한 쟁점인 의료인 교육과 모니터링, 유산유도약의 도입, 피임 및 임신중지 시술의 급여화 내지 국고지원에 대해 검토한다. 다음 김새롬의 글은 2019년 헌법재판소 결정 이후 임신중지를 둘러싼 의료현장의 모습을 의료제공자와 이용자의 경험을 통해 실증적으로 살펴보고 있다. 그리고 처벌대상은 아니지만 기존의 보건의료체계로 통합되지 못한 임신중지 의료서비스의 문제점을 개선하기 위해 보건의료체계의 구축방향을 세부적으로 제시한다.

'2-2부 청소년과 교육'은 성과 재생산 건강 권리 보장을 위한 핵심정책 중 하나인 포괄적 성교육과 청소년의 임신중지 의료서비스 접근성에 관한 현실과 쟁점을 다루고 있다. 서한솔의 글은 현재 공교육인 초등교육과정에서 이루어지고 있는 성교육의 내용과 한계를 분석하고 있는데, 특히 교육부가 제시하는 성교육 표준안으로 발생하는 교육 현장에서의 문제점에 대해 구체적으로 보여준다. 초등학교 교사로서 포괄적 성교육을 기반으로 진행되었던 실제 사례를 통해 향후 포괄적 성교육 실천의 쟁점을 제시한다. 윤나현의 글은 현재 공교육 과정에서 이루어지는 성교육과 폭력예방교육, 양성평등교육의 현실과 한계에 대해 지적하고, 특히 최근 더욱 강화된 페미니즘 백래시에 맞서 포괄적 성교육을 실현하기 위한 방향과 쟁점을 구체적으로 제시한다. 마지막으로 이윤경의 글은 학교 밖 거리청소년이 직면한 성과 재생산 권리 박탈의 현실을 상담 사례를 기반으로 생생하게 보여준다. 그리고 임신중지 관련 입법불비 상황에서 더욱 취약한 청소년들의 성과 재생산 건강과 권리를 보장하기 위한 정책적 쟁점을 청소년들의 욕구를 바탕으로 제시한다.

'2-3부 미혼모와 베이비박스'는 성과 재생산 건강과 권리 보장을 위한 논의가 임신중지에 한정되지 않고 확장해야 함을 보여주는 쟁점들을 다루고 있다. 오영나의 글은 한국의 미혼모당사자 운동의 흐름과 역사를 소개하고 있는데, 다양한 미혼모당사자 활동을 통해 미혼모지원정책이 취약

층을 위한 복지정책을 넘어 재생산권 보장을 위한 정책이라는 점을 분명히 보여준다. 최형숙과 소라미의 글은 베이비박스의 입법화 시도와 익명출산제 도입이라는 최근 쟁점이 성과 재생산 권리와 어떻게 연관되어 있는지를 보여준다. 최형숙의 글은 베이비박스의 현실을 미혼모와 아동의 경험을 바탕으로 실증적으로 보여주면서, 재생산권리가 보장되지 못하는 상황이 결국 베이비박스 유기로 이어지고 유기된 아이들의 권리가 박탈되는 결과를 초래한다는 점을 지적한다. 소라미의 글은 베이비박스 입법화의 대안으로 제시되는 익명출산제 역시 베이비박스로 인한 아동의 권리 박탈의 문제를 해결하는 데에는 한계가 있음을 지적하며, 임신중지권의 보장과 미혼모의 재생산권리 보장을 위한 사회부조체계 개선 등 성과 재생산 건강과 권리 차원에서 관련 문제에 접근해야 함을 강조한다.

이상과 같이 본 서의 필진에는 법률가뿐 아니라 의사, 교사, 활동가 등이 포함되고 연구자뿐 아니라 다양한 영역의 실천가들이 참여하였다는 점에도 그 특징이 있다 하겠다. 이러한 구성은 앞으로 마련해야 할 성과 재생산을 둘러싼 정책이란 존재하는 법규칙의 적용이 아니라 아직 다 알지 못하는 현실의 필요성 위에 구축되어야 한다는 접근방식을 나타낸다.

부록에서는 낙태죄에 대한 2012년 및 2019년 위헌소원 결정문과 심판과정에서 제출된 참고인 의견서의 요약문을 실었다. 헌법재판소는 전문적인 지식을 가진 사람을 참고인으로 지정하여 진술을 듣고 의견서를 제출하게 하는데, 2012년 결정의 참고인 의견서는 양현아가 제출하였고, 2019년 결정의 참고인 의견서는 고경심 인도주의실천의사협의회 이사가 제출하였다. 그동안 공개되지 않은 전문가 의견서를 이 책을 통해 공개하도록 허락해주신 고경심 이사님께 감사드린다.

19년 전 [재생산권리 I] 원판이 출간된 이후 재생산권 논의의 확장과 실현을 위해 [재생산권리 II] 및 [재생산권리 III](근간)을 출간할 수 있는 것은 지난 20년간 여러 분야에서 관련 연구자들이 성장하고 연구물들이 쌓여 있었기에 가능하였고, 이번 공동연구에 참여하신 연구진들의 노고가 있었기 때문에 가능하였다. 또한, 본 공동연구의 학술행사 및 출간을 지원해준 서울대 법학연구소와 공익인권법센터의 지지 역시 빼놓을 수 없다. 이 자리를 빌려 감사의 인사를 전한다. 경인출판사 사장님과 편집과 교정을 담당해주신 관계자분들의 노고에도 감사드린다. 모쪼록 본 서가 성·재생산 건강 권리에 관한 정책이라는 커다란 집을 짓는 데에 소중한 자재가 되기를 바란다.

2024년 4월
양현아·장다혜 識

이 저서는 서울대학교 법학연구소 2024학년도 연구활동지원금 지원을 받았음

목차

서문   004

1부   재생산권리 실현을 위한 방향

제 1 장   낙태죄 헌법불합치 결정 이후 성과 재생산 권리에 기반한 임신중지
권리 보장 입법의 기초 | 오승이   014

제 2 장   임신중지 비범죄화의 의미와 재생산 정의 실현을 위한 방향 | 나 영   049

제 3 장   한국의 재생산정책 수립에서 무엇이 중요한가
: 경험조사연구(empirical research)를 중심으로 | 양현아   066

2부   성·재생산 건강 권리 정책의 공백

2-1부   의료와 보건

제 4 장   의료서비스이자 보건정책으로서 임신중지를 준비하기 | 윤정원   110

제 5 장   성·재생산 건강을 보장하는 보건의료체계를 상상하기 | 김새롬   128

2-2부   청소년과 교육

제 6 장   공교육에서 다뤄지는 성·재생산권리:
초등교육과정을 중심으로 | 서한솔   186

제 7 장   백래시를 가로질러 포괄적 성교육하기 | 윤나현   203

제 8 장   재생산권의 렌즈를 통해 본 거리청소년 지원 현장 | 이윤경   215

2-3부　미혼모와 베이비박스

제 9 장　미혼모당사자 활동 | 오영나　　　　　　　　　　　　　　230

제10장　누구를 위한 베이비박스인가:

　　　　미혼모와 아동의 경험을 중심으로 | 최형숙　　　　　　　243

제11장　익명출산제도가 베이비박스의 대안인가 | 소라미　　　　255

부록

제 1 장　2012년 낙태죄 헌법재판소 결정문 및 의견서 요약문　　　288

　　　가. 헌법재판소 2012. 8. 23. 선고 2010헌바402 전원재판부 결정

　　　　　형법제270조제1항위헌소원] [헌집24-2, 471]　　　　　288

　　　나. 2010헌바402 사건에 대한 참고인 의견서 | 양현아　　　292

제 2 장　2019년 낙태죄 헌법재판소 결정 및 의견서 요약문　　　307

　　　가. 헌법재판소 2019. 4. 11. 선고 2017헌바127 전원재판부 결정

　　　　　[형법 제269조 제1항 등 위헌소원] [헌집31-1, 404]　　　307

　　　나. 2017헌바127 사건에 대한 참고인 의견서 | 고경심　　　319

재생산권리 실현을 위한 방향

낙태죄 헌법불합치 결정 이후 성과 재생산 권리에 기반한 임신중지 권리 보장 입법의 기초[1]

오승이(대구지방법원·대구가정법원 김천지원 부장판사)

1. 2021. 1. 1. 이후의 생소한 세계

헌법재판소는 2019. 4. 11. 임신한 여성의 자기낙태를 처벌하는 형법 제269조 제1항('자기낙태죄 조항')과, 의사가 임신한 여성의 촉탁 또는 승낙을 받아 낙태하게 한 경우를 처벌하는 형법 제270조 제1항 중 '의사'에 관한 부분('의사낙태죄 조항')이 과잉금지원칙을 위반하여 임신 여성의 자기결정권을 침해하여 위헌이라며 헌법불합치 결정('헌법불합치 결정')[2]을 하였다.

이 결정으로 헌법재판소는 그보다 약 7년 전인 2012. 8. 23. 합헌 대 위헌 의견이 4:4로 팽팽하여 결국 자기낙태죄에 대하여 합헌 결정을 하였던 것

---

[1] 이 논문은 오승이, "낙태죄 조항의 위헌성", 『젠더판례백선』, 사법발전재단, 2021, 33-41면, 오승이, "낙태죄 폐지 이후: 복잡한 미래의 도래-헌법재판소 2019. 4. 11. 선고 2017헌바127 결정에 덧붙여-", 2017-2019 젠더 판례 다시읽기 자료집, 대법원 젠더법연구회, 2020, 189-202면을 수정, 보완을 거쳐 발전시킨 글이며, 『서울대학교 法學』 제64권 제2호.(2023년 6월)에서 출간되었다.

[2] 헌재 2019. 4. 11. 2017헌바127, 판례집 31-1, 404-453면.

('기존 결정')[3]을 변경하였다.[4] 그러면서 헌법재판소는 2020. 12. 31.을 시한으로 입법자가 개정할 때까지 위 조항들이 계속 적용된다고 판시하여 입법자에게 관련 법률을 제·개정할 입법의무를 부과하였다. 그러나 국회는 위에서 정한 시한까지 관련 법률 제·개정에 이르지 못하였고, 그 결과 위 형법 조항들은 2021. 1. 1. 효력을 상실하였다. 즉 현재 자기낙태 및 승낙낙태를 처벌하는 형법조항은 존재하지 않는 상태이다.

1953년 제정 형법이 시행된 이래, 한국 사회에서 인위적 임신중지가 그 임신 주수를 막론하고 형법상 죄가 아니었던 시대는 일찍이 없었다. 그런데 헌법불합치 결정과 입법 해태의 기묘한 합작 결과로, 한국 사회는 2021. 1. 1.부로 임신중지가 더 이상 죄가 아닌 새로운 세상에 접어들었다. 그런데 이 새로운 세상은 생소한 한편으로 어딘지 낯익은 느낌이다. 과거 낙태죄가 현존하였던 한국 사회에서 임신중지는 형사사법체계의 사실상 외면 하에 음성적으로 광범위하게 퍼져 있는 사회적 현실이었다.[5] 2021. 1. 1. 이후

---

3   헌재 2012. 8. 23. 2010헌바402, 2010헌사1123, 판례집 24-2상, 471-489면.
4   대상결정 후, 청구인(낙태시술을 한 의사임)에 대하여 항소심 법원은 헌법불합치 결정이 헌법재판소법 제47조 제3항에 정한 위헌 결정에 해당한다고 보아, 업무상승낙낙태 부분에 관하여 무죄를 선고하였다(광주지방법원 2019. 7. 2. 선고 2018노627 판결). 위 판결은 상고심에서 그대로 확정되었다(대법원 2021. 2. 25. 선고 2019도10401 판결).
5   2005년 고려대학교 연구에서는 연간 낙태 건수가 약 35만 건으로 추정되었고(김해중, 『인공임신중절의 현황과 대책 공청회 자료집』, 고려대학교 의과대학 산부인과교실, 2005. 9. 13., 5면), 2010년 연세대학교 연구에서는 연간 낙태 건수가 약 16만 건 남짓으로 추정되었다(손명세, 『2010 전국 인공임신중절 변동 실태조사 및 정책개발 연구 공청회 자료집』, 연세대학교 보건대학원, 2010, 11면. 반면 2005년~2010년 6년간 검찰에서 처분이 이루어진 낙태 범죄자는 연간 최소 17명에서 최대 78명에 불과했고, 불기소되는 비율이 최소 69.2%에서 93.5%에 달하여 기소되는 비율보다 압도적으로 높았다. 오승이, "낙태죄 규정의 위헌 여부 : 새로운 논의의 시작", 『2011-2013 젠더 판례 다시읽기 자료집』, 대법원 젠더법연구회, 2012. 11. 16., 56-57면 참조.

현재 한국 사회에서 임신중지는 더 이상 형사처벌의 위협을 받는 범죄가 아니지만, 그렇다고 하여 의료체계나 복지체계 내로 포섭되고 필요한 지원을 받는 정상적인 법 실천으로도 인정받지 못한 채 여전히 음지에서 개개인의 책임에 맡겨져 행해지고 있다.[6] 어느 경우나 개인의 실천과 법체계 사이에 괴리가 존재하고, 임신중지와 관련된 개인의 자기결정권 행사에 실질적으로 도움을 주어야 할 국가의 책임은 외면되고 있다는 점에서 일관성이 있어 보인다. 즉 개인에게 의사결정 및 실행, 결과 감당의 책임을 오롯이 떠넘기는 식의 태도는 동일하되, 단지 국가가 형사처벌의 위협을 가하면서 책임 분담을 외면하는가, 형사처벌의 위협 없이 그렇게 하는가 정도에서 그 차이를 발견할 수 있을 따름이다.

입법부가 비단 헌법재판소가 명시한 입법 기한까지 관련 법률 제·개정을 하지 못하였을 뿐 아니라, 그 후 2년이 넘는 기간 동안에도 법률 재정비에 실패하고 있는 까닭은 무엇일까? 입법부와 행정부가 임신중지 문제에 관한 사회적 합의가 거의 불가능하다는 비관적인 전망으로 적극적인 개혁에 나서기를 꺼리는 점도 그 원인 중 하나일 것이다. 입법 시한을 코앞에 두고 2020. 10. 7. 법무부가 내놓은 형법 및 모자보건법 개정 법률안이 모든 진영으로부터 거센 공격을 받았던 상황[7]을 떠올려 보면, 이 문제 해결에 적

6　보건복지부가 발주한 인공임신중절 실태조사에서는 2008년 연간 인공임신중절 건수가 약 24만 1천 건으로 추정되었고, 이 수치는 2018년 약 2만 3천 건까지 지속적으로 감소하다가 그 후 소폭으로 증가하여 2020년에는 약 3만 2천 건으로 추정되었다. 한국보건사회연구원, "2021년 인공임신중절 실태조사 주요 결과 세부 내용", 인공임신중절 실태조사(2021년) 주요결과 발표 웹페이지 https://www.kihasa.re.kr/news/press/view?seq=47320 붙임파일 3면(최종 검색일 2023. 3. 20.). 위 웹페이지는 전반적인 인공임신중절 지속 감소의 원인으로 ① 피임 인지율 및 실천율 증가, ② 인공임신중절 경험자의 평균 인공임신중절 횟수 감소, ③ 만 15~44세 여성의 지속적 감소 등을 꼽고 있다.

7　강한, 박솔잎, "'낙태죄 개정안' 모두가 반대", 법률신문(2020. 10. 12.), https://m.lawtimes.co.kr/Content/Article?serial=164811 (최종 검색일 2023. 3. 20.) 참조.

극적으로 나서는 주체가 처하게 될 정치적 위험은 충분히 예상 가능하다. 사실, 그동안 한국 사회가 임신중지 문제에 관하여 대체로 취해 온 태도는 앞서 본 바와 같이 불꽃 튀기는 대치라기보다는 이율배반적인 무관심이었다.[8] 이러한 상황에서 임신중지의 전면 비범죄화에 반대하는 쪽은 물론이고, 찬성하는 쪽 역시 임신중지 시술에 대한 개인적인 접근이 크게 어렵지 않다는 전제 하에서는 관련 법률 개혁에 적극적으로 나서서 잠잠한 여론을 구태여 들쑤실 동기는 다소 부족하였을 터이다.

헌법불합치 결정 이후 법 개선 방향에 대하여 사회적 합의점을 도출하

8 헌법불합치 결정 이전에 한국 사회는 엄격한 낙태금지 원칙을 천명하는 형법을 가지고 있었으며, 대법원 판례 역시 낙태 허용 범위를 대단히 협소하게 인정하였다. 대법원 1985. 6. 11. 선고 84도1958 판결("인간의 생명은 잉태된 때부터 시작되는 것이고 회임된 태아는 새로운 존재와 인격의 근원으로서 존엄과 가치를 지니므로 그 자신이 이를 인식하고 있던지 또 스스로를 방어할 수 있는지에 관계없이 침해되지 않도록 보호되어야 한다. … (중략) … 낙태행위가 사회상규에 반하지 아니하여 위법성이 조각된다는 상고논지는 독자적 견해로서 받아들일 수 없다. … (중략) … 인공임신중절수술 허용한계인 '임신의 지속이 보건의학적 이유로 모체의 건강을 심히 해하고 있거나 해할 우려가 있는 경우'라 함은 임신의 지속이 모체의 생명과 건강에 심각한 위험을 초래하게 되어 모체의 생명과 건강만이라도 구하기 위하여는 인공임신중절수술이 부득이하다고 인정되는 경우를 말하며 이러한 판단은 치료행위에 임하는 의사의 건전하고도 신중한 판단에 위임되어 있다"고 판시), 대법원 1965. 11. 23. 선고 65도876 판결("낙태행위가 가족계획의 국가 시책에 순응한 행위라고 믿었다 하더라도 국가시책에 의한 가족계획은 어디까지나 임신을 사전에 방지하는 피임 방법에 의한 것이고 임신 후의 낙태행위를 용인함이 아니라 함은 자명"하다고 판시), 대법원 2005. 4. 15. 선고 2003도2780 판결(태아가 살아서 출생하자 그에게 염화칼륨을 주입하여 사망하게 한 사안에서 낙태죄와 살인죄의 경합범을 인정하면서, 태아의 내장, 심장 등에 이상이 있는 경우였다 하더라도 그와 같은 사유만으로는 임신중절 허용사유가 있는 것으로 보기 어렵다고 판시) 등 참조. 그러나 생활세계에서는 이러한 엄격한 규범적 태도와 모순되게도 낙태가 광범위한 규모로 행해졌고, 검찰 및 하급심 법원에서는 이를 방치 또는 불처벌하는 관행이 존재하였다. 형사사법체계의 낙태 불처벌 관행에 관해서는 오승이, 법여성주의를 통해 본 낙태죄의 비판적 고찰-여성의 낙태권과 태아의 생명권을 중심으로-, 석사학위 논문, 서울대학교, 2007. 제2장 참조.

지 못한다면, 앞으로 재생산 관련 규범이 나아가야 할 방향을 가늠하기 위해서는 다시금 헌법불합치 결정으로 돌아가 이를 출발점으로 삼을 수밖에 없다. 이 글에서는 먼저, 헌법불합치 결정에서 짚어낸 낙태갈등 상황에서 문제되는 임신 여성의 기본권을 다각도로 들여다보고, 임신중지권을 자기결정권을 넘어 보다 넓은 맥락에서 성과 재생산 권리에 포섭되는 구체적인 권리로서 조망할 것이다. 또한 태아의 생명권 논의와 관련하여, 신체적으로 결합되어 있는 여성과 태아의 공동체적 관계를 무시한 채 절대적 생명보호원칙만을 강조하는 기존 법리는 현실 적합성이 떨어질 뿐 아니라 애초 목표했던 태아의 보호에도 효과적이지 못함을 살핀다. 이어서 상호연관적이고 의존적인 여성과 태아의 관계성을 충실히 반영하는 태아의 생명 보호 법리는 어떻게 구성되어야 할지 탐구할 것이다. 마지막으로, 성과 재생산 권리에 터잡은 임신중지권을 기초로 한 재생산 관련 입법을 할 때 그 방향성이 어때야 할지 실마리를 찾아보고자 한다.

2. 기본권으로서 임신중지권[9]

(1) 자기결정권

2012년에 내려진 기존 결정은 낙태의 자유가 헌법상 기본권임을 승인한 최초의 결정이었다. 즉 기존 결정에서는 헌법 제10조에서 보장하는 개인

---

9   헌법불합치 결정으로 합법적 낙태의 길이 넓게 열림에 따라, 원칙적으로 낙태가 범
     죄였던 시대의 산물인 '낙태'에 갇히지 않고 기본권으로 호명할 수 있는 용어가 필
     요하다. 낙태는 임신 및 출산과의 연속성을 포착하지 못하고, 오로지 임신종결의 찰
     나에만 초점을 맞추고 있으며, 임신 여성의 의사가 중요하게 개입함을 드러내지 못
     하고 있어 권리명으로서 적합하다고 볼 수 없다. 임신중단, 임신통제, 임신중지, 임
     신중절, 임신종결 등 여러 용어가 대안으로 검토될 수 있을 것으로 보인다. 이 글에
     서는 '임신중지권'을 사용한다.

의 인격권·행복추구권에는 개인의 자기운명결정권이 전제되어 있고, 자기운명결정권에는 임신과 출산에 관한 결정, 즉 임신과 출산의 과정에 내재하는 특별한 희생을 강요당하지 않을 자유가 포함되어 있다고 보면서, 자기낙태죄 조항이 헌법 제10조에서 도출되는 임부의 자기결정권, 즉 낙태의 자유를 제한한다고 보았다.[10]

그러나 기존 결정의 법정의견은 임신과 출산 과정에 내재하는 '특별한 희생'이 과연 무엇인지를 구체화하려는 노력은 소홀히 한 채, 곧바로 태아의 생명권과 비교하여 "임부의 자기결정권이 (자기낙태죄) 조항을 통하여 달성하려는 태아의 생명권 보호라는 공익에 비하여 결코 중하다고 볼 수 없다"면서 자기낙태죄 조항이 헌법에 위반되지 않는다고 판시하였다.[11] 태아에게 "기본권 중의 기본권"[12]인 생명권 주체성을 쥐어준 이상, 이보다 열등한 낙태의 자유에 관하여 어떠한 구체적인 전개가 필요하겠냐는 태도가 그 이면에 읽힌다.

이에 반해 헌법불합치 결정은 임신·출산·육아가 여성의 생애 전체에 미치는 영향이 심대함을 두루 묘사하면서, 임신지속 여부에 관한 결정이 임신 여성에게 근본적인 자기 통제에 관한 문제임을 통찰하는 데까지 한 발 나아갔다.[13] 이 부분 설시는 임신 여성의 실존적 낙태갈등상황에 대한 깊은 이해와 그 상황에서 여성이 스스로 내리는 자기 삶에 있어 중대한 결정에 대한 존중을 담고 있다. 이 부분 설시를 이하에서 그대로 인용한다.

---

10   헌재 판례집 24-2상, 480면.
11   위의 책, 481~482면.
12   위의 책, 480면.
13   이때 헌법불합치 결정은 기존 결정에서 채택한 '자기운명결정권' 대신 '자기결정권' 개념을 사용하였는데, 자기결정권은 통상 자기운명결정권보다 좀 더 일상적인 결정까지를 포괄하는 넓은 의미라고 이해된다.

"여성은 임신을 하게 되면 약 10개월의 기간 동안 급격한 신체적·심리적 변화를 겪게 되며, 출산 과정에서는 극도의 고통과 심하면 사망에까지 이를 수 있는 위험을 경험하게 되는데, 임신을 유지하는 한 그와 같은 신체적 부담, 심리적 불안감, 출산과정의 고통 및 나아가 사망에 이를 수도 있는 위험을 여성 자신의 신체로써 직접 감당해야 한다. … (중략) … 출산은 모자관계의 형성으로 이어져 출산한 여성은 생모로서 아이에 대한 양육책임을 지게 된다.

여성에게 있어서 자녀의 양육은 20년 가까운 기간 동안 끊임없는 신체적·정신적·정서적 노력을 요구하고, 여성이 처한 다양하고 광범위한 사회적·경제적 상황에 따라 적지 않은 경제적 부담과 직장 등 사회생활에서의 어려움, 학업 계속의 곤란 등을 초래할 수 있다. 이러한 부담과 어려움은 성차별적인 관습, 가부장적 문화, 열악한 보육여건 등의 사회적 문제가 가세할 경우 더욱 가중된다. 우리 사회에서 여성들은 여전히 임신·출산으로 인해 사회적·경제적 생활에서 많은 불이익을 겪고 있으며, 육아에 있어서 남성에 비하여 더 큰 부담을 지는 경우가 많아서, 여성들이 일과 육아를 병행하는 데 큰 어려움을 겪는 경우를 흔히 볼 수 있다. 이러한 어려움은 임신·출산·육아로 인한 여성의 퇴직으로 이어져 사회적·경제적 삶의 단절까지 초래할 수 있다. 통계청에 따르면, 2018년 기준으로 기혼여성 취업자 중 결혼, 임신·출산, 육아, 자녀교육, 가족 돌봄 등의 이유로 직장을 그만 둔 경험이 있는 '경력단절 경험자'의 비율은 15-29세의 경우 2.9%, 30-39세의 경우 26.5%, 40-49세의 경우 46.7%, 50-54세의 경우 23.9%에 이른다고 한다.

이처럼 임신·출산·육아는 여성의 삶에 근본적이고 결정적인 영향을 미칠 수 있는 중요한 문제이므로, 임신한 여성이 일정한 범위 내에서 자신의 몸을 임신상태로 유지하여 출산할 것인지 여부에 대하여 결정하는 것은 자신의 생활영역을 자율적으로 형성해 나가는 것에 관한 것으로서 인간의 존엄성과 자율성에 터잡고 있는 것이다. 이러한 결정은 임신한 여성에게 신체적·심리적·사회적·경제적 결과를 가져오는 것으로서 이를 초래하는 상황은 임신한 여성이 처한 신체적·심리적·사회적·경제적 상황에 따라 복잡하고 다양한 양상을 보인다. 그렇기 때문에 임신한 여성이 자신의 임신을 유지 또는 종결할 것인지 여부를 결정하는 것은 스스로 선택한 인생관·사회관을 바탕으로 자신이 처한 신체적·심리적·사회적·경제적 상황에 대한 깊은 고민을 한 결과를 반영하는 전인적(全人的) 결정이다."[14]

여성이 기본권 주체로서 자신의 삶을 좌우할 수 있는 결정을 내리는 국면에 대한 이와 같은 사회학적 관찰과 기술은 수사적인 장식이 아니라 기본권 논증에서 핵심 부분이다. 이러한 사회학적 기술이 기본권이 현실 세계에서 작동하는 실질적 내용을 구성할 뿐더러, 때로는 기본권 지위 부여 여부에까지 지대한 영향력을 행사하기 때문이다.[15] 자기결정의 순간은 비록 찰나적일지언정, 그 결정은 실존적 처지에 놓인 개인이 자신이 처한 신체적·심리적·사회적·경제적 상황을 반영하여 현실적 제약을 고려하고 미래를 전망하며 내리는 것이므로 삶의 연속성 내에서만 온전히 이해될 수 있다. 그리고 삶의 연속성에 대한 이해를 바탕으로 임신중지 문제를 바라본다면, 우리는 필연적으로 구체적 개인의 사유(reasoning)를 따라서 그 삶이 처한 딜레마와 장애물까지 인지하는 데 이르게 된다. 기존 결정이 낙태죄를 기본적으로 태아 대 여성만이 대결하는 문제로, 임신종결 순간에 국한

---

14   헌재 판례집 31-1, 419-420면.
15   2인의 합헌의견은 태아를 죽일 권리는 자기결정권의 내용이 될 수 없다고 하여 기본권의 보호영역 자체에서 배제하고 있다. 그러나 어떤 행위가 기본권의 보호영역에 포함되는지 여부는 다른 사람의 권리나 법익 침해 여부와는 무관하게 오로지 특정 기본권에 의한 논리적 포섭가능성만으로 판단하는 것이 타당하다. 헌법재판소도, 음란한 표현도 표현의 자유의 보호영역에 속하고(헌재 2009. 5. 28. 선고 2006헌바109 등), 성매매도 직업의 자유의 보호영역에 속한다(헌재 2016. 3. 31. 선고 2013헌가2)고 보아 같은 입장을 취해 왔다. 전상현, "낙태와 헌법해석", 『법과사회』 제63호, 2020, 194면.

되는 찰나의 문제로 파악한 것이라고 할 때 헌법불합치 결정은, 임신종결 결정이 '전인적 결정'임을 승인하기 위해 쌓아가는 논증 구조를 따라가 보면, 낙태죄를 국가 대 여성의 문제로, 임신종결 순간만이 아닌 임신지속을 선택할 경우 여성이 감내하게 될 '특별한 희생'의 책임 분담의 문제까지 고려하며 더 멀리 조망하였다고 평가할 수 있다.

헌법불합치 결정이 임신한 여성의 자기결정권이 보장되려면 임신 유지와 출산 여부에 관하여 전인적 결정을 하고 그 결정을 실행함에 있어서 충분한 시간이 확보되어야 한다[16]고 강조한 것 역시 자기결정을 행사하는 주체가 맞닥뜨린 구체적 삶의 맥락에 대한 진지한 이해를 반영하는 것이라고 볼 수 있다. 임신종결 여부 결정은 여성의 생애 전체를 좌지우지할 수 있는 생애기획인데, 임신은 여성의 몸에서 점진적으로 진행되는 비가역적인 동시에 종기가 명백히 정해진 현상이다. 그러므로 이 임신·출산에 관한 자기결정권을 행사하는 데에는 뚜렷한 시간적 한계가 존재한다. 우리는 여성이 임신사실을 알고, 임신종결 여부를 결정하여 그 실행에 이르기까지 충분한 시간을 보장함과 동시에, 결정에서 실행에 이르는 시간을 부당하게 지연시키는 방해요소를 제거해야 한다.[17] 권리행사에 있어 이러한 시간의 한계와 중요성을 논증함으로써 헌법재판소는 여성의 임신·출산에 관한 자기결정의 실질적인 실행 방안을 모색하는 태도를 보여주었고, 시간의 흐름에 따라 기본권 행사 반경이 변화할 수 있는 단계적 접근법의 가능성을 열었다.

헌법불합치 결정이 다음과 같이 설시하면서 태아와 임신한 여성 사이의 특별한 신체적·사회적 유대관계에 주목한 것도 특기할 만하다.

"태아는 엄연히 모와는 별개의 생명체이지만, 모의 신체와 밀접하게 결합되어

---

16   헌재 판례집 31-1, 421면.
17   오승이, 위의 글, 2021, 37면.

특별한 유대관계를 맺으면서 생명의 유지와 성장을 전적으로 모에게 의존하고 있다. 임신한 여성과 태아는 서로 독립적이면서도 의존적인 매우 독특한 관계를 형성하고 있다. 임신한 여성은 자녀가 출생하면 입양 등의 특별한 사정이 없는 한 어머니로서 출생한 자녀에 대한 양육책임을 부담한다. 특별한 예외적 사정이 없는 한, 임신한 여성의 안위(安危)가 곧 태아의 안위이며, 이들의 이해관계는 그 방향을 달리하지 않고 일치한다.

… (중략) …

임신한 여성의 안위가 태아의 안위와 깊은 관계가 있고, 태아의 생명 보호를 위해 임신한 여성의 협력이 필요하다는 점을 고려하면, 태아의 생명을 보호한다는 언명은 임신한 여성의 신체적·사회적 보호를 포함할 때 실질적인 의미를 가질 수 있다. 원치 않은 임신을 예방하고 낙태를 감소시킬 수 있는 사회적·제도적 여건을 마련하는 등 사전적·사후적 조치를 종합적으로 투입하는 것이 태아의 생명 보호를 위한 실효성 있는 수단이 될 수 있다(헌재 2012. 8. 23. 2010헌바 402 결정의 반대의견 참조). 또한 임신한 여성이 결정가능기간 중에 낙태갈등 상황에 처했을 때 전문가로부터 정신적 지지와 충분한 정보를 제공받으면서 충분히 숙고한 후 임신 유지 여부에 대한 결정을 할 수 있도록 함과 아울러 임신·출산·육아에 장애가 되는 사회적·경제적 조건을 적극적으로 개선하는 노력을 기울인다면 태아의 생명 보호에 실질적인 도움이 될 것이다."[18]

이는 임신 종결 여부에 관한 자기결정권 행사에 있어 임신 상태의 시간적 한계만큼이나 중요한 요소인 '육체성'과 그 사회적 의미에도 주의를 기울이는 사려 깊은 태도라고 볼 수 있다. 임신은 여성의 신체 '내부'에서 일어나는 생리적 현상이며, 여성의 몸을 배제하고 태아의 존재 자체를 논하기 어렵다. 헌법불합치 결정이 이른바 '독자 생존 가능 시기' 이후라고 명명

---

18   헌재 판례집 31-1, 422-423면.

한 임신 22주 이후라 하더라도, 조산의 경우가 아닌 한 임신 여성과 그 태아의 육체적 연결고리 - 정확히 말하자면 태아의 임신 여성에 대한 전적인 의존 - 가 조금이라도 약화되는 것은 아니다. 임신 여성과 태아의 사회적 관계 및 태아의 법적 지위는 이러한 육체적 의존 상태에 대한 면밀한 고찰 없이는 정확하게 설명될 수 없다.

(2) 성과 재생산 권리

헌법불합치 결정의 청구인은 자기낙태죄 조항이 임신한 여성의 자기결정권뿐 아니라 건강권, 신체의 완전성에 관한 권리, 모성을 보호받을 권리, 평등권 등을 침해한다고 다투었다. 이에 대하여 헌법재판소는 자기낙태죄 조항이 임신한 여성의 자기결정권을 침해한다고 판단한 이상, 청구인의 나머지 주장에 대하여는 더 나아가 판단하지 아니한다고 하였다. 그러나 앞서 보았듯이 헌법불합치 의견은 자기결정권의 내용을 세밀하게 설시하며 전인적 결정임을 지적함으로써 그 내용에 재생산권적 요소를 도입하였다고 평가된다.[19]

(여성의) 성과 재생산은 곧 여성의 몸과 생애에 대한 통제권의 문제라는 점에서 여성의 시민권 그 자체와 긴밀하게 맞물려 있다. 임신은 여성의 몸에서 일어나기 때문에, 지속적인 "원치 않는" 임신의 가능성은 여성에게 - 태아의 잠재적인 출산자로서뿐만 아니라 스스로의 성욕을 즐기고 건강을 유지하는 능력에 있어서도 - 매우 구체적인 의미에서 여성에게 영향을 미친다. 또한 여성의 생애기획이라는 관점에서 바라보면, 여성이 임신 유지 여부를 선택할 권리는 여성의 일, 정치적·사회적 참여, 생활방식, 가족구성, 장래희망 등과 떼어 놓고 볼 수 없으며, "가히 그녀가 존재할 권리와 결합

---

19   류민희, "성과 재생산 건강 및 권리 보장을 위한 글로벌 규범과 입법례", 『낙태죄 헌법불합치 결정 이후 한국 사회의 과제 좌담회 자료집』, 한국젠더법학회, 2019. 5. 13., 10면.

nearly allied to her right to be."되어 있다.[20] 안전하고 효과적인 출산조절기술에의 접근가능성은 여성들이 자연적·사회적 속박에서 벗어나 자기 삶의 주인이 될 수 있기 위한 가장 기초적인 필요조건이자 삶의 예측가능성의 전제조건[21]이기에, 여성들이 임신을 계획할 수 없다면 여성들은 결과적으로 '가임 위험at procreative risk'이 존재하는 약 12세부터 50세까지 장기간 거의 아무 계획도 세울 수 없는 처지가 된다.[22] 이와 같이 임신과 출산이 여성에게 장기간에 걸친 삶의 재구조화를 요구하는[23] 생애기획 프로젝트인 만큼, 다층적 권리담론의 구사는 그 자체로 이점이 있다. [24]

---

20 Judge Dooling, *McRae v. Califano*, 491 F. Supp. 630, 1980, 742면, Rosalind Petchesky, *Abortion and Woman's Choice: The State, Sexuality, and Reproductive Freedom*, Northeastern University Press, 1990, 5면에서 재인용. 이 문구가 포함된 위 판결의 결론 부분은 다음과 같다. "A woman's conscientious decision, in consultation with her physician, to terminate her pregnancy because that is medically necessary to her health, is an exercise of the most fundamental of rights, nearly allied to her right to be, surely part of the liberty protected by the Fifth Amendment, doubly protected when the liberty is exercised in conformity with religious belief and teaching protected by the First Amendment. To deny necessary medical assistance for the lawful and medically necessary procedure of abortion is to violate the pregnant woman's First and Fifth Amendment rights. The irreconcilable conflict of deeply and widely held views on this issue of individual conscience excludes any legislative intervention except that which protects each individual's freedom of conscientious decision and conscientious nonparticipation."

21 배은경, 한국사회 출산조절의 역사적 과정과 젠더: 1970년대까지의 경험을 중심으로, 서울대학교 사회학과 박사학위 청구논문, 2004, 3면.

22 Margeret Sanger, "The Rights to One's Body", Alice S. Rossi(ed.), The Feminist Papers, Northeastern University Press, p.517, Carol C. Gould, 『지배로부터의 자유 : 여성 철학의 새로운 시각』, 한국여성개발원, 1987, 260면 각주 35에서 재인용.

23 김정혜, "낙태죄 '폐지'를 말하는 이유 – 임신중단권 보장의 법적 쟁점과 방향", 『페미니즘 연구』 제19권 제1호, 2019, 8면.

24 Reva Siegel, "Abortion as a Sex Equality Right: its basis in feminist theory", Martha Fineman & Isabel Kaplan eds, *Mothers in Law - feminist theory and*

성과 재생산 건강 및 권리sexual and reproductive health and rights(SRHR)는 출산에만 초점을 맞추지 않는 섹슈얼리티까지 포괄하기 위하여 성과 재생산을 서로 구분되는 개념으로 보면서도 동시에 두 가지 개념을 상호 깊은 연관성을 가지는 권리로서 함께 사용하는 접근이다. 개념의 출발점 자체가 이 모든 것은 서로 분리될 수 없는 건강과 권리의 문제라는 것을 시사한다.[25] 국제보건기구의 정의에 따르면, 성 건강은 "섹슈얼리티와 관련되는 육체적, 정서적, 정신적, 사회적 안녕 상태"이다.[26] ICPD 행동강령에 따르면 재생산 건강은 재생산 능력, 충분한 정보에 입각한 자유롭고 책임 있는 결정을 내릴 자유와 관련되며, 개인들이 자신의 재생산 활동에 관하여 충분한 정보에 입각한 자유롭고 책임 있는 결정을 내릴 수 있게끔 하는 다양한 재생산 건강 정보, 재화, 시설 및 서비스에 대한 접근을 포함한다.[27] 2019년 ICPD 나이로비 정상회의에서는 특히, "안전한 낙태에 대한 접근, 안전하지 않은 낙태 예방 및 방지 조치"의 필요성을 유보 없이 선언하였다.[28]

이러한 성과 재생산 건강권 개념의 가장 큰 효용성은, 성과 재생산에 얽힌 당사자의 육체적 관련성에서 비롯하는 신체적 통합성 및 자기결정의 요구와, 자유로운 선택을 막는 사회경제적 장벽에 대항하는 사회적 요구라는 두 가지 여성주의적 관점을 결합시킬 수 있는 가능성을 찾아낸 상호연관적 권리 담론이라는 점에서 찾을 수 있다.[29] 성관계·피임·임신·임신중지·

     the legal regulation of motherhood, 1995, 69면.

25   류민희, 위의 글, 2019, 3면.

26   WHO, *Sexual Health, Human Rights and the Law*, 2015 중 working definition on sexual health, sect. 1.1. 참조.

27   International Conference on Population and Development, *Programme of Action*, 1994, chap. 7.

28   공두현, "재생산권의 개념과 성격 토론문", 서울대학교 공익인권법센터 목요공익세미나 토론문, 2022. 5. 12., 1면.

29   오승이, 위의 글, 2007, 60면.

출산·육아 등을 각각 분절적인 장면처럼 인식하는 데에서 벗어나 개인 생애사의 큰 흐름 속에서 파악할 수 있도록 해 주는 유용한 개념인 것이다. 성과 재생산 건강 및 권리를 통합하는 관점에서 보았을 때, 재생산의 결정은 개인적인 동시에 사회적인 결정으로,[30] 재생산의 자유로운 선택을 가로막는 사회경제적 장벽들이 적시되고 이를 제거하기 위한 노력이 경주되지 않는다면 여성의 선택의 여지는 존재하지 않는다는 사실이 명백히 드러난다. 즉, 여성에게 권력이 없을 때 임신중지 선택의 자유란 거의 의미가 없다.[31] 임신중지권이 실질적인 의미를 갖기 위해서는 아이를 낳고 싶은데도 낳을 수 없는 상황과 조건에 대한 개선을 요구할 권리가 여성에게 있어야 한다.[32] 개인의 몸에 대한 통제의 원리를 이루는 자유주의적·급진적·생물학적 요소들은 서로를 대체할 대안으로서가 아니라 연합하여 힘과 복합적 구조를 갖게 하는 다른 층위의 의미로 이해되어야 한다. 이러한 층위 구별은 우리가 언제 몸에 대한 통제를 물질적 사실로 기술하고, 언제 권리로 주장하며, 언제 인간의 기본적 필요로 구성할 것인지를 구분할 수 있게 하여 준다.[33] UN 사회권위원회의 성과 재생산 건강권에 관한 일반논평 제22호에서, 성과 재생산 건강권의 네 가지 필수 요소로 이용가능성Availability, 접근가능성Accessibility(물리적 거리, 가격 접근성, 정보 접근성을 포괄한다), 수용가능성Acceptability, 품질Quality을 들고 있는 것[34]도 이러한 복합적 층위의 의미

---

30   우리 사회 내에서 재생산 결정이 사회적 맥락 내에서 이루어짐을 보여주는 하나의 예로, 한 연구에 따르면 취업을 한 경우가 비취업자보다, 배우자가 분담하는 가사의 양이 불만족스럽다고 평가한 사람이 만족스럽다고 평가한 사람보다 각각 인공임신중절을 경험할 가능성이 높다고 한다. 김기석 외 3인, "가족 내 역할관계가 기혼여성의 인공임신중절 결정에 미치는 영향", 『한국인구학』 제36권 제1호, 2013, 162-166면.
31   Rosalind Petchesky, 위의 글, 1990, 1면.
32   오승이, 위의 글, 2007, 61면.
33   Rosalind Petchesky, 위의 글, 1990, 11면.
34   Committee on Economic, Social and Cultural Rights. *General Comment no.22 on*

를 권리론에 구현시키는 맥락에서 파악할 때 온전히 이해될 수 있다.

대한민국 헌법 제36조 제2항은 "국가는 모성의 보호를 위하여 노력하여야 한다."고 규정하고, 제3항은 "모든 국민은 보건에 관하여 국가의 보호를 받는다."고 규정하고 있다. 기존의 모성 개념이란 오로지 출산을 그 목표와 정점으로 달려가는 것처럼 보이지만,[35] 모성 개념을 새롭게 재해석하여 위 조항을 성과 재생산 건강 및 권리 인정의 근거로 삼는 방안을 긍정적으로 검토할 필요가 있다. 독일 기본법 제6조 제4항이 "어머니는 누구든지 공동체의 보호와 부조를 청구할 권리를 가진다."고 적극적인 형태로 규정한 것은 우리에게 많은 시사점을 준다. 임신중지권에 국한되지 않는 포괄적인 성과 재생산 건강 및 권리 개념의 도입은, 국가의 의무를 낙태에 대한 규제에서 재생산활동에 대한 지원으로 바꾸는 인식의 전환을 불러올 수 있을 것으로 기대된다. 이런 의미에서 재생산권은 인간의 재생산 문제를 둘러싼 정의(reproductive justice)라고 일컬어져야 한다.[36]

3. 여성-태아 관계를 반영하는 태아의 법적 지위

(1) 태아의 생명권 주체성에 대한 헌법재판소의 태도

헌법재판소는 일찍이 2008. 7. 31. 선고 2004헌바81 결정(민법 제3조 등 위헌소원)에서 태아가 생명권 주체가 된다고 판시한 바 있다. "모든 인간은 헌

---

the right to sexual and reproductive health(article 12 of the International Covenant on Economic, Social and   Cultural Rights), 4 March 2016, E/C, 12/GC/22, chap. III.A.

35   양현아, "2019 낙태죄 헌법불합치결정 이후 재생산권 실현을 위한 법정책 영역과 과제들", 서울대학교 법학연구소, 서울대학교 여성연구소, 서울대학교 공익인권법센터 주최 2019년 재생산권 국제공동학술행사 『낙태죄 폐지 이후 성평등 재생산권 실현을 위한 법정책의 설계 자료집』, 2019. 6. 22., 8면.

36   앞의 글, 13면.

법상 생명권의 주체가 되며, 형성 중의 생명인 태아에게도 생명에 대한 권리가 인정되어야 한다. 따라서 태아도 헌법상 생명권의 주체가 되며, 국가는 헌법 제10조에 따라 태아의 생명을 보호할 의무가 있다"[37]는 것이다. 그러면서도 위 결정은 "생명의 연속적 발전과정에 대해 동일한 생명이라는 이유만으로 언제나 동일한 법적 효과를 부여하여야 하는 것은 아니다. 동일한 생명이라 할지라도 법질서가 생명의 발전과정을 일정한 단계들로 구분하고 그 각 단계에 상이한 법적 효과를 부여하는 것이 불가능하지 않다."[38]는 이유로 '사람은 생존한 동안 권리와 의무의 주체가 된다.'고 정하여 태아에게 민법상 권리능력을 인정하지 않고 있는 민법 제3조가 합헌이라고 판시하였다.

한편 헌법재판소는 2010. 5. 27. 선고 2005헌마346 결정(생명윤리 및 안전에 관한 법률 제13조 제1항 등 위헌확인)에서는 착상 전 단계에 있는 초기배아의 기본권 주체성을 부인하였다.[39] 이를 종합해 보면, 헌법재판소는 착상시를 기준으로 하여 착상 전 배아는 기본권 주체성을 부정하고, 착상 후 태아는 기본권 주체성을 인정하면서도 법질서가 생명의 발달단계별로 상이한 법적 효과를 부여할 수 있다는 '단계적 접근' 방식을 취하고 있었다.

이러한 헌법재판소의 태도는 낙태죄에 관한 최초의 결정인 기존 결정

---

37   헌재 판례집 20-2상, 100면.

38   앞의 글, 105면.

39   "청구인 1, 2가 수정이 된 배아라는 점에서 형성 중인 생명의 첫걸음을 떼었다고 볼 여지가 있기는 하나 아직 모체에 착상되거나 원시선이 나타나지 않은 이상 현재의 자연과학적 인식 수준에서 독립된 인간과 배아 간의 개체적 연속성을 확정하기 어렵다고 봄이 일반적이라는 점, 배아의 경우 현재의 과학기술 수준에서 모태 속에서 수용될 때 비로소 독립적인 인간으로의 성장가능성을 기대할 수 있다는 점, 수정 후 착상 전의 배아가 인간으로 인식된다거나 그와 같이 취급하여야 할 필요성이 있다는 사회적 승인이 존재한다고 보기 어려운 점 등을 종합적으로 고려할 때, 초기배아에 대한 국가의 보호필요성이 있음은 별론으로 하고, 청구인 1, 2의 기본권 주체성을 인정하기 어렵다." 헌재 판례집 22-1하, 292면.

(2010헌바402)에서 다소 변화를 보였다. 4인의 합헌의견이었던 법정의견은 태아가 생명권의 주체가 된다고 보기 위해 위 2004헌바81 결정을 인용하면서도, "태아도 헌법상 생명권의 주체이고, 따라서 그 성장 상태가 보호 여부의 기준이 되어서는 안될 것이다."[40]라고 썼다. 위 문장의 앞부분과 뒷부분 사이에서 위 법정의견은 그간 헌법재판소가 취해 온 단계적 접근법에서 벗어난 것으로 보이는데, 그에 대해 별다른 설명은 제공하지 않았다. 이에 반해 4인의 반대의견은 동일하게 2004헌바81 결정을 인용하면서도 생명의 발달단계에 따라 법적 보호정도가 달라질 수 있으며, 그로부터 태아의 지각 발달정도나 모체에서 분리되어 생존할 수 있는 독자적 생존능력 유무에 따라 낙태의 가벌성이 달라질 수 있다는 결론을 내린다.[41] '단계적 접근' 논증 구조 사용 여부와 관련하여 보면 법정의견이 기존의 헌법재판소 입장과 다른 예외적인 것이고, 반대의견이 단계적 접근 방식에 충실한 쪽으로 보인다.

그러다가 이번 헌법불합치 결정에서 헌법불합치 의견 및 위헌 의견은 기존 결정의 반대의견과 같이 다시금 단계적 접근법으로 회귀한 것으로 해석된다. 이로써 2004헌바81 결정 이후 헌법재판소는 태아의 법적 지위에 관해 "생명권 주체성을 인정하되, 발달단계에 따라 차등 보호되는" 단계적 접근법을 거듭 확인하고 있다고 평가할 수 있다.

(2) 태아는 생명권의 담지자인가

미국 연방대법원은 Roe v. Wade에서 "태아는 사람person이 아니고, 인간의 생명이 어느 시점부터 시작되는지는 매우 어려운 질문으로, 법원도 이를 결정할 필요가 없다"고 판시하여[42] 태아의 생명권 주체성을 부인하

---

40   헌재 판례집 24-2상, 480면.
41   앞의 책, 485-486면.
42   410 U. S. 113(1973).

는 입장이고, 이러한 입장은 Roe 판결을 뒤집은 Dobbs v. Jackson Women's Health Organization 판결에서도 유지되고 있다고 분석된다.[43] 미국에서 종교적·도덕적으로는 어떻든간에 법적인 관점에서는 태아를 사람으로 보지 않는 것이 일반적인 견해이며, 연방대법원 판사들 중 어느 누구도 이 점에는 반대하지 않았다는 학계의 보고도 있었다.[44]

한편 독일 연방헌법재판소는 1차 낙태판결에서 "모체에서 자라고 있는 생명은 헌법의 보호를 받는 독립적인 법익이다. 국가의 보호의무는 태아의 생명에 대한 국가의 직접적인 침해를 금지할 뿐만 아니라 국가에게 그 생명에 대한 보호의무를 요구한다. 태아의 생명보호는 원칙적으로 임신 전기간에 걸쳐 임부의 자기결정권에 우선"한다고 하면서, "인간의 생명이 존재하는 곳에 인간의 존엄이 귀속된다. 그 기본권 향유자가 이러한 존엄을 의식하고 있는지 없는지 그리고 지킬 줄 아는지 모르는지는 중요하지 않다. 인간의 존엄을 근거짓기 위해서는 애초부터 인간적인 존재에 수반되는 잠재적인 능력으로 충분하다"는 표현을 통해 국가의 생명보호의무를 인간의 존엄과 연결시키면서 태아의 경우에도 그 잠재성을 근거로 인간존엄을 인정하였다.[45] 이 문구를 근거로 독일 연방헌법재판소가 태아에게 생명권 주체성을 인정하였다는 해석도 다수 보이나,[46] 1차 낙태판결은 위 문구 바로 다음에 "태아 자체도 기본권의 주체인가, 또는 권리능력과 기본권능력이 없기 때문에 객관적 헌법규범에 의하여만 그 생명권을 보호받는 것에 불과

---

43   597 U. S.(2022). 다음 문구에서 Dobbs 판결 법정의견의 입장을 확인할 수 있다. "Our opinion is not based on any view about if and when prenatal life is entitled to any of the rights enjoyed after birth."

44   BVerfGE 39, 1; BVerfGE 88, 203. 이석배, "생명윤리에 대한 형법적 보호의 범위와 한계", 『동아법학』 제42호, 2008, 154면(각주 41)에서 재인용.

45   BVerfGE 39, 1; BVerfGE 88, 203. 이석배, "생명윤리에 대한 형법적 보호의 범위와 한계", 『동아법학』 제42호, 2008, 154면(각주 41)에서 재인용.

46   그 예로 이석배, 위의 글, 2008.

한 것인가의 문제에 대하여 결정할 필요는 없다. 국가가 헌법상 태아를 보호할 법적 의무가 있는지, 어떤 범위에서 그러한 의무가 있는지는 기본권 규범의 객관적인 성격에서 이미 해명될 수 있다."고 말하고 있어, 독일 연방 헌법재판소가 태아의 기본권 주체성에 대하여 분명한 선언은 회피하였다고 보는 편이 좀 더 정확해 보인다.[47]

Roe 판결은 태아에게 기본권 주체성을 부여하지 않은 채 '잠재적인 생명을 보호할 주의 이익'이라는 우회로를 통하여 태아 보호 문제에 접근하므로, 이러한 주의 이익, 즉 공익과 여성의 자유를 이익형량하는 데 이르기까지 논리 모순은 없다. 독일 판결은 태아 생명을 인간 존엄과 연결지으면서 태아 생명 보호를 임신 여성의 자기결정권보다 우위에 둠으로써,[48] 역시 적어도 그 논리 안에서 모순이 발생하지는 않는다. 그런데 헌법불합치 결정은, 태아가 생명권 주체가 된다고 하면서도 동시에 태아의 생명 보호를 "공익"으로 포섭하고 이러한 공익과 임신 여성의 자기결정권이라는 사익 사이에 실제적 조화와 균형을 이루는 방안으로 과잉금지원칙을 도입하여 심사에 임하고 있다. 이러한 논리 구성은 실질적으로는 Roe 판결과 유사해 보이는데, 여기서 태아는 솔직히 말해 권리를 향유하는 능동적 권리주체가 아닌 객관적 가치질서에 의해 호위를 받는 수동적 보호대상에 가깝다. 이러한 판시 내용에서 태아에게 생명권 주체성을 부여하는 법리가 현실 적용에서 어떤 실질적인 차이를 가져오는지 알아내기는 어렵다.[49] 그렇다면 발

---

47   한수웅, 『헌법학입문』, 법문사, 2021, 395면(각주 1)도 같은 견해이다.

48   다만 독일 2차 낙태판결이 어떤 경우에도 태아 생명을 여성의 자유보다 우위에 놓은 것은 아니다. 위 판결의 핵심은 일정 기한 내에 임신 여성이 임신 여성의 책임감을 고무하고 자녀와의 삶에 희망을 열어줄 수 있는 절차적 요건으로서 상담을 거치는 경우 낙태를 형사처벌하지 않는 입법자의 결단이 허용된다는 것이었다. 오승이, 위의 글, 2007, 7면.

49   김문현, "임산부의 낙태의 권리 - 헌재 2019. 4. 11. 2017헌바127 결정과 관련하여 -", 『인권법평론』 제24호, 전남대학교 공익인권법센터, 2020, 3-45면 역시 헌법불합

달단계에 따라 보호정도에 차이를 둘 수밖에 없는 현실을 수긍하면서도 태아에게 굳이 생명권의 주체성을 긍정하는 것에 어떤 의미가 있을까?

헌법재판소와 학계의 통설이 태아의 생명권주체성을 인정한 배경에는 인간생명보호를 위한 적극적인 법이론 실현이 헌법의 취지에 부합한다[50]는 믿음이 있을 것이다. 그러나 생명권 주체를 확대하는 것이 과연 생명 보호를 위한 바람직한 방법일까? 우리는 생명권주체성을 인정하는 방식으로 문제를 해결하려는 접근법은 생명권 논의에 있어서 논리일관성과 관련하여 혼란만을 야기할 것[51]이고, 헌법적 문제들을 해결하는 데 실질적인 도움을 주지 못하고 오히려 생명권을 상대화시킬 위험을 증가시킬 뿐[52]이라는 지적을 경청할 필요가 있다. 인간의 생명은 헌법질서 내에서 더 이상 정당화가 필요 없는 최고 가치의 지위를 차지하고 있으며, 기본권체계는 생명권을 정점으로 하여 조직된다. 그런데 권리의 보호영역을 불필요하게 확장한다면 상충하는 법익보호에 의하여 제한의 영역도 확장되게 마련이다.[53] 태아에게 생명권 주체성을 인정하면서 발달단계에 따른 차등 보호가 가능하다는 헌법불합치 결정은 태아가 완전한 생명권의 주체가 아니라 단지 독자적인 법익이거나 인간의 생명권과는 많이 다른 특수한 생명권을 갖고 있다는 전제 하에서만 설명 가능하다. 그렇지 않고는 단계적 접근법은 개별

치 의견과 위헌 의견이 태아의 지위에 관해서는 독일연방헌법재판소 1차 낙태판결과 거의 유사한 입장을 취하면서 결론은 독자적 생존가능성이 있기 전까지는 미국의 Roe v. Wade판결에 유사한 입장을 취하여 논리적 정합성이 결여되어 있다고 비판한다.

50   신동일, "배아 생명 보호를 위한 형법적 개입의 시기", 『형사정책연구』 13권 3호, 2002.9., 92-93면.

51   황성기, "생명권의 현재 그리고 미래", 이인영 외, 『생명과학기술사회에서의 인권패러다임의 변화와 생명인권보호를 위한 법정책』, 삼우사, 2004, 60면, 74면.

52   강태수, "객관적 가치로서의 생명과 개인의 자기결정에 대한 연구", 『공법연구』 제27권 2호, 1999, 262면.

53   앞의 글, p.264

법률에 의한 헌법상 생명권의 상대화를 정당화시키는 처사라는 비판에 대답이 궁할 것이다. 태아에게 생명권을 부여하는 한, 생명권이 다른 어느 기본권보다 우월한 가치를 지니는 기본권이라는 법언은 필연적으로 자가당착에 빠지게 된다. 이러한 측면에서 태아에게 인간의 존엄이나 생명권의 주체성을 인정하지 않고서도 그 보호필요성과 보호의 법적 근거를 충분히 논증할 수 있는데, 굳이 논리적 어려움을 감수하면서까지 태아의 기본권 주체성을 인정할 필요가 있을지 의문이라는 비판이 나온다.[54]

이 문제에 관하여 헌법불합치 결정의 단순위헌의견은, "태아가 생명권에 대한 기본권 주체가 되는가에 관계없이, 태아는 그 자체로 생명으로서 점차 성장하여 인간으로 완성될 수 있는 존재이므로, 생명을 존중하는 헌법의 규범적·객관적 가치질서와 인간으로서의 존엄과 가치를 선언한 헌법 제10조에 따라 국가는 태아의 생명 보호라는 중대한 공익을 추구하여야 한다는 점은 자명하다."라고 하여, Dobbs 판결 내지 독일 판결과 유사하게 태아의 생명권 주체성에 대한 확언을 피하는 모습을 보인다. 이러한 태도는 태아도 '사람'에 포함되는지에 관해 분명한 입장을 밝히지 않은 채, 낙태를 허용하는 것이 모든 사람의 생명권을 보장하는 유럽인권협약 제2조 위반은 아니라고 판단한 유럽인권재판소 결정[55]도 연상시킨다. 이는 한국뿐 아니라 세계 각국의 법원이 태아가 권리 주체인지 객체인지 모호한 지위에 있다는 인식을 암묵적으로 공유하고 있음을 뜻한다. 태아처럼 권리 주체인지 객체인지 모호한 대상에 대해 법은 그 법적 지위를 명확히 선언하기를 주저하면서도 대체로 권리 주체의 지위를 인정하지 않음으로써 우회적으

---

54   이석배, "낙태죄 헌법재판소 헌법불합치 결정의 취지와 법률개정 방향", 『의료법학』 제20권 2호, 2019, 23-24면.

55   VO v. FRANCE, (Application no.53924/00), 08/07/2004, pp.84-85, 전상현, 위의 글, 2020, 201면에서 재인용.

로 그 객체적 성격을 드러내 보인다.[56]

(3) 순서 바꾸기: 여성-태아 관계를 반영한 태아의 법적 지위 설계

태아를 독자적으로 실재하고 발달하는 자율적인 존재로 상상하는 모든 유추는 태아가 생존을 위해 모든 의미에서 전적으로 의지하고 있는 여성의 소거에 기초한다.[57] 태아는 어머니라는 인격적 주체 자체에 참여한 존재로서[58] 임신이라는 사정을 통하여 임신 여성과 태아 사이에는 일종의 공동체 관계가 형성된다. 이러한 양자 간의 긴밀한 관계가 손쉽게 간과되고 마치 서로 독립적으로 떨어져 존재하는 두 주체의 관계처럼 형상화되는 경향은, 여성과 태아의 신체적·사회적 관련성이 제대로 조명되지 않은 채 태아의 법적 지위에 대한 논의가 이루어졌던 탓이 크다.[59] 여성-태아 관계의 견지에서 볼 때, 먼저 태아의 생명권을 정의내리고 대립주체로서 여성의 권리를 규명하는 작업 순서는 맞지 않다. 생명권 시작 시점이 언제인지를 정하는 단계에서부터 양자의 신체적이고 사회적인 관계를 고려하여야만 일관된 논리의 전개가 가능할 것이다.

인간이 수정시의 유전정보를 간직한 채 성장한다는 사실은 태아가 수정

---

56 박은정, 『생명 공학 시대의 법과 윤리』(이화여자대학교 출판부, 2000), 410면. 이 책에서는 권리 주체와 객체 지위의 경계에 놓이는 범주를 이야기하면서 ① 자궁 안에 있는 배아 및 태아, ② 자궁 밖에 있는 배아 및 태아, ③ 뇌사한 임신 여성의 자궁 안에 있는 배아 및 태아의 법적 지위에 관하여 고찰하고 있다. 이들은 모두 권리 주체의 지위에 있다고 보기는 어려우나, 그렇다고 하여 여느 물건처럼 전적으로 권리의 객체로 다루어서는 안 되는 범주들로, 가능한 한 재산권이나 소유권 주장으로부터 차단되어야 할 영역이다.

57 Drucilla Cornell, *The Imaginary Domain*, Routledge, 1995, 42면.

58 박은정, 위의 책, 2000, 423면.

59 오승이, 위의 글, 2007, 86면.

시부터 사람이라는 주장의 가장 중요한 논거로 활용되어 왔다. 이 입장은 발생과정 어디에 이전에는 인간이 아니었다가 이후에는 인간이 되는 시점이 존재하느냐고 질문을 던진다. 즉 인간배아의 발생과정에서 물이 수증기로 변하는 것과 같은 급진적인 질적 변화는 없고,[60] 착상·출생 등은 "환경과 조건의 변화"를 의미할 뿐 그 염색체의 수와 내용, 즉 '본질'은 같아서 수태시점을 제외한 어떤 시점을 인간의 시점이라고 보아도 그 시점은 임의적일 수밖에 없다[61]는 것이다.

그러나 강력한 진리효과를 갖는 의학적 '사실'들은, 엄밀히 말하자면 사실 자체가 아니라 특정한 시각으로 그려낸 사실이다.[62] 다시 말해 유전학이 제시하는 태아의 정보는 중립적이거나 사실적인 정보 제공이라기보다 그 자체가 여성-태아 관계에 대한 사회적 개입이다. 최근까지도 과학기술의 발전이 태아의 독자적 생존가능 시점이 앞당겨졌다는 사실의 증명에만 집중하고 더 늦은 임신주수에도 여성에게 안전한 임신중지가 가능해졌음을 증명하는 데에는 상대적으로 소홀하였던 점을 돌아보면, 과학이 편향되게 활용되고 있음을 눈치챌 수 있다. 현대 의학은 배아 및 태아의 자기발달능력, 성장의 능력을 배아나 태아 자체가 자율적인 생명 형태임에 대한 증거로서 사용하면서, 여성이 임신 유지와 출산 실행을 위해 수행하는 신체적이고 사회적인 노동은 모두 생략해 버리기 일쑤였다.[63] 과학이 형성해온 유전정보 중심의 인간관은 인간의 핵심이 어머니에게 착상되는 씨에 있다는

60   이석재, "독일에서의 생명권 논쟁- 슬로터다익-하버마스 스캔들과 니다-뤼멜린 논쟁을 중심으로", 이인영 외,『생명과학기술사회에서의 인권패러다임의 변화와 생명인권보호를 위한 법정책』, 삼우사, 2004, 112-113면.

61   윤종행, "낙태방지를 위한 입법론",『연세대학교 법학연구』제13권 제1호, 2003, 175면.

62   오승이, 위의 글, 2007, 93면.

63   양현아, "낙태권을 넘어서: 여성 권리로서의 재생산권",『낙태죄에서 재생산권으로』, 서울대학교 공익인권법연구센터, 2004, 101면.

유전자 결정론을 대변하고 있다.[64]

물론 모든 인간은 수정란·배아·태아 단계를 필수적으로 거쳐서 성장하며, 이러한 발달과정은 분절적이지 않고 연속적이므로, 배아 내지 태아가 적어도 인간 생명의 맹아임은 다툴 여지가 없다. 그러나 이 지점을 확대하여 태아가 곧 사람이라는 논증 구성에는 비약이 존재한다. 이러한 관점은 수정란이 발달단계별로 엄청난 변혁을 거치는 존재로서, 한 인격의 형성에는 모성의 지대한 육체적·사회적 기여가 필수적임을 무시한다. 생물학은 대부분의 수정란이 생존할 수 있는 배아가 되는 것도 아님을 보여준다.[65] 여성의 자궁에 착상되지 못한 50% 남짓의 배아는 발달을 지속할 가능성이 극히 희박하다. 초기 배아상태의 수정란은 유전정보 이외의 점에서는 우리 자신과 전혀 닮지 않았다. 태아, 배아, 심지어 개별 세포들에까지 인간의 존엄을 인정하는 것은 태어난 사람의 "정상적인 경우"로부터 멀어지면 멀어질수록 더더욱 반직관적이 된다.[66] 이 점을 간과한 채 독자적으로 발달하는 개체로 인간 존재를 그려내는 논증방식은 태내양육의 가치를 평가절하하는 가부장적 친족 체계의 원리를 반영한다.[67] 공정하게 말하자면, 잠재력은 태아의 DNA에만 있는 것이 아니라, 모성애적 헌신에도 있다.[68]

헌법불합치 결정은 임신 22주를 태아가 모체를 떠난 상태에서도 독자적으로 생존할 수 있는 시점으로 보고, 이 시기 이후의 태아는 그 전보다 훨씬 임신에 근접한 상태에 도달하였다는 점을 근거로 국가가 그 이후의 낙태를

64   Barbara Katz Rothman, "Women as Fathers: Motherhood and Child Care Under a Modified Patriarchy", *Gender & Society* 3-1, 1989, 91면.

65   Mary Anne Warren, "낙태", Peter Singer, Helga Kuhse eds., 변순용 등 옮김, 『생명윤리학 I』, 인간사랑, 2005, 287면.

66   Eric Hilgendorf, "남용된 인간의 존엄 - 생명윤리논의의 예에서 본 인간의 존엄이라는 논증점의 문제점", 『법철학연구』 제3권 2호, 2000, 281면.

67   Barbara Katz Rothman, 위의 글, 92면.

68   Mary Anne Warren, "낙태", 김성한 외 옮김, 『응용윤리』, 철학과현실사, 2005, 104면.

원칙적으로 제한할 수 있다고 판시하였다. 태아 상태의 가장 큰 특징은 임신 기간 동안 점진적으로 성장하는 존재라는 점이다. 태아는 임신 초기에는 정확히 말해 세포 묶음에 가깝고, 후반부로 갈수록 아기에 가까워진다.[69] 태아가 점진적으로 성장하는 존재라는 특징에 대한 고찰은 대개 태아의 태내 성장과 유사한 방식으로 그 존재의 도덕적 무게가 증가한다는 결론으로 귀착되었다.[70] 인간 생명에 대한 시민사회 일반의 도덕적 직관을 고려할 때 이러한 발생에는 쉽게 수긍할 수 있다. 그러기에 임신기간의 진행에 따라 태아의 보호정도를 단계별로 강화하자는 기한규제 방식의 입법이 시민사회에서 폭넓은 공감을 얻을 수 있고, 헌법재판소가 이 공감대를 지지대 삼아 단계적 접근법을 경유하여 낙태죄가 헌법에 불합치한다는 결론에 이를 수 있었을 것이다.

그러나 우리는 동시에 '독자 생존 가능 시점'이라는 개념이 언어의 의미론적 오염에 의해 우리의 인식을 오도하지 않도록 경계해야 한다. 독자적 생존 가능 시점 논의는 어디까지나 상상적인 경계에 관한 가설이다. 임신 상태가 지속되는 한 임신 21주와 22주 사이 여성과 태아의 관계에 어떠한 본질적인 변화도 일어나지 않는다. 태아의 모체 의존성은 조금도 단절되지 않고, 어떤 태아도 실제로 독자적으로 생존할 수 있지 않다.[71] 이는 조산된 태아를 살리기 위해 요구되는 엄청난 양의 기술적·사회적 자원에 접근할 수 있는(그리고 이러한 자원의 소비를 진정으로 원하는) 계층이 극소수에 불과하다는 점에서도 형이상학적 가설에 불과하다고 볼 수밖에 없는 기준이다. 뿐만 아니라 Roe 판결의 3분기 이론을 Casey 판결에서 파기하고, Dobbs 판결에서 신랄하게 비판한 사실에서도 알 수 있듯이 언제 그 생존가능성이

---

69   Catharine MacKinnon, "Reflections on Sex Equality Under the Law", *100 Yale L.J.* 1991, reprinted in Women's Lives, Men's Laws, 2005, 140면.

70   Mary Anne Warren, 위의 글, 2005, 287-288면.

71   Rosalind Petchesky, 위의 글, 1990, xv면.

시작하는지는 기술 발달에 따라, 개개의 사안에 따라 달라지는, 확정 불가능한 문제다. 즉 애초에 태아가 모체 내에 있는 상태에서 독자적인 생존능력이 있는가를 정확히 판단하는 것 자체가 불가능한 것이다.[72] 생존력은 임신주수 뿐 아니라 몸무게, 영양상태, 동반질환, 신생아소생술과 같은 기술과 약품을 사용할 수 있는 조건 등 여러 가지 상황에 따라 달라지며, 23주 출생아 중 중증 손상 없이 생존할 확률은 2%에 불과하고, 25주 출생아에는 30%이다.[73] 독자 생존 가능 시점의 가설적이고 유동적인 성격을 생각할 때 이를 권리 제한의 절대적인 기준선처럼 취급하는 것은 지양할 필요가 있다.

태아가 성장하는 존재라는 사실을 여성-태아 관계의 맥락에서 상기할 때, 우리는 태아가 참여한 도덕적 주체로서 임신 여성 역시 임신 기간의 경과에 따라 도덕적으로 함께 성장한다는 중요한 사실을 새롭게 깨닫게 된다. 임신과 출산을 겪어 본 몸을 가진 주체로서 말하자면, 임신과 출산은 나의 몸과 나의 책임을 비롯하여 나의 존재 자체를 송두리째 지금까지와 전혀 다른 의미로 호명하는 중대한 도덕적 계기이다. 태아는 여성에 대해 어떤 의무도 부담하지 않는 반면 여성은 태아의 존재를 지키기 위해 신체적으로나 사회적으로나 많은 부담을 안고 종종 가혹한 대가를 치러야 한다.[74] 태아는 단순히 무고하고 무해하며 정적인 부산물이 아니라 임신 여성이 그 엄청난 영향력에 동의하지 않을 경우 여성에게 심각한 해를 끼치는 존재이다.[75]

---

72   전지연, "낙태의 해석론과 입법론", 김일수교수 화갑기념논문집 간행위원회 편, 『한국형법학의 새로운 지평』, 박영사, 2006, 383면.

73   윤정원, "의료서비스이자 보건정책으로서 임신중지를 준비하기", 서울대학교 법학연구소, 서울대학교 여성연구소, 서울대학교 공익인권법센터 주최 2019년 재생산권 국제공동학술행사 『낙태죄 폐지 이후 성평등 재생산권 실현을 위한 법정책의 설계 자료집』, 2019. 6. 22., 95면.

74   이런 점에서 태아는 기생 관계와 유사한 관계를 맺고 있다고 평가된다. Catharine MacKinnon, 위의 글, 1991, 139면.

75   Eileen L. McDonagh, "My Body, My Consent: Securing the Constitutional

의학적으로 정상 임신이라 할지라도 여성의 모든 신체기관이 변화를 겪고, 태반이라는 새로운 신체기관을 형성하며, 혈압과 평상수치보다 400배에 이르는 호르몬상의 극적인 변화를 경험한다.[76] 임신 중에 일어난 신체적 변화의 일부는 평생 지속되기도 한다. 뿐만 아니라 태아는 모든 순간 여성의 자유를 중대하게 제약한다. 여성은 임신이 끝나는 순간까지 매시간 매초 태아를 짊어지고 다녀야 하기 때문이다.[77] 그리고 태아의 법적 지위 자체도 태아가 위치하고 있는 여성의 몸이 법적·사회적으로 다루어지는 방식에서 자유로울 수 없기에[78] 임신 여성이 겪는 부담과 부당한 대우에 의해 직접적으로 타격을 입는다. 태아 생존을 위한 특수 조건은 오직 그 태아를 임신한 단 한 여성에 의해서만 제공될 수 있기 때문에, 태아의 생존에 대한 이익은 성인의 그것과 중요한 차이점을 가진다.[79] 유아나 환자와 같은 요부양자의 생명은 주된 보호의무자 외에 사회적 지원에 의해서도 지탱될 수 있고 때로는 보호의무자가 교체되거나 대체될 수도 있다. 그러나 태아의 경우에는 여성과의 생물학적 연결 때문에 그러한 사회적 관여에 한계가 뚜렷하다. 어떤 사회적 도움도 태아의 여성에 대한 의존도를 낮추지 못한다.[80]

이와 같은 임신 기간이 길어질수록, 여성이 태아의 존재를 지탱하고 그 존재에 공헌한 정도, 신체적 공동체를 이룬 태아와의 결합 정도나 애착도도

Right to Abortion Funding", *62 Alb. L. Rev*, 1999, 1072면.

76 앞의 글, 1073-1076면.

77 앞의 글, 1075면.

78 Catharine MacKinnon, 위의 글, 1991, 140면.

79 Janet F. Smith, "권리의 갈등, 임신과 인공유산", Carol C. Gould 엮음, 한국여성개발원 옮김, 『지배로부터의 자유 : 여성 철학의 새로운 시각』, 한국여성개발원, 1987, 268-269면.

80 Sylvia Law, "Rethinking Sex and the Constitution", *132 U. Pa. L. Rev*. 955, 1984, 1023-1024면.

함께 증가한다고 봄이 온당한 평가다. 생명의 잠재력이란 앞서 보았듯이 태아의 DNA에만이 아니라 모성애적 헌신에도 있다. 마찬가지로, 임신기간이 진행되어 그 잠재력이 실현되어 나아갈수록 태아 존재의 도덕적 무게가 더해지는 것과 나란히 수개월간 임신이라는 대형 프로젝트를 이끌어 온 여성이 행사하는 임신중지권의 도덕적 무게도 필연적으로 증가하는 것이다.[81]

그렇다면 비록 헌법재판소가 설정한 독자적 생존 가능 시점 이후라 하더라도 태아의 생명권을 자연인의 그것과 동일시하는 사고는 합리적이라고 할 수 없다. 적어도 생존과 성장에 필요한 모든 것을 한 인간에게 전적으로 의존하는 한, 배아 및 태아의 자기발달능력과 성장능력만으로 이 존재들을 인간으로 의제할 수는 없는 노릇이다.[82] Dworkin은 헌법적 집단에 새로운 사람을 추가함으로써 다른 이의 헌법상 권리를 축소시킬 수는 없다고 본다. 국가는 헌법 하에서 다른 이들의 권리를 줄이지 아니하는 방식으로만 태아를 사람으로 간주할 수 있다는 것이다.[83] 생명 대 생명의 평등한 도덕적 지위를 태아에게까지 확장하는 것은 여성들의 가장 기본적인 권리를 위협한다.[84] 태아와 달리 여성들은 이미 완전한 인격체이다. 그들은 어쩌다가 임신했을 때 무언가 부족한 존재로 대우받아서는 안 된다. 이것이야말로 더 이른 어떤 시점이 아닌 출생 시점이 인간으로서 완전한 도덕적 지위를 향유할 수 있는 출발점으로 간주되는 이유이다.[85] 헌법상의 모든 기본권은 그 주체인 인간이 사회 속에서 일정한 신체적 영토를 차지하고 있을 것을 전제로 하고 있다. 고유한 신체영역은 최소한의 신체적 통합성과 자율

---

81 오승이, 위의 글, 2005, 104면.
82 앞의 글, 109면.
83 Ronarld Dworkin, *Life's Dominion*, Vintage Books, a division of Random House, Inc., New York, 1994, 113-116면.
84 Mary Anne Warren, 위의 책, 2005, 104면.
85 앞의 책, 105면.

성을 누리기 위한 자아의 경계이자, 사회에 참여하기 위한 성원권으로서 가치를 가진다. 그런 의미에서 태아가 고유의 신체영역을 가지지 못한 채 여성의 신체적 내부자에 머문다는 점은 주목할 가치가 있다. 이러한 처지에 있는 태아에게 예외적으로 권리 주체성이 인정된다 할지라도 그때 허락되는 것은 극히 희박한 밀도의 권리일 수밖에 없다.

생명 및 인간으로서의 존엄과 가치는 연령 및 지적 인식능력과 무관하게 인정되어야 한다[86]는 점에는 전혀 이의가 없다. 태아가 의사표현을 할 수 없고 이익집단화 될 수 없는 사실상의 문제로 인하여 그들의 생명이 말살될 수는 없는 일이다.[87] 그러나 태아의 경우에 생명권 주체인가의 문제는 연령이나 지적 능력과 관련된 것이 아니다. 태아는 무엇보다도 여성의 몸과의 관련성에 의해 그 기본권 주체성이 비판적으로 검토되어야 할 따름인 것이다.[88] 그러한 의미에서 태아가 엄격한 이익형량을 거쳐야 하는 법익이 되는 경우는 오로지 그 임신 여성과의 관계에 국한된다.[89] 결론적으로 태아와 임신 여성의 신체적 관계와 그로부터 비롯하는 모든 사회적 관계까지 고려할 때, 온전한 생명권의 시작 시점은 태아가 생존하여 여성의 몸과 분리되기 시작하는 결정적 시점, 즉 그 생존 형태가 고유한 신체영역을 지니고, 임신 여성 1인에 대한 전적인 의존으로부터 다수가 분담 가능한 의존으로 바뀔 수 있게 되는 출생 시점보다 앞설 수는 없다고 본다.[90]

---

86 홍성방, "태아의 생명권", 『고시계』 제535호, 2001. 9, 100면.
87 홍완식, 독일 연방헌법재판소의 낙태판결에 관한 고찰", 『강원법학』 제10권, 1998, 565면.
88 오승이, 위의 글, 2005, 109면.
89 신동일, 위의 글, 2002, 96면.
90 이는 현재 대법원이 취하고 있는 태아가 사람으로 되는 시기에 관한 입장과도 일맥상통한다. "사람의 생명과 신체의 안전을 보호법익으로 하고 있는 형법의 해석으로는 규칙적인 진통을 동반하면서 분만이 개시된 때(소위 진통설 또는 분만개시설)가 사람의 시기라고 봄이 타당하다고 함은 종래 대법원이 취하여 온 견해이다." 대법원 2007. 6. 29. 선고 2005도3832.

인간의 생명은 국가의 기본권 보호의무가 인정되는 대표적인 영역이다.[91] 특히 태아는 스스로 권리주장을 할 수 없으므로 국가의 기본권 보호의무가 중요하게 부각되고 있다. 앞서 보았듯이 독일 연방헌법재판소는 1차 낙태판결에서, 국가는 생성 중인 생명에 대해 직접적 침해를 가하지 못할 뿐 아니라 임신 여성을 비롯한 제3자에 의한 침해로부터 방어할 의무를 부담한다"고 판시하였다.[92] 이에 따라 1차적으로는 입법자가 기본권 보호의무를 부담하고, 헌법이 명하는 보호를 형벌 외의 방법으로 달성할 수 없는 경우에는 형벌을 사용할 의무가 생긴다.[93] 그러나 국가의 기본권보호의무는 상충되는 기본권 보유주체에 대해서는 기본권 제약이 되는바,[94] 국가가 사인 보호라는 명목 하에 다른 기본권주체에 대한 형벌 제재로 나아가는 것은 자칫 기본권의 방어권적 측면에 대한 훼손으로 이어질 위험성이 있다. 기본권제한의 일반요건으로서 헌법 제37조 제2항과 형법의 최후수단성ultima ratio은 기본권보호의무에 기초한 국가 개입의 경우에도 여전히 적용되는 법원칙으로서, 이들 요건을 통과할 때에만 국가의 형벌 동원이 헌법적으로 정당화될 수 있다. 이러한 측면에서 임신 여성의 자기결정권을 제한하고 있는 자기낙태죄 조항을 과잉금지원칙에 비추어 위헌 심사한 헌법불합치 결정의 태도는 타당하다.

여성-태아 관계 및 그 관계 안에서 임신중지를 고민하는 여성의 갈등상황에 관심을 가지면, 사실상 형법 외에는 태아의 생명권을 보호할 효과적인 방법이 없다는 사고방식[95]은 임신 여성과 그 자녀의 생활환경이 어떻게

---

91   BVerfGE 77, 170, 214.

92   BVerfGE 39, 1(42f).

93   BVerfGE 39, 1(45).

94   강태수, "통독후 법적 동화과정과 문제-낙태에 대한 헌법상의 논의를 중심으로", 『사법행정』, 1992. 10., 26면.

95   황치연, "한국헌법사에 있어서 생명권에 대한 인식", 정천허영박사화갑기념논문집

구성되고, 그에 대하여 국가가 무엇을 할 수 있으며, 또 하여야 하는가에 대한 고찰을 찾아볼 수 없다는 점에서 무책임한 면이 있다.[96] 국가의 태아보호의무는 출산을 방해하는 요소를 제거하는 것뿐만 아니라 여성이 임신 중이거나 해산 후 부딪치는 어려움을 도와주어야 한다는 것까지 포괄해야 한다.[97] 기존 결정의 위헌의견과 이를 인용한 헌법불합치 결정이 설시한 대로, 태아의 생명을 보호한다는 언명은 임신 여성의 신체적·사회적 보호를 포함할 때에야 비로소 실질적인 의미를 가질 수 있게 되는 것이다.[98]

4. 성과 재생산 권리에 기반한 임신중지 입법의 방향

이 글에서 나는 여성의 자기결정권 및 성과 재생산 권리의 맥락에서 임신중지권의 내용을 구체화하고, 여성-태아 관계를 충실하게 반영한다면 태아에게 출생 전까지 자연인과 동일하게 생명권 주체성을 인정하는 것은 무리이며, 오히려 기본권 보호의무에 의해 보호되는 법익으로 구성하는 것이 논리적 정합성 면에서 더 나은 선택일 수 있음을 살폈다. 지금까지의 논의를 종합할 때, 성과 재생산 권리에 기반한 임신중지 관련 입법은 어떤 모습이어야 할까? 법무부의 2020. 10. 7.자 형법 개정안[99]을 참조하여 그 방향성

『한국에서의 기본권이론의 형성과 발전』, 박영사, 1997, 248면.

96 한상희, "사생활의 권리: 생활정치를 위한 비판적 수사", 『공법연구』제26집 1호, 1998. 5., 129면.

97 BVerfGE 88, 203(258f), 홍완식, 위의 글, 1998, 554-555면에서 재인용.

98 헌재 2012. 8. 23. 2010헌바402, 2010헌사1123, 판례집 24-2상, 485면.

99 정부의 형법 개정법률안
제270조의2(낙태의 허용요건) ① 제269조 제1항, 제2항 또는 제270조 제1항의 행위가 임신 14주 이내에 의사에 의하여 의학적으로 인정된 방법으로 이루어진 때에는 처벌하지 아니한다.

을 모색해 보자.

우선 개정안은 기존의 낙태죄 규정을 그대로 둔 채 낙태의 허용요건 규정을 뒤에 덧붙이는 방식을 취했다. 그러나 헌법불합치 결정이 임신 여성의 임신종결여부 결정은 스스로의 인생관, 사회관을 바탕으로 자신의 신체적, 심리적, 사회적, 경제적 상황에 대한 깊은 고민을 한 결과를 반영하는 전인적 결정이라고 천명한 점, 더 나아가 위헌의견이 "원칙적으로 임신기간 전체에 걸쳐 보장되어야 한다"고 명시한 점에 비추어 보면, 임신 여성의 자기결정권 행사를 임신 기간 전체에 걸쳐 일단 모두 구성요건해당성 있는 행위로 본 이후에 처벌이 면제되는 '예외'에 해당하는지를 검토하는 구조를 취한 개정안에 동의하기 어렵다.

나아가 헌법재판소가 여성의 임신종결 결정을 자기결정권의 보호영역에 속하는 행위로 인정하면서 형벌로써 낙태를 다스리는 자기낙태죄 조항의 실효성은 제한적이고, 부정적인 영향이 크다는 통찰에 다다랐음에도, 임신 제1삼분기가 넘어가면 '임신 여성 자신'의 생명이나 건강 위험이 증가함을 근거로 삼아 위험에 처한 당사자를 처벌할 수 있는가는 매우 의문이다. 임신 제2삼분기에 임신 여성의 건강에 관한 주의 이익을 보호하기 위하여

② 제269조 제1항, 제2항 또는 제270조 제1항의 행위가 임신 24주 이내에 의사에 의하여 의학적으로 인정된 방법으로 이루어지고 다음 각 호의 어느 하나에 해당하는 때에는 처벌하지 아니한다. 다만 제3호에 해당하는 경우에는 임신한 여성이 모자보건법에서 정한 상담을 받고, 그 때부터 24시간이 경과하여야 한다.
1. 강간 또는 준강간(準强姦) 등 범죄행위로 인하여 임신된 경우
2. 법률상 혼인할 수 없는 혈족 또는 인척 간에 임신된 경우
3. 임신의 지속이 사회적 또는 경제적 이유로 임신한 여성을 심각한 곤경에 처하게 하거나 처하게 할 우려가 있는 경우
4. 임신의 지속이 보건의학적 이유로 임신한 여성의 건강을 심각하게 해치고 있거나 해칠 우려가 있는 경우
③ 임신한 여성이 모자보건법에서 정한 상담 절차에 따라 임신의 지속, 출산 및 양육에 관한 충분한 정보를 제공받고 숙고 끝에 임신을 지속할 수 없다는 자기 결정에 이른 경우에는 제2항 제3호의 사유가 있는 것으로 추정한다.

낙태절차를 규율할 수 있다고 한 Roe v. Wade 판결을 이끌어낸 텍사스 주 법조차도 '임신 여성' 자신에 대한 처벌 규정이 없이 '시술자'만을 처벌하는 내용이었다. 자신에게 '안전하지 않을 수도 있는', 하지만 절실한 수술을 요청한 것이 처벌받아야 하는 근거가 되기에는 빈약하다.[100] 이는 여성에게 자신의 건강을 지킬 의무를 부과하는 것으로 자유가 의무로 뒤바뀌는 모순이고, 후견주의적 관점으로 자유적 법치국가에서 받아들이기 어려운 것일 수 있다.[101] 더구나 임신 제2삼분기 이상의 주수라 해도 임신중지의 위험이 출산으로 인한 위험보다 크지는 않다. 임신 21주 이후의 임신중지 사망률은 10만 건당 8.9건으로 출산관련 모성사망률 10만건당 9.4건보다 더 낮다.[102] 가능한 빨리, 가능한 제약 없이 임신중지 서비스를 받을 수 있는 조건은 국가가 정책적으로 만들어야 할 몫이지 개인에게 책임을 지울 영역이 아니라는 지적[103]을 경청할 필요가 있다.

또한 헌법불합치결정의 단순위헌의견은 "낙태를 원칙적으로 금지하면서 다만 낙태가 허용될 수 있는 예외적 사유를 법률로써 규정하는 방식은, 그 요건을 충족하는 임신한 여성에게 '낙태가 불가피한 사람'의 지위를 부여하여 낙태에 대한 법률상 책임을 면제하는 것에 불과할 뿐이고, 임신한 여성에게 자기결정권을 부여하지도 보장하지도 않는다."고 지적한다. 이는

---

100 김정혜, "임신중단권 보장을 위한 법개정 방향", 서울대학교 법학연구소, 서울대학교 여성연구소, 서울대학교 공익인권법센터 주최 2019년 재생산권 국제공동학술행사『낙태죄 폐지 이후 성평등 재생산권 실현을 위한 법정책의 설계 자료집』, 2019. 6. 22., 35면.

101 이석배, 위의 글, 2019. 26면.

102 최예훈, "임신중지 관련 건강권 보장을 위한 정책 방향", 한국여성정책연구원 주최 토론회 자료집『처벌에서 권리 보장으로 – 낙태죄 헌법불합치 결정의 의의와 정책 과제』, 2019. 5. 9., 53면.

103 김민문정, "성과 재생산 건강 및 권리 보장의 출발은 '낙태죄'의 완전한 비범죄화", 서울대학교 법학연구소, 서울대학교 여성연구소, 서울대학교 공익인권법센터 주최 2019년 재생산권 국제공동학술행사『낙태죄 폐지 이후 성평등 재생산권 실현을 위한 법정책의 설계 자료집』, 2019. 6. 22., 119면.

"임신 여성의 자기결정권을 보장한다고 하면서도 사실상 그의 자기결정권을 부정 내지 박탈하는 것이다." 이러한 설시가 잘 보여주듯이, 임신중지가 허용되는 예외적 사유를 설정하는 사유규제 방식은 사회경제적 사유를 포괄하여 규정한다 하더라도 자기결정의 기본 사상과 불협화음을 일으킨다.

그럼에도 불구하고 사회경제적 사유를 도입한다면, 이는 법이 가진 기능 중에 수범자의 행위를 일정한 방향으로 유도하는 향도적 기능 및 일정한 사회적 의미를 표현하는 표현적 기능[104]에 중점을 둔 입법이 될 것이다. 이때 그 판단주체는 이탈리아나 핀란드의 입법례[105]처럼 여성 자신이 되어야 한다. 그렇지 않으면 여성이 아닌 제3자에게 판단의 책임과 부담이 전가되는 결과를 초래하고, 의료인 또는 공무원, 사회복지사 등 제3의 판단주체의 설정과 함께 규정되는 것은 성과 재생산 건강권을 통해 실현하고자 하는 여성의 자기결정 권한과 전면적으로 배치된다.[106] 상담절차에서 의사 등 타인은 단순한 의사 확인 권한만 가지고, 결정은 임신 여성이 할 수 있어야 한다.[107] 덧붙여 의사결정의 자유를 확보하기 위해서도 임신중지에 대해서 임신 여성 자신을 처벌하는 것을 지양해야 한다.

그런 점에서 개정안 제270조의2 제3항의 의사 추정 규정의 의의가 작지 않다. 사회경제적 사유에 대한 판단이 여성의 자기결정 사항임을 존중하는 방식으로 설계되었기 때문이다. 그러나 위 규정에는 심각한 문제가 있는데, 여성이 상담 절차에서 제공받을 수 있는 정보가 '임신의 지속, 출산 및 양육'에 관한 것으로만 한정되는 것처럼 읽히고, 간주 규정이 아니라 추정 규

---

104 공두현, 위의 글, 2021. 3면.

105 장다혜, "해외 임신중단 관련 법률을 통해 본 성과 재생산 건강 정책의 쟁점", 서울대학교 법학연구소, 서울대학교 여성연구소, 서울대학교 공익인권법센터 주최 2019년 재생산권 국제공동학술행사 『낙태죄 폐지 이후 성평등 재생산권 실현을 위한 법정책의 설계 자료집』, 2019. 6. 22., 60-61면

106 앞의 글, 86면.

107 이석배, 위의 글, 2019, 32면.

정 형식을 택하여 이러한 상담을 거친 여성의 임신종결 결정을 최종적인 것으로 존중하는 데 미흡하기 때문이다.

보다 근본적인 차원에서는, 임신중지가 가지는 자해적인 성격, 여기에 앞서 보았듯이 출생 때까지 태아가 누릴 수 있는 권리의 토대가 되는 기본 사실관계-임신 여성에 대한 전적인 의존관계-가 결정적으로 변화한다고 보기 어렵고, '독자생존 가능 시기'가 기실 다분히 상상적인 경계에 불과하여 이를 권리 제한의 절대적인 기준선으로 취급하는 것은 곤란하다는 점, 임신 24주가 경과한 후라도 강간 또는 준강간으로 인한 임신(개정안 제270조의2 제2항 제1호), 법률상 혼인할 수 없는 혈족 또는 인척 간 임신(제2호), 임신의 지속이 사회적, 경제적으로 여성을 심각한 곤경에 처하게 할 우려가 있는 경우(제3호), 임신 여성의 건강을 심각하게 해칠 우려가 있는 경우(제4호)에 과연 사회가 여성에게 임신을 지속하도록 강제할 수 있는지, 여성의 임신 지속이 기대 가능한 것인지 의문이라는 점을 고려할 때, 적어도 임신 여성 자신이 임신중지로 인하여 형사처벌을 받게 하는 입법은 임신 주수를 불문하고 헌법적으로 정당화되기 어렵다고 생각한다.

제 2 장

임신중지 비범죄화의 의미와 재생산 정의 실현을 위한 방향

나　영(성적권리와 재생산정의를 위한 센터 셰어 SHARE 대표)

2022년 3월 8일, 세계보건기구는 새로운 임신중지 가이드라인을 발간했다. 이 가이드라인은 유례없이 매우 분명하고 확고하게 각국에 '임신중지의 완전한 비범죄화(full decriminalization)'를 권고했다는 점에서 중요한 의미를 지니고 있다. 세계보건기구는 "모든 사람이 가능한 최고 수준의 건강에 도달"해야 한다는 목표에 따라 성과 재생산 건강을 보장하는 것은 "건강과 인권 보장의 핵심"임을 언급하며 임신중지에 대한 접근성을 보장하고 위험을 줄여나가는 것을 중요한 과제로서 강조한다. 가이드라인에서 각국에 권고하는 '완전한 비범죄화'는 임신중지에 관한 처벌 조항을 형법에서 완전히 삭제하고, 살인이나 우발적 살인 등을 임신중지에 적용하지 않으며, 관련 정보나 지원 등을 제공한 이들에 대해서도 형사처벌이 없도록 보장하는 것을 의미한다. 이와 함께, 의무 대기(숙려)기간의 설정이나 임신중지 전에 의무적으로 초음파 검사와 확인을 하도록 하는 등 임신중지에 대한 접근을 제한하는 법과 정책도 삭제하거나 수정할 것을 권고하고 있다.[1] 이는 더 이상은 임신중지를 법적 처벌의 영역에서 찬반의 문제로 다루지 말고, 건강

1　　World Health Organization, *Abortion care guideline*, 2022.

과 삶의 질을 증진시키기 위한 목표로서 다각도로 접근하라는 강력한 제안이라고 할 수 있다.

각국에서 '합법화'를 넘어 '비범죄화'로 가야 한다는 문제의식은 이미 십수 년 전부터 공유되어 왔다. 합법화가 법의 규제 하에 '합법적' 임신중지의 기준을 정하는 것이라면 비범죄화는 임신중지를 다루는 패러다임을 개인의 책임에서 국가와 사회의 책임과 역할에 관한 문제로 완전히 전환시키는 효과를 가진다. 우리나라의 경우 2019년 헌법재판소의 '낙태의 죄' 헌법불합치 결정문이 명시한 2020년 12월 31일까지 대체 입법이 마련되지 않음에 따라 2021년부터 관련 조항은 법적 효력을 상실하고 비범죄화가 된 상태이다. 따라서 이제는 허용·한계를 따지거나 처벌 조항을 되살리려는 시도를 하는 대신, 안전한 임신중지를 위한 보건의료 체계와 상담 체계, 사회경제적 상황에 따른 지원체계 등 그간 범죄화로 인해 가로막혔던 실질적인 정책과 인프라를 마련해 나가야 할 때이다. 하지만 보건복지부 등 후속 과제를 추진해야 할 정부 부처를 비롯하여 일부에서는 여전히 대체입법이 마련되지 않았다는 이유로 책임을 미루고만 있어 비범죄화 이후의 권리 보장을 위한 진전이 가로막혀 있는 상태다. 현재 국회에 계류되어 있는 개정안 중 몇 개의 법안은 형법 제27장 '낙태의 죄'를 전부 삭제하고 모자보건법을 권리 보장에 관한 내용으로 개정하는 내용을 담고 있지만,[2] 2020년 10월에 발의되었던 정부 발의안과 현재 국회에 계류 중인 몇 개의 법안은 헌법재판소의 결정을 최대한 보수적으로 해석하여 입법 기준으로 삼았다.[3] 이에, 이 글에서는 비범죄화의 방향에서 2019년 헌법재판소의 '낙태의 죄' 헌법불합치 결정이 지니는 한계를 다시 한번 짚고, 이후의 과제와 재생산정의

2   더불어민주당 권인숙, 박주민 의원 대표발의안, 정의당 이은주 의원 대표발의안이 여기에 해당한다.
3   정부 발의안 및 국민의힘 조해진, 서정숙 의원 대표발의안이 여기에 해당한다.

를 위한 방향을 논의해 보고자 한다.

1. 2017헌바127, 헌법불합치 결정의 한계

　　형법 제27장 '낙태의 죄' 중 제269조 1항 자기낙태죄와 제270조 1항 의사낙태죄 규정에 대해 기본권 침해를 인정하고 재판관 4명의 의견에 따라 헌법불합치 결론을 내린 헌법재판소의 2017헌바127 결정례는 사실상의 비범죄화를 예비하였지만 합법화 논의의 틀을 벗어나지 못한 한계를 지니고 있다. 재판관 유남석, 서기석, 이선애, 이영진의 헌법불합치 의견은 "임신·출산·육아는 여성의 삶에 근본적이고 결정적인 영향을 미칠 수 있는 중요한 문제이므로, 임신한 여성이 임신을 유지 또는 종결할 것인지 여부를 결정하는 것은 스스로 선택한 인생관·사회관을 바탕으로 자신이 처한 신체적·심리적·사회적·경제적 상황에 대한 깊은 고민을 한 결과를 반영하는 전인적(全人的) 결정"이라고 언급하였다. 그러나 이와 함께 자기낙태죄 조항이 "태아의 생명을 보호하기 위한 것으로서, 정당한 입법 목적을 달성하기 위한 적합한 수단"이라고 함으로서 해당 조항에 대한 모순된 입장을 유지하고 있다. 이러한 입장은 태아의 생명을 보호하기 위한 국가의 목적이 임신한 여성에 대한 처벌과 통제를 통해 달성될 수 있을 것이라는 전제를 바탕으로 한다. 그러나 이는 같은 의견 내에서 뒤따르는 문장들과 다시 한 번 충돌한다. 자기낙태죄가 적합한 수단이라고 하면서도 "낙태 갈등 상황에서 형벌의 위하가 임신종결 여부 결정에 미치는 영향이 제한적이라는 사정과 실제로 형사처벌되는 사례도 매우 드물다는 현실에 비추어 보면, 자기낙태죄 조항이 낙태갈등 상황에서 태아의 생명 보호를 실효적으로 하지 못하고 있다고 볼 수 있다."고 언급하고 있는 것이다. 재판관들 스스로 언급하고 있듯이 형벌의 위하가 임신종결 여부 결정에 미치는 영향은 극히 제한적이다. 임신의 유지 여부에 대한 결정은 단순히 개인의 결심이나 처벌 여부에 따른 것이 아니라, 임신한 당사자와 자녀를 비롯하여 적어도 한 명 이상의 삶의 조건에 미치게 될 영향을 고려하여 내리는 결정이기 때문이다. 그러나 처벌은 이러한 삶의 조건을 실질적으로 바꾸는 데에 아무런 영향을 미치지 못한다. 오히려 법적 처벌이 존재한다는 사실로 인해 보건의료와 사회경제적 지원 여건에 접근하기가 어려워지고, 파트너 등 제 3자와의 관계에서 당사자의 의사결정 권한을 떨어뜨려 임신 당사자에게 위험과 부담만을 가중시킬 뿐이다.

한편, 헌법불합치 의견은 태아의 독자적인 생존이 가능한 시기와 여성에게 출산 여부를 결정하는 데에 충분한 시간이 확보되어야 할 필요성을 이유로 임신 22주를 제시하지만 이 또한 임의의 기준일 뿐 입법 목적을 달성시킬만한 타당하거나 합리적인 기준이 될 수는 없다. 임신 기간의 정확한 추정은 불가능하며, 태아가 모체 밖에서 독자적인 생존이 가능한 여건 또한 출산 당시 영아의 상태나 임신 당사자가 접근할 수 있는 보건의료 여건과 기술, 그에 따른 비용 등 여러 복잡한 조건들이 수반되는 상황 속에서야 가능해지는 것이기 때문이다. 무엇보다, '출산 여부를 결정하는 데에 충분한 시간'이라는 것은 임신 기간을 기준으로 정해질 수 없다. 시간이 경과함에 따라 부담이 커지는 임신이라는 상황의 특성상 임신의 유지 여부에 대한 결정은 오히려 가능한 이른 시기에 이루어지는 것이 좋으며, 임신의 지속 여부에 영향을 미치는 요인은 임신 후기에도 마찬가지로 처벌이 아니라 당사자의 사회경제적 여건이나 태아와 임신한 당사자의 건강 등에 있기 때문이다. 따라서 사회경제적 여건으로 인해 자기결정권을 충분히 보장받지 못하는 여건에 있는 이들일수록 임신 중기 이후에 여러 상황으로 인해 뒤늦게 임신중지를 하게 되는 경우가 많고, 주변의 만류에도 자신의 의사로 임신을 유지하고 있었으나 도리어 상황이 악화되어 임신중지를 하게 되는 등 오히려 적극적인 지원을 필요로 하는 경우가 더 많다. 따라서 임신 중기 이후의 상황에 대해 국가가 해야할 일은 처벌이 아니라, 임신을 유지하고 출산할 경우이든 임신을 중지하게 되는 경우이든 당사자가 안전하고 건강하게 보건의료 서비스에 접근하고, 이후의 회복이나 양육에 필요한 다각도의 지원을 받을 수 있도록 보장 체계를 구축하는 일이다.

결국 임신중지를 법으로 처벌하여 막겠다는 것은 그저 처벌 그 자체를 실행하는 것 외에는 아무런 효과도 공익도 없는 일이다. 헌법불합치 의견이 지적하듯이 자기낙태죄 조항이 법익균형성과 과잉금지원칙을 위반하고 있으며, 형벌의 위하가 미치는 영향이 극히 제한적이라면 다른 방식의 처벌 기준을 마련할 것이 아니라 해당 조항을 삭제하는 것이 맞는 방향이다. 국가는 처벌을 통해 목적을 달성하려 할 것이 아니라, 임신의 유지 여부와 결정 시기 등에 보다 직접적인 영향을 미치는 보건의료와 사회경제적 여건을 변화시키고 사회 제반의 불평등을 시정하며 권리를 보장하는 법과 정책을 마련함으로서 그 목적이 달성될 수 있도록 방향을 수정해야 한다.

2. 비범죄화와 포괄적 임신중지 케어(Comprehensive abortion care)의 방향

임신중지에 대한 처벌이 임신중지율을 낮추는 데에 효과가 없었을 뿐만 아니라 임신중지를 비공식적이거나 위험한 의료 환경에 놓이게 함으로써 개인의 건강과 삶에 수많은 악영향을 미쳐왔다는 사실은 이미 수많은 연구 논문과 보고서를 통해 입증되었다. 2020년에 THE LANCET에 등재된 최근 연구 논문[4]에서도 1990년에서 2019년 사이 의도하지 않은 임신의 비율과

---

4   2015-2019년 사이 임신중지에 대한 제약이 큰 국가에서의 의도하지 않은 임신율은 연간 평균 1,000명당 73명, 임신중지율은 36건이었고 어떤 종류의 법적 제한을 두고 있는지에 따른 차이는 크지 않았다. 반면, 임신중지가 폭넓게 합법화된 고

임신중지 비율 모두 임신중지에 대한 법적 제약이 큰 국가에서 더 증가했다는 사실을 확인하고 있다. 이와 함께 주목할 사실은 의도하지 않은 임신이 임신중지로 이어지는 경우는 법적 제약이 큰 국가나 합법적인 국가에서 큰 차이를 보이지 않았다는 것이다. 이는 결국 법적 처벌과 제약이 강한 국가에서 같은 비율의 여성들이 더 큰 위험 부담을 안고 임신중지를 하고 있다는 것을 의미한다. 2019년에 발행된 WHO의 보고서[5]는 2010년~2014년 사이 안전하지 않은 임신중지의 97%인 24.3백만 건이 임신중지에 대한 제약이 큰 저소득 및 중간소득 국가에서 발생했고, 세계적으로 안전하지 않은 임신중지로 인한 모성 사망이 전체 모성 사망의 4.7%~13%에 달한다고 보고하고 있다.

이에 WHO는 해를 거듭할수록 임신중지의 전면 비범죄화와 유산유도제를 비롯한 보건의료 접근성 확대를 강조하며 가이드를 계속해서 업데이트하는 중이다. 특히 WHO에서는 '포괄적 임신중지 케어 Comprehensive abortion care'의 방향을 강조한다. 포괄적 임신중지 케어는 임신중지 시술이나 약물의 처방뿐 아니라 임신중지에 필요한 다양한 정보의 제공에서부터 임신중지 후의 건강 관리와 피임에 대한 안내까지 포함하는 개념이다.

이에 따라, 임신중지에 관한 정보는 다음과 같은 내용을 포함해야 한다.

소득 국가의 경우 인구 임신중지율은 1,000명당 11건으로 나타났다. Jonathan Bearak, Anna Popinchalk, Bela Ganatra, Ann-Beth Moller, Özge Tunçalp, Cynthia Beavin, Lorraine Kwok, Leontine Alkema, "Unintended pregnancy and abortion by income, region, and the legal status of abortion: estimates from a comprehensive model for 1990–2019", *Lancet Glob Health* 2020(8), e1152–61 Published Online, July 22, 2020., https://doi.org/10.1016/S2214-109X(20)30315-6, 1158-1159면.

5   World Health Organization, The selection and use of essential medicines: The Report of the WHO Expert Committee on Selection and Use of Essential Medicines, 2019.

- 임신중지의 전후와 과정 중 필요한 상담 및 의료 서비스에 접근하기 위한 장소와 방법
- 임신중지의 방법과 발생할 수 있는 일들에 대한 정보 및 회복, 통증 관리에 대한 내용
- 자율적인 의사결정의 권리와 동의에 관한 정보
- 성관계와 일상 활동을 언제부터 다시 시작할 수 있는지에 관한 정보
- 임신의 지속, 출혈이나 발열과 같은 합병증, 잠재적인 부작용을 포함한 정보와 후속 치료를 위해 의료진을 방문해야 하는 경우 등에 대한 안내

그리고 이와 같은 정보는 근거에 기반한 포괄적 성교육을 비롯한 다양한 경로를 통해, 당사자가 이해할 수 있는 언어와 방법으로 제공되어야 한다.

뉴질랜드 복지부의 경우 공식 사이트[6]를 통해 거주지에서 가까운 병원을 찾을 수 있는 서비스에서부터 임신 여부에 대한 확인, 임신의 중지 또는 유지에 대한 의사결정에 필요한 정보, 관련 지원에 대한 정보, 임신중지 과정과 전후의 과정/방법/비용/건강 관리에 대한 정보까지 WHO 가이드에서 제시하는 포괄적 임신중지 케어의 모든 영역을 구체적으로 제공하고 있으며, 수어 영상을 포함하고 있다. 뿐만 아니라 자녀를 비롯한 가족 구성원, 파트너, 지인이 임신중지를 고려하고 있을 때 어떻게 도움과 지원을 제공할 수 있는지 당사자의 가족, 파트너, 친구를 위한 가이드까지 제공한다.

반면 우리나라의 보건의료 현장은 임신중지가 범죄로 명시되어 온 70여 년 동안 다른 의료적 상식이 통하지 않는 공간이었다고 해도 과언이 아니다. 다른 의료 영역에서는 당연히 이루어지는 환자 관점에서의 정보 제공과 권리 안내가 이루어지지 않았음은 물론이고 환자에 대한 차별과 모욕

---

6   National Aboertion Telehealth Serveice(https://www.decide.org.nz/) 참조.

적인 발언, 서류 위조, 진료 거부, 무리한 진료비와 현금 납부 요구 등이 공공연하게 이루어져 왔다. 2021년 모두를위한낙태죄폐지공동행동에서 설문조사와 함께 진행한 임신중지 경험 심층인터뷰에서 인터뷰 참여자들은 이와 같은 현실을 생생하게 증언했다. 인터뷰 참여자 N은 합의 하에 이루어진 성관계로 인한 임신을 중지하기 위해 병원을 찾았으나 병원 측에서 파트너와 동행하여 강간으로 인한 임신이라는 확인서를 작성할 것을 요구했다고 증언했다. 병원 측에 문제가 될만한 상황에 대비하기 위해 모자보건법상 허용요건에 맞추어 증거자료를 남기고자 한 것이다. 결국 N은 파트너를 설득하여 병원이 요구하는 확인서에 서명을 하고서야 시술을 받을 수 있었다. N은 그렇게 수술을 받고 나온 병원 복도에서 "낙태는 범죄입니다"라는 대한산부인과학회의 포스터를 보았을 때 느꼈던 부조리한 현실에 대한 감정이 잊혀지지 않는다고 했다. 또한 인터뷰 과정에서 참여자들은 병원에서 진료시간 외에 방문을 요구하거나 이중장부를 작성하는 모습을 본 경험, 심지어 관련 정보와 안내를 받기는커녕 침대에 누워 다리 아래로 커튼이 처진 채 의사의 얼굴조차 보지 못한 채로 수술을 받았다는 경험 등 불안한 진료환경에 대한 경험을 이야기하기도 했다. 현금으로 지급해야 했던 의료비용도 다양한 형태로 당사자의 건강과 이후의 삶에 심각한 영향을 미쳤다. 인터뷰 참여자 E는 병원에서 현금결제를 요구하는 상황에서 파트너가 비용 분담을 거부한 뒤 잠적하여 대출을 받아야 했고, I의 경우 병원 측의 파트너 동의 요구로 파트너와 동행하여 병원비를 파트너가 지급하였는데 이를 이유로 I의 부모에게 임신중지 사실을 알리겠다며 수년에 걸쳐 협박과 스토킹을 하는 상황에 시달려야 했다.[7] 이러한 상황들은 당시의 차별적 경험에서 끝나지 않고 임신중지 이후의 후유증 및 건강 관리, 정보접근성에 대한 장벽으

---

7   모두를위한낙태죄폐지공동행동, 『2021 임신중지 경험 설문·실태조사 및 심층인터뷰 결과 보고서』, 2021.10. 참조. 참여자 14명의 심층인터뷰 내용과 총 370명이 참여하고 그 중 79명의 임신중지 경험을 분석한 내용을 볼 수 있다.

로 이어지며 파트너, 가족, 학교, 직장 등 삶에 밀접한 관계망에서 당사자가 불평등한 위치에 놓이게 됨으로써 차별과 폭력에 취약한 조건을 만든다.

현장에서 임신중지를 포함하여 다양한 상황들을 마주해야 할 보건의료인 또한 교육과정에서 임신중지에 관한 최신의 정보와 국제 가이드를 접하지 못해 법적, 윤리적 부담감만을 안고 있었던 것이 사실이다. 해외에서는 이미 1988년부터 승인되어 2023년 아르헨티나와 일본, 니제르까지 전 세계 96개국이 안전하게 사용하고 있는 유산유도제[8]도 사용하지 못해 성공률이 더 높은 방법을 사용하지 못하고 환자에게도 정확한 정보를 제공하지 못하는 경우가 여전히 많다. 임신 10주-13주까지 미페프리스톤과 미소프로스톨을 함께 사용할 때 임신중지 성공이 95% 이상 되는 것으로 보고되고 있지만 공식 승인이 되지 않아 대체 약제를 사용하기 때문이다.[9] 보건사회연

8   유산유도제는 미페프리스톤과 미소프로스톨을 말한다. 미페프리스톤은 임신을 지속하는 데 필요한 호르몬인 프로게스테론의 효과를 차단하는 약이고, 미소프로스톨은 자궁수축과 자궁경부의 이완을 유도하는 약이다. 임신 10주-13주까지 미페프리스톤과 미소프로스톨을 함께 사용할 때의 임신중지 성공률은 95% 이상 되는 것으로 보고되고 있다. Gynuity Health Project가 정리한 최신 자료에 따르면 올해 사용이 승인된 아르헨티나를 포함해 총 94개국에서 미페프리스톤을 사용하고 있으며, 2023년 4월 일본 후생노동성이 유산유도제를 공식 승인함으로써 95번째 나라가 되었다. 세계보건기구는 2005년에 처음으로 "국가별 법에 따라 허용되고 문화적으로 허용되는 경우"라는 메모를 달아 미페프리스톤과 미소프로스톨을 공식 유산유도제로서 필수의약품 목록에 등재했다. 그리고 2019년에는 WHO 전문가위원회에서 미페프리스톤과 미소프로스톨을 보완 목록에서 핵심 목록으로 이전하고, 약품 정보에 있던 "면밀한 의료 감독 필요", "국가별 법에 따라 허용되고 문화적으로 허용되는 경우"라는 메모도 삭제할 것을 권고했다. 의료인의 적극적인 개입이 없이도 큰 후유증 없이 이용할 수 있을 정도의 안전성을 지닌 약이라는 사실을 보장하고 있는 것이다. 한국의 경우 현대약품이 글로벌 제약회사인 라인파마 Linepharma와 함께 캐나다에서 미프지미소 Mifegymiso®라는 제품명으로 판매하고 있는 콤비팩의 승인을 신청하였으나 식약처의 처리 절차 지연으로 2022년 12월 승인 신청을 철회했다. 이후 2023년 3월 다시 승인을 신청하였으나 2024년 1월 현재 여전히 승인이 미뤄지고만 있는 상황이다.

9   2023년 5월 현재까지 많은 병원에서 약을 이용하여 내과적 방법으로 임신중지를 하

구원의 『2021 인공임신중절 실태조사』[10]에서도 76.6%의 응답자가 '의사에게 처방 받아서' 약을 구했고, '지인 또는 구매 대행인을 통해서 간접적으로 구매'했다는 응답자는 14.9%에 불과했으나, 대부분의 응답자가 약의 복용법과 임신기간에 따른 효과, 복용에 따른 증상과 후유증을 알지 못했다고 답했다.[11] 반면 약을 공식적으로 이용할 수 있는 국가에서는 안전성이 훨씬 높게 나타난다. 전 세계적으로 423,000명 이상을 대상으로 한 연구[12]에서 미페프리스톤 사용 후 병원 입원, 수혈 또는 심각한 감염과 같은 부작용은 0.01~0.7% 정도에 불과한 것으로 보고되었다. 그리고 이러한 부작용은 대부분 큰 후유증 없이 치료가 가능한 경우였다. 2018년 발행된 WHO의 유산유도제를 이용한 임신중지 가이드[13]는 사용 방법에 대한 지침, 합병증을 인식하는 방법, 도움을 구할 수 있는 곳에 대한 정보를 제공할 것을 권고하고, 그간의 연구 결과에 따라 임신 12주 미만인 경우 산부인과 전문의 뿐만 아니라 숙련된 조산사, 임상간호사, 간호사, 간호조무사도 유산유도제를 이용한 임신중지를 안전하고 효과적으로 지원할 수 있다고 밝히고 있다. 중요한 것은 약 자체의 위험성이 아니라 공식적인 의료 지원과 정확하고 도움

는 경우 미소프로스톨을 오프라벨(의료인의 재량에 따라 허가된 적응증 외의 용도로 사용)로 사용하거나 메토트렉세이트 등 다른 약을 사용하는데 이 역시 미페프리스톤과 미소프로스톨을 함께 사용할 때보다 성공률이 낮고, 정확한 정보와 안내가 이루어지지 않고 있어 안전성이 떨어진다.

10   보건복지부, "보도자료 붙임 1)2021년 인공임신중절 실태조사 주요 결과 세부 내용", 2022.06.30.https://www.kihasa.re.kr/news/press/view?seq=47320.

11   응답자 중 74.5%는 '약의 복용(삽입) 방법'을 몰랐으며, 66%가 임신기간에 따른 효과를 알지 못했고, 63.8%는 '약 복용 이후 나타날 수 있는 증상과 후유증'을 알지 못했다.

12   Raymond EG, Blanchard K, Blumenthal PD, Cleland K, Foster AM, Gold M et al. "Sixteen Years of Overregulation: Time to Unburden Mifeprex", *The New England Journal of Medicine*, 376(8), 2017, 790~4면; World Health Organization, 위의 책, 2019(Medicines for reproductive health and perinatal care, 22.3.Uterotonics, Mifepristone-misoprosto)에서 재인용.

13   World Health Organization, *Medical management of abortion*, 2018.

이 되는 정보의 제공, 후유증이나 건강상의 어려움이 발생했을 때 언제든 찾아갈 수 있는 보건의료 연계 시스템을 마련하는 일인 것이다. 이와 같은 여건들을 비범죄화의 후속 조치로서 빠르게 마련해 나가야 한국에서도 포괄적 임신중지 케어가 가능해질 것이다.

3. '낙태죄'와 인구정책을 넘어 성·재생산 건강과 권리 보장으로

이제 '낙태죄'의 시간을 지나 법과 정책 전반에서 임신중지가 건강권이자 사회적 권리로서 공식화되는 것, 아울러 국민건강보험을 통해 비용의 부담을 낮추는 것은 낙인과 차별 없이 포괄적 임신중지 케어를 실현해 나가기 위한 가장 기본적인 토대가 될 것이다. 그리고 이를 위해서는 성·재생산 건강과 권리를 새로운 법과 정책의 핵심 기조로 삼아야 한다. 성·재생산 건강과 권리는 유엔 경제적·사회적·문화적 권리위원회의 〈성과 재생산 건강과 권리에 관한 일반논평 제22호〉[14]에서도 강조하듯이 "경제적·사회적·문화적 권리에 관한 국제 규약 제12조에 명시된 건강에 대한 권리의 필수불가결한 요소"이다. 위원회는 각 당사국이 이러한 권리를 방해하고 제한하는 수많은 법적, 절차적, 현실적, 사회적 장벽을 제거하고 전방위적인 성과 재생산 관련 시설, 서비스, 재화 및 정보에 대한 접근을 보장할 책임이 있다고 강조한다. 또한, 안전하고 음용 가능한 물, 충분한 위생, 충분한 식량에 대

---

14   United Nations Economic and Social Council, *General comment no. 22 (2016) on the Right to sexual and reproductive health* (article 12 of the International Covenant on Economic, Social and Cultural Rights), E/C.12/GC/22, 2 May 2016. 전문 번역본은 성적권리와 재생산정의를 위한 센터 셰어 SHARE의 이슈페이퍼 2019년 12월호를 참고(https://srhr.kr/issuepapers/?idx=6243402&bmode=view)

한 접근, 적절한 주거, 안전하고 건강한 노동조건 및 환경, 건강 관련 교육 및 정보로의 접근, 모든 형태의 폭력·고문·차별 그리고 기타 성과 재생산 건강권에 부정적인 영향을 끼치는 인권침해로부터의 효과적인 보호 등도 성·재생산 건강과 권리에 영향을 미치는 중요한 요건으로서 고려되어야 한다.

　이러한 기준에서 평가해 볼 때, 우리나라는 지금부터가 완전히 새로운 지평을 마련해야 하는 시기라고 볼 수 있다. 성·재생산 건강과 권리의 내용을 앞서 언급한 수준에서 제대로 반영하고 있는 법체계와 관련 정책, 지표, 시행 체계가 마련되어 있지 않을 뿐만 아니라, 형법, 민법, 모자보건법, 건강가정기본법, 군형법, 감염병의 예방 및 관리에 관한 법률 등에서 관련 권리를 제약하거나 침해하는 조항이 여전히 곳곳에 존재하고 있기 때문이다. 그동안 한국 정부는 경제 개발과 인구조절을 위한 국가 목표에 따라 개인의 성과 재생산을 통제하고 관리하는 방식으로 법·정책을 시행해 왔다. 그 결과 출산율 추이만이 강조될 뿐 이에 실질적인 영향을 미치는 사회적 불평등과 낙인의 문제, 성매개감염/피임/임신/임신중지/출산/양육/파트너십과 가족구성 등 성과 재생산 전반에 있어서의 평등한 권리 보장, 정보·상담·의료접근성, 포괄적 성교육 등의 문제는 실질적으로 법·정책상 부재하거나 소홀하게 다루어져 왔던 것이다. 지금부터라도 성·재생산 건강과 권리를 실현하는 방향으로 가기 위해서는 국가의 인구정책과 성적 통제, 피해 예방과 선별적 지원, '모자(母子)'만을 상정하는 법·정책을 넘어, 개별 법률의 제·개정 차원만이 아니라 다양한 관계와 생애주기를 고려하는 통합적이고 교차적인 관점의 정책과 제도, 교육·상담·보건의료 인프라 등을 구축해 나가야 한다. 또한 이를 위해 국가와 지자체, 관련 기관 등의 수준에서 평가 지표를 마련하고 주기적으로 실태조사와 연구를 시행해야 하며, 몇 개년 단위의 추진계획을 수립하고 체계적으로 실행해나갈 필요가 있다.

　성적권리와 재생산정의를 위한 센터 셰어 SHARE에서 제안한 「성·재생산 권리 보장 기본법(안)」[15]은 이와 같은 문제의식과 방향을 담고 있다. 이 법안은 국가의 목적에 따른 인구정책에서 개인의 권리 보장과 건강 증진을 핵심 가치와 방향으로 삼고, 이에 따라 개인에 대한 처벌을 통한 통제 방식이 아닌 불평등과 차별, 부정의를 적극적으로 해소해 나가는 국가와 사회의 책임과 의무를 강조하고 있으며, 이를 위해 국가와 지자체에서 5개년 단위의 종합계획 수립과 1년 단위의 추진계획을 실행할 것을 명시하고 있다. 중요한 것은 이를 계획하고 추진하는 과정에서 성·재생산건강에 관련된 주요 영역(월경, 피임, 성별확정 및 성별정정, 보조생식기술, 임신·출산과 임신중지, 포괄적 성교육 등)이 개별적으로 다뤄지지 않고 다양한 집단과 생애주기를 고려하여 통합적이고 유기적으로 연결되도록 다뤄져야 한다는 점이다. 가령 월경이나 피임에 관한 정책을 이와 같은 방향에 따라 실행한다는 것은 단지 관련 용품을 원활하게 제공하고 배포하는 것에 머물지 않고, 연령·장애·성적지향 및 성별정체성·국적·문화권·언어·경제 상태 등 집단별 특성에 따라 접근가능한 용품과 정보, 전달 방법, 지원 방향 및 예산 계획을 수립해야 한다는 것을 의미하며, 학교 등 교육기관, 기업, 의료기관, 사회복지 관련 기관 및 각 영역의 전문인력, 통·번역사, 활동지원사 등 지원을 매개하는 이들이 이를 고려한 역량을 갖출 수 있어야 함을 의미한다. 이를 구축해 나가는 과정을 통해 지금까지의 분절적이고 선별적, 시혜적인 지원을 넘어 포괄적, 통합적 권리 개념을 법과 정책, 실행 역량에 담아내는 방향으로 나아갈 수 있을 것이다.[16]

---

15 성적권리와 재생산정의를 위한 센터 셰어 SHARE, 성·재생산 권리 보장 기본법(안), 2020.11.4. 법안 전체 내용과 해설집은 셰어 홈페이지에서 볼 수 있다. (링크: https://srhr.kr/policy/?bmode=view&idx=6142616&t=board)

16 「성·재생산 권리 보장 기본법(안)」은 제3장 '종합계획과 추진계획의 수립·시행 등'에서 다음과 같은 사항을 종합계획에 포함할 것을 제시하고 있다.
1. 성·재생산건강사업의 기본 목표 및 그 추진 방향
2. 주요 성·재생산건강사업계획 및 그 추진방법

4. 보다 근본적인 변화를 위한 재생산정의

한편 법과 정책, 제도를 통한 권리 보장과 지원을 넘어 정치의 근간에 자리하고 있는 부정의를 뒤집기 위한 노력이 이제 재생산정의 프레임으로 확장되고 있다. 재생산정의 운동은 1980년대 후반 프로초이스 pro-

3. 성·재생산건강 관련 보건의료자원 조달 및 관리방안
   [의료기관 등의 확충과 접근성 확보 방안, 장애 유형과 특성을 고려한 의료기기의 연구·개발·지원·보급 방안, 후천성 면역결핍증 바이러스 등 성매개감염인이 성·재생산건강 관련 보건의료서비스에 접근할 수 있도록 보장하는 시설 및 자원·인력 확충 등에 필요한 사항, 피임용구와 피임약제의 보급, 정보 제공, 교육에 관한 사항 포함]

4. 성·재생산건강에 관한 교육·홍보 및 연구 지원 방안
   [포괄적 성교육의 추진계획 및 그 추진방법(포괄적 성교육 인력 교육, 포괄적 성교육 실태 조사를 포함), 성·재생산건강 관련 상담인력에 대한 가이드라인의 마련·교육 및 홍보·상담기관 등의 확충 및 접근성 확보 방안, 성·재생산건강에 관련된 통역 등 지원인력에 대한 가이드라인의 마련·교육 및 홍보, 이 법 제12장과 관련한 의료인 등에 대한 가이드라인의 마련·교육 및 홍보, 상담기관·의료기관·교육기관·보호·복지시설 등의 종사자에 의한 차별 실태 및 시정 방안 포함]

5. 성·재생산건강에 관한 국내외 정보·통계의 수집 및 번역·관리방안
   [① 일터, 교육기관, 보호·복지시설을 포함한 모든 생활 영역에 있어서 성·재생산건강 침해에 관한 실태조사, 시정 방안 강구, ② 월경, 피임, 보조생식기술, 임신, 출산, 임신중지, 성별확정 및 성별정정과 관련한 건강, 권리 보장 방안에 관한 연구 ③ 월경 건강 증진에 관한 사항 및 초경, 완경을 포함한 생애 전반에 있어서 월경의 영향에 관한 연구 등 ④ 후천성 면역결핍증 바이러스 등 성매개감염, 성과 재생산 건강 및 권리 침해와 관련된 의료, 주거, 근로 환경 등과 관련한 정보·통계]

6. 성·재생산건강 관련 상담인력과 상담기관 확보 및 관리방안

7. 성·재생산건강 보장을 위한 근로 및 휴게환경의 조성

8. 성별, 장애 유형과 특성, 나이, 성적 지향, 성별 정체성, 성 특징, 후천성 면역결핍증 바이러스 등 성매개감염 여부, 이주 지위 등에 따라 특히 필요한 성·재생산건강사업계획

9. 제3호부터 제6호의 각 관련기관 종사자들의 차별 실태 조사 및 교육·시정방안

10. 중앙행정기관 간의 성·재생산건강 추진계획 관련 업무의 종합·조정

11. 그밖에 모든 사람의 성·재생산건강 및 권리 보장을 위하여 필요한 사항

choice 운동의 한계를 비판하면서 제안되었다. 재생산정의의 개념을 처음으로 제시한 '재생산 정의를 위한 아시아 커뮤니티(ACRJ, Asian Communities for Reproductive Justice / 현 Forward Together / SisterSong Women of Color Reproductive Health Collective의 창립 전신)'는 재생산 권리의 실질적인 실현을 위해서는 개인, 공동체, 기관 및 사회적 수준에서 모든 억압 형태를 종식시키기 위한 급진적인 변화가 이뤄져야 한다고 강조한다. 이 프레임워크에서 주목하는 것은 신체와 섹슈얼리티에 대한 억압, 재생산에 대한 관리 및 통제를 통해 이루어지는 생산·재생산 노동의 착취 구조이다. 인종, 계급, 성별, 성적지향 및 성별정체성, 장애, 연령 및 이주 상태 등은 재생산을 통제하고 억압하는 이 시스템의 도구이자 결과라고 볼 수 있다. 따라서 재생산정의의 프레임에서 '재생산'은 새로운 인구의 생식과 출산에 관한 것만을 의미하지 않는다. 재생산 정의는 생산력 관리와 정치적 통제, 가부장적 통제를 수월하게 이행하기 위한 인구관리나 모성보호의 프레임에서 벗어나 궁극적으로 모든 개인과 공동체가 존엄하고 안전하게 삶을 유지하고 그에 필요한 삶의 여건들을 현재의 세대와 다음 세대로까지 지속가능하게 이어나갈 수 있도록 하는 사회정의의 실현을 목표로 한다고 볼 수 있다. 이러한 방향에서 현재의 재생산정의 운동은 환경정의, 경제정의, 국경과 이주, 장애, 가족 및 파트너십, 감금 및 '보호' 시설 등의 문제에 적극적으로 개입하고 이를 재생산 정의의 의제들로 연결해 나가고 있다. 재생산건강과 재생산권리, 재생산정의는 전략과 대상에 있어 조금씩 차이를 달리하지만 이를 유기적으로 실현해 나가는 과정을 통해 실질적인 변화를 추동하는 시너지를 만들어낼 수 있다. '재생산 정의를 위한 아시아 커뮤니티'가 제시한 세 가지 프레임워크의 비교표[17]를 참고로 하여 이를 정리해 보면 다음과 같다.

17   Asian Communities for Reproductive Justice, *A New Vision for advancing our movement for reproductive health, reproductive rights and reproductive justice*, 2005. https://forwardtogether.org/tools/a-new-vision/, 3면.

	재생산 건강	재생산 권리	재생산 정의
주요 관심 대상	재생산 건강에 있어서의 불평등	재생산 권리를 침해하는 법적, 정책적 문제들	-재생산에 대한 정치적/사회문화적/역사적 통제와 억압 -특정 집단과 공동체의 재생산을 통제하기 위해 가해지는 폭력 -여성과 소수자의 신체, 섹슈얼리티, 재생산 능력에 대한 통제의 맥락
주요 요구와 전략	-무상/공공 의료를 통한 건강권 보장 -재생산 건강에 관한 정보 접근권 확대 -재생산 건강 관련 보건의료 인프라와 서비스 접근성 확대 -포괄적 성교육을 통한 재생산 건강에 대한 이해 역량 강화 -재생산 건강을 저해하는 편견, 낙인, 폭력과 법·정책의 개선 등	-재생산 권리를 침해하거나 저해하는 법, 제도, 행정적 문제들의 폐지 또는 개선 -재생산 권리를 보장할 법과 정책, 제도의 마련	-억압과 통제에 대한 교차적 분석 -인종, 국적, 성별, 성적지향 및 성별정체성, 연령, 장애, 경제적 상태, 종교와 문화적 관행 등에 따른 차이와 문제점들에 대한 접근 -개인뿐만 아니라 집단과 공동체의 삶의 조건 전반에 영향을 미치는 다양한 사회정의 문제와의 연결 -커뮤니티와 지역 공동체 차원에서 리더십과 역량을 마련하고 구체적인 의제를 추진하며 네트워크를 구축
한계와 어려움	-보건의료 전문가들의 역량에 기대게 되는 측면이 있고, -개인적 차원에서 서비스와 교육 인프라 확대를 통한 접근성 보장에 초점을 두다 보니, 실질적으로 재생산 건강에 대한 이해와 접근성에 중요한 차이를 만드는 사회경제적 문제와 집단별 특성에 따른 교차성을 고려하지 못하는 경향이 있음.	-개인의 자기결정권과 프라이버시권을 강조하기 위해 외쳤던 "내 몸은 나의 것", "국가는 내 몸에서 손 떼라" 같은 구호가 도리어 사회적 맥락을 소홀히 다루고, 공적 자원의 축소를 정당화하는 데에 이용되기도 함. -'개인의 역량과 선택'에 따른 권리로서 의미화될 때 그 선택과 결정, 역량에 영향을 미치는 문제들-국가의 인구정책, 신체에 대한 규율과 단속, 젠더와 섹슈얼리티, 재생산에 대한 통제 등-을 고려하지 못함 -주로 법 개정과 정책적 변화를 위한 정치적 전략(주로 로비와 투표)에 집중하게 됨	장기간에 걸쳐 권력관계를 바꾸는 운동이므로 운동을 위한 자원과 구성원이 집중적이고 지속적으로 이어져야 하며 권력에 대한 깊이 있는 분석과 이해가 뒷받침되어야 함.

재생산정의의 프레임은 임신중지를 별개의 사건이 아니라, 계급, 장애, 연령, 이주 지위, 성적 정체성 등 다양한 사람들의 생애주기와 사회경제적 상황 속에 연결되어 있는 문제로서 다룰 것을 요구하고 있다. 비범죄화와 공식화 된 보건의료 연계 시스템의 구축, 정보와 서비스에 대한 차별없는 접근성 확대 등이 법·정책과 제도에 있어서의 주요 과제라면, 한국인 남성과의 결혼과 출산, 생산직 임금노동과 돌봄노동, 성노동 등 성과 노동을 매개로 체계적으로 위계화 된 이주민·난민의 체류자격이 지닌 부정의와 착취에 대응하는 것은 한국사회에 거주하는 이주민·난민의 성·재생산 건강과 권리를 위해 실현해야 할 재생산정의의 중요한 과제라고 할 수 있다. 마찬가지로, 우생학과 생산력 관리를 바탕에 둔 인구관리의 목적이 투명하게 반영되어 있는 모자보건법, 임신중지는 유·사산 휴가에서 제대로 인정하지 않고 있는 근로기준법, 성·재생산 건강의 영역은 거의 고려되지 않고 모성보호라는 협소한 틀안에서만 다뤄지고 있는 산재보상보험법, 민법에서의 가족 규정, 모성보호 및 일·가정 양립 지원 등의 관련 영역에서 전혀 인정되지 않고 있는 성소수자의 임신·출산 및 임신출산, 돌봄에 관한 사항 등이 처음부터 특정 집단에 대한 차별과 낙인, 불평등, 배제의 구조를 바탕으로 하고 있음을 인식한다면 재생산정의 프레임을 통한 인식의 지평은 앞으로 법 체계의 변화 또한 새롭게 추동해가게 될 것이다.

제3장

한국의 재생산정책 수립에서 무엇이 중요한가: 경험조사연구(empirical research)를 중심으로 [1]

양현아(서울대학교 법학전문대학원 교수)

1. 여는 말

2019년 4월11일, 대한민국 헌법재판소는 형법 제269조 제1항 자기낙태죄 및 제270조 제1항 의사낙태죄 규정이 헌법에 합치하지 않는다는 결정을 내렸다. 이 결정과 함께 재판부는 2020년 12월 31일까지 대체 입법을 할 것을 주문하였다.[2] 그러나, 본 결정이 내려진 지 4년 이상이 경과한 2023년 6월 현재, 후속 입법이 되지 않은 채 형법의 해당 조문들이 실효된 상태이다. 본 결정의 후속 입법이란 문언상 헌법불합치 결정이 내려진 해당 형법 규정이지만, 해당 규정이 개정된다면 관련된 모자보건법, 민법, 한부모지원법, 양성평등기본법, 건강가정지원법 등의 규정들도 함께 개정될 수밖에 없

1   이 글은 『헌법재판연구』 제10권 제1호 (2023.6.)에 출간되었음을 밝힌다.
2   헌법재판소 2019.4.11. 2017헌바127 (헌법불합치 결정 대상조문 형법 제269조 (낙태) ①부녀가 약물 기타 방법으로 낙태한 때에는 1년 이하의 징역 또는 200만 원 이하의 벌금에 처한다. 제270조 (의사 등의 낙태, 부동의 낙태) ①의사, 한의사, 조산사, 약제사 또는 약종상이 부녀의 촉탁 또는 승낙을 받아 낙태하게 한 때에는 2년 이하의 징역에 처한다.)

으므로 후속 입법의 범위는 더욱 넓어진다. 물론 새로운 법률을 제정하는 것도 선택지 중 하나일 것이다.

필자는 헌법재판소의 본 결정의 의미를 단지 임부의 낙태 허용의 폭을 넓힌다거나 혹은 낙태를 비범죄화하라는 취지에 국한해서 이해하지 않는다. 이 글에서는 헌법재판소(이하 헌재)의 이 결정을 '임신중지'를[3] 포함하여 '성과 재생산 건강과 권리 정책'[4] 전반을 수립하라는 의미로 해석한다. 그 이유는 먼저 헌재의 해당 결정문에서 찾을 수 있다. 본 결정의 법정의견은 여성의 자기결정권에 대한 상세한 논변과 함께 여성과 태아간의 '상호연결성'에 관하여 아래와 같이 설시하였다.

> **태아는 엄연히 모와 별개의 생명체이지만, 모의 신체와 밀접하게 결합되어 특별한 유대관계를 맺으면서 생명의 유지와 성장을 전적으로 모에게 의존하고 있다.**
> [중략] 특별한 예외적 사정이 없는 한, 임신한 여성의 안위(安危)가 곧 태아의 안위이며, 이들의 이해관계는 그 방향을 달리하지 않고 일치한다.
> 임신한 여성의 안위가 태아의 안위와 깊은 관계가 있고, **태아의 생명 보호를 위해 임신한 여성의 협력이 필요하다는 점을 고려하면, 태아의 생명을 보호한다는**

---

3 형법상 낙태란 '태아를 자연분만기에 앞서서 인위적으로 모체 위로 배출하거나 태아를 모체 안에서 살해하는 것을 내용으로 하는 범죄'이지만, 모자보건법상 임공임신중절수술은 '태아가 모체 외에서 생명을 유지할 수 없는 시기에 태아와 그 부속물을 인공적으로 모체 외부에 배출시키는 수술'이다(모자보건법 제2호 제6호). 하지만, 낙태와 인공임신중절과 같은 용어에서는 의사와 의료인이 중심이 되고 임부 여성의 주체성이 가려져 있다는 등의 문제제기 속에서 한국의 시민사회에서는 임신중지와 같은 용어가 널리 쓰이고 있다. 이 글에서는 맥락에 따라 임신중지, 임신종결, 낙태 등과 용어를 혼용할 것이다.

4 후술할 것처럼, 현재 국제규범에서는 재생산권리를 성적 권리(sexual right)와 통합된 권리로 다루며 건강권을 강조하는 경향이 나타난다. 필자는 이런 흐름에 동감하여 이 글에서 재생산정책, 재생산권리 정책, 성과 재생산 권리 정책이라고 표기할 경우에도 성과 재생산 건강과 권리 정책을 의미한다.

언명은 임신한 여성의 신체적·사회적 보호를 포함할 때 실질적인 의미를 가질 수 있다.[5]

이와 같이 헌재는 태아의 생명과 임신한 여성의 안위란 서로 충돌하는 관계가 아니라 서로 협력하는 관계라고 하였다. 임산부와 태아의 이익이란 서로 대립적인 것이 아니라 상생(相生)하는 관계라는 것을 인정하고 특히 태아의 임부에 대한 절대적 의존성을 수긍하는 것은 그동안 형법의 낙태죄의 보호법익으로 말해진 '태아의 생명 대(對) 임부의 생명 신체'라는 이분법을 크게 넘어서는 논리이므로 주목된다.[6] 이런 논리는 태아와 임부가 서로 독립된 존재로서 이익을 다투는 존재가 아니라 서로 연결된 존재 간의 공생을 꾀하는 돌봄의 윤리(ethics of care)와 닮았다고 할 수 있다. 필자는 '출산하는 모성뿐 아니라 임신중지를 하는 모성도 모성적 사유(maternal thinking)를 한다'면서 낙태 결정을 할 때에도 임산부는 태아와 분리되어 있지 않다고 해석하였다.[7]

나아가, 이 결정의 법정의견에서는 원치 않는 임신과 낙태를 감소시킬 수 있는 사회적 여건을 마련하는 것이 태아의 생명을 위하는 실효성 있는

---

5   헌법재판소 2019.4.11. 2017헌바 127 결정 결정문, 15-16면.

6   형법상 낙태죄 보호법익에 관해서 주된 보호법익은 '태아의 생명', 부차적인 보호법익으로 '임부의 생명·신체'라고 말해진다(신동운, 형법각론, 2018, 615면; 임웅, 형법각론, 2021, 118면 등). 보호법익이란 형법이 보호할 가치가 있는 이익 또는 가치를 말한다. 태아의 생명 가치가 절대 우위를 차지하는 기존 보호법익의 관점에서 보면 임부의 생명이 위태로운 상황을 제외하고는 절대 다수의 낙태시술은 정당화되기 어렵다. 이 보호법익론에는 낙태의 상황이나 불가피성은 찾기 어렵고, 인간을 양육하는 보살핌의 측면을 도외시한다는 문제점 등이 있다. 법사회학적으로, 형법의 보호법익론이 사회적 가치 위에 기초하는 것이라면 사회 변화에 따라 보호법익론도 새롭게 구성될 수밖에 없지 않나 사료된다.

7   양현아, "낙태에 관한 다초점 정책의 요청: 생명권 대(對) 자기결정권의 대립을 넘어", 『한국여성학』 제26권 제4호, 2010, 75면.

수단이라고 하였다. 앞서 본 태아와 임신 여성간의 상호연결성 논리에 기반할 때, 이러한 사회적 여건의 마련은 태아의 생명을 위하는 길일 뿐 아니라 여성의 건강을 지키고 여성들의 노동, 가족, 사회관계 등 전반적 상황을 건전하게 유지하는 방안이 될 것이다. 뒤에서 볼 것처럼, 헌재는 임신 여성들이 낙태갈등 상황에서 전문가의 지지와 충분한 정보를 제공받고 본인의 숙고를 통해서 임신 유지 여부를 결정하도록 해야 한다고 하였다. 이와 같이 본 결정은 단지 낙태죄 자체의 헌법 합치성을 넘어서서 여성들의 임신과 임신중지, 그리고 출산 등에 관하여 전문적인 지지를 받을 수 있는 시스템을 구축하라는 제안을 포함하고 있다. 이런 시스템의 마련이야말로 이 글에서 살펴볼 재생산권리 정책에 해당한다.

재생산권리를 실현할 수 있는 정책이 절실히 필요한 이유는 단지 헌법재판소의 해당 결정에 국한하지는 않는다. 몇 가지 그 이유를 들어본다면, 첫째, 낙태를 재생산권리의 차원에서 수용하여 관련 정책을 수립하는 일은 한국정부도 가입한 여러 국제규범의 원칙과 내용과 일치한다.[8] 둘째, 지난 10여년간 한국의 여성 시민들을 중심으로 한 한국의 시민사회는 임신중지 권리를 주장하였고 낙태죄에 관한 헌법재판소의 결정은 이런 시민사회의 요청을 수용한 결과라고도 할 수 있다.[9] 셋째, 한국정부는 지난 70여년간

---

8   한국도 참여하였던 2019년에 개최된 ICPD+25 나이로비 회의에서는 1994년 카이로 선언을 재확인하고 각국 정부는 이행 의지를 천명하였다. 2016년 유엔 사회권 규약위원회는 일반논평 22호로 "성과 재생산 건강 권리"(Rights of Sexual and Reproductive Health)의 원칙과 가이드라인을 천명하고 2022년 국제보건기구(WHO)는 임신중지에 관한 가이드라인을 제시하였다. 이외에도 재생산건강권리와 관련되는 국제규범으로는 여성차별철폐협약(CEDAW) 제16조, 제10조, 베이징행동강령(1995), CEDAW위원회 일반권고 24호(1999), 사회권위원회 일반논평 14호(2000) 등이 있다. 이상에 대한 고찰로는 유엔인권고등판무관실의 아래 링크를 참고할 것. https://www.ohchr.org/en/women/sexual-and-reproductive-health-and-rights.

9   2019년 결정 이전 낙태죄에 대한 헌법소원으로는, 헌법재판소 2012.8.23. 2010 헌바

국민의 재생산활동, 즉 임신과 출산, 양육 등을 개별 당사자들의 책임 영역으로 두면서도 유독 낙태행위에 대해서는 형법으로 개입해 왔다. 이제 형법상 낙태죄가 실효된 마당에 정부와 입법부는 낙태 방치 정책을 펼치려는 것이 아니라면 낙태를 감소시키고 여성들의 건강을 증진시킬 수 있는 임신 사전적인(성교육과 같은) 그리고 임신 사후적인(출산 지원책과 같은) 대책을 함께 고민해야 한다. 요컨대, 인구 재생산에 관한 체계적 정책은 낙태죄 실효 이후 관련 법간의 체계 정합성의 면에서도 필요하다. 이 면에서 형법이 그 중심이 아니라 모자보건법, 교육관련법, 의료관련법, 육아지원법 등을 중심으로 재생산정책 법체계를 마련해야 할 것이다. 이 글은 이 중에서 모자보건법 개정안을 중심으로 살펴보려고 한다.

2019년 헌재 결정 이후 후속 입법의 조속한 필요성은 의료현장 등에서 나타나는 혼란상에서도 찾을 수 있다. 헌재의 결정 이후 자기낙태죄 및 의사에 의한 낙태가 처벌되지 않게 되었지만,[10] 의료계에서는 의료수가와 함께 상담 및 교육 정책에 대해서 충분히 논의되지 않았다는 문제제기가 일고 있다.[11] 이른바 '낙태약' 수입에 관련해서도 일관성 없는 정책이 드러나고 있다.[12] 이러한 난맥상이 임신 당사자, 의료진, 상담자 등 모든 관계자들

402 형법 제270조 제1항 (의사 등의 낙태죄) 헌법소원을 참고할 것(합헌결정: 4:4).

10   2021년 2월 21일 대법원은 2019년 헌법재판소의 결정을 소급 적용하여 2013년 임산부의 의뢰로 5주된 태아를 낙태한 산부인과 의사에게 징역 6개월에 자격정지 1년을 선고한 원심을 파기하고 무죄를 선고했다.

11   의협신문. ""낙태죄 정리 안 됐는데…" 교육·상담료 신설에 산부인과 '당혹'" 2021.7.2. https://www. doctorsnews.co.kr/news/articleView.html?idxno =140147&sc_word=wangi0602&sc_word2=; 의협신문, "낙태허용 법적기준 없이 상담·교육하라고?…"탁상행정 전형,"" 2021.7.13. https://www.doctorsnews. co.kr/news/articleView.html?idxno=140251 (2023.4.23. 최종검색).

12   경향신문, "먹는 임신중단약 '미프진' 국내도입 무산…업체 자진 취하," 2022.12.16. https://m.khan.co.kr/ national/health-welfare/article/202212161106001#c2b (2023.4.23. 최종검색). 임신중지에 사용하는 미페프리스톤과 미소프로스톨을 2005

에게 갈등과 혼란을 줄 것이라는 점에 대해서는 별로 설명을 요하지 않을 것이다. 이상과 같이 법과 사회, 시민들의 상황을 전방위적으로 돌아볼 때, 상황을 더 이상 방치하지 말고 합당한 재생산정책을 수립해야 할 필요성을 알 수 있다. 앞으로 재생산정책에는 성관계, 임신, 출산, 양육의 단계를 포함하고 이를 다시 의료, 교육, 노동, 가족 등 다면적으로 디자인해야 할 것이다. 무엇보다도, 관련 현장의 필요성(needs)이 무엇인지를 파악하여 '살아있는' 정책을 수립해야 할 것이다.[13] 이렇게 많은 재생산정책 수립의 과제들 중 이 글에서는 우선 사회과학적 경험조사연구의 중요성에 대해 다루고자 한다. 경험조사연구를 실태파악 뿐 아니라 정책수립, 관련 상담과 교육을 위한 기초 '지식'의 생산의 견지에서 논의하려고 한다. 이 연구는 헌법재판소의 결정 이후 젠더인지적이고 체계적인 재생산정책을 만들기 위한 방법론에 해당하므로 헌재의 결정에 대한 법사회학적이자 젠더법학적 연구라고 할 수 있다. 본론에 들어가기 전, 다음 장에서는 저출산 고령사회 정책과 성과 재생산권리 정책 간을 비교하고, 재생산권리 개념에 대해서 살펴보려고 한다.

년에 이미 세계보건기구(WHO)의 필수 의약품 목록에 포함되었다. 김정혜, "임신중지 비범죄화 이후 성·재생산건강 보장을 위한 입법적 개선방안", 서울대학교 법학연구소 공동연구『재생산권리(Reproductive Rights) 실현을 위한 제도의 모색』학술대회 자료집, 2023.2.21. 참조.

13 "살아있는 법" 개념은 오스트리아 법사회학자 Eugen Eherich의 개념에 기초한 것이다. 에어리히는 오스트리아 소재 대학에서 "Institute for Living Law"를 설립했는데 그에게 사회학의 경험조사방법이 기존의 법리학을 개혁하고 소생시키는 초석이 되었다.(Eugen Eherich, *Fundamental Principles of the Sociology of Law*, Transaction, 2002)

2. 저출산 고령사회 정책과 '성과 재생산 권리' 정책

2000년대 이후 한국에서 인구 재생산의 의제는 '저출산·고령사회 기본
계획'(이하 '기본계획')이라는 큰 틀 속에서 진행되어왔음을 부정하기 어렵다.
2005년 한국 정부는 대통령직속의 '저출산고령사회위원회'(이하 '저고위')를
출범시켰고 기본계획과 함께 세부 정책들을 수립하고 저출산 극복을 위해
수백조 원의 재정을 지출하였다.[14] 그런데, 저출산 고령사회 대책과 이 글
에서 다루는 '성과 재생산 권리 정책'은 국민의 임신, 출산, 양육, 그리고 그
전제가 되는 성관계 등 그 영역이 서로 겹쳐져 있다는 점에서 관심을 가지
지 않을 수 없다. 우리 정부는 저출산 극복을 위한 정책에서 '성과 재생산권
리'라는 시각을 얼마나 어떻게 채용하고 있을까. 우리 정부는 국가의 저출
산·고령사회 극복과 국민의 재생산권리 보장이라는 두 목표 중에 어느 것
을 보다 상위의 목표로 보고 있을까. 참고로 제4차 기본계획(2020-2025)에
서는 "생애 전반 성·재생산권 보장"이라는 과제가 포함되어 있다는 점에서
두 정책이 서로 맞닿아 있다는 인식이 있었음을 알 수 있다.[15] 다만, 성·재
생산권리 실현이 기본계획의 최상위 원칙이 아니라 기본계획 하에 놓인 정

---

14 저고위는 제1차 기본계획(2006-2010), 제2차 기본계획(2011-2015), 제3차 기본계
획(2016-2020), 제4차 기본계획(2021-2025) 수립하였다. 최근년도 저고위의 저출
산대책 예산은 아래와 같다. (2019년 이후 분류체계가 달라져서 해당 예산을 '약'으
로 기재함)

분류	2017	2018	2019	2020	2021
	24.1조	26.3조	약 37.3조	약 40.2조	약 49.2조

15 저고위는 2022년 3월 31일 민관 합동의 '성·재생산건강권리협의회'를 출범시켰
으나 이후 본 협의회의 활동에 관해서는 찾아보기 어렵다. 제4차 기본계획에 대한
자세한 설명은 다음을 참고할 것 [대한민국정부, 제4차 저출산·고령사회정책기
본계획(2021~2025), 2020, 특히 159-160면; 배은경, "'저출생'의 문제제기를 통해
본 한국 인구정책의 패러다임 전환 모색", 『페미니즘 연구』 제21권 2호, 2021, 137-
186면].

책과제로 되어 있다. 즉, 저출산 고령사회 극복이라는 상위 목표아래 성과 재생산권리 정책이 놓여 있다. 만약 저출산 고령화에 대한 정부의 위기의 식이 국민의 성과 재생산권리를 보장해야 할 정책의 동력이 될 수 있다면, 그래서 성과 재생산권리 보장을 위한 의료적, 교육적, 문화적 변화를 추동 할 수 있다면 저출산 극복과 재생산권리 정책 간은 당분간 서로 호응하는 관계가 될 수도 있을 것이다.[16] 하지만, 2023년 현재, 정부의 재생산권리 보 장에 대한 가시화된 정책 기조가 보이지 않은 채 기존의 '정상가족' 중심의 인구정책 기조를 유지하는 것으로 보여서 우려된다. 이제 정부가 추구하는 저출산 극복정책과 성과 재생산권리 정책과의 패러다임 차이에 대해 좀더 살펴보기로 한다.

(1) 재생산권리 개념의 이해와 수용

2000년대 들어 한국사회에는 낙태죄 폐지의 중요성에 관한 여성주의 의 식이 형성되었고 재생산권리라는 새로운 규범이자 가치관이 도입되었다. 이 새로운 권리 성격을 살펴봄으로써 한국에 적합한 정책의 기초로 삼았으 면 한다.

재생산권리 개념이 세계적으로 확산된 계기는 1994년 이집트 카이로 에서 개최된 유엔 인구 및 개발회의(ICPD)에서 찾을 수 있다. 이 회의에서 선포한 재생산권리에 대한 행동강령 및 원칙에 재생산권리의 내용과 성 격, 각 정부의 역할 등을 명료하게 규정하였다.[17] 재생산권리 개념은 당시

---

16   정부의 저고위에는 이미 많은 임신 출산 관련 공공기관(인구보건복지협회, 국립중
      앙의료원 중앙난임우울증상담센터 등), 시민단체(한국난임가족연합회, 탁틴내일
      등), 제약회사(한국머트바이오파마, Organona 등) 등이 네트웍을 구축하고 있다
      (저고위 홈페이지 참고, 2023.2.15. 최종방문).
17   ICPD 카이로 회의의 행동강령 및 원칙의 한국어 번역은 양현아 편저, 『낙태죄에서
      재생산권으로』, 사람생각, 2005를 참고할 수 있다.

회의에서 도출된 것이 아니라 이미 존재하는 인권기준들 - 세계보건기구 (WHO), 유엔 여성차별철폐협약(CEDAW) 등에 바탕해서 형성되었다.[18] 재생산권리에 대해서, 김새롬은 "성·재생산 권리는 건강의 차원을 넘어 모든 사람이 자신의 몸과 섹슈얼리티에 대한 자기결정권, 생애주기에 걸쳐 이루어지는 생식 과정(reproductive life)에서 안전과 존엄, 건강을 보장받을 권리"라고 정의하였고, 필자는 재생산권리를 "혼인상태, 연령, 계급 등과 상관없이 성관계, 피임, 임신, 출산, 임신 종결을 비롯한 재생산활동에 대한 자유권적 권리이자 출산 이후 건전한 양육을 위한 사회적 국가적 책임까지 포괄하는 사회권적 권리"라고 정의하였다.[19]

재생산권리 개념은 카이로 회의 이후 눈부시게 발전하였다. 유엔 여성차별철폐협약위원회, 베이징행동강령, 유엔 사회권위원회 등 여러 기구와 선언 등을 통해서 정립되고 다듬어졌다. 특히 2016년 UN 사회권위원회 일반논평 제22호에 제시되었던 "성과 재생산 건강 권리(The Right to Sexual and Reproductive Health)"는 재생산권리를 여성의 건강권리의 문제로 접근하면서 포괄적인 원칙들과 세밀한 가이드라인을 제공하고 있다.[20] 이 일반논평에 따르면 재생산건강과 성적건강(sexual health) 권리는 서로 통합되어 있는

---

18   WHO에서는 재생산권을 "커플과 개인들의, 그들 자녀의 수와 터울을 자유롭고 책임있게 결정할 수 있는 기본권" 정의함. 재생산권리 개념의 형성사에 관해서는 하정옥, "낙태에 관한 형사처벌의 시대착오: 건강권-사회권-인권 실천의 국제적 합의를 중심으로", 『건강과 사회』 제8집(2017), pp.64-79.

19   김새롬, "포괄적 성 재생산 건강보장을 위한 보건의료체계의 과제: 임신중지를 중심으로", 『여성연구』 제109집 2호, 2021, 5-36면; 양현아. 위의 글, 2010, 6면.

20   Committee on Economic, Social and Cultural Rights, General comment on the right to sexual and reproductive health (article 12 of the International Covenent on Economic, Social and Cultural Rights), http://docstore.ohchr. org/SelfServices/FilesHandler.ashx?enc=4slQ6QSmlBEDzFEov LCuW1a0Szab 0oXTdImnsJZZVQfQejF41Tob4CvIjeTiAP6sGFQktiae1vlbbOAekmaOwDOWsU e7N8TLm%2BP3HJPzxjHySkUoHMavD%2Fpyfcp3Ylzg

데, 성적 건강이란 성성(sexuality)와 관련된 신체적, 감정적, 정신적, 사회적 건강을 의미하고 의료, 교육, 상담, 가족 등 여러 사회적 환경이 성적 건강 권리 구현에 중요한 환경이 된다.[21] 성과 재생산 건강 권리를 실현하기 위한 규범적 요소로 의료기관 및 의료 서비스 등의 가용성(availability), 접근성(accessibility), 물리적 접근성, 비용의 면에서 지불가능성, 정보 접근성, 여성 간의 차이와 취약성에 대한 수용과 질(quality) 등이 포함된다. 빈곤층, 청소년, 비혼여성, 장애 여성, 성적 소수자, 이주와 난민 여성, 성매매 여성 등 재생산권리 실현에 있어 취약집단을 포함하는 것의 중요성이 강조된다.[22] 이와 같이 성과 재생산 건강권리란 개개인의 건강권리 실현에 국한되지 않는 정치적이고 사회구조적인 개혁을 요하는 것임을 알 수 있다.[23]

그런데, 국제기준이나 외국의 법정책을 한국사회에 적용··응용하고자 할 때 그것들을 한국사회의 특성에 부합하도록 의미를 부여하고 정책을 디자인하는 것은 매우 중요한 과제이다. 2000년대 전반기에 본 주제에 대해 연구를 시작하면서 필자는 Reproductive Rights가 국내에서 생식권, 생식건강

---

21   Para. 6. Sexual health and reproductive health are distinct from, but closely linked, to each other. Sexual health, as defined by WHO, is "a state of physical, emotional, mental and social well-being in relation to sexuality." Reproductive health, as described in the ICPD Program of Action, concerns the capability to reproduce and the freedom to make informed, free and responsible decisions. It also includes access to a range of reproductive health information, goods, facilities and services to enable individuals to make informed, free and responsible decisions about their reproductive behaviour.

22   사회권위원회 일반논평 제22호에 대한 설명은 고경심, 2017헌바127 형법 제269조 제1항, 제270조 제1항 위헌소원 - 낙태죄의 위헌 여부, 미간행 참고인 의견서 2018; 김정혜, 위의 글, 2023, 김새롬, 위의 글, 2021을 참고할 것.

23   유엔 사회권위원회 일반논평 제22호에서는 성과 재생산 건강이란 실질적 젠더평등의 달성, 여성에 대한 폭력과 차별 철폐와의 관련성 속에서 가능하다는 것을 짚고 있다(제25조, 제26조). 특히 정부는 여성의 성과 재생산 건강에 저해가 되는 법과 정책, 제도를 철폐하고 의료 서비스, 상품, 교육과 정보를 얻는데 제약이 되는 모든 장애물을 제거해야 한다(제28조).

권, 출산권 등 다분히 산부인과적이고 보건학적으로 번역되었고 그나마 활발하게 사용되는 개념이 아니라는 것을 발견하였다. 필자는 이 권리의 인권과 사회과학적 측면도 고려하여 Reproductive rights를 '재생산권리'라고 번역하기로 하였는데, 현재에는 재생산권리라는 번역어가 학계와 시민단체, 연구기관 등에서 널리 활용되고 있다. 하지만, '재생산'이라는 표현이 사람에 대해서보다는 물건이나 기계를 다루는 개념으로 다가온다는 의견도 있다. 좋은 번역어를 찾고 사용하는 것은 외국어를 모국어처럼 이해하고 수용하기 위한 중요한 과정인데,[24] 이에 대해 성과 재생산 권리를 "입에 붙도록" 불러보라는 제안도 유익하다.[25]

다른 한편, 앞서 살펴본 사회권규약위원회 일반논평 22호의 '성과 재생산 건강권리'에 대한 번역 문제도 있다.[26] 국내에서는 이를 '출산 관련 건강 및 권리'로 번역하는 경향을 찾아볼 수 있는데 이렇게 되면 이 권리에서 성적 측면이나 임신중지의 측면이 약화되거나 감추어질 수 있다. 특히 교육부가 발표한 '2022년 교육개정안'에서 기존 교육과정에서 사용되던 '성·재생산 건강과 권리'가 '성·생식 건강과 권리'로 바뀌었고 기존의 성평등 및

---

24 김동식 외, 성·재생산 건강 및 권리 보장 기본계획 수립을 위한 연구, 여성정책연구원, 2021를 살펴보면, 성·재생산 건강과 권리라는 용어는 빈번히 접한 집단일수록 이 권리가 보장되어야 한다는 관심이 높은 것으로 나타나는 바, 인식상승 방안이 필요하다고 한다.

25 김새롬, "2021년, 성과 재생산권리가 입에 붙도록," 『한겨레21』, 제1344호, 2020.12.24, https://h21.hani.co.kr/arti/society/society_general/49707.html (2023.2.15. 최종 방문)

26 앞서 본 일반논평 22호의 권리에 대해서는 '성과 재생산 건강권리'라고 번역하는 것이 적합하다고 보지만, 이후 유엔 인권기구에서는 본 일반논평을 포함해서 여타 위원회의 지침 등을 통합해서 'Sexual and Reproductive Health and Rights(SRHR: 성과 재생산 건강과 권리)'로 널리 표기하고 있다. (https://www.ohchr.org/en/women/sexual-and-reproductive-health-and-rights). 이에 따라 이 글에서는 '성과 재생산 건강권리' 개념과 함께 '성과 재생산 건강과 권리'라는 개념을 함께 사용한다.

성 소수자 개념이 모두 삭제되었다.[27] 2022년 12월에 개최된 국가교육위원회는 '성·생식 건강과 권리'를 '성·건강과 권리'로 바꿈으로써 '생식'이라는 용어를 아예 삭제하여 교육부 번역어보다 한층 더 후퇴시켰다.[28] 성과 재생산 건강 권리에서 인권의 관점을 약화시키고 재생산을 출산이나 생식 혹은 성으로 축소하려는 의도가 무엇인지 의문스럽고, 가뜩이나 형식적인 것이 된 현행 성교육이 더욱 소극적으로 되지 않을지 우려된다.[29] 낙태죄가 실효된 후 관련 정책이 무엇인지 혼란스럽고, 저출생과 아동학대 등의 사안이 날로 심각해지는 현실에서 성과 재생산 교육을 보다 적극적으로 추진해야 할 이유는 매우 많다고 생각한다. 이렇게 성과 재생산권리에 대한 번역어는 단지 번역을 넘어서서 정책적, 정치적 판단을 포함하고 있다.

(2) 패러다임 전환으로서의 성과 재생산 권리 정책

재생산권리 개념의 핵심은 인간 재생산의 의제를 국가 주도성에서 벗어나 모든 시민들을 재생산권리의 주체로 정립시킨 점에 있다고 생각한다. 인구와 출산의 문제를 국가의 관점이 아니라 시민권의 관점에서 바라보면서 시민들이 국가로부터 그 지원을 청구할 수 있도록 권한을 강화한 것이다. 이 점에서 재생산권리의 법정책은 인구와 출산 문제에 대한 기존의 정책 패러다임의 전환에 해당한다. 이 점이 저출산극복 정책과 재생산권리 정책 간의 차이라고 할 수 있다. 재생산권리에 관한 국가 정책을 마련하고자 할 때, 헌법에 관련 규정을 둔다면 매우 바람직할 것인바, 명시적이진 않

27   오세진, "'성평등' '성소수자' 뺀 교육과정 개정안…어떻게 가르치려고?," 한겨레신문, 2022.11.9.일자, https://www.hani.co.kr/arti/society/society_general/1066543.html

28   김나연, ""재생산은 낙태, 성적 존재는 동성애 유도" 혐오에 굴복한 교육과정," 경향신문, 2022.12.7.일자.

29   각급 학교에서 성과 재생산 관련 교육은 '범교과 수업'이어서 의무교육이 아니라 해당 교사의 의지에 따라 실시되어 왔다.

지만 재생산권 개념을 채용했던 문재인 전 대통령 개헌안을 주목해 본다 (이하 표에서 강조는 모두 필자).[30]

〈표 1〉 문재인 전대통령 개헌안 재생산권리 관련 조문

문재인 개헌안	현행 헌법의 대응 조문
제33조 ⑤ "모든 국민은 고용·임금 및 그 밖의 노동조건에서 임신·출산·육아등으로 부당하게 차별을 받지 않으며, 국가는 이를 위해 여성의 노동을 보호하는 정책을 시행해야 한다."	제32조 ④여자의 근로는 특별한 보호를 받으며, 고용·임금 및 근로조건에 있어서 부당한 차별을 받지 아니한다.
제33조 ⑧ 국가는 모든 국민이 일과 생활을 균형 있게 할 수 있도록 정책을 시행해야 한다.	없음
제35조 ③ 모든 국민은 임신·출산·양육과 관련하여 국가의 지원을 받을 권리를 가진다.	제36조 ②국가는 모성의 보호를 위하여 노력하여야 한다

성과 재생산 건강 권리가 위 조문에만 국한하진 않지만, 보다 직접적으로 재생산권리를 규정한 개헌안을 대응되는 현행 헌법 조문과 비교해 보도록 한다. 현행 헌법 제32조에서 '여자의 근로'는 특별한 보호를 받는다고 규정하는 데 비해서 개헌안 제33조 제5항에서는 '모든 국민이' '임신·출산·양육 등'으로 인해 차별받지 않는 권리의 주체로 규정하고 있다. 즉 임신 출산 양육 등 재생산 활동을 여성의 일이 아니라 모든 근로자 나아가 모든 국민의 활동임을 천명하여 재생산 활동의 권한과 책임을 국민 모두가 갖도록 하는 헌법적 근거를 마련하였다.[31] 둘째, 개헌안은 '모든 국민'의 재생산

30   본 10차 개헌안은 2018년 3월26일 국회에 발의되었으나 동년 5월24일 의결정족수 미달(114/192)로 폐기되었다.

31   개헌안에는 국민 대다수에게 생소할 수 있는 재생산권 개념을 피하고 "임신·출산·양육 등"과 관련한 권리로 풀어쓴 것으로 사료된다. 하지만, 재생산권리가 임신·출산·양육과 같은 활동 관련 권리 목록을 의미하진 않는다.

권리를 규정함으로써 여성과 재생산권리의 관계를 재정의하였다고 보인다.[32] 현행 헌법 제32조에서 규정한 여자의 근로의 보호 이유가 단지 모성에 있다고 단정할 수는 없더라도 제36조에서 모성 보호를 강조하고, 근로기준법 등에서 여성 근로자의 보호 이유를 주로 모성에 두고 있어서 제32조의 여자는 자녀를 임신하고 출산하는 근로자를 의미한다고 해석해도 큰 무리를 없을 것이다. 현재의 의료과학에서 임신과 출산은 여성만이 할 수 있고 여성들에게 양육과 돌봄 역할이 당연한 성역할처럼 기대되어 왔던 바 본 조문은 여성의 성역할이 아니라 보편적 권리로서 재생산권리를 자리매김하고 있다.[33] 셋째, 제35조 제3항에서 개헌안은 국민들이 재생산 활동에 대해서 국가로부터 지원을 받을 권리를 규정함으로써 재생산 활동과 관련하여 국민과 국가의 관계를 보호에서 지원으로 바꾸어놓았다. 이렇게 개헌안은 국민의 재생산의 문제를 개인의 권리로 규정하고 국가는 이것을 지원해 주어야 할 지원자로 놓았다는 점에서 기존의 정책 패러다임의 전환에 해당한다.

이렇게 볼 때, 기존의 저출산 정책과 재생산권리 정책의 커다란 차이를 몇 가지로 꼽아볼 수 있다. 먼저 그 방향성인데, 저출산 정책이 인구감소 및 인구고령화에 따른 국가의 우려를 극복하기 위해서 '위로부터 아래로' 전달되고 집행하는 정책이라면 재생산권리 정책은 시민들의 재생산활동을

---

32   다만, 개정안 제33조 제5항에서 밑줄을 친 부분은 국민헌법자문특별위원회가 축조했던 원개정안에 포함되어 있지 않던 부분을 청와대에서 부가한 것으로 알려진다. 이는 여성에 대한 특별한 보호가 아니라 국민의 보편적 권리로서 재생산권리를 규정하려고 했던 본 개정안의 의도를 제대로 파악하지 못한 불필요한 규정이 아닌가 한다.

33   '모든 국민'이 재생산권리의 주체라고 하더라도 젠더, 성적 지향, 인종, 국적 등에 따라 성과 재생산권리가 가지는 의미는 동일하지 않다. 재생산권리와 젠더 차이의 문제는 중요한 주제이지만 이 글의 범위를 넘어선다. 이 글에서는 여성에게 재생산권리가 가지는 중요성을 감안하여 여성을 중심으로 하여 관련 논의를 전개할 것이다.

건강하고 바람직하게 만들고자 하는 요청을 '아래로부터' 전달하고 실현하는 정책이라고 할 수 있다. 둘째, 현행 헌법과 같이 저출산 정책은 재생산의 주체를 여성으로 특정하면서 국가가 이를 보호하고 출산을 장려하는 정책을 펼치지만, 재생산권리 정책은 모든 국민들을 성과 재생산의 주체로서 인정하고 재생산활동과 관련하여 자유권과 평등권, 사회권을 실현하도록 지원하는 정책을 펼치게 될 것이다. 셋째, 재생산권리 정책은 임신 이전에 성적 건강 및 권리에도 관심을 가짐으로써 성교육, 피임교육 등도 주요 정책 대상이 될 것이다. 모든 국민의 성적 권리를 보장할 때, 법률혼과 같은 가족관계에 있는 사람들만을 성과 재생산권리의 주체로 한정하거나 특별대우하는 근거가 박약해질 것이다. 요컨대, 결혼과 출산의 등식이 무너지고, 비혼자, 청소년, 빈곤층, 성 소수자 등의 성과 재생산 활동에 대한 차별의 문제를 다룰 수 있게 된다. 이상과 같은 차이를 살펴볼 때, 국가의 필요성이 아니라 국민의 필요성에 입각한 인구 재생산정책으로 그 패러다임을 전환하는 것이 시대의 필요성에 부합하고 그 효과도 더 거둘 수 있는 접근으로 사료된다. 재생산권리를 헌법에 규정하는 것은 이렇게 큰 의미를 가지므로 다음 개헌에서는 반드시 이루어졌으면 한다.

3. 모자보건법 개정안에서 나타난 재생산정책

헌재의 결정에 따른 대체입법을 위해서 제출된 여러 모자보건법 개정안들이 2023년 6월 현재 국회에 계류 중이다.[34] 앞서 살펴보았던 헌재 결정

---

34 21대 국회(2020년 5월30일~)에서 발의된 모자보건법 일부개정 법률안은 정부안(제안일자 2020.11.18., 의안번호 2105459), 권인숙의원안(제안일자 2020.10.12., 의안번호 2104484)을 포함하여 다음과 같은 개정안 등이 있다[더불어 민주당 박주민의원안(2020.11.27.), 남인순의원안(2021.1.14.), 국민의힘 조해진의원안(2020.11.13.),

의 취지가 개정안에 어떻게 반영되어 있을지 관심이 간다. 형법의 낙태죄가 실효된 이후, 모자보건법이야말로 여성들과 모든 시민들의 성과 재생산 건강을 위한 중심 법이 될 수 있을 것이기에 더욱 그러하다. 하지만, 하향식 저출산 극복 정책의 기조가 지속되는 가운데 진정한 성과 재생산권리 정책을 법제화할 수 있을지는 의문이다. 본 장에서는 지면 관계상 정부(보건복지부)가 발의한 모자보건법 일부개정법률안(이하 정부안)과 권인숙의원 대표발의 개정안(이하 권인숙의원안)에 한정해서 그 주요내용을 살펴본다.

(1) 모자보건사업과 재생산정책

먼저 법안에서 모자보건사업 등 주요 사업에 관한 규정을 살펴보기로 한다.

〈표 2〉 모자보건법 개정안 제2조 관련

정부안(의안번호 5459호, 2020.11.18)	권인숙 의원안(의안번호 4484, 2020.10.12)
제2조 (정의) 1~7호 생략 8. "모자보건사업"이란 모성과 영유아에게 전문적인 보건의료서비스 및 그와 관련된 정보를 제공하고, **모성과 국민의 생식건강(生殖健康) 관리와 임신·출산·양육 지원을 통하여 이들이 신체적·정신적·사회적으로 건강을 유지하게 하는 사업을 말한다**(법 제7조의2에 따른 중앙 임신·출산 지원사업과 제7조의3 및 제7조의4에 따른 임신·출산 종합상담사업을 포함한다).	제2조 (정의) 1~7호 생략 8. "모자보건사업"이란 모성과 영유아에게 전문적인 보건의료서비스 및 그와 관련된 정보를 제공하고, 재생산건강 관리와 임신·출산, 인공임신중단, **양육 지원을 통하여 이들이 신체적 정신적 사회적으로 건강을 유지하게 하는 사업을 말한다.**

〈표 2〉에서 해당 법률안의 제2조(정의)의 제8호에서 두 법률안이 정의하는 '모자보건사업'에 대해 파악할 수 있다. 정부안은 모자보건사업을 모성과 국민의 생식건강 관리, 임신 출산 양육 지원, 모성의 신체적 정신적 사회

서정숙의원안(2020.12.1.), 정의당 이은주의원안(20.11.5.)이 있다. 다만 이은주의원 안은 '모자보건법'이 아니라 '임신·출산 등과 양육에 관한 권리보장 및 지원법'이라는 법명으로 제출함].

적 건강을 유지하게 하는 사업으로 정의하고 있다.[35] 반면, 권인숙의원안에서는 모성 개념을 삭제하고 모든 국민의 재생산건강이라는 개념을 채용하고, 모자보건사업을 재생산건강 관리, 임신출산, 인공임신중단, 양육 지원, 신체적 정신적 사회적 건강을 유지하게 하는 사업으로 정의하고 있다. 좀 더 구체적으로 양 법안의 모자보건사업의 성격을 비교·분석해 본다.

첫째, 정부안에서는 재생산건강 내지 재생산권리와 같은 개념을 채용하지 않은 채 기존 모자보건사업 개념을 계속 채용하면서 임신·출산과 관련된 지원사업과 종합상담사업을 포함시키고 있다. 이에 비해, 권인숙 안에서는 재생산건강 개념을 중심으로 임신 출산 양육 뿐 아니라 '인공임신중단'도 모자보건사업에 포함하고 있어서 권인숙의원안이 헌법재판소의 낙태죄 헌법불합치 결정에 보다 더 부합한다. 2023년이라는 시점에서 재생산권리 관련 국제규범이나 가이드라인에 기반할 때, 정부안의 모자보건사업이란 재생산건강 및 권리를 보장하기에 부족하다고 보인다.

둘째, 정부안의 모자보건사업은 생식건강을 중심으로 하면서 모성과 국민을 사업의 주체로 삼고 있다. 또한, 정부안에 신설된 제12조(인공임신중절의 예방 사업) 제3항에서는 '국민의' 생식건강의 증진 진작 사업을 규정하고 있어서 정책 대상을 국민으로 확장시키고 있다. 전반적인 정책 대상을 국민으로 확장한 것은 바람직하지만, 국민을 대상으로 하는 '모자보건사업'의 성격이 다소 불명확하다.

셋째, 사전적 의미로 '생식'이란 '생물이 다음 세대를 만드는 방식'이라고 정의되는바, '생식건강'이란 생물학에 중심을 두고 있어서 성교육, 피임, 임신 중지 등의 사회적 과정에 관한 상담과 교육, 성과 재생산권리 실현에

---

35   정부안은 "제2조(정의) 7. "인공임신중절"이란 '약물이나 수술 등 의학적인 방법으로 태아가 모체 밖에서는 생명을 유지할 수 없는 시기에 태아와 그 부속물을 인공적으로 모체 밖으로 배출시켜 임신을 종결하는 행위를 말한다."고 하여 해당 정의에 '약물 등'을 포함시켰다.(밑줄은 개정 부분)

저해가 되는 사회문화적 관행을 철폐하는 등의 사업들이 주변화될 가능성이 있다. 그런데, 정부안에도 임신 여성에 대한 정보제공, 교육과 상담에 관한 사업들이 규정되어 있어서 생식건강을 중심으로 모자보건사업을 정의한다는 것은 다소 모순적이다. 이렇게 모자보건법 정부 개정안에는 모자보건사업, 생식건강 등 '오래된' 개념들과 낙태죄 헌법불합치 결정 이후의 새로운 사업들이 혼재되어 있어서 관련 정책들이 체계적으로 정비되어 있지 않은 상태라고 평가한다.

(2) 주요 사업에 관한 규정

모자보건법 정부안과 권인숙의원안 제12조에는 본 법률의 주요 사업들에 대해 규정하고 있고 이 글의 관심사인 실태조사 규정을 두고 있어서 주목된다.

〈표 3〉 모자보건법 개정안 제12조 관련

정부안	권인숙의원안
제12조 (인공임신중절 예방 등의 사업) ①②(현행과 같음) ③ 국가와 지방자치단체는 국민의 생식건강 증진을 위해 다음 각 호의 사업을 실시할 수 있다. 1. 피임 교육 및 홍보 2. 임신·출산 등에 관한 종합적인 정보 제공 및 심리 지원 3. 인공임신중절 관련 실태조사 및 연구 4. 그 밖에 생식건강 증진과 관련된 사업	제12조(재생산건강 증진 사업 등) ①②(생략) ③ 국가와 지방자치단체는 국민의 재생산건강 증진을 위하여 다음의 사업을 실시할 수 있다. 1. 피임교육 및 성교육의 통합적 실시 및 홍보 2. 임신·출산 및 인공임신중단 등에 관한 종합적 정보제공 및 심리상담 지원 3. 임신·출산 및 인공임신중단 관련 실태조사 및 연구 4. 그 밖에 재생산건강 증진 관련 보건복지부장관이 필요하다고 인정하는 사업

〈표 3〉에서 보면 개정안들은 재생산건강 내지 생식건강의 증진을 위해 여러 사업 규정을 신설하였다. 먼저, 정부안은 기존 모자보건법 제14조(인공임신중절수술의 허용한계)을 삭제하고 제12조에 인공임신중절 예방사업이라는 명칭을 그대로 사용한 채 여러 사업을 규정하고 있으며, 권인숙의원

안은 재생산건강 증진 사업이라는 명칭을 사용하면서 그 내용에서도 여러 차이가 나타난다. 정부안에서는 피임에 관한 교육 및 홍보, 임신 출산 등에 관한 종합적인 정보 제공, 심리적 안정, 인공임신중절 관련 실태조사 및 연구 등의 사업을 규정하고 있지만, 권인숙의원안은 피임교육 및 성교육의 통합적 실시 및 홍보 규정을 둠으로써 정부안에 없는 성교육 사업을 명시하고 있다. 권의원안은 임신·출산 뿐 아니라 인공임신중단에 관한 정보와 심리상담도 제공한다고 하여 정부안과 큰 차이를 나타낸다. 마지막으로, 정부안에서는 실태조사 및 연구 대상을 인공임신중절에 국한하는 데 비해 권의원안에는 임신중지와 함께 임신과 출산 전반으로 넓히고 있다. 이상과 같이 정부안은 여전히 인공임신중절을 '예방'의 대상으로 삼을 뿐 적극 지원하고 상담해야 할 사안으로 규정하고 있지 않아서 헌재의 결정 취지, 국제규범 및 사회적 요청 등에 부합하지 않는다고 평가한다.

이상과 같이 볼 때, 모자보건법 정부안에는 2019년 헌법재판소의 낙태죄 결정에도 불구하고 임신중지에 대한 이중적인(ambivalent) 태도를 가지고 있다고 진단한다. 모자보건법 안에 정책 대상으로서의 인공임신중절이 포함되지 않으면서도 포함되는 듯한 이중성을 넘어서서 임신중지 관련사업을 법의 목적사업 속에 분명하게 포함시켜서 국민들의 성과 재생산 건강과 권리 증진에 힘써야 한다.[36] 나아가, 모자보건사업을 법의 중심으로 하는 "모자보건법"이라는 법의 명칭이야말로 국민의 성과 재생산 건강과 권리 실현이라는 국제규범과는 다소 동떨어진 법률명이 아닌가 한다. 그동안 국가 주도, 낙태죄 처벌, 모성보호 중심의 모자보건법의 시각에서 벗어나서 성과 재생산 건강 및 권리라는 인권을 중심으로 법의 명칭을 새롭게 부여했으면 한다.[37] 보건, 환경, 복지, 노동, 국토, 건설 등과 같은 공적 성격이 짙

---

36   이 사안은 법무부가 발의한 형법개정안과 연동되어 있다고 보인다. 후술 참고할 것.
37   모자보건법은 1973년 5월 10일에 발표된 법률로서 당시 국가주도적 가족계획사업

은 분야에서 관련 정책기본법이 제정되어 있음을 감안하고, 형사처벌을 넘어서 보다 체계적 정책으로 인구 재생산 과제를 다루고자 한다면 '재생산 정책기본법'과 같은 법률 제정을 진지하게 검토해야 때이다.[38]

4. 경험조사연구(Empirical Research)의 중요성 : 지식은 어디에서 오는가

전통적인 해석법학과 달리, "사회적 맥락 속에서 법현상을 사회과학적으로 이해하고자" 하는 법사회학은 경험조사연구를 통해서 사실 확정, 입법과 소송 등에 기여할 수 있다.[39] 여기서, 경험조사연구란 경험에 근거하여 사실을 관찰하고 이를 통해 원칙을 추출하고 그 원칙을 다시 경험적 사실을 통해 검증하면서 보편적인 원칙을 만드는 연구이다.[40] 윤리학이나 순수수학과 같은 비경험과학과는 달리, 사회과학은 실험과 관찰, 설문조사 등 사회조사 방법을 통해서 사회현상을 탐구, 묘사, 설명, 예측하고자 한다. 경험조사연구는 사회적 행위자들의 행위양태, 행위에 부여하는 의미, 나아가

이라는 정책의 맥락 속에 법제정이 이루어졌다. 비슷한 제안으로는 신옥주 외, 『성·재생산 건강과 권리의 보장을 위한 법제 연구』, 저출산고령사회위원회 연구용역보고서, 2020, 18-21면.

38 재생산권리 보장을 위한 정책 법률의 부재는 '저출산 고령사회 기본법'(법률 제 7496호, 2005.5.18. 제정)과 대비를 이룬다. 이 점은 앞서 논의하였던 정부주도의 저출산 고령화 극복 정책과 국민의 재생산권리 실현 정책간의 비교 우위를 반영한다 하겠다. 참고로, '성적권리와 재생산정의를 위한 센터 셰어'가 마련한 "성·재생산 권리 보장 기본법"을 찾아볼 수 있다.(기본법안은 https://srhr.kr/policy/?bmode= view&idx=6142615&t =board, 2023.2.10. 최종방문)

39 이상수 외, 『법사회학, 법과 사회의 대화』, 다산출판사, 2013, 8-9면.

40 양건, 『법사회학』, 아르케, 2001, 19-20면 & 191-192면.

행위의 맥락에 대해서도 정보를 제공한다.[41] 앞 〈표 3〉의 법률안 제12조에 규정되었던 것처럼 앞으로의 관련 정책에서 실태조사가 지속적으로 이루어질 것으로 전망한다. 문제는 무엇을 어떻게 조사를 할 것인가, 이 조사의 의미를 어떻게 부여할 것인가, 그리고 얼마나 적극적으로 조사에 투자할 것인가 등에 있다. 이에 본 장에서는 개정안의 용어대로 '실태조사'라는 용어를 사용하여 경험조사의 측면에 대해 논의해 보고자 한다.[42] 먼저, 최근의 실태조사를 살펴보면서 현재의 실태를 파악하고 앞으로의 조사에 관한 아이디어를 얻고자 한다.

(1) 인공임신중절에 관한 최근의 실태조사

그동안 한국보건사회연구원을 중심으로 한국 여성들의 인공임신중절 실태조사가 이루어졌다.[43] 아래 〈표 4〉는 최근 조사인 2018년과 2021년의 실태조사의 결과 중 일부를 필자가 재구성한 것이다.

---

41 John Monahan & Laurens Walker, *Social Science in Law - Case and Materials* (6th ed.), Foundation Press, 2006.

42 실태조사란 '있는 그대로의 상태'에 대한 조사로 외면적으로 드러난 양태가 중심 조사대상이 되지만 경험조사는 드러나는 양태 뿐 아니라 행위자들이 행위 및 맥락에 부여하는 의미까지 조사대상에 포함한다는 점에서 차이가 있다.

43 한국보건사회연구원은 1990년대부터 2021년까지 인공임신중절에 관한 조사를 수행해 왔다. 이외에도 2005년에는 고려대 산학협력단(전화조사)에서, 2011년에는 연세대 산학협력단에서 조사하였고, 한국여성정책연구원에서도 관련 연구를 수행했다. 여기에서는 이소영 외,『인공임신중절 실태조사 보고서』, 한국보건사회연구원 보건복지부 정책보고서 2018; 변수정 외,『인공임신중절 실태조사 주요 결과 세부 내용』, 한국보건사회연구원/보건복지부, 2021, https://www.kihasa.re.kr/news/press/view?seq=473202021의 조사를 살펴보았다.

〈표 4〉 인공임신중절('중절'로 표기) 실태조사 결과 (2018년 & 2021년)

구분	2018년 실태조사	2021년 실태조사
조사대상 및 방법	만 15~44세 여성 10,000명 온라인조사	만 15~49세 여성 8,500명 온라인조사
중절경험율	만 15~44세 여성 10,000명 온라인조사	임신경험 대비 17.2%(~49세 기준)/ **임신경험 대비 15.5%(~44세 기준)**
임신경험율		7,410회(임신회수)/7,022명(성경험자)
중절 당시 혼인상태	**미혼 (46.9%)**, 법률혼 (37.9%), 사실혼·동거 (13%), 별거·이혼·사별 (2.2%)	**미혼 (64.4%)**, 법률혼 (26.8%), 사실혼· 동거 (8.2%), 별거·이혼·사별(0.53%) (~44세 기준)
중절 당시 피임실천	**피임없었음(40.2%)**, 질외사정이나 월경주기법(47.1%), 이외 방법으로 피임(12.7%)	**피임없었음(48.2%)**, **질외사정이나 월경주기법(36.4%)**, 콘돔이나 자궁내장치(13.2%), 응급피임약 복용(2.2%) (~44세 기준)
중절방법 및 비용	수술만 (90.2%), 약물 사용(9.8%) **30~50만원 미만 (41.7%)**, 50~100만원 미만 (32.1%), 30만원 미만 (9.9%)	수술만(92.2%), 약물 사용(7.7%) 약물사용의 경우 10만원 미만 (36.2%), 10~20만원 (21.3%), 50만원 이상 (14.9%), 수술의 경우 **30~50만원 미만 (36.1%)**, 50~100만원 (30.1%), 미상 (15.5%)
중절 당시 필요 정보 (복수응답)	중절 가능 기관, 중절 비용, 중절 방법 및 후유증에 대한 정보 순으로 필요성 높게 나타남	중절 비용, 중절 가능 기관, 중절 방법 및 후유증에 대한 정보 순으로 필요성 높게 나타남 (임신·출산·양육 지원 정보 관련 법률정보 필요는 낮게 나타남)
정보 습득경로	의료인(의사, 간호사 등) (34.6%), 인터넷을 통한 불특정 대상 (29.3%), 친구 및 지인(18.3)	인터넷을 통한 불특정 대상 (46.9%), 의료인(의사, 간호사 등) (40.3%), 친구 및 지인(30.4%)
중절 사유	학업, 직장 등 사회활동 지장(33.4%), 경제상태상 양육 부담(32.9%), 자녀 불원 자녀간 터울(31.2%) 등 사회활동 지장	학업, 직장 등(35.5%), 경제상태상 양육 부담(34.0%), 자녀 불원 자녀간 터울(29.0%), 파트너와의 관계 불안정(21.6%)
사후 관리	중절 이후 신체적 증상 경험(7.1%) 중 치료 받음(48.8%), **정신적 증상 경험(55.8%) 중 치료 받음(16.9%)**	중절 이후 신체적 증상 경험(8.5%) 중 치료 받음(43.8%), **정신적 증상 경험(54.6%) 중 치료 받음(14.8%)**
중절 관련 정책수요	원치 않는 임신 예방 위한 성교육 및 피임교육(24.2%), 피임·임신·출산에 대한 남녀공동 책임의식(21.5%)	피임·임신·출산에 대한 남녀공동 책임의식(27.1%), 원치 않는 임신 예방 위한 성교육 및 피임교육(23.4%)

〈표 4〉에 나타난 조사 결과를 몇 측면에서 해석해 본다. 첫째 최근으로 올수록 한국에서 중절의 전체 횟수가 점차 감소하는 경향을 파악할 수 있다. 그럼에도, 2021년 조사에서 보는 것처럼, 성경험 여성수 대비 임신 회수가 높게 나타나는 바(7,410 임신횟수/7,022명 성경험자, 한 여성의 복수 임신이 가능), 이성애 성관계를 가진 여성들에게 임신이란 보편적인 경험이라는 점을 엿볼 수 있다. 또한, 임신경험 대비 임신중지의 비율이 2018년 20%, 2021년 15%를 나타내는 바 직관적으로 상당히 높은 비율의 임신이 임신중지에 이르렀다는 점도 알 수 있다. 임신중지의 전체 횟수가 줄었다고 할지라도 임신중지가 여전히 성경험을 한 한국 여성에게 만연한 체험이라는 점을 엿볼 수 있다. 이와 같은 기본적인 경향을 볼 때, 한국 여성들의 임신중지의 사유에 대한 보다 심층적인 조사연구와 함께 한국 여성들의 '성적 권리' 행사, 즉 원하는 때에 원하는 상대와 성관계를 할 자유를 행사하고 있는지에 관한 앞으로의 조사연구가 필요할 것으로 보인다.

참고로, 2000년대 들어서 대법원과 헌법재판소와 같은 한국의 최고법원들은 여성과 남성, 성소수자들의 성적 자기결정권을 제한하는 법률과 해석론을 완화하고 폐기하는 판결을 내려왔다.[44] 이에 따라 한국의 여성들은 여러 사회문화적 관습과 무관하게 성적 자기결정권을 기본권으로 행사할 수 있게 되었다. 그런데, 여성들에게 성적 자기결정권의 행사란 성관계 이후 원치 않는 임신의 가능성이 상존한다는 것을 의미한다. 그렇다면, 성적 자

---

[44] 대법원 2013.5.16, 2012도1478(부부간의 강간을 부인했던 종래의 판결을 변경함); 대법원 2012.7.12., 2012도4031 및 대법원 2018.2.28, 2017도21249(강간죄의 '폭행·협박'의 정도를 완화하여 사실의 판단기준으로 객관적이고 합리적인 관점으로 변경함); 헌법재판소 2009.11.26., 2008헌바58등8(형법 제304조 혼인빙자간음죄에 대한 위헌결정); 헌법재판소 2015.2.26, 2009헌바17,2010헌바194, 2011헌바4 등(형법 제241조 간통죄에 대한 위헌 결정); 대법원 2022.4.21., 2019도3047(군인인 동성 간에 합의에 입각한 성관계가 군형법 제92조의6이 처벌하는 '항문성교 그 밖의 추행'에 해당하지 않는다는 판결).

유권을 수호했던 법원과 국회는 성관계 이후 원치 않는 임신을 중지할 수 있도록, 혼인하지 않은 여성과 남성도 차별 없이 출산하여 자녀를 양육할 수 있도록, 성과 재생산 활동에 관한 각종 교육과 의료 서비스 관련한 법정책을 수립하는 것이 체계 정합적이라 할 것이다. 이 점에서 2019년의 낙태죄 헌법불합치 결정은 성적 자기결정권을 수호한 결정들과 비교할 때 뒤늦은 것이다.

둘째, 임신중지 당시의 혼인상태에서 미혼여성이 가장 많고 사실혼·동거와 같이 비법률혼 상태의 여성들도 많아서 법률혼 상태가 그리 높은 비율이 아니라는 점이 주목된다. 미혼, 사실혼, 동거관계, 이혼, 사별 등 '비혼' 지위에 있는 여성들에게 이런 지위 자체가 인공임신중절을 실행했던 주요 이유인지 알아보고, 비법률혼 상태의 여성들의 임신, 출산, 양육 등에 관한 경험조사연구가 매우 중요해 보인다. 나아가, 관련 지원정책이 매우 중요한 재생산 정책 사안이라는 것을 시사한다.

셋째, 피임의 실천이 매우 허술하거나 완벽하지 않다는 점도 눈에 띈다.[45] 한국보건사회연구원의 관련 실태조사(2018)에서 나타나는 피임이 허술하거나 임신이 되지 않을 것이라는 인식, '파트너(성관계상대)가 피임을 원하지 않아서'라는 응답에 대하여 "이 결과는 혼인상태가 기혼이든 미혼이든, 그리고 연령과 상관없이 모두에게서 관찰된다는 점에서 생애 전반에서 원하지 않는 임신예방을 위해서는 피임 실천의 중요성을 인식시키고 올바른 피임법을 선택하도록 하는 것, 그리고 남녀의 평등한 관계 및 성적 동의 등에 대한 교육이나 캠페인이 필요하다고 판단된다"고 한다.[46] 이렇게 볼 때, 피임 교육 및 상담은 성과 재생산 교육정책에서 그 중요성을 아무리 강

---

45   질외사정이나 월경주기법, 남성 콘돔 등의 피임방법으로는 임신 가능성이 상존하고, 일반인들이 하는 어떠한 피임방법도 완벽하지 않다 [고경심, 위의 글, 2018.4., 46-47면].

46   이소영 외, 위의 책, 2018, 198면.

조해도 지나침이 없을 것이다. 또한, 임신중절 이후 신체적·정신적 증상(후유증)이 나타난다는 높은 보고율과 이에 대한 미흡한 치료가 주목된다. 이것은 임신중지 이후 여성들의 건강문제가 만연하다는 것을 시사하고 있기 때문이다. 현재와 같이 대다수 임신중절 시술이 비보험 대상이라면 산후에 나타나는 신체적·정신적 증세에 관해서는 산부인과에서 얼마나 관심을 가지고 있는지, 중절 이후 후속치료는 어떠한지에 대해서도 조사연구도 필요하다.

넷째, 응답자들이 바라는 정책에서 높은 순위를 차지하는 항목들이 '피임, 임신, 출산에 대한 남녀공동책임의식'(27.1%), '원치 않는 임신 예방 위한 성교육 및 피임교육'(23.4%)이라는 점도 유의미하다. 전자는 피임 임신 출산에 있어서 젠더평등의 중요성에 대한 인식을 나타내며 후자는 원치 않는 임신을 예방하기 위한 피임과 성교육의 중요성에 관한 것이다. 성과 재생산 건강 및 권리 실현을 위해 젠더평등과 피임교육, 그리고 성교육의 중요성을 당사자들은 이미 깨닫고 있는 것이다. 이상과 같이, 기존의 인공임신중절에 관한 조사연구는 그 주요 양상을 파악하는데 정보를 주고 있을 뿐아니라 성관계, 임신, 임신중지 등의 실천과 그 맥락에서 앞으로 조사해야 할 과제들을 제시한다.

(2) 향후 경험조사연구에 관한 제안

앞에서 살펴본 모자보건법안과 실태조사 경향에 관한 논의와 국제규범에 입각하여 향후 조사연구에 대해 제안하고자 한다.

1) 조사범위

조사범위와 관련하여, 정부안은 '임신중절 예방 등의 사업'(제12조)에 실태조사 규정을 두고 있는데 예방이라는 용어에서 인공임신중절에 대한 금지 정책의 그림자가 드리워 있지 않나 사료된다. 현재 결정 이후의 법률에서는 중립적인 조문 명칭이 필요하다. 낙태죄가 존재하던 시기에 행해졌던 실태조사에서도 인공임신중절에 국한하지 않는 의료 및 정보 서비스 등에 관해 물어보았는데 향후에는 조사의 범위를 성과 재생산권리에 부합하도록 보다 확대해야 한다. 즉, 성관계, 의료 및 정보서비스, 성교육 등의 분야로 '임신 이전' 단계의 경험에 관한 조사가 필요하다.

　'임신중지 이후' 경험에 대한 조사연구도 향후 주요 조사영역이다. 기존의 조사에 따르면,[47] 인공임신중절 경험자들은 자신의 행위를 부정적으로 인식하는 경향이 강했는데, 중절을 "슬프고 아픈 경험"으로 인식하고 (92.7%), 중절 이후 죄책감이 들거나(64.7%), 이 경험에 관한 이야기하지 않으려 노력한다거나(54.5%), 지금도 그 날을 잊지 못한다거나(53.6%), 누군가 자신의 낙태 사실을 알게 될까봐(44.8%), 낙태 얘기만 나와도 위축된다 (32.2%)와 같은 주변을 의식하는 경우가 많이 보였다. 이러한 경향은 임신중지를 택한 한국 여성들의 성과 재생산 건강의 측면, 이후의 성관계, 임신과 출산 등 재생산 선택에 영향을 줄 수 있어서 많은 관심이 필요하다. 또한, 출산을 택한 경우 초기 자녀양육과 어머니의 적응 등에 관한 의료적, 사회적, 정신적 상태와 지원 필요성에 대한 조사도 필요하다. 특히 청소녀, 비혼모, 빈곤층 등 취약한 계층의 양육 환경에 대한 조사가 절실히 요청된다. 이상과 같이 임신 이전과 이후의 성과 재생산 활동 및 조치를 조사대상에 포함시켜 연구대상을 확장시킬 것, 임신중지를 단지 예방의 관점에서 볼 것이 아니라 재생산활동의 하나의 과정으로 볼 것과 같은 조사 관점이 필요하다. 이렇게 볼 때, 정부안처럼 인공임신중절 만을 실태조사의 대상으로 삼는 것은 지나치게 협소하다. 여성들과 국민들의 재생산건강 내지 생식건강의 달성이라는 입법목적으로 달성하기 위해서라도 조사의 범위와 시각을 확장해야 한다.

47　　김동식, 황정임, 동제연, 『임신중단(낙태)에 관한 여성의 인식과 경험 조사』, 한국여성정책연구원, 2017.

2) 조사방법

앞서 본 보건사회연구원의 실태조사 등 한국의 관련 조사연구들은 대부분 온라인을 통한 대규모 설문조사 방법을 취하고 있다.[48] 온라인 설문조사는 단시간에 사회적 경향을 파악하는데 효과적이고 인공임신중절과 같은 사생활 정보와 관련된 사안에 관해 조사하는 데에 접근이 용이하다는 장점을 가진다. 하지만, 응답자들이 짧은 시간에 주어진 문항들을 선택하는 방식이 대부분이어서 응답자들이 겪은 경험이나 상황, 그리고 문제점 등에 관해서는 파악하기 어렵다고 진단한다. 또한, 온라인 설문조사 방법으로의 장점이 있다고 하더라도 성관계의 상황, 자발성, 젠더평등 등과 같이 행위자들이 부여하는 의미와 복합적 경험을 파악하는 데는 한계가 크다. 양적 조사연구와 질적 조사연구의 장점과 단점을 적절히 고려하여 앞으로의 사회조사연구는 설문조사와 함께 면접조사와 같은 질적 조사를 병행할 것을 강력하게 제안한다.[49] 아직 전형적인 행위 양상들이 밝혀지지 않은 초기의 조사연구에서는 면접조사 등과 같은 질적 조사연구를 반드시 실시할 것을 제안한다. 한편, 법안에는 실태조사의 주기에 관해 규정하고 있지 않은데, 대규모 조사연구는 매 3년마다 실시하고 소규모 질적 조사연구는 지속적이고 확산적으로 진행하는 것이 좋을 것으로 전망한다. 인구 재생산활동 연구의 일환으로 정부는 국가예산으로 관련 조사연구를 수행할 연구소, 교육기관 등의 연구를 지원한다면 바람직할 것이다.

---

[48] 이소영 외(2018)의 한국보건사회연구원 조사연구에서는 온라인 설문지 방식과 함께 소규모(20인) 면접조사를 병행하였다. 이에 따라 보고서 일부에서 양적조사결과와 면접조사결과를 교차시켜서 실태를 파악하였다. 하지만, 이 조사연구에서 면접조사는 설문조사를 보충하는 관계로 보이므로 향후 보다 본격적인 질적조사연구가 수행되기를 기대한다. 김동식 외(2017)의 조사연구에서도 개인의 민감한 내용을 조사해야 해서 온라인 조사방법이 적절하다고 한다.

[49] 이 때, '인간대상연구'에 관한 연구윤리심의(IRB) 검증이 질적연구의 동기부여를 저하시키지 않도록 해야 한다.

사회학적으로 볼 때, 지난 70여년 동안 한국은 낙태 금지주의를 고수해 왔던 바, 한국에서 성관계와 임신, 임신중지에 관한 시민들의 경험을 '새로운' 연구 영역으로 접근할 필요가 있다. 한국인들의 재생산활동에는 한국 사회의 가족주의, 경제개발주의, 성관계를 잘 언설화하지 않는 문화 등이 혼재되어 있다고 진단한다. 이렇게 볼 때, 재생산활동에 관한 경험조사연구는 그동안 말하기 어려웠던 경험세계를 언어화하는 '아래로부터의 목소리' 연구의 성격이 있다.[50]

경험조사의 중요성을 강조하는 또다른 이유는 그것이 실태파악의 기능에 그치는 것이 아니라 신뢰할만한 지식의 원천이 된다는 점에서도 그러하다. 요컨대, 의미 있는 경험조사 자체가 바로 '지식생산의 과정'이다. 〈표 4〉에서 보았듯이 당사자들은 임신, 출산에 관한 정보에 대해서 공식적인 정보원을 찾기 어려워서 주로 온라인 검색을 통해서 임신, 임신중지, 출산 등에 관한 정보를 얻고 있었다. 2021년 조사에서 볼 때, 46.9% 이상의 응답자들이 인터넷 상의 불특정 다수를 상대로 한 정보원에서, 30.4% 이상의 응답자들이 가족이나 친지 등 주변 사람들에서 관련 정보를 얻는다고 응답하였다. 이렇게 전체 응답자의 무려 3분의 2가 비공식적 출처에서 임신중지 등 재생산 활동에 관해서 비전문적이고 부정확한 정보에 기반할 수 있음을 알 수 있다. 한국은 낙태 및 성과 재생산 활동에 관한 종합적이고 체계적인 국가승인통계를 아직 가지고 있지 못하다.[51] 예컨대, 십대 청소녀가 임신중지

---

50   임신 중지에 관한 면접조사연구 사례로는 다음을 참고할 수 있다. 김동식 외, 위의 책, 2017; 이소영 외, 위의 책, 2018; 양현아, 낙태죄 헌법소원과 여성의 "목소리"[1] – 낙태경험에 대한 인식을 중심으로, 법학논총 제30권 제1호, 2013; 양현아, 낙태죄 헌법소원과 여성의 "목소리" [2] – 법과 낙태실천간의 관계를 중심으로, 한국법철학 제20권 제1호, 2018.

51   김동식 외(2017)에 따르면 국가승인통계가 생산되는 성·재생산관련 통계는 성교육, 월경, 성관계, 피임, 임신/출산, 난임, 임신중지, 질병 등과 같이 다양한 항목들이 있다. 하지만, 이 통계들은 주로 건강현황과 같이 제한된 영역에 집중되어 있고 종

혹은 출산을 고려할 때 관련 정보들을 알기 쉽게 정리한 홈페이지가 아직
대한민국에는 없다. 이상과 같은 조사연구를 꾸준히 수행하여 성과 재생산
활동의 다양한 상황, 시민들의 정책 필요성에 접근한다면 체계적인 자료를
생산할 수 있을 것이다. 그동안 대다수의 임신중지가 불법의 영역이었음을
고려할 때, 인구 재생산 영역에 대한 지식의 체계화는 매우 중요한 과제가
아닐 수 없다. 이상의 논의에 입각하여 경험조사연구 영역을 예시해 보면
〈표 5〉와 같다.

〈표 5〉 재생산활동에 관한 경험조사연구 영역의 예시

* [성교육] 받아본 성교육 경험, 그 효과성, 적절성, 평등성
  집단 분류: 혼인지위/연령/자녀유무/기타 취약사유에 따른 차이
  조사 측면 분류: 신체적/정신적/사회적 측면
* [성관계]: 성적 파트너와의 평등성, 만족성, 자기 결정권 행사 여부
* [피임]: 피임의 실천, 방법, 피임 실패 이유, 피임의 효과
  집단 분류: (상동; 이하 마찬가지)
  조사측면 분류: (상동; 이하 마찬가지)
* [임신] 임신의 신체적·정신적 증상과 경험, 앞날의 희망·불안·갈등, 가족·일터·생애 전망에서의
  변화, 차별이나 (출산 및 임신중지) 압력, 의료적 서비스, 시설 등의 접근성, 가용성과 효율성
* [임신지속 여부 선택] 출산과 임신중지 간의 선택에 있어서 고려사항들, 관련 상담이나 정보제
  공을 받았는지 여부, 상담 및 정보제공의 접근성, 가용성과 적절성
* [임신중지] 임신중지 방법, 임신중지 시기, 의료적 조치, 시설, 인력의 접근성, 가용성과 효율성,
  경제적 비용과 신체적, 정신적 증상 여부, 불법적 임신중지 방법 활용 여부, 의료적 비용 이외 기
  타 비용
* [임신중지 이후] 신체적 정신적 변화와 후유증 여부, 의료적 상담적 조치, 가족관계 변화, 향후
  파트너, 성관계, 출산, 생애 전망의 변화, 태아에 대한 생각
* [출산] 자녀 출산 희망 여부, 자녀 출산의 조건들, 자녀 출산 기피 사유
* [출산 이후] 신체적 정신적 변화와 후유증 여부, 의료적 상담적 조치, 가족 관계 변화, 향후 파
  트너, 성관계, 출산, 생애 전망의 변화 있었는지, 자녀 돌봄, 돌봄 지원, 양육비, 일과 가정 양립,
  산전후 휴가, 육아휴직, 기타 요청되는 지원 대책
* [공적 지원대책] 재생산활동 전과정에서의 공적 지원 대책의 경험, 미비하거나 부족한 대책에
  대한 제안
* [사회적 대책] 재생산활동의 전과정에서 사회적 태도, 인식, 편견에 대한 경험, 변화에 대한 제안
* [파트너] 지속적으로 관계하는 파트너 있는지 여부, 파트너에 대한 기대 및 관련 대책 제안

합적이지 않다고 한다.

(3) 상담·교육을 위한 콘텐츠의 생산

경험조사연구 결과물은 상담과 교육을 위한 콘텐츠 생산의 자료로서도 기능할 것이다. 그것은 상담과 교육의 기준과 지침을 구축하고, 관련 정책을 개발하며, 그 사례들을 판단할 수 있는 한국인들의 재생산활동에 관한 지식의 기초를 제공할 것이다. 2019년에 헌법재판소의 낙태죄 결정에서 임신 여성들에 대한 정신적 지지와 충분한 정보 제공 등에 대한 필요성에 대해서 아래와 같이 설시하였다.[52]

> 임신한 여성이 결정가능기간 중에 **낙태갈등** 상황에 처했을 때 전문가로부터 정신적 지지와 충분한 정보를 제공받으면서 충분히 숙고한 후 임신 유지 여부에 대한 결정을 할 수 있도록 함과 아울러 임신·출산·육아에 장애가 되는 사회적·경제적 조건을 적극적으로 개선하는 노력을 기울인다면 태아의 생명 보호에 실질적인 도움이 될 것이다.

이와 같이 우리 헌법재판소는 i) 낙태갈등 상황에서 전문가로부터 정신적 지지와 충분한 정보를 제공받을 것, ii) 임신 출산 육아에 장애가 되는 사회적 경제적 조건을 적극 개선하는 노력을 기울일 것을 주문하고 있다. 이 두 제안에는 실은 여러 제안을 담고 있다. 이는 성과 재생산 활동에 관한 정보제공, 당사자의 교육과 상담, 관련 기관의 안내 등을 포함하고, 더 나아가, 임신, 출산, 육아에 장애가 되는 조건의 개선이란 보편적인 성과 재생산 정책을 마련하는 일이기 때문이다. 이 점에서, 정부의 모자보건법 개정안에서는 "임신·출산 종합상담기관"을 두고, 권인숙의원안에서는 "재생산 건강지원센터" 설치 규정과 상담 및 교육 규정을 두고 있어서 고무적이다. 계속해서 상담 및 교육 사업을 경험조사와의 관련성 속에

---

52   김동식 외, 위의 책, 2017.

서 논의하려 한다. 경험조사가 생산할 자료와의 관련성 속에서 논의한다.

〈표 6〉 모자보건법 개정안에서 상담과 교육 관련 규정

정부안	권인숙의원안
제7조의2(임신·출산 지원 기관의 설치·운영) 보건복지부 장관은 다음 각 호의 업무를 수행하기 위하여 임신·출산 지원 기관을 설치·운영할 수 있다. 1. 임신·출산 등의 지원을 위한 긴급전화의 운영 및 온라인 상담 2. 제7조의3 및 제7조의4에 따른 임신·출산 종합상담기관의 지원 및 그 종사자 교육 3. 임신·출산 관련 기관 간 연계체계 구축 4. 그 밖에 임신·출산 지원 및 생식건강 증진과 관련하여 정책분석 및 지원 등 보건복지부장관이 필요하다고 인정한 업무 제7조의3(임신·출산 종합상담 제공) ① 특별자치시장·특별자치도지사 또는 시장·군수·구청장은 임신·출산 등에 관한 다음 각 호의 업무를 수행하기 위해 「지역보건법」에 따른 보건소에 종합상담기관(이하 "임신·출산 종합상담기관"이라 한다)을 둘 수 있다. 1. 모성 및 영유아의 건강에 관한 교육 및 홍보 2. 피임 등 생식건강 증진에 관한 교육 및 홍보 3. 임신·출산 등에 대한 정보 제공 및 심리지원 4. 임신의 유지·종결에 대한 상담 5. 그 밖에 임신·출산 관련 서비스 연계 등 보건복지부령으로 정하는 업무 ② 특별자치시장·특별자치도지사 또는 시장·군수·구청장은 제1항의 업무를 제7조제1항에 따른 모자보건기구로 하여금 수행하게 할 수 있다. 이 경우 모자보건법 제7조제3항에 따라 의료법인이나 비영리법인에 위탁한 경우에는 제외한다. ③ 임신·출산 종합상담기관은 제1항제4호에 관한 상담을 받은 임신한 여성 본인이 요청하는 경우 임신 유지·종결에 관한 상담사실확인서(이하 "상담사실확인서"라 한다)를 발급할 수 있다. ④ 제1항제4호의 상담은 임신한 여성이 심리적 지지와 임신, 출산 및 양육 등에 관한 정보를 충분히 제공받고 임신의 유지 여부에 대해 스스로 결정할 수 있도록 제공되어야 한다.〈이하 조문 생략〉	제7조의2(재생산건강지원센터의 설치 운영) ① 보건지부장관은 임신·출산 및 인공임신중단과 관련된 보건의료 정보 및 서비스 제공을 위한 다음 각 호의 업무를 수행하기 위하여 중앙재생산건강지원센터를 설치·운영할 수 있다. 1. 임신·출산 및 인공임신중단 상담전화의 운영 2. 제2항에 따른 지역재생산건강지원센터 지원 및 종사자 교육 3. 임신·출산 관련 기관 간 연계체계 구축 4. 그 밖에 피임, 월경, 임신·출산, 인공임신중단 지원 및 재생산건강 증진을 위하여 보건 복지부장관이 정하는 업무 ② 특별자치시장·특별자치도지사 또는 시장·군수·구청장은 임신·출산 및 인공임신중단 등에 관한 다음 각 호의 업무를 수행하기 위하여 지역재생산건강지원센터를 설치·운영하여야 한다. 이 경우 지역재생산건강지원센터는 관할 구역의 보건소에 설치함을 원칙으로 한다. 1. 모성 및 영유아의 건강에 대한 교육 및 홍보 2. 재생산건강 관리에 대한 교육 및 홍보 3. 임신·출산 및 인공임신중단에 대한 종합 정보 제공 및 상담·심리지원 4. 그 밖에 임신·출산 및 인공임신중단 관련 서비스연계 등 보건복지부령으로 정하는 업무 ③ 제1항 및 제2항에 따른 재생산건강지원센터의 설치·운영 및 상담원 등 종사자의 자격 및 직무 등에 관하여 필요한 사항은 보건복지부령으로 정한다.

　　　　　　　　　　　　　　　1부 재생산권리 실현을 위한 방향

1) 상담·교육과 자료생산과의 관련성

〈표 6〉에서 보듯이, 정부안과 권인숙의원안은 임신, 출산에 관한 상담과 정보제공, 교육과 홍보에 관한 여러 새로운 규정들을 마련하였다. 정부안에서는 임신·출산 종합상담기관을 두어서 임신 출산을 지원하기 위한 긴급전화를 운영하고 상담을 하며, 임신 출산 등에 관한 정보를 제공하고 심리적 지원을 한다. 그런데, 정부안에서는 모자보건사업의 범위와는 달리 '임신종결'에 관한 상담을 포함하고 있어 주목된다(제7조의3 제1항 제4호).

헌재는 법정의견에서 낙태갈등에 처했을 때 전문가로부터 지지와 정보를 제공받아야 한다고 했는데 이 때 '낙태갈등'이란 무엇인가. 그것은 어떤 고정된 임산부의 사안으로 바라보지 않도록 주의해야 한다. 십대 청소년, 비혼여성, 장애를 가진 여성, 빈곤층 여성 등과 같이 취약한 임신여성들이 낙태갈등을 겪는 강도가 높다고 할지라도 그 집단의 여성들의 임신이란 낙태로 귀결될 가능성이 높다는 본질주의적 인식은 문제가 있다. 그것은 마치 아기를 낳아야 할 사람과 그렇지 않은 사람이라는 이분법적 분류를 채용한다는 점에서 우생학적이기도 하다. 낙태갈등이란 출산과 양육, 임신중지라는 생애전망과의 관계 속에서 강도의 차이를 있을지언정 모든 임산부들이 거치는 과정이라고 보아야 하지 않을까 한다. 그만큼 임산부에게 임신 그리고 임신중지란 자신의 생애를 뒤흔드는 크나큰 사건이며 출산은 지속적인 복무를 의미할 것이기 때문이다. 임신이 유발하는 갈등과 재적응과 재계획이 보편적인 것이라고 한다면 상담 또한 보편적이면서 동시에 개개인의 사례에 기반한 것이어야 한다.

실제로 김동식 외의 연구에 따르면, 조사대상 응답자의 절대 다수(97.5%)가 임신중절 전후 의료적 상담이 필요하다고 응답했고, 의료상담 이외에도 심리, 정서적 상담의 필요성에 대해서 압도적 다수(97.7%)가 필요하다고 답변했다. 출산, 양육에 관한 정부의 지원정책과 관련한 상담에 대해서도 응답자의 96.7%가 필요하다고 하였다.[53] 임신 중지의 합법화는 시민들의 재생산활동에 관한 개방된 지식의 수요를 불러올 것인데 시민들의 갈등과 고충과 필요성에 관한 자료를 축적해 간다면, 그 축적된 자료에 근거해서 정보제공, 교육과 상담이 이루어질 수 있을 것이다. 이러한 상담과 교육 등의 수요를 감안할 때, 위 개정안의 관련 규정은 중요한 진전이지만 다소 안이하다. 왜냐하면, 임신, 출산, 임신중지 등에 관한 심리적, 경제적, 가족관계적, 사회적(학업이나 노동상황) 등에 관한 상담과 교육 부문에 대해서 어떤 기준과 사례에 입각해서 상담하고 교육할 것인지가 불분명하기 때문이다.

예컨대, 정부안에서 규정된 긴급 온라인 상담은 무엇을 근거로 해서 진행할 것인지, 낙태갈등'이나 사회적 또는 경제적 곤경의 판단기준은 이미 마련된 것인지 등에 대해 의문이 든다. 또한, 상담에는 임신 전후의 의료상담뿐 아니라 사회경제적 지원, 양육비 보조 등에 대한 대책 등이 포함되어야 하므로 정책 개발이 필요한 사항이다. 물론 의료적 처방이나 법적 기준들과 같이 상당 부분 이미 마련된 부분도 있겠지만 국내의 사회적 현상 속에서 형성된 자료들이 풍부하게 집적되고 그 의미가 전문적으로 해석되어 있다면 상담과 교육의 실효성이 매우 커질 것이다. 국내 상황에 대한 사례가 풍부히 집적되고 그 기준이 마련되지 않은 채 상담이나 교육이 이루어진다면, 그 내용이 빈약하거나 형식적으로 이루어지거나 개별 상담원의 능력에 좌우될 소지가 크다. 현재 이 땅에서 일어나는 재생산 활동 경험과 지원 정책의 필요성, 다양한 사례에 대한 자료가 생산된다면 그것으로 '살아 있는' 지식 콘텐츠와 정책을 만들 가능성이 높아진다.

2) 법안에 나타난 '상담'의 두 가지 의미

모자보건법 정부 개정안에서는 상담이 크게 두 의미로 사용되고 있어서 주목된다.

---

53 김동식 외, 위의 책, 2017.

〈표 7〉 모자보건법 정부안 제14조의2

> 정부안 제14조의2 (인공임신중절에 관한 의사의 설명의무 등) ① 의사는 인공임신중절을 요청한
> 임신한 여성 본인(임신한 여성이 심신장애로 의사결정능력이 없는 경우에는 임신한 여성의 법정
> 대리인을 말한다. 이하 이 조에서 같다)에게 「의료법」제24조의2에 따른 **의료행위에 관한 설명 외
> 에도 인공임신중절 후 피임의 시기 및 방법, 정신적·신체적 합병증, 계획 임신 등의 사항을 설명
> 하고, 서면**(전자문서를 포함한다. 이하 이 조에서 같다)으로 그 **동의를 받아야 한다.**

이 조문에 따르면 담당 의사는 임산부에게 인공임신중절 의료행위에 대한 '설명(정보제공)' 의무가 있고, 이 설명을 받은 것에 대해 여성 당사자(혹은 그 법정대리인)는 이를 받았음에 동의해야 한다. 앞서 본 정부안 제7조의3에 따르면, 상담기관은 임산부가 요청할 경우 '상담사실확인서'를 발급한다고 규정하는데, 이 상담사실 확인서는 임신중지를 원하는 당사자들이 임신중지를 위한 법적 요건이라는 점에서 문제가 있다고 사료된다. 이 요건에 대해서는 정부의 형법 개정안과 함께 살펴본다.[54]

〈표 8〉 형법의 낙태죄 관련 정부안(제270조의2)

> 제270조의2(낙태의 허용요건) ① 제269조 제1항·제2항 또는 제270조제1항의 행위가 임신 14주
> 이내에 의사에 의하여 의학적으로 인정된 방법으로 이루어진 때에는 처벌하지 아니한다.
> ② 다음 각 호의 어느 하나에 해당하는 경우로서 제269조제1항·제2항 또는 제270조제1항의
> 행위가 임신 24주 이내에 의사에 의하여 의학적으로 인정된 방법으로 이루어진 때에는
> 처벌하지 아니한다.
> 　1. 강간 또는 준강간(準強姦) 등 범죄행위로 임신된 경우
> 　2. 법률상 혼인할 수 없는 혈족 또는 인척 사이에 임신된 경우
> 　3. 다음 각 목의 요건에 모두 해당하는 경우
> 　　**가. 임신의 지속이 사회적 또는 경제적 이유로 임신한 여성을 심각한 곤경에 처하게 하
> 　　　거나 처하게 할 우려가 있을 것**
> 　　**나. 임신한 여성이 「모자보건법」에 따른 임신의 유지·종결에 대한 상담을 받고, 그로부
> 　　　터 24시간이 지났을 것**
> 　4. 임신의 지속이 보건의학적 이유로 임신한 여성의 건강을 심각하게 해치고 있거나 해칠
> 　　우려가 있는 경우
> ③ **임신한 여성이 「모자보건법」에 따른 임신의 유지·종결에 대한 상담을 통하여 임신의 지
> 속, 출산 및 양육에 관한 충분한 정보를 얻고 숙고(熟考)한 끝에 임신을 지속할 수 없다는
> 자기 결정에 이른 경우에는 제2항제3호가목에 해당하는 것으로 추정한다.**

헌법재판소의 낙태죄 결정 이후 법무부가 정부안으로 발의한 형법 일부(낙태죄) 개정안에는 제269조와 제270조를 존치한 위에, 위와 같은 제270조의2를 신설하였다(의안번호 2105733, 제안일 2020.11.25.). 이 신설 조문에서는 임신기간을 크게 세 기간으로 나누는 3분기법을 사용하고 있다. 즉, 임신 14주(1분기)까지의 낙태에 대해서는 임부의 결정에 따르고, 임신 14주에서 24주 기간(2분기)의 낙태에 대해서는 정부가 인정하는 상담기관에서 상담을 받은 다음 '상담사실확인증'을 받으면 그것이 사회적 또는 경제적 사유가 있는 것으로 갈음할 수 있도록 규정하고 있다. 이렇게 정부의 형법 개정안에서의 상담이란 형법상 처벌을 면제하게 하는 '조건부 상담'에 해당하고, 정부의 모자보건법 개정안에서 규정한 '상담사실확인증'이란 사실상 낙태를 허용하는 요건에 해당한다. 이렇게 볼 때 2분기 임신기간에 있는 임부가 낙태를 하고자 할 때, 사실상 상담이 법적 요건이 됨으로써 임부의 자기결정권의 보장에 부합하는 상담이라고 할 수 있는지 의문이다.[55] 앞서 본 사회권위원회 일반논평 22호에 따르면 임신중지 서비스와 관련하여 편향된 상담, 강제대기 기간 등을 서비스 접근의 제한 사례로 들고 있어서 금지한다.[56] 낙태를 허가하는 기능을 가진 조건부 상담이란 국가가 지정한 공적

---

54   이 글에서는 정부의 낙태죄 개정안을 상담에 국한해서 논의하다.

55   2023년 현재 계류 중인 모자보건법안에 규정된 상담의 성격 및 상담체계에 관한 보다 자세한 분석은 장다혜, "임신중시 상담체계 구축의 방향: 성과 재생산 건강권의 관점에서", 『서울대학교 法學』제64권 제3호, 2023 참조.

56   유엔 사회권위원회 일반논평 22호 Para.41. The obligation to respect also requires States to remove and refrain from enacting laws and policies that create barriers in access to sexual and reproductive health services. This includes third-party authorization requirements, such as parental, spousal and judicial authorization requirements for access to sexual and reproductive health services and information, including for abortion and contraception; biased counselling and mandatory waiting periods for divorce, remarriage or access to abortion services; mandatory HIV testing;

상담소가[57] 임신중지를 하려는 여성들의 사정을 판단하는 형식적 절차로 전락할 가능성이 있다. 그것은 헌재의 결정문에서 나타난 상담이나 정보제공의 필요성을 고려할 때도 주객이 전도된 상담이라고 할 수 있다.

이렇게 현재 계류 중인 모자보건법안에서 상담이란 임신중지를 허용하기 위한 의무적 상담과 임산부의 필요에 입각한 실질적 상담이라는 두 가지 상담이 공존하고 있어서 이에 대한 구분과 정리가 필요하다. 실제 상담의 현장에는 임신중지를 분명하게 원하는 여성들뿐 아니라 임신중지를 고려하는 여성, 나아가 출산을 원하지만 여러 지원책에 대해서 알고자 하는 여성 등 다양한 스펙트럼의 여성들이 존재할 것이다. 이런 상황에서 상담이란 임신한 여성들이 원한다면 누구라도 '비지시적 임신지지 상담(non-directive pregnancy support counseling services)'을 받을 수 있어야 한다. 비지시적이란 상담사가 해결책을 제시하는 방식이 아니라 환자가 이용할 수 있는 충분한 선택지와 서비스에 대해 편견 없는 증거 기반 정보를 제공받음으로써 피상담자가 스스로 문제를 해결할 수 있도록 하는 상담을 의미한다.[58] 하지만, 정부안과 같이 법적 요건으로서의 상담이 지배적 상담 업무가 된다면 여성들의 필요성을 민감하게 수용하고 도움을 주는 상담, 나아가 그러한 자료를 축적해서 체계적인 상담과 교육을 위한 지식의 원천으로 삼는 작업이 중심이 되기는 어려울 수 있다. 새로운 재생산정책에서는 상담은 의무화가 아니라 자율화로, 특수 목적 상담이 아니라 보편적 목적의 것으로 정래되어야 한다.

---

and the exclusion of particular sexual and reproductive health services from public funding or foreign assistance funds.[이하 생략]

57 모자보건법 정부안은 중앙정부 산하에 중앙지원기관을 마련하여 상담 및 정보제공을 위한 체계를 마련하고자 하고 각 지자체에는 지역 보건소 및 모자보건센터, 사회복지시설 등 상담기관을 위탁할 수 있도록 규정하고 있다.

58 장다혜, 위의 글, 2023, 61면 등.

3) 지원대책의 마련

상담과 교육을 통해서 임신여성들을 지원하려면 관련 지원책이 마련되어 있어야 할 것이다. 하지만 지원책들이 세세하고 적합하게 하루아침에 완비되기는 어려울 것이라고 생각한다. 예컨대, 청소년 미혼모에 대한 대책으로 학업 지속, 특정 지역의 특성 등을 반영한 지원대책이란 다각적이고 교차적인 접근이 필요한 일이다. 앞서 논의하였던 경험조사연구 역시 시간이 필요한 작업이다. 꾸준한 경험조사를 통해서 다양한 주제에 대한 조사연구 결과들을 축적해야 한다. 이렇게 본다면, 현재와 같은 대안 입법 부재라는 이행기가 재생산 활동과 관련된 실태조사 및 교육 및 상담 콘텐츠를 개발할 수 있는(혹은 있었던) 절호의 기회가 아닌가(혹은 아니었나) 생각한다. 참고로, 앞서 살펴본 법안들이 의결되지 않았지만 정부와 관련 단체들은 '낙태갈등' '위기임신' 혹은 '임신출산갈등'이라는 틀로 이미 긴급 임신출산 상담사업을 시작하였다.[59] 이와 같은 상담사업이 실질적으로 잘 진행되고 있는지, 그 성과와 한계점, 애로사항 등은 무엇인지 등에 관해서 연구자 공동체 및 시민사회에 공유하여 긍정적인 임팩트를 주고받았으면 한다.

(4) 전문 상담인력의 육성

국민들의 보편적인 재생산 건강과 권리에 대한 상담체계를 마련하고 실질적인 상담활동을 전개하기 위해서는 전문 상담인력의 육성이란 매우 중요한 과제이다. 성과 재생산권리 및 건강을 다루는 상담사 및 교육자들은

---

59 2019년 헌법재판소 결정 이후 위기임신을 지원하는 단체들이 여성가족부, 그리고 기존 미혼모의 시설 등에 의해 마련되었다. 애란원은 한국위기임신출산지원센터를 설립하였고, 1422-37 전국위기임신상담전화·한국위기임신출산지원센터는 전국 11개의 미혼모기본형시설에서 운영하고 있다. 여성가족부는 2019.9.9.부터 종전의 '가족상담전화(1644-6621)'를 '임신출산갈등 상담서비스'로 확대하여 단계별 통합(원스톱) 상담서비스를 24시간 제공하고 있다.

임신 출산 등 재생산 건강에 대한 지식 뿐 아니라 성평등, 재생산권리의 성격 등에 대한 지식과 이해를 가지고 있어야 할 것이다. 이선혜 등은 '임신 출산갈등 전문상담인력의 교육과정 프로그램'의 모형을 제공하는데,[60] 이러한 교육 프로그램의 개발은 향후 전문인력을 양성하는데 유용한 길잡이가 될 것이라고 생각한다. 다만, 한국의 현실에서 나타나는 다양한 상황들이 프로그램에서처럼 단지 '사례실습'으로 한정될 수 있을지 의문이다. 앞서 살펴보았듯이, 재생산건강 및 권리 실현을 위한 교육과 상담을 위해서는 한국의 사회와 가족의 맥락 속에서 일어나는 임신 및 임신중지, 출산 문화 등에 관한 교육이 기본적 지식과 태도 교육에 포함되어야 한다고 생각한다. 이와 교차시켜서 전문 상담원들은 한국의 비혼자, 성소수자, 장애인, 이주 여성 등에 대한 편견과 차별 현상에 대해서도 깊이 있는 이해를 해야 할 것이고 올바른 관점에 관한 상담자 교육이 이루어져야 한다. 앞서 논의한 바와 같은 경험조사연구 결과가 축적된다면 그것은 상담과 교육의 콘텐츠가 될 뿐 아니라 상담사의 육성에 있어서도 귀중한 자료가 될 수 있다. 이상의 점을 염두에 두어 관련법에서 상담사 등의 자격에 대해서 아래와 같은 조문을 두는 것이 바람직할 것이다.[61]

---

60   이 연구에서는 크게 세 분야, 기본, 심화, 실전 분야로 프로그램을 나누고, 기본교육에서는 성·재생산건강 및 권리보장, 성·재생산건강과 성인지감수성, 성·재생산건강에 대한 여성의 자기결정 등 '관점'과 '가치태도' '지식'의 영역을 설정하고 있다. 심화교육에서는 상담의 실무이론과 실무교육을 포함하고, 실전교육에서는 임신출산갈등의 다양한 사례 개념화 실습, 그리고 다양한 사례의 상담 실습을 두고 있다 [이선혜, 박지혜, 김지혜, 조성희, 『임신출산갈등 전문상담인력 양성교육과정 개발연구』, 보건사회연구 제42권 2호, 2021. 43-64면].

61   정부안 제7조의5에는 상담원 등의 결격사유에 관한 규정이 있으나 상담사 등의 육성에 관한 규정은 없다.

한편, 보건복지부는 모자보건법 정부 개정안과 함께 이 법으로 인한 추가예산을 총 43억6천8백만원 정도로 예상하였다. 중앙지원기관 운영비 14억5천4백만원, 임신·출산 상담창구 105개소(가임여성인구 4만명당 1개소) 운영 및 인건비 등에 29억1천4백만원의 비용이 드는 것으로 추산하였다.[62] 이 예산에는 실태조사 비용이 포함되지 않아서 기존의 조사연구를 지속하면 된다는 소극적인 태도를 가진 것으로 사료된다. 앞서 보았던 연간 수십조원의 저출산정책의 예산과 비교할 때 낙태죄 헌재 결정 이후의 모자보건법에 따른 예산액은 너무나 초라하다. 이상과 같이 검토한 모자보건법, 정부의 형법개정안을 볼 때, 우리 정부는 성과 재생산 건강과 권리에 관한 체계적인 정책 수립의 의지가 없이 미봉책에 머무는 정책을 마련하고자 하는 것이 아닌가 한다. 정부의 모자보건법 개정안도 낙태죄에 대한 헌재 결정 이후에 관련 정책에 대한 새로운 구조 개혁의 내용을 담기에는 그 기본 방향과 내용에서 많이 미흡하다고 본다. 이 글에서 강조한 경험조사연구란 아직 체계화되지 않은 이 땅의 현실에 관한 지식의 생산과정이다. 이 지식이야말로 인구 재생산 정책의 가장 믿을만한 기초가 될 것이다.

---

62   모자보건법 정부안(2020.11.18.) 비용추계서

5. 맺음말

이 논문은 2019년 4월 헌법재판소에서 선고한 낙태죄 헌법불합치 결정 이후 대안 입법과 정책이 제대로 마련되지 않은 2023년 6월이라는 시점에서 헌법재판소의 결정을 돌아본다. 헌재의 해당 결정은 한국사회 여성시민들의 요청, 헌법재판소의 해당 결정의 취지, 국제규범에 기초할 때 형법상 낙태죄가 헌법에 합치하지 않으므로 개정해야 한다는 취지를 훨씬 넘어서서 국민들의 재생산권리를 보장하기 위한 보편적 정책의 마련의 계기가 되어야 한다. 이를 위해서 이 글은 국가 주도의 저출산 고령화 극복 정책을 모든 국민들의 재생산건강과 권리 실현이라는 '아래로부터의 정책'으로 패러다임을 전환할 것을 제안하고 있다. 본문에서는 재생산권리의 개념에 대해서 살펴보면서, 재생산권리를 국가주도적 인구정책의 극복이자 특히 여성 인권 개념의 근간으로 이해하였다. 패러다임 전환의 사례로서 문재인 전대통령의 개헌안의 관련조문과 2016년 유엔사회권규약위원회 일반논평 제22호 등을 살펴보았다.

이 글은 경험조사연구의 중요성을 관련 자료의 생산, 상담과 교육과의 연관성 속에서 주목하면서 계류 중인 모자보건법안 중 정부안과 권인숙 의원안을 비교 분석하였다. 먼저, 정부안에서는 성과 재생산 건강과 권리라는 국제규범이 잘 반영되어 있지 않고 '생식건강'을 중심으로 모자보건사업을 정의하고 있어 문제가 있다. 특히, 인공임신중절이 여전히 예방의 대상일 뿐 여성의 재생산 건강의 측면에서 적극 지원할 대상으로 삼지 않는 법의 이중적인 태도를 발견할 수 있다. 둘째, 정부의 실태조사의 범위는 임신 종결에 국한하는 반면 권인숙 의원안에서는 임신·출산을 포함한 재생산활동과 건강 문제로 영역을 넓히고 있다. 셋째, 기존의 인공임신중절 조사에서는 주로 온라인 설문조사를 방법을 사용하였는데 이제는 그동안 말할 수 없었던 여성의 '목소리'를 듣는 인터뷰 조사 등 질적조사연구를 할 것을 제안하였다. 넷째, 정부안에서 상담이란 정부의 형법개정안에서 규정하는 중반기 임신중절을 위한 '조건부 상담'의 역할을 하고 있는 바, 이런 의미의 상담이란 헌법재판소의 결정 취지와 재생산권리에 관한 국제규범과 부합하지 않는다. 진정한 의미의 상담을 내실화하기 위해서는 비지시적인 상담, 보편적인 상담, 그리고 임산부의 필요성에 입각한 상담이 되어야 한다.

이 글은 재생산정책 수립을 위한 지식이란 국제적인 규범과 가치에서 올 뿐만 아니라 한국이라는 지금 이곳의 역사적이고 사회적인 현실에서 살아 숨 쉬고 있다고 본다. 그동안 낙태죄에 가려서 보이지 않았던 성관계, 임신, 임신중지, 출산 등에 관한 입법과 정책은 새롭게 마련되어야 할 어떤 것이지, '있는' 지식을 시민들에게 제공하면 될 일은 아니다. 이러한 견지에서 볼 때, 그동안 잘 말해지지 않던 새로운 정책 대상으로 재생산활동에 관한 시민들을 대상으로 한 경험조사연구의 중요성은 아무리 강조해도 지나치지 않다. 자료의 생산과 상담과 교육 콘텐츠의 개발, 정책의 원칙 수립 등은 서로 분리되지 않는다. 이를 위해서 다양한 기초 경험조사를 시작해야 한다. 정부와 공공기관은 인권, 교육기관, 연구 기관 등이 수행하는 재생산활동 및 조치 등에 관한 실태조사를 지원해야 한다.

1부 재생산권리 실현을 위한 방향

성·재생산 건강 권리 정책의 공백

2-1부

의료와 보건

제4장

의료서비스이자 보건정책으로서 임신중지를 준비하기

윤정원(국립중앙의료원 산부인과 전문의)

2019년 헌법재판소의 결정은 보건의료 관점에서 볼 때 '여성의 성과 재생산 건강권' 보장을 위한 중요한 변화의 시작이다(끝이 아니다). 여러 국제 인권기구 및 세계보건기구는 그동안 성과 재생산 건강권을 인권으로 간주하고 임신중지에 대한 권리 역시 그 중 하나로 보장되어야 할 것을 강조해왔다. 우리는 이제 국제규범에 겨우 한발 따라가게 된 것이다. 이를 위해서는 향후 입법 및 정책 개정 작업에서 임신중지에 대한 의료서비스가 여성의 생명과 건강에 필수적인 의료서비스로 자리매김해야 할 것이다. 안전한 임신중지 의료서비스 보장을 위해 앞으로 필요한 정책 방향을 다음과 같이 제시한다.

1. 재생산건강과 권리를 통합적, 포괄적으로 보장하기

임신중지에 대한 권리를 일부 얻어내는 것이 우리 사회의 최종목표가 되어서는 안 된다. 재생산권은 '낳을 권리' 혹은 '낳지 않을 권리'처럼 단순하지 않다. 개인의 임신 출산이라는 생물학적 재생산은 인간과 사회를 영속 시키는 사회적 재생산으로 확장되며, 따라서 재생산은 비단 여성의 건강과 생존 뿐 아니라 인류의 건강과 발전, 안녕에 필수적인 요소이다.[1] 이를 둘러싼 양육, 교육, 복지, 환경, 평화 등 환대하는 환경으로 만들어주는 것부터, 당장 개개인이 자식을 맞을 준비가 되어 있는지의 영역까지, 재생산을 둘러싼 사회의 태도 자체를 고민하기 시작해야 한다. 여성이 스스로의 건강과 자주성을 최대한 누리기 위해서는 반드시 성과 재생산과 관련된 문제를 직접 결정할 수 있어야 한다. 본인이 어떤 사회적 성으로 살아갈 것인지, 누구와 관계를 맺을지 결정할 수 있어야 하고, 성 매개 질환이나 원치 않는 임신에 대한 두려움 없이 성관계를 맺을 수 있어야 하며, 부작용이나 합병증의 위험 없이 임신과 출산을 통제하고 그 기간 동안 안전하게 지낼 수 있어야 하고, 그를 위한 정보와 수단을 얻을 수 있어야 한다. 이를 '재생산건강', '재생산권'이라 한다.

재생산권은 임신중지시술이나 약 자체, 또는 법 하나가 바뀌는 것뿐만 아니라 건강보험 체계, 여성의 사회적 지위, 교육과 문화 등 하나하나와 연결되어 있다. 낙태 비디오가 아니라 인간을 존중하는 관계 맺기와 생명존중에 대해 배우고, 몸에 대한 기본 지식으로서 월경 주기와 가임기 계산법, 임신과 출산과 임신중지에 대해서 공교육에서 교육받을 수 있어야 할 것이다. 파트너와 첫 성경험 전에 어떤 피임법과 성매개감염예방책을 앞으로 사용할지를 상의하고 시작할 수 있고, 약국이든 응급실이든 산부인과 진료실이든 보건의료인에게 편견없이 중립적이고 객관적인 성건강 정보를 얻을 수 있어야 한다. 피임에 대한 상담과 시술/처방에 건강보험을 적용 받고, 임신중지를 선택하든 임신유지를 선택하든 청결한 환경에서 경험 있는 의료진에 의해 안전하고 적절한 케어를 받을 수 있어야 할 것이다. 국가가 비

1   Starrs *et al.*, "Accelerate progress-sexual and reproductive health and rights for all: report of the Guttmacher-Lancet Commission", Lancet 391, 2018, 2642-92면.

혼양육보호자에게 양육비를 보장해주고, 신뢰출산제도와 보편적출생등록제를 통해 태어난 생명이 조건에 의해 차별되지 않는 환경을 만들어 주는 것 등, 낙태죄 폐지는 이 모든 인식의 변화와 정책에 대한 고민을 같이 시작해 나가는 시발점이 되어야 할 것이다.

2. 주수 논란에 휘둘리지 않기

헌법재판소 판결문에서는 '(여성이) 존엄한 인격권을 바탕으로 자율적으로 자신의 생활 영역을 형성해 나갈 수 있는 권리'로서의 '자기결정권'을 남녀 구별 없이 모든 국민이 누릴 수 있어야 한다고 설시하였다. 여기에는 임신한 여성이 자신의 신체를 임신상태로 유지할 것인지 중지할 것인지 여부의 결정권을 포함한다고 했다. 이러한 자기운명결정권을 인간의 인격권으로 간주할 때, 어떠한 '사유'나 '주수'라는 조건 하에서 그 권리가 다르게 행사되어서는 안 될 것이다. 하지만 현실적으로 법을 제정함에 있어서는 여러가지 고려해야 할 지점들이 있다. 먼저, 후기임신중지로 갈수록 여성에게도 위해가 커짐을 고려하여 가능한 조기에 임신중지가 이루어질 수 있도록 해야 한다. 미국에서의 합법화 이후 수술에 의한 임신중지에 의한 사망률은 10만 건당 0.7 건인데, 아래의 그림에서 나타나듯이 임신 주수가 올라갈수록 사망률이 증가하며 2삼분기 이후의 임신중지는 자연유산에 비해 위험도가 증가한다. (하지만 어느 주수에 시행되건 만삭분만보다는 위험도가 낮기 때문에, 여성에 위해가 된다는 이유로 임신중지가 아니라 출산을 권유하는 것은 어불성설이다.) 이를 위해 공교육에서의 보건교육에서 관계 맺기 및 피임, 임신과 출산, 책임을 포함한 성교육이 이루어져야 할 것이며, 임신 진단을 받았을 때 가능한 빨리 결정을 도울 수 있게 정보와 상담을 제공하는 것이 중요하다.

2부 성·재생산 건강 권리 정책의 공백 - 의료와 보건

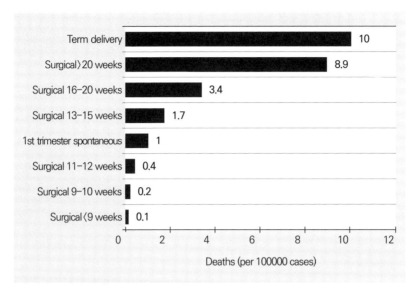

[그림 4-1] 합법적인 임신중지 시기별 사망률과 만삭출산 사망률 비교

　임신 14주 이상 임신중지의 경우에는 위험성과 합병증 발생이 높아지고 수술 및 약물적 방법 둘 다 시간도 많이 소요되고 방법도 복잡해져 잘 훈련된 의료인이라도 위험부담과 스트레스를 받게 된다. 중기 이후의 임신중지에서는 외국의 사례처럼 허용사유를 다르게 하거나, 1인 이상의 의료인이 상의하여 결정하게 하거나 전문의료기관에서 숙련된 의료진에 의해 시행하도록 하는 제도적 장치가 도입될 가능성이 있다. 이때 여성의 요청이 아닌, 의료적 판단주체의 개입이 자칫 접근성을 차단하거나 시간을 지체하여 안전한 임신중지를 방해하지 않으며 여성의 주체적 자율성을 훼손하지 않도록 고민이 필요할 것이다.

　둘째, 태아가 모체 밖에서 생존할 수 있는 주수인 22주라는 시점을 고려해야 한다. 하지만 이 역시 절대적인 기준은 아니며, 생존력은 주수뿐만이 아니라 몸무게, 영양상태, 동반질환, 신생아소생술과 같은 기술과 약품을 사용할 수 있는 조건 등 여러 가지 상황에 따라 달라진다. (23주 출생아 중 중증 손상 없이 생존할 확률은 2%에 불과하고 25주 출생아에서는 30%이다.)[2] 세계 각 국은 여기에 보건의료 전달체계, 보건의료서비스 접근성, 사회구성원의 사회적 공감대 등을 고려하여 일정 주수와 사유를 조각한 낙태법들을 가지고 있으며, 그 수준은 아예 아무런 주수나 사유를 명시하거나 처벌하지 않는 캐나다부터, 1분기/2분기로 구분하여 1분기(이 기준도 12(미)주에서14(프)18(스웨덴)주까지 다양하다) 이내에는 요청에 의해서만으로도 가능하게 하고 2분기에는 일정 사유에서 가능하게 하며 3분기에는 특별한 상황에서만 가능하게 하는 방식을 가지는 나라들까지 다양하다. 우리가 앞으로 입법을 함에 있어서도 마찬가지로 여러 고려를 해야 하겠지만 다음과 같은 기본 원칙에 대한 합의가 우선 필요하다.

(1) 완전한 비범죄화

임신중지는 가능한 빨리, 가능한 제약없이 시행 받을 수 있어야 안전하다. 세계 여러 나라들의 사례에서 처벌은 임신중지를 막지 못하며, 안전하지 못한 임신중지만을 늘리는 것이 밝혀져 있다. 세계보건기구(WHO)에서 발간한 Abortion guideline 2022에서는 타의에 의한/강요된 임신중지 이외의 모든 자발적 임신중지, 임신중지 조력, 정보제공행위에 형사법적 처벌을 제거할 것을 권고하고 있다. 주수나 사유를 벗어날 때 여성과 의사를 처벌하고 임신유지를 강제시키는 것이 아니라, 충분한 상담과 다른 선택지의 제공을 통해 여성에게 최선의 선택을 찾아 나갈 수 있게 독려하는 방향의 입법과 정책수립이 필요하다.

---

2   Ancel PY, Goffinet F, EPIPAGE-2 Writing Group, "Survival and morbidity of preterm children born at 22 through 34 weeks' gestation in France in 2011", *Journal of the American Medical Association Pediatrics*, 169(3), 2015, 230-8면.

(2) 차별금지 – 사유와 주수의 제한 조항

현재까지 모자보건법은 우생학적 이유를 가진 부모의 임신중지, 전염성 질환을 가진 부모의 임신중지를 합법화해왔고, 이로 근거로 역사적으로 한센인들이나 시설장애인들과 같이 부모가 우생학적 사유를 가졌을 때 피임과 단산을 장려해왔다. 이는 어떤 사람은 출산이 장려되고, 어떤 사람은 단산과 피임이 장려되는, 차별과 배제의 근거밖에 되지 않았다. '사회경제적 사유'나 '태아의 장애'와 같은 사유에 대해 논란이 분분한 상황인데, 앞으로의 입법이 새로운 차별을 재생산하는 과정이 되어서는 안 된다. 최근 세계적인 동향은, 사유를 제한하지 않는 '요청에 의한 임신중지' 가능 주수를 확대해 나가는 추세이며, 사유를 규정해야 하는 경우라도 최대한 여성의 의사를 존중하며, 여성의 건강을 지키기 위한 최선의 노력을 반영하도록 하고 있다. 예를 들어 영국, 벨기에나 네덜란드, 스위스는 여성이 현재의 임신을 유지하는 상황에서 신체통합성이나 정신건강에 위해와 고통(Distress)을 주고 있다고 스스로 보고하는 것으로 임신중지가 가능하다. 얼마나 가난한지, 폭력에 시달리고 있는지, 돌볼 가족이 많은 지 등을 증명하거나 증빙하는 과정이 여성에게 더 모멸감을 주고 과정을 지연시키기 때문이다. 성폭력으로 인한 임신의 경우에도 현재까지 우리 법에는 강간 또는 준강간으로 인한 임신으로 규정함으로써 법원이나 경찰, 성폭력상담소의 증빙 과정이 필요한데, 대부분의 유럽과 북미국가에서는 법원이나 경찰 신고 없이 여성의 진술에 의해서만으로도 가능하다.

태아 사유의 경우에도 애매하게 '장애'라 뭉개서 이야기하여 현재를 살고 있는 장애인들을 차별하는 방식이 아니라, '분만 중 또는 출생 직후 사망할 가능성이 클 때'(네덜란드), '심각한 손상을 입어서 아이의 수명과 삶의 질을 제한하게 될 수 있는 경우'(맨 섬)와 같이 태어날 태아의 지속가능하고 의미 있는 삶을 고려한 세심한 입법이 필요할 것이다.

3. 정보제공과 상담

불법 시절의 임신중지는, 임신을 진단받고 '축하합니다' 인사를 받은 뒤, 인터넷으로 정보를 찾아보고 시술 가능한 병원을 찾아가 각서를 쓰고 시술을 받는 식으로 진행되어왔다. 우리가 의료서비스, 수술, 시술을 생각할 때 떠올릴 수 있는, 어떤 선택지가 있고 어떤 득과 위험이 있으며 합병증은 어떤지에 대한 정보를 제공받고 그 정보에 기반한 동의(informed consent)를 하는 과정은 임신중지에 있어서만 무시되어왔다. WHO의 안전한 임신중지 가이드라인[3]에서는 상담과 정보제공의 주요 원칙과, 의료기관에서 제공되어져야 하는 정보목록을 제시하고 있다.

주요 원칙
- 상담은 정보 제공 그 이상으로, 한 개인이 개인적인 생각과 경험을 공유하는 안전한 환경에서, 전문적으로 훈련된 상담자로부터 자발적으로 정보와 지원, 보살핌과 비시지적인 가이드를 받는 상호작용적이고 집중적인 과정이다. 상담에는 다음과 같은 원칙이 필요하다.
  - 개인이 상담을 요청했는지 확인하고 상담이 의무가 아님을 명확히 한다.
  - 프라이버시와 비밀을 보장한다.
  - 개인에게 원하는 것이 무엇인지, 필요한 것이 무엇인지, 우려 사항이 무엇인지 묻고 필요한 시간을 제공하며, 개인이 표현한 필요와 선호 사항을 적극적으로 경청한다.
  - 상담 세션 중에 관련 정보를 강조하여 전달한다.
  - 정중하고 편견 없이, 그리고 개인이 이해할 수 있거나 개인에게 맞는 방식으로 정보를 전달한다.

---

3   World Health Organization, *Abortion care guideline*, 2022.

- 개인을 지원하고 개인이 질문에 대한 적절한 답변을 받고 제공된 정보를 이해했는지 확인한다.
- 상담은 여성뿐 아니라 여성이 원하는 경우 파트너, 가족 또는 다른 개인에게도 공동으로 제공할 수 있다.
- 상담은 이용 가능하고 접근 가능해야 하지만, 여성이 상담을 받을지 여부는 항상 자발적으로 선택해야 한다.
- 상담은 개인 중심이어야 하며 개인의 필요에 따라 맞춤화해야 할 수 있다. 청소년, 성폭력 및 젠더 기반 폭력 피해자, 또는 소외된 집단의 구성원은 서로 다른 정보 또는 상담 요구 사항을 가질 수 있다.

정보
- 임신중지 방법 및 통증 관리에 사용할 수 있는 옵션
- 자유로운 사전 동의와 관련된 정보
- 임신 중지 절차 또는 과정 전, 도중 및 후에 어떤 일이 일어나는지(필요한 검사, 통증 완화 방법, 원할 경우 자가 조절이나 관리할 수 있는 방법 포함)
- 임신중지 시술 또는 과정 중과 후에 개인이 겪을 수 있는 상황, 시술/과정 및 회복에 소요되는 시간
- 성관계를 포함한 정상적인 활동을 재개할 수 있는 시기
- 임신이 만약 지속되는 경우, 잠재적인 부작용 및 증상을 인식하는 방법 및 장기간의 심한 출혈이나 발열과 같은 합병증을 포함하여 후속 치료가 필요한 상황에 대한 정보
- 후속 치료 또는 상담/피임 등과 같은 임신중지 후 서비스를 이용할 수 있는 시기, 장소 및 방법

앞으로 필요한 것은 표준적인 정보와 상담 가이드라인을 만드는 것이다. 여기에는 임신중지의 방법, 각각 방법의 장단점, 합병증위험성 등 임신중

지에 대한 정보뿐만 아니라, 향후 피임과 성매개감염 예방에 대한 교육, 임신유지와 출산/입양 등의 다른 선택지에 대한 제공, 각각을 선택할 때 얻을 수 있는 사회복지적 자원 등의 통합적인 내용이 들어가야 한다. 모든 정보는 연령, 성별, 교육수준, 장애, 성적 지향과 성적 정체성, 이주 등의 상태를 고려하여 구체적으로 전달되도록 해야 한다.

보건복지부나 의료계뿐만 아니라 여성계, 복지계가 협의하여 왜곡되거나 편향되지 않은, 근거에 기반한 정보를 제공해야 하며, 어떤 결정에도 여성을 지지하는 상담 환경이 필요할 것이다. 이렇게 만들어진 정보는 인터넷, 공공/민간 기관 및 지역 단체, 병·의원, 보건소 등 다양한 경로를 통해 최대한 이용가능성을 높여야 할 것이다. 질병관리본부에서 대한의학회와 함께 운영하는 국가건강정보포털, 현재 운영되고 있는 여성 지원 핫라인들과의 연계도 고려해볼 수 있을 것이다.

4. 의료인 교육과 모니터링

임신중지가 범죄화 되어 있는 동안, 기형적인 의사–환자 관계, 임신중지에 대한 무정책과 학계의 무관심이 임신중지 서비스를 안전하지 못하게 만들어 왔다. 일각에서는 한국은 산부인과 의사에 의해 행해지기 때문에 안전하다고 이야기하지만, 세계보건기구는 '안전한 임신중지'를 위생적 환경, 훈련받은 의료인, 정해진 프로토콜 준수라는 세 개의 조건을 충족시키는 경우로 정의한다.[4] 지금까지의 한국에서의 임신중지는 안전성이 확립된 미프진이라도 인터넷으로 복약지도 없이 자가로 사 먹는 상황, 산부인과 전

---

4   World Health Organization, *Safe abortion: technical and policy guidance for health systems*, 2012.

문의에게 시술을 받더라도 권장되는 프로토콜이 아닌 소파술 등의 구식 방법으로 받는 상황 등, 덜 '덜 안전한 임신중지(Less safe abortion)'로 정의되는 환경에 놓여 있었다. 태아가 사망한 케이스나 자연유산, 일부 '합법적인' 임신중절의 케이스 밖에 접해 보지 못하다가, 수련을 마치고 임상에 나가서야 인공임신중절의 실태와 최신 지견을 접하게 된다. 자궁천공이나 유착을 일으킬 수 있어 그 사용을 줄이라고 권고하는 큐렛을 이용한 소파술이 아직까지 임상의 대부분을 차지하며[5] 최신의 진료나 교육의 실태에 대해서도 헌법불합치 이후 조사된 바 없다.

세계보건기구에서 발간된 안전한 임신중지를 위한 가이드라인 및 최신 지견을 반영한 한국화된 표준진료지침을 만들고, 이를 의과대학과 보수교육에서 교육할 수 있도록 해야 한다. 교육을 담당하는 대학병원과 및 공공 의료기관에서는 임신중지 서비스가 제공될 수 있도록 제도화해야 한다. 의사들이 최신 지견의 보수교육을 적정 시간 받은 이후 안전하고 위생적인 환경에서 약품 처방과 시술을 할 수 있도록 해야 한다. 의과대학에서, 레지던트 수련과정에서 임신중지를 다뤄서, 지금부터 배출되는 의료인들은 교육을 받아 나올 수 있도록 해야 할 것이다. 그리고 이러한 가이드라인에 맞춰 진료와 교육이 이루어지고 있는지에 대한 모니터링도 필요하다.

의료인의 거부권에 대한 논란이 분분한 상황인데, 보수교육을 받은 의료인에 한해 시술을 할 의사를 신청받고 인증의로 등록하는 방법도 양질의 서비스 제공을 위해 고려해 볼 수 있을 것이다. 이미 합법화가 진행된 해외에서도, 임신중지에 대한 낙인과 편견이 문화적으로 유지되는 경우 임신중지를 찾는 여성들도 시술하는 의료인도 위축되기 쉽고, 임신중지 서비스를 제공하는 의료인들에 대한 평가절하나 테러가 벌어지기도 하여, 이런 상황

---

5   2005년 조사에서 월경조절술이 21%, D&C 47%, D&E 32%, 약물요법1%를 차지한다. 김해중 외, 『인공임신중절 실태조사 및 종합대책 수립』, 보건복지부, 2005.

이 접근성을 저하시키고 있는 상황이다. 특히 카톨릭 등 종교 기반의 국가들에서 오랫동안 임신중지, 피임 등에 대한 거부가 있어 왔기 때문에 개인적 종교나 신념에 따른 거부가 국제인권규약에 명시되어 있지만, 이것이 환자의 건강권과 배치되거나 위해를 가해서는 안 된다. 환자의 결정을 존중하고 진료를 거부하지 않는 것은 의료인의 윤리적 책임이면서 법적 책임이기도 하다.[6] 세계산부인과학회, 세계의사회 등 대다수의 의료인단체는 의사의 환자에 대한 의무가 거부권에 우선한다고 천명하고 있다.[7] WHO 가이드라인은 의료인의 거부로 인해 임신중지 치료가 지연되고 이는 여성과 소녀들에 부담으로 작용하며, 임신중지 의료 제공자들의 업무량에 과부하를 미치기 때문에, 거부로 인해 발생하는 장벽을 낮추기 위한 제도적인 장치가 필요하다고 강조하고 있다.[8]

따라서 만약 법에 의료인의 거부권을 명시할 경우에는 다음과 같은 원칙을 마련하여 최소한의 안전망을 갖추는 것이 필요하다.

- 정확한 의료정보 제공
- 적절한 의료기관/의료인에게 시의적절하게 의뢰할 의무
- 의료기관에 채용 및 등록 시에 업무 범위에 대한 공표 필요
- 개인에 속한 권리로 인정(기관이나 부서가 가지는 권리가 아님)
- 응급 진료, 생명이나 건강의 위해가 있는 경우에는 거부할 수 없음.

6   대한의사협회 의사윤리지침, 제13조(환자의 선택권 존중 등) 제14조(진료의 거부 금지 등) 및 의료법 제15조(진료거부 금지 등)

7   Health worker roles in providing safe abortion care and post-abortion contraception, WHO, 2015.

8   World Health Organization, Health worker roles in providing safe abortion care and post-abortion contraception (Geneva: World Health Organization, 2015).

사실상 '불법낙태수술'이라는 낙인 속에 브로커나 의료사고 등의 음성적인 면이 강조되면서, 인공임신중절을 시행하는 의료인이 줄고 있다.[9] 음지에서 양지에서 그동안 여성을 묵묵히 조력해온, 앞으로도 여성을 믿고 여성을 우선하는 진료를 하겠다고 당당히 나서는 의료인들이 조직되고 지지받는 것도 중요하다.

5. 유산유도약의 도입

약물(인공)유산(medical abortion)이란 수술유산(surgical abortion)과 달리, 약제를 투약함으로써 유산을 유도하는 방법을 일컫는다. 임신을 유지하기 위해서는 프로제스테론이라는 호르몬이 필요한데, 미페프리스톤이라는 약물은 우리 몸에서 나오는 프로제스테론을 억제하여 임신을 유지할 수 없게 한다. 이로부터 24시간~48시간 이후 자궁을 강하게 수축시키는 미소프로스톨을 복용하게 되면 임신산물이 배출되어 유산이 유도된다. 1973년에는 미소프로스톨, 그리고 1988년에는 미페프리스톤이 개발된 이후, 이들 약물의 안전성과 효과성이 확립되면서 점점 그 비중이 커지고 있으며 마취가 필요 없다는 장점으로 인하여 낙후된 의료환경을 지닌 곳이나 개도국 등에서는 2005년 필수의약품 목록에 등재되기까지 하였다. 지난 16년간의 합병증 발생은 0.05%, 사망률은 10만명당 0.6건(출산 관련 모성사망률은 10만명당 9건)이었으며, 성공률은 8주 이내의 경우 98~100%, 8주~9주 사이에는

---

9   2005년 임신중절시술을 하고 있다고 하는 의료기관은 전체 산부인과 의료기관의 80%였는데 2009년 조사에서는 경험이 있는 의사의 비율이 58.3%, 2010년 조사에서는 49.3%이다. 각각 김해중 외, 『인공임신중절 실태조사 및 종합대책 수립』, 보건복지부, 2005와 손명세 외, 『전국 인공임신중절 변동 실태조사』, 보건복지부, 2011를 참조.

96~100%, 9~10주 사이에는 93~100%에 달한다.[10] 유산유도약이 도입된 외국의 사례들을 보면, 일단 한번 도입된 후에는 그 사용이 확대되고,[11] 그만큼 이른 주수에 임신중지가 가능해지게 된다. 안전성 프로파일도 점점 확대되어, 처음 시장 도입될 때는 임신 7주 이내에서만 복용하도록 권장되었던 가이드라인이, 현재는 임신 12주 이내에는 자가복용도 안전하며, 그 이상의 주수에서는 의료인의 관찰 하에서 사용 가능하다고 업데이트되었다.[12]

우리나라에서도 약물 도입 필요성은 꾸준히 제기되어 왔다. 하지만 현대약품이 2021년 7월 수입의약품 허가 신청을 낸 지 1년 5개월 만에 자진 취하하는 동안 식약처는 적극적인 도입 의지를 보이지 않았고, 모자보건법에서도 '인공임신중절 수술의 허용한계'라는 조항으로 수술유산만이 언급되고 있어 식약처와 보건복지부가 약물 도입에 미온적이라는 비판을 피할 수 없다.[13] 세계화·정보화 시대에 여성들은 이미 정보를 얻었고 그에 따른 수요가 발생하고 있다. 현재 Women on web, Women help women같은 국제 NGO들이나 불법 인터넷 거래나 브로커를 통한 약물 자가 처방이 점점 늘고 있다. 문제는 불법 유통되는 것들 중 가짜 약이나 용량을 복약지침만큼 사용하지 않을 가능성, 복약지도와 사전 상담, 유산 후 관리에 대한 안내 없이 약만 배송하는 행태가 안전을 위협하고, 의료인들이 정규교육에서 배우

---

10   https://www.plannedparenthood.org/learn/abortion/the-abortion-pill 참조.

11   전체 임신중지 중 약물을 이용한 임신중지의 비중: 핀란드 96%(2015), 스웨덴 92%(2016), 노르웨이 87%(2016), 스코틀랜드 83%(2016), 스위스 72%(2016), 덴마크 70%(2015), 프랑스 64%(2016), 영국 62%(2016), 미국 30%(2014), 네덜란드 22%(2015).

12   World Health Organization, 위의 책, 2022.

13   임재희, "먹는 임신중지약 '미프진' 도입 무산됐다…"현대약품 자진 취하"", 한겨레, 2022.12.16. https://www.hani.co.kr/arti/society/health/1071934.html (최종검색일 2023.12.16.)

지 못한 상황에서 약물 복용 후 실패나 부작용을 겪어 병원을 찾더라도 의료인의 이해부족으로 오해와 과잉 진료로 이어질 위험이 높다.

입법공백을 가능한 줄여 약물을 도입하고, 전문의약품으로 분류하여 의사와 보건당국의 관리 하에 약물을 사용하도록 하며, 건강보험을 적용해야 한다. 산부인과전문의가 처방할 것인지, 2번에서 설명한 것처럼 일정 교육을 이수한 모든 의사가 처방할 것인지 여부, 병원 원내약국/원외약국 처방 등의 세부사항에 대한 논의도 필요하다. 아래 해외의 유산유도제 처방에 대한 세부사항들을 참조하여 안전성과 접근성을 모두 높일 수 있는 최선의 방법을 찾아야 한다.

o 캐나다
- 훈련 받은 의사들이 모두 미페프리스톤 처방 가능(임신중지전문가, 산부인과의, 가정의학과 등)
- 또는 처방 받은 후 약국에서 구매해서 직접 복용 가능(9주 이내)
- 성매개감염 검사, 혈액 검사 등을 마친 뒤 약 처방(초음파를 반드시 확인할 필요 없음)
- 일반적으로 2주 뒤 추적검사

o 스웨덴
- 모든 산부인과병원, 또는 허가 받은 임신중지 전문 클리닉에서 처방 가능
- 병원 중심으로 폭넓게 처방되고 있고 10주까지 집에서 복용 가능
- 일반적으로 2주 뒤 추적검사

o 영국
- 모든 NHS 산부인과병원, 또는 허가 받은 사립 임신중지전문클리닉에서 처방
- 1차의를 거쳐 가야 할 필요 없음

- 9주 6일까지 사용가능
- 2018년 이후 미소프로스톨 집에서 복용 가능, 2020년 3월부터 미페프리스톤 집에서 복용 가능(COVID-19 판데믹 여파로 한시적 원격처방 가능)

o WHO 가이드라인
- 12주까지 가정에서 자가복용 가능

6. 접근성 - 임신중지서비스, 피임의 급여화 (또는 국고지원)

현재 임신중지가 합법화 되어있는 국가들의 경우 대부분 이를 필수적인 의료서비스로 보고 공공재원에서 지원된다. 비용이 어느 정도인가, 합법과 불법의 비용 차이가 얼마인가, 국가가 비용을 부담하는가 또는 비용이 개인의 책임인가라는 문제는 의료 이용 접근성과 직결되기 때문이다. 조사가 능한 80개국 중에서 34개국에서 전액 보조(아일랜드까지 포함하면 35개국)되고 있고, 이 외에도 공공병원에서 더 저렴하게 시술을 제공하는 방식으로 일부 재정부담을 제공하는 국가, 공공보험에서 보험적용이 되어 개인이 일정비율만 본인 부담하면 되는 국가, 저소득층과 청소년에게 비용지원을 하는 국가, 사유에 따라 제한적으로 비용을 지원하는 국가들까지 생각한다면 총 69개국이 전액 또는 일부 비용을 공공재정에서 부담한다.(표 4-1 참조)

안전한 임신중지는 의료비 및 전체 사회적 비용 절감의 효과가 있다. 안전하지 않은 임신중지로 인한 모성 사망과 합병증 치료, 난임 등의 후유증으로 개인과 사회가 입는 손해에 비하여, 임신중지에 재정보조를 해주어 안전하게 시행되었을 때의 이득이 더 크고, 합법화 이후의 비용 절감에 대한 근거들이 쌓여 재정지원의 근거가 되고 있다.

〈표 4-1〉 국가별 임신중지 공공재정 투입 현황

무료	정부 또는 건강보험재원으로 모든 기관에서 무료	벨기에, 캄보디아, 캐나다, 프랑스, 아이슬란드, 룩셈부르크, 네덜란드, 뉴질랜드, 포르투갈, 슬로베니아, 우루과이
	공공기관이나 허가 받은 기관 내에서 무료	호주(주별로 다름), 아제르바이잔, 바베이도스, 덴마크, 에티오피아, 그리스, 인도, 아일랜드, 이탈리아, 카자흐스탄, 네팔, 멕시코(멕시코시티, 와사카주), 노르웨이, 러시아, 남아프리카공화국, 스페인, 튀니지, 우크라이나, 영국, 우즈베키스탄, 잠비아
일부 보조	특정 연령의 경우 보조	아르메니아, 불가리아, 몽골, 미국, 스웨덴
	저소득층의 경우 보조	아르메니아, 불가리아, 독일, 미국, 몬테네그로, 헝가리, 루마니아, 벨라루스, 오스트리아
	사회경제적 사유인 경우 보조	몰도바, 루마니아
	의학적 이유일 경우 전액 보조	오스트리아(일부), 벨라루스, 불가리아, 크로아티아, 체코, 에스토니아, 독일, 헝가리, 키르기스스탄(일부), 라트비아(일부), 리투아니아, 몰도바, 몽골, 루마니아, 세르비아, 베트남
	기혼여성의 경우 보조	중국, 방글라데시
	성폭력, 근친상간 등 범죄의 경우 전액 보조	아르메니아, 불가리아, 체코, 독일, 헝가리, 루마니아
	정부 또는 건강보험에서 일정 부담	방글라데시, 에스토니아, 핀란드, 헝가리, 리투아니아, 몬테네그로, 스웨덴, 스위스, 미국
	민간기관보다 공공기관을 저렴하게 이용 가능	몰도바, 루마니아, 타지키스탄
보조 없음		조지아, 대만

출처: 윤정원 외, "약물임신중지 도입과 임신중지 공공의료체계의 구축을 위한 정책제언", 국립중앙의료원 공공보건의료연구소, 2021.

2017년 보건사회연구원 실태조사에서는 연 49,764건의 임신중지를 추정하였는데, 그 중 3,867건만 건강보험 청구가 되었다. 이에 따르면 전체 임신중지의 7.8%만이 합법적인 영역(모자보건법상 허용된 강간 및 준강간, 산모의 건강위협 등)에 해당되어 건강보험적용을 받을 수 있었다는 뜻이다.[14] 한국의 경우, 현재 모자보건법상 허용되는 합법적인 인공임신중절에 대해서는 다음과 같이 수가가 책정되어 있다: 8주 미만 125,063원; 12주 미만 152,122

---

14   한국보건사회연구원, 『인공임신중절 실태조사』, 보건복지부, 2018.

원; 16주 미만 198,962원; 20주 미만 255,855원; 20주이상 281,131원. 그 외 음성적으로 시행되는 인공임신중절은 현재 주수에 따라 50만원에서 500만 원까지 자의적으로 책정된 시세에 따라 진행되고 있는데, 이는 전체 의료 비 및 환자의 부담을 상승시키고, 정확한 통계 및 역학조사를 어렵게 한다. 향후 입법과정을 통해 확장된 합법의 영역에 있어서는 의료 수가의 현실화 및 건강보험적용이 동반되어야 하겠다.

피임의 급여화도 임신중지의 급여화와 반드시 함께 이루어져야 한다. 현재 한국에서는 전문피임약(처방전 필요), 일반피임약, 응급피임약(처방전 필요), 자궁내피임장치(미레나 등), 피하내이식장치(임플라논 등), 피임시술(난관수술, 정관수술) 등 피임을 목적으로 받는 진료, 처방하는 약이나 모든 시술이 비급여항목이다. 이 약제와 장치들은 WHO 필수의약품에 등재되어 있으며, 이는 어떤 때이든, 필요한 만큼, 개인과 사회에게 적정한 가격으로 공급되어야 한다는 뜻이다. 전 세계 여러 국가에서는 건강권과 공중보건 정책의 일부로 피임에 건강보험을 적용하든지, 피임을 담당하는 단체에 정부재원을 지원하던지 하는 방식으로 피임을 지원하고 있다. 이는 여성 개인의 건강을 위해서도 중요하지만, 원치 않은 임신을 효과적으로 방지하고, 임신중지로 인한 직간접적인 의료비를 감소시키는 측면에서 사회적으로도 도움이 되기 때문이다. 미국에서는 2010년 부담적정보험법(Affordable Care Act) 에서 모든 보험사가 피임과 관련한 서비스를 비롯해 여성건강 예방 서비스를 제공하도록 하였고, 이 외에도 가족계획협회를 통해 보험이 없거나 취약한 사람들을 위해 여러 무료 서비스들을 제공하고 있다. 프랑스에서는 대부분의 피임약, 루프, 임플라논에 대해 최대 65% 정도 비용을 지원하고 있다. 이외 대부분의 유럽, 북미, 오세아니아 국가에서 청소년과 저소득층을 위한 피임지원서비스를 제공하고 있다.

임신중지가 더 이상 죄가 아닌, 경험해보지 못한 새로운 세계가 열렸지만, 체감되는 변화는 거의 없는 채 2년이라는 시간이 지났다. 다가올 사회는 이분법처럼 단순하지 않다. 찬/반을 넘어 건강과 인권을 중심에 두고 어떤 변화들이 필요한지를 이야기해야 한다. 앞으로 더 많은 대중의 관심과 공론화, 해외 사례들의 공유가 필요하며, 기계적 의견절충이나 포퓰리즘이 아니라 근거와 건강증진을 기반으로 한 정책수립이 요구되는 바이다.

제5장

성·재생산 건강을 보장하는 보건의료체계를 상상하기

김새롬(서울대 보건대학원 연구교수)

1. 들어가며

2019년 4월 헌법재판소에서 의료제공자와 여성을 처벌하는 형법 조항 (일명 낙태죄)에 대한 헌법불합치 결정을 내렸다. 이후 낙태죄에 대한 조항은 입법부의 대안 입법이 이루어지지 않은 상태에서 2020년 12월 31일 공식 적으로 효력을 잃었다. 그러나 이 글이 작성되는 2023년 하반기까지도 임 신중지[1]와 관련한 법·제도 규정이 공백으로 남아있다.

안전한 임신중지를 위한 입법과 제도를 마련해야 했을 입법자들이 책무 를 방기한 시간 동안에도 많은 이들이 계획하지 않은 임신을 겪고 있음은

---

1   오랜 기간 한국에서 많은 이가 달이 차기 전에 태아를 모체에서 분리하는 일을 "낙 태"라고 부르고, 이를 처벌하는 형법 조항을 "낙태죄"라고 불러왔다. 이에 반해 여 성의 재생산 권리를 옹호하는 한국의 연구자·활동가들은 이를 수행하는 의료인과 여성을 비난, 처벌하기 위해 부정적으로 활용되어 왔던 역사를 가진 용어로 "낙태" 대신 여성의 자기결정을 반영하는 개념으로 이를 "임신중지"라고 호명해왔다. 이 글에서도 이들의 뜻과 의지를 이어 여성 재생산권의 핵심 요소 중 하나인 자기결정 에 따른 임신의 중단·종결을 "임신중지"로 쓴다. 문맥에 따라 임신중지를 위해 실행 되는 의학적 술기를 지칭하기 위해 인공임신중절(시술)을 쓴다.

분명하다. 그러나 그 규모는 명확하게 알기 어렵다. 임신중절의 선행 조건은 임신이므로 대체로 임신중절 역시 출생아 감소와 더불어 감소할 것으로 추정할 수 있다.

정부는 임신중지를 둘러싼 사회적 논쟁이 불거질 때마다 비정기적으로 "인공임신중절 실태조사"를 실시해왔다. 가임기 여성들에게 설문조사로 지난 몇 년 사이에 원치 않는 임신과 임신중절을 경험한 적이 있는지, 그 이유는 무엇이고 방법 및 시기는 어떠했는지를 묻는 방식이다. 최근 20여 년 사이 실태조사에서 확인되는 인공임신중절시술의 건수는 빠르게 감소해왔다. 2005년 김해중 등의 조사[2]에서는 연간 약 34만 건, 2011년 손명세 등의 연구[3]에서는 연간 약 17만 건, 2018년 이소영 등의 연구[4]에서는 연간 약 5만 건, 2021년 변수정 등의 연구[5]에서는 연간 약 3만 2천여 건의 임신중절 시술이 이루어지고 있을 것으로 추정했다. 임신을 경험한 15~49세 여성 중에는 약 17.2%가 임신중지를 경험했다 응답했다.[6] 이는 모든 여성 중 1/3에서 1/2 정도가 임신중지를 경험한다는 국제적 통계에 비해 매우 낮은 수치다. 오랫동안 임신중지를 범죄로 처벌해 온 사회에서 많은 이들이 자신의 임신중지 사실을 보고하기 꺼릴 것임을 고려하면, 정부가 나서 여성에게 임신중지 경험 여부를 묻는 방식의 조사는 대체로 현실의 규모보다 한참 작은 수준의 사건을 집계할 가능성이 크다. 그럼에도 3만 2천 건은 적지 않은 숫자다. 매일 한국에서 88건의 임신중지가 이루어진다는 의미다.

비교적 임신중지와 관련한 사회적 관심 수준이 높았던 지난 몇 년 사이

2   김해중 외. 『인공임신중절 실태조사 및 종합대책수립』. 고려대학교·보건복지부, 2005.
3   손명세 외. 『전국 인공임신중절 변동실태조사』. 연세대학교·보건복지부, 2011.
4   이소영 외. 『인공임신중절 실태조사』. 한국보건사회연구원·보건복지부, 2018.
5   변수정 외. 『인공임신중절 실태조사』. 한국보건사회연구원·보건복지부, 2021.
6   앞의 글.

축적된 지식에서 논의를 시작하는 것이 타당할 것이다. 한국에서 대부분의 임신중지는 지금껏 국가의 공적 의료체계 내의 서비스로 다루어지지 못했다. 이는 단지 건강보험급여를 통한 재정적 보호만을 이야기하는 것은 아니다. 공적 의료체계에 포함되지 못했다는 이야기는 임신중지가 의료서비스로서 어떻게 이루어지고 있는지 서비스의 양과 질에 대한 정보가 수집되지 못했고, 따라서 국가의 공적 관리 체계에서도 소외되어 왔음을 의미한다.[7]

　이 장의 전반부는 2020년 시민건강연구소에서 진행한 "재생산 건강체계 개선 연구"[8]의 조사 내용을 중심으로 한국의 보건의료영역에서 임신중지가 어떤 상황에 처해있는지를 살펴본다. 임신중지를 처벌하는 법이 사라졌지만 보편적인 의료로서 임신중지를 보장하는 제도는 마련되지 않은 상황에서 확인되는 어려움과 불편, 더 나아가 의료로서 임신중지를 온전히 고민하지 않았던 결과 봉착하게 된 윤리적 고민과 쟁점을 거칠게나마 살펴보고자 한다. 후반부에서는 한국의 보건의료체계라는 역사적 맥락 속에서

7　건강보험공단은 매년『주요수술통계연보』라는 이름으로 한국에서 이루어진 다빈도 수술의 목록을 제공한다. 예컨대 2021년 기준 한국 사람들이 가장 많이 받은 수술은 1위가 백내장 수술(약 49만 7천 건), 2위가 일반척추수술(약 19만 건), 3위가 치핵수술(약 15만 8천 건), 4위가 제왕절개수술(약 14만 8천 건), 5위가 담낭절제술(약 8만 9천 건)로 나타났다. 이에 비해 임신중지는 모자보건법 제14조가 규정하는 인공임신중절수술의 허용한계의 조건에 포함되는 사례만 건강보험급여대상으로 포함되어 제한적으로 파악이 가능한데 이는 2020년 기준 약 3천여 건으로, 대폭 과소보고되고 있을 것으로 여겨지는 자가보고 임신중절 건수와 비교했을 때에도 10분의 1 수준이다.

8　해당 연구에서 수집한 자료를 분석한 내용은 2023년 8월『국제산부인과학회지』에 게재되었으며 서지정보는 다음과 같다. Moon, J., Oh, R., Chang, E. J., Park, J., Choe, S. A., & Kim, S., "Investigation of the abortion-related experience of the providers, women, and advocators in South Korea: The neglected essential healthcare service" International Journal of Gynecology & Obstetrics, 163(2). 2023.

임신중지를 보장하기 위한 앞으로의 과제를 논의한다. 한국의 보건의료가 임신중지를 비롯한 성·재생산 건강을 보장하기 위해 넘어서야 할 쟁점과 과제를 짚어보는 것이 목표다.

2. 의료제공자와 의료이용자가 말하는 임신중지

이 소절에서는 2020년 시민건강연구소에서 수행한 연구[9]에서 수집한 면담 자료를 토대로 임신중지에 관한 법·제도 공백이 초래하는 어려움을 다룬다. 2020년 5월부터 7월 사이 의료제공자 6명, 의료이용자 11명, 총 17명을 대상으로 진행한 면담을 활용하여 논의를 전개한다(표 5-1 참조). 의료제공자의 경우 임신중지시술과 관련된 현장 경험이 있고, 이를 근래의 정책 변화와 관련하여 이야기를 나누어줄 수 있겠다고 동의하는 산부인과 전문의를 직접 만나서 면담을 진행했다. 의료이용자의 경우 임신중지경험에 대한 면담참여자 모집 포스터를 제작해 여성들이 많이 이용하는 인터넷 커뮤니티 및 SNS 등에 연구를 홍보하여 참여자를 모집했다. 익명성을 보장하기 위해 온라인과 전화 면담, 그리고 대면 면담 중 자신이 원하는 면담 방식을 선택할 수 있도록 했다. 면담 참여자들의 경험과 문제의식에서 파악할 수 있는 문제점들을 짚어보고, 더 나아가 한국사회가 보다 공적인 방식으로 직면, 대응하여야 할 임신중지의 윤리적 쟁점을 조망하기 위해 기존의 지식들과 저자의 문제의식을 결합하여 논점을 제안하였다.

면담은 짧게는 45분에서 길게는 2시간까지 이루어졌으며, 모든 면담은 참여자의 동의 하에 녹음하고 이에 대한 전사록을 작성해 이를 분석했다.

---

9   시민건강연구소. "성·재생산 건강 연속기획 I – 임신중지를 의료로서 보장하기". 『시민건강이슈』, 2022-10. 2022

〈표 5-1〉 연구참여자 특성

순번	면담일	특성
의사1	2020.05.07	산부인과 전문의, 대학병원
의사2	2020.05.22	산부인과 전문의, 대학병원
의사3	2020.07.02	산부인과 전문의, 일차의원
의사4	2020.07.10	산부인과 전문의, 일차의원
의사5	2020.07.14	산부인과 전문의, 전문병원
의사6	2020.07.18	산부인과 전문의, 대학병원
U1	2020.07.18	화상 면담, 경기도 수원
U2	2020.07.18	전화 면담, 서울
U3	2020.07.20	전화 면담, 부산
U4	2020.07.20	전화 면담, 부산
U5	2020.07.22	전화 면담, 경기도 안산
U6	2020.07.23	전화 면담, 경남 진주
U7	2020.07.23	전화 면담, 대전
U8	2020.07.24	대담 면담, 서울
U9	2020.07.25	전화 면담, 인천
U10	2020.07.25	화상 면담, 대전
U11	2020.07.30	대담 면담, 서울

연구는 강남차병원 연구윤리심의위원회의 심의를 거쳐 승인을 받았다(GCI 2020-05-004-004, 연구과제명: 한국 재생산건강체계 개선방안 연구: 임신중지를 중심으로).

(1) 의료제공자들이 경험하고 고민하는 임신중지

면담에 참여한 산부인과 전문의는 총 6명으로 면담 당시 세 사람은 대학병원, 한 사람은 산부인과 전문병원, 두 사람은 산부인과 진료가 이루어지는 1차 의료기관에서 근무하고 있었다. 한국의 의료기관에서 근무 산부인과 전문의 중 약 39.7%가 여성이지만[10] 본 연구에서 면담한 산부인과 의사

---

10   보건복지부, "2020년 보건의료인력 실태조사 – 성별, 전문과목별, 의료기관 유형별

들은 모두 상대적으로 젊은 여성(20대~40대)이었고, 한 사람을 제외하면 모두 수도권(서울, 경기도)에서 일하고 있었다. 본 연구에서 파악한 의료제공자들의 경험이 산부인과 의사 전반의 의견을 대변한다거나 한국 의사들의 평균적인 입장을 담고 있다 보기는 어렵다는 의미다. 임신중절과 관련한 산부인과 의사들의 입장이나 생각이 어떠한지에 대한 체계적인 조사가 이루어지지 않았기에 이를 비교할 수도 없다. 다만 여기에서는 면담을 수락한 의사들의 문제의식과 고민이 현재 임신중지를 둘러싼 사회적 문제를 파악하고 의제화하는 데에 충분한 자료가 될 수 있다고 판단했다. 임신중지는 정치적으로 첨예한 문제이며 산부인과 의사들에게는 현실적 이해관계와 직업윤리, 전문가주의가 결부되는 사안이다. 조사는 성·재생산 건강과 권리라는 비교적 새로운 사회권적 규범을 전제하고 진행하는 연구의 일환이었으며 면담자를 섭외하는 과정에서 연구자들은 이를 알린 상태에서 면담참여자를 모집했다. 따라서 면담에 참여한 산부인과 의사들은 대체로 연구자와 유사한 입장을 공유하고 있거나, 의료로서 임신중지에 대한 고민을 공개적으로 대화할 수 있는 이들이었다. 우리는 이런 의사들의 관점이 적어도 한국에서 임신중지에 대한 보다 구체적인 논점들을 파악하는 데에 유의미한 시작점이 될 수 있을 것이라고 본다.

1) 낙태죄 폐지 이후 법·제도 변화에 대한 의료인들의 소극적 대응과 관심

낙태죄 폐지를 둘러싼 정치적 공방 과정에서 산부인과학회 등 여론주도자 의료인들은 적극적으로 반대 입장을 표명해왔다.[11] 이와 달리 우리가 면

의료기관 근무 전문의 수", 2022.

11   대표적으로 대한산부인과학회는 산하 다수 학회의 구성원들이 참여하는 '낙태법특별위원회'를 구성하고 헌법불합치 결정 이후의 임신중절과 관련하여 산부인과의 입장을 정리하여 논문으로 발표했다. 여기에는 의료인이 낙태를 거부할 권리, 임신

담했던 의사들은 대체로 대한산부인과학회의 입장에 동의하지 않거나, 산부인과학회가 임신중지 합법화에 반대 입장이라는 사실을 알지 못하는 이들이었다. 한 면담자는 학회가 공식적으로 표명하는 입장에 동의하는 산부인과 의사 비율이 얼마나 될지를 물으며 학회의 대표성을 의문시하기도 했다.

면담에 참여한 의료인들은 사회적으로 크게 주목을 받았던 2019년 헌법재판소에서의 결정에도 불구하고 의료현장에서 법·제도 변화에 대한 의료인들의 관심과 대응이 적극적이지 않다고 판단했다. 헌법재판소에서 형법상 낙태죄를 폐지해야 한다는 결정이 무엇을 의미하는지, 앞으로 어떤 법률 개정이 이루어질지에 대해 의료기관 내에서 적극적으로 논의하고 토론해 본 경험이 있다고 말한 면담참여자는 한 사람도 없었다. 대체로 의료인들은 모자보건법 개정이 이루어지지 않은 상황에서 명확하게 결정된 내용이 없으므로 보건복지부가 이와 관련된 별도의 지침을 제시하지 않는 이상 의료현장에서 임신중지 접근성을 중요한 문제로 놓고 적극적으로 대응하기는 어렵다는 판단을 공유하고 있는 것으로 보였다.

"교수님들은 사실 별로, 관심이 아직은 없어요. 의사결정자들이 헌법불합치 이후에 대해서 어떻게 해야 하는지 잘 모르는 거니까 이에 대해서도 어떻게 하자 이런 것도 없는 거죠. 지금은 그냥 법대로, 법대로 해야 된다고 되어 있는 거고, 세부적인 거까지는 모르기도 하고, 관심도 없어요. [면담자: 형법상 낙태죄 폐지 결정이 되었는데도 관심이 없어요?] 그래서 병원이 어떻게 해야 하는지, 이

중절 시술자를 산부인과 의사로 한정하고 무자격자에 의한 낙태 처벌을 강화할 것에 대한 요구, 임신중절 미시술 의료기관 신고제를 실시하고 산부인과 의사에 의한 낙태 예방 상담을 지원할 것에 대한 요구, 비의학적 사유의 임신중절을 임신 10주 미만으로 제한하고 미성년자의 임신중절에 대해 법정 보호자의 동의를 의무화할 것에 대한 요구 등을 담고 있다. 최안나 외. "낙태법 개정 관련 의료적 이슈와 산부인과의 입장", 『한국모자보건학회지』, 제24호 제1권, 2020 참조.

런 건 없잖아요? 있나요? 미디어에서 공표를 하거나, 보건복지부에서 뭘 이렇게 하라고 하기 전까지는 하던 대로 하는 거죠, 그냥 하던 대로." (의사2)

반면 가장 적극적인 반응은 "시장"에서 확인되고 있을 것이라는 입장이었다. 산부인과 전문병원에서 일하다가 일차의료기관으로 이직하여 시간제 근무를 하는 참여자 한 사람은(의사4) 한국에서 임신중절을 둘러싼 법·제도 변화에 가장 관심을 가질 만한 집단이 산부인과 병원 경영자일 것이라고 말했다. 건강보험급여가 되는 다른 의료에 비해서 비용을 임의로 결정할 수 있고 오랜 시간과 노력이 소요될 수 밖에 없는 분만에 비해 임신중지를 통해 얻을 수 있는 수익이 확실하다는 사실은 의료진들에게는 널리 알려져 있다.

"제가 만약에 개원가에 있었으면 별 생각이 없었을 것 같아요. 산부인과가 의사를 대표하진 않지만, 매일 진료를 보는 사람이기 때문에 돌아가는 대로 하는 의식 수준이었지 이 문제에 대해 심각하게 고민을 하지 않는 게 대부분이 아닐까. 병원 오너[소유자]라면 병원 수익과 관련해서 직결이 되니까 그런 고민을 하겠죠?" (의사4)

"병원 경영상 할 수밖에 없는 상황이었고 병원 수입에 차지를 하는건데. (…) 수익 비율은 모르는데, 분만보다 훨씬 많았어요. 간단하고, 훨씬 이득이 되었죠." (의사4)

실제 형법상 낙태죄 폐지 이후 가장 가시적인 변화 중 하나는 온라인에 임신중절 수술 비용과 시술 여부에 대한 광고를 제공하는 의료기관이 나타나기 시작했다는 점이다. 2023년 현재 온라인으로 임신중절, 낙태 등의 키워드를 검색하면 많은 의원이 홍보용 블로그나 홈페이지 비급여 수가 고시 등 형식을 빌어 임신중절시술 가격을 공개한다.

의료기관들이 이렇게 공개적으로 임신중절 서비스 제공 여부를 고시하는 일은 적법한 일이기도 하다. 보건복지부는 2021년 1월 대한산부인과학회의 질의에 응답하는 공문을 통해 효력이 소실된 모자보건법령상 허용범위를 벗어나는 인공임신중절수술(24주 이내)을 합법적인 법정 비급여 서비스로 제공하라고 회신했다.[12] 비급여 진료의 허용 범위 내에 인공임신중절을 형식상 인정한 것이라고 볼 수 있다. 또한 보건복지부는 2021년 의료법 시행규칙 개정을 통해 모든 의료기관이 비급여 진료비용을 홈페이지 등에 공개하도록 했다.[13] 이러하다면 임신중절 서비스 비용이 예외가 될 이유는 없다. 병의원 차원에서 임신중지 시술 비용을 온라인 등에 게시·공개하는 것은 환자의 알 권리와 병의원을 선택할 권리를 보장한다는 차원에서 바람직하다. 다만 모든 종류의 임신중절 비용 홍보가 바람직한지에 대한 판단은 별도다. 상업적 유인·알선 행위가 아닌 양질의 정보제공이 이루어질 수 있도록 조율이 필요한 상황이라 하겠다.

2) 임신중절 시술과 관련한 사법적 부담은 형법상 낙태죄가 사라져도 여전하다는 입장

면담에서는 형법상 낙태죄가 사라진다고 하더라도 임신중절은 다른 방향으로 산부인과 의사들에게 법적 부담을 느끼게 만들 것이라는 우려를 확인할 수 있었다. 먼저, 의사들은 공통적으로 형법상 낙태죄가 유효하던 시기 모든 산부인과 의사들이 임신중지 시술에 대한 법적 부담을 느낄 수밖

---

12   보건복지부 공문은 건강보험심사평가원 광주지원의 블로그에 공개되어 있다. 이와 관련한 구체적인 맥락과 해석은 시민건강연구소, "성·재생산 건강 연속기획 Ⅱ - "입법공백"이라는 핑계는 이제 그만", 『시민건강이슈』, 2023-02, 2023 참조.

13   보건복지부고시 제2021-100호 『비급여 진료비용 등의 공개에 관한 기준』, 2021.3.29. 일부개정.

에 없었다고 말했다. 혹시라도 시술 후 부작용이 발생하거나 의료 분쟁으로 이어지게 되는 경우 임신중절 시술 그 자체의 법적 지위가 모호한 상태에서는 의료제공자의 부담이 더욱 커질 수 밖에 없었다. 형법의 낙태죄가 무효화된 이후 이런 부담은 한결 덜어질 것이었다.

실제로 한 참여자는 판결 이후의 후련함을 전달하며 과거 형법상 낙태죄로 인한 처벌이 의사면허의 유지, 곧 생계와 직업적 명성과 직결되는 위협이라는 점을 고려하면 굳이 위험을 감수할 이유가 없다며 임신중지시술을 단호하게 거절해왔다는 동료의 입장을 전했다(의사5). 형법상 낙태죄는 의료를 제공한 의사와 시술을 받은 여성 모두에게 적용되는 것이었기에 아래 인용된 의사의 발언에는 오류가 있다. 하지만 전문가로서 경력과 생계를 지키기 위해서는 불법의 여지가 있는 임신중절 시술을 제공할 수는 없다는 의견은 흔한 입장일 수 있다.

> "[임신중절 접근성이] 악화된 게 프로라이프 이후. 저희 병원도 이후에 안 했어요. 신고 들어오면 의사를 고발한다고 했기 때문에, 위축이 되는 상황이었죠" (의사4)

> "다른 선생님한테 이걸 물어봤거든요 안 그래도 궁금해서 딴 사람 어떻게 생각하나. 저는 그냥 거절 못하는 성격이어가지고 (웃음) 다 해주는데, 같이 일하는 선생님은 되게 딱 짜르는 성격이어가지고 [제 환자로] 첫째 낳고 둘째 낳은 사람도 셋째 임신해서 해달라고 하면 아니 이게 문제되어서 처벌을 당신이 받으면 해주는데 [처벌을] 내가 받는다. 나는 이게 내 밥줄이고 딱 자른다고 하더라구요." (의사5)

형법상 낙태죄가 존치하던 시기 임신중지 시술 그 자체에 대한 처벌 우려가 있었다면, 낙태죄 폐지 이후에도 임신중지를 둘러싼 법적 책임에 대한 고민이 남아있었다. 의사들은 형법상 낙태죄가 폐지된 이후, 태아의 장애나 질병에 대한 의사의 책임이 강화될 것을 염려했다. 모든 출생아는 언제나 장애와 질병의 가능성이 있다는 점에서 이 우려는 다소 의아한 것이기도 하다. 이에 대한 의사들의 설명은 이러했다. 형법상 임신중지를 처벌하던 시기에는 산전진찰을 통해 장애나 질병에 대한 사전 진단을 하지 못했다고 하더라도 어차피 합법적 임신중지는 불가능하기에 부모가 이에 대한 법적 책임을 요구할 여지가 덜 했다. 그러나 낙태죄가 사라지고 나면 미처 확인하지 못한 태아의 손상이나 장애에 대해 보호자가 민사상 손해배상청구소송을 하거나 이를 빌미로 병원과 의사를 위협할 수 있을 것이다. 실제 이와 관련한 사례들이 공유되고 의사들의 불안감을 부추기며 임신중지에 대한 법적 처벌을 옹호하는 이유가 되는 것으로 보였다.

> "낙태가 불법일 경우, 음성적 낙태 시술에 대한 법적 책임 문제도 있지만, 오히려 낙태 합법화 다음에 어떡하냐가 문제가 되거든요. 예를 들어 산전진찰에서 [장애와 질병에 대해] 진단을 조기에 못했을 경우 환자들이 이제 가만히 있지 않거든요. 이 책임이 다 의사한테 오는 거고 고소하겠다고 하거나, 실제로 막 위협하는 경우도 있고…" (의사3)

산부인과는 전체 의료 소송에서 차지하고 있는 비율과 배상 금액이 타과에 비해 높은 편이라는 점에서 위와 같은 염려가 공유되는 것은 일면 이해할 만한 일이다. 장애아 출산 가능성에 대한 적절한 주의와 추가적인 진단검사 방법에 대한 설명을 제공하지 않았다는 점을 이유로 신생아의 장애 진단에 대해 의사의 과실을 인정하여 손해배상책임을 인정했던 판례[14] 등

---

14 2006. 12. 6. 선고 2005가합4819 판결. 상염색체 열성 유전질환이 있는 자녀를 출산한 경험이 있는 산모를 담당하는 산부인 전문의가 산전에 실시한 융모막 검사에서 정상으로 확인되었으나 출생 후 척추성근위축증 환자로 진단받은 사례에 대한

2부 성·재생산 건강 권리 정책의 공백 - 의료와 보건

이 산부인과 의사들 사이에서 널리 알려져 있기도 하다. 그러나 전반적으로 의료진을 상대로 하는 민사소송의 승소율은 2%가 되지 않고, 원고 일부 승소율은 약 28% 수준인 것으로 알려져 있다.[15] 진단의 불확실성과 의료기술의 한계를 부당하게 의료인의 책임으로 돌릴 것이라는 우려도 있지만, 의학적 전문 지식이 없는 원고가 피해를 입증하기는 매우 어렵다. 이러한 점에서 낙태죄 폐지 이후 태아의 건강문제와 관련한 의료인 고소 위협에 대한 염려나, 임신의 유지·종결 의사결정 과정에서의 책임을 의료인에게 부과하지 못하게 만들어야 한다는 산부인과 학회의 주장[16]은 다소 방어적인 것으로 보인다.

하지만 이보다도 더 큰 문제는 산전에 장애나 기형이 진단되고, 산모가 임신의 종결을 고려하는 경우 의사가 구체적으로 어떻게 대처하는 것이 적절한지에 대한 공적 논의가 부재하다는 사실이다. 이제까지 태아의 선천성 장애나 질병으로 인한 임신중지는 그것이 불법이라는 이유로 의사와 산모 각자의 판단에 맡겨져 왔다. 선천성 장애나 질병을 진단받은 태아에 대한 임신 유지·종결 의사결정은 임신 중후반기에 이루어진다는 점에서 더욱 까다롭고, 보다 복잡한 윤리적·감정적 고민과 관련이 있다. 대다수 여성이 임신 초기에 임신중지를 하고 있다는 점에서 태아의 건강 문제로 임신중지를 고려하는 여성은 상대적으로 소수인 반면, 매일 다양한 산모를 만나는 의료제공자의 입장에서는 반드시 부딪힐 수 밖에 없는 문제라는 점에서 사

판결로, 의사가 유전자 결손이 없음을 확인할 수 있는 양수 천자 등의 추가검사를 시행하지 않았다는 점에서 과실이 인정된 사례. 융모막 검사의 오류가능성이 존재하고, 보다 정밀한 검사 방법이 있음을 부모에게 설명하지 않았다는 점에서 설명의무위반으로 보아 피고에게 손해보상을 선고.

15 김현구, "[의료분쟁기획] 10년간 피해자 승소는 단 1.6%… '기울어진 운동장' 의료 소송", 아시아투데이, 2021.11.11., https://www.asiatoday.co.kr/view.php?key=20211110010006125 (최종검색일 2023. 10. 13.)

16 최안나 외, 위의 글, 2020.

안의 규모와 중요도에 대한 입장 차이도 커진다. 임신중절과 관련한 의료 제공자들의 고민은 이 지점에서 임신중지를 경험한 여성이나 여성건강권 활동가들이 골몰하는 성·재생산 건강과 권리의 요구와는 조금 다른 차원의 윤리적 고민으로 이어지는 것으로 보인다.

3) 한국에서는 기형이 의심되는 태아에 대한 적극적인 임신중절이 이루어지고 있다

주요 염색체이상(삼염색체증, trisomy)을 가지고 태어나는 영아의 빈도는 인종과 국가에 따른 차이가 크지 않으리라고 여겨진다. 대체로 태아가 수정되는 유전적인 과정이 인간 종에서 보편적인 특성을 공유하는 생물학적 현상이라고 여겨지기 때문이다. 이 전제가 참이라면 해외에서의 역학적 근거를 기준으로 한국에서 주요 기형을 가진 태아에 대한 임신중절 상황을 가늠할 수 있다.

가장 흔히 발생하는 삼염색체증인 다운증후군(Down syndrome, Trisomy 21)의 사례를 살펴보자. 의학적으로 다운증후군 발생 빈도는 출생아 1만 명 중 약 13.6명 정도이다.[17] 반면 한국에서 다운증후군을 가지고 태어나는 출생아는 국제적 다운증후군 발생빈도의 37% 수준으로, 1만 명 중 5.03명이다. 대체로 부모의 연령 증가에 따라 염색체 이상도 함께 증가하는데, 지난 10여 년 사이 한국에서는 출생시 부모 연령이 꾸준히 증가했음에도 염색체 이상 발병률은 감소하는 추세를 보인다.[18] 태아의 다운증후군이 진단되었을 때 임신중지를 선택하는 부모가 과반이 넘고, 염색체 이상이 의심되는 태아에 대한 임신중절시술이 추세적으로도 더 적극적으로 이루어지고 있을 것으로 추정할 수 있다.

---

17   Carlos, Bacino, and Lee, 2020
18   Park et al., 2019

약 10년 전에 발표된 한 연구[19]는 한국에서 출생시 결손(birth defects) 유병율이 다른 국가들에 비해 낮고, 특히 산전 초음파를 통한 확인이 용이한 결손들을 중심으로 유병률이 낮다는 사실을 확인했다(표 5-2).[20] 형법상 낙태죄가 존재하던 시기에도 산전진찰을 통해 건강 문제가 있는 태아에 대한 임신중절이 이루어져 왔음을 짐작할 수 있게 하는 근거다.

〈표 5-2〉 한국, 일본, 미국에서 출생시 결손 유병율 비교

출생시 결손	10,000 출생아 중 유병율		
	한국 (2005-2006)	일본 (2005-2006)	미국 (2004-2006)
무뇌증(Anencephalopathy)	0.17	0.47	2.06
척수이분증(Spina bifida)	2.56	4.47	3.5
뇌류(Encephalocele)	0.32	0.75	0.82
대혈관전위 (Transposition of great arteries)	1.57	4.2	3.0
팔로 4징증(Tetralogy of fallot)	4.2	5.76	3.97
구개열/구개파열(Cleft lip/palate)	11.1	12.54	8.49
식도 폐색/협착 (Esophageal atresia/stenosis)	1.26	4.34	2.17
횡경막 탈장(Diaphragmatic hernia)	1.2	5.22	2.61
배꼽내장탈장(Omphalocele)	0.62	2.98	1.86
배벽갈림증(Gastroschisis)	0.25	2.3	4.49
파타우 증후군(Trisomy 13)	0.07	1.42	1.28
에드워드 신드롬(Trisomy 18)	0.23	4.81	2.64
다운 신드롬(Trisomy 21)	3.7	10.57	13.56

19   Kim, M. A., Yee, N. H., Choi, J. S., Choi, J. Y., & Seo, K. "Prevalence of birth defects in Korean livebirths, 2005-2006," *Journal of Korean medical science*, 27(10), 2012, 1233-1240면.
20   *Kim et al.* 2012 논문의 표를 국문으로 번역함

이와 같은 "태아 선별"은 산전진찰 기술의 발전으로 말미암아 더욱 촉진되고 있는 것으로 보인다. 근래 한국에서 산전진찰 초음파, 그 중에서도 정밀 초음파를 볼 수 있는 의사가 더 많아졌고, 수십만 원을 개인이 부담하는 비침습적 산전 검사(non-invasive prenatal test, NIPT) 역시 활발하게 이루어지고 있다. 이와 같은 의학 기술의 발전과 대중화는 점점 더 빨리 더 미세한 태아의 건강 문제를 파악할 수 있게 해 준다. 이는 태아에 대한 보다 적극적인 치료뿐만 아니라 더 많은 임신중절을 고려하게 하는 효과가 있을 수 있다.

> "[관련 상황이 심각해 지는 데에는] 심장 초음파가 가장 커요. 20-25주에서 심장 사이즈가 보여서 발견을 하는데, 예전에는 초음파 못 보는 의사도 많았는데, 점점 [초음파를 보는 의사들이] 많아지면서 더 자세히 많이 의사들이 보려고 하고, 나오면 문제 되면 안 되니까 [산전진찰에서 놓치면 안 된다는 의미] 더 강박적으로 보는데. 그러고 나니까 소아심장외과가 할 일이 없어지는, 그 전에 어보션(임신중지)이 되는." (의사1)

출산 전에 고위험 태아의 상황을 더 정확하게 파악하는 것은 태아와 산모의 건강을 위해 필요하고 바람직할 수 있다. 그러나 새로운 산전검사 도입의 사회적 효과에 대한 고민 역시 필요하다. 예를 들어 NIPT는 일정한 위험을 감수하게 되는 양수천자나 융모막 융모 검사와 달리 더 이른 시기(임신 10주)부터 비침습적으로 태아 염색체이상을 파악할 수 있게 한다는 장점이 있다. 그러나 NIPT 검사는 고위험 산모에서 임신 유지-종결 의사결정에 영향을 미칠 수 있다는 점에서 검사 도입의 윤리적·사회적 효과에 관한 고려가 필요한 기술이기도 하다.

해외의 사례를 참조할 수 있다. 영국, 독일 등 의료의 상품화 수준이 더 낮고, 한국에서는 높은 비용이 드는 진단검사를 환자의 소비 결정이 아닌 의사의 판단에 따라 거의 무상으로 제공한다. 이런 국가들에서는 보다 공적인 방식으로 재생산 기술을 도입하기 위한 사회적 노력들이 확인된다. 예컨대 국가의 공적 기구나 학술 공동체가 고위험산모에 대한 NIPT 검사 실행의 윤리적 차원을 검토하고 이에 따른 기준을 모색하여 적용하는 등의 방식이다. 과학기술학과 의료윤리 영역에 걸쳐져 있는 연구들은 아이를 낳을 여성의 알 권리(right to know)와 알지 않을 권리(Right not to know), 그리고 태아 기형을 둘러싼 윤리적 쟁점을 공론화하며 보다 적극적인 사회적 논의를 촉구하기도 한다.[21][22]

반면 한국에서는 산전진찰과 관련한 새로운 기술 도입 과정에서 윤리적이고 사회적인 쟁점들에 대한 고민은 거의 확인되지 않는다. 건강보험급여가 되지 않는, 따라서 병원 입장에서 수익과 더 관계가 깊은 기술들이 재빠르게 도입되고 이후 신기술에 대한 상업적 홍보와 비용 장벽에 대한 호소가 공론화될 따름이다. 결국 의료접근성의 격차가 문제시되고, 고비용 서비스에 대해 급여 의사결정이 이루어진다. 의료와 관련한 자원 분배의 경제적 효과 외에도 사회적 의미와 윤리적 가치를 따져보는 사회적 공론장과 이를 제도적으로 뒷받침할 수 있는 역량이 빈약하다는 의미다.

4) 장애가 있는 아이를 낳아 키울 용기와 이를 위한 사회적 지원

앞서 표 5-2에서도 확인되듯 한국에서는 중증도가 높아 생존 가능성이 낮은 태아에 대한 임신을 만삭까지 유지하지 않는 사례가 다수인 것으로 추정된다. 이러한 데에는 한국에서 중증 질환을 가지고 태어난 아이를 돌

21   De Jong, A., Dondorp, W. J., Frints, S. G., de Die-Smulders, C. E., & De Wert, G. M., "Advances in prenatal screening: the ethical dimension," *Nature Reviews Genetics,* 12(9), 2011, 657-663면.

22   Reinsch, S., König, A., & Rehmann-Sutter, C., "Decision-making about non-invasive prenatal testing: women's moral reasoning in the absence of a risk of miscarriage in Germany," *New Genetics and Society*, 40(2), 2021, 199-215면.

보고 양육하는 데에 필요한 돌봄과 의료, 복지 인프라가 부족하다는 배경이 놓여 있다. 전국민 건강보험이 의료비를 보조하더라도 선천성 장애나 질병을 가진 있는 아이를 돌보고 치료하기 위해서는 많은 경제적·시간적 자원이 든다. 대부분 가구에서 남성보다는 여성이 자신의 커리어와 사회활동을 포기하고 아픈 아이를 치료하고 양육하는 데에 매달리게 된다. 아이가 무사히 성장할 수 있다고 하더라도 어려움은 여전하다. 한국 사회가 정상성 규범에서 벗어나는 몸과 조건을 가지고 있는 사람들의 존엄을 위해 노력하는 사회라고 볼 수 있을까? 전국장애인차별금지연대의 지하철 시위 과정에서 확인할 수 있었듯, 한국은 오히려 정상성을 벗어난 적극적으로 차별함으로써 장애를 만들어 내는 사회(disabling society)[23]에 가까울지 모른다. 이런 판단은 임신을 한 부모들에게서도 예외는 아니며, 의료제공자들의 입장에서도 건강한 태아를 낳기 위한 적극적인 선별은 그리 놀라운 이야기가 아니었다.

> "아는 선배도 그런 말 했었어요. 자기는 쪼끔도 기형이 있는 얘기는 안 낳고 싶대요. 자기는 그니까, 자기가 임신을 했는데 임신한 내과 의사였는데 성격이 약간 이기적인 성격이었는데 새침하고, 그냥 그런 말 하는 걸 들었어요. 조금도 기형이 있으면 안 낳고 싶다고 얘기하더라구요. 그걸 미리 알 수는 없겠지만…"
> (의사5)

> "제가 아까 25주 산모도 심장 기형인데, [태아가] 살 수 있었는데 본인이 못 받아들이면 강요할 수가 없으니까. 이 정도면 나와서 수술 얼마나 받아야 하고, 가능하지만 몇 차례가 될지 모른다 설명하면 본인이 결정을 하시는데. 이거는 우생학도 있고, 경제적 뒷받침이 안 되면 신생아 중환자실에서 감당할 비용을 생

---

23 김도현, 『장애학의 도전』, 오월의 봄, 2019.

각하고, 본인이, 대부분 여성이 거기에 매달려야 하는 게 있으니까. 단순히 우생학적 문제는 아닌 거 같아요…"(의사4)

산부인과 의사들은 위와 같은 상황에 대해서 잘 알고 있었고, 산전 진찰에서 태아의 건강 문제를 발견한 부모들의 고민에 공감하곤 했다. 다만 의사들은 중증 장애가 예상되는 태아의 임신 유지·종결 결정이 대체로 우생학적 이유보다는 사회경제적 자원과 이후 이어질 삶에 대한 진지한 고민 끝에 이루어지고 있으리라고 짐작했다.

태아의 심각한 건강 문제가 발견되었을 때, 임신을 유지할 것인지 아니면 종결할 것인지에 대한 의사결정은 대단히 고민스러운 일일 수밖에 없다. 그러나 이런 고민을 털어놓고 함께 이야기하고, 필요한 도움을 받을 수 있는 전문가와 서비스가 존재하는지는 확신하기 어렵다.

태아에게 절대적 환대의 장소-여성의 몸-를 제공하고 태아를 한 사람으로서 사회로 들여보내는 일이 여성의 결정에 달려 있다는 입장[24][25]이 여성이 누구의 도움도 없이 자의적으로 이런 결정을 내려야 함을 지시하지는 않는다. 오히려 여성이 심사숙고를 통해 자신의 임신에 대한 결정을 내리는 데에는 태아의 건강 문제와 여성의 이후 재생산 계획을 고려하는 의학적 정보가 필요하다. 본격적으로 의사결정을 하기 위해서는 더 긴 호흡의 정보도 필요하다. 예를 들어 심각한 건강 문제를 장기적으로 다루기 위해 여성과 가족이 국가와 사회로부터 받을 수 있는 정서적·물질적 지지와 자원이 얼마나 되는지를 파악하는 것은 임신의 유지 결정에 영향을 미칠 것이다. 하지만 현재의 상황은 어떨까? 면담에 참여한 의료제공자들은 한국

24   Thomson, Judith Jarvis. "A defense of abortion." *Philosophy and Public Affair* 1, 1971, 47–66면.
25   김현경, 『사람, 장소, 환대』, 문학과지성사, 2015, 258–260면.

에서 태아의 건강 문제가 의심되는 상황에서 임신한 여성과 파트너가 필요로 하는 도움이 충분히 제공되고 있는지, 심각한 의문을 제기했다.

> "손가락 하나 없는 경우 말고, 로컬에서 복잡한 심기형이 의심되는 경우에는 전문가 리퍼(후송)를 해야 할 거예요. 여러 명의 산부인과 의사 의견을 들을 수 있고, 다른 과, 태어난 이후 소아과 의사들과 성장이나 양육 같은 거, 필요한 수술 같은 게 뭔지 상담할 수 있어야 하는데 그런 건 B대 병원 정도 되어야 가능하죠. 대부분은 안 되는 상황이에요. 그런 경우에는 원치 않아도 낙태를 하게 되기도 하고, 충분히 정보가 없는 상태에서 겁나서 하게 되기도 해요. 산모한테도 엄청난 스트레스가 되고요. 아마 이건 말하기 너무 어려운 문제이긴 할 거예요 의사에게도 산모에게도… 정말 너무 논의가 필요한데 이야기를 할 수가 없는 문제였던 거죠." (의사1)

> "장애/기형아 임신에 대한 서포트가 있느냐가 중요해요. 정말 생존 가능한지, 양육 가능한지 판단하는 것이 한 명의 산부인과 의사에게 맡기는 것은 안 될 것 같아요. 그런 부분의 낙태는 전문가 자문단 지원받아서 되면 좋겠다는 생각해요" (의사6)

의사들은 선천 기형을 비롯해 태아의 건강 이상이 의심되는 상황에서 산모에게 충분히 개입하기 어렵고, 개별 의료진으로서 할 수 있는 일이 많지 않다고 말했다. 최대한 상세히 설명하고 현재 예상가능한 시나리오와 진료 옵션을 제시하겠지만 개별 의료기관이 처한 상황과 의료인 개인의 재량에 맞춰 제공하는 진료가 부족하다고 느끼기도 했다. 별도의 주치의가 있다기 보다는 환자들이 자신의 선택에 따라 의료기관에 방문하거나 하지 않는 현재의 진료 양식이 감정적으로 크게 동요하며 불안하고 슬퍼하는 산모와 그 가족에게 충분한 도움을 주기 어렵게 만드는 것 같다는 입장도 있었다.

한국 의료는 주치의 제도와 같이 진료 연속성과 책무성을 담보할 수 있는 의료전달체계가 존재하지 않는 것을 특징으로 한다. 이런 제도 속에서 의료인들은 선천성 기형 등이 의심되는 태아를 진단하게 되더라도 외래 방문에서의 상담을 제공하는 데에 그칠 뿐 부모의 의사결정에 적극적으로 개입하기 어렵다. 산모가 병원을 찾아와야 그를 만날 수 있는 산부인과 의사는 태아 이상을 진단받은 산모가 별다른 말 없이 병원 방문을 중단하는 경우 다른 병원으로 옮겼거나 임신중절을 했을 것으로 추정할 뿐이다. 이 과정에서 의사-산모 사이에서 충분한 의사소통이 이루어지고 있는지, 상호신뢰적 관계를 토대로 최선의 조언을 제공할 수 있는 우호적인 환경이 구축되어 있는지는 장담하기 어렵다.

의료가 돌봄(care)보다는 상품(service)으로 여겨지는 상황[26]에서 의학 기술의 불확실성 역시 임신중지와 관련해 문제가 된다. 출생 전 진단 결과는 100% 확신할 수 있는 확정적인 결과이기보다 확률적 가능성으로 해석해야 하는 잠정적 결과이다. 그러나 이에 대한 산모와 보호자의 인식과 이해가 어떻게 이루어지고 있는지, 이것이 이상을 발견한 임신의 유지·종결 의사결정에 어떤 영향을 미치는지는 연구된 바 없다. 확진 검사까지 하기 전에 선별검사에서 확인된 유전성 질환의 "가능성"을 "확신"하거나, 심지어 선별 검사의 불확실성을 이해하는 경우에도 불확실성을 소거하고자 임신을 중단하는 사례들도 상당할 것이라고 짐작하는 면담자도 있었다.

우려스러운 것은 한국에서 적극적인 산전 검사가 이루어지는 것에 비해 산전 검사와 관련 지식수준은 높지 않고 정보에 대한 미충족 필요가 높다

---

26   의료에 대한 위와 같은 구분과 관련하여 보다 이론적이고 다층적인 논의는 다음을 참조. Mol, A., *The logic of care: Health and the problem of patient choice*, Routledge, 2008.

는 사실이다.[27] 장애 태아의 임신 유지-종결이라는 특수한 사안이 아니더라도 임신과 분만을 경험한 여성들은 한국에서도 임신 과정과 관련해서 환자중심적 교육과 정보제공, 상담이 강화되어야 한다고 주장하곤 한다.[28][29]

태아의 건강 문제로 임신중지를 고려하는 경우 환자의 입장을 고려하는 상담과 정보제공은 더욱 중요하다. 산전 진찰에서 확인된 결과의 의미를 정확하게 이해하고 산전 검사를 진행하는 각 단계에서 필요한 정보를 환자들이 수용할 수 있는 방식으로 제공할 수 있도록 통합적인 접근이 필요하다. 일부 병원, 주로 자원이 많은 상급종합병원에서 산전 유전학 클리닉이나 선천성 기형에 대한 케어 코디네이터의 상담 등 건강보험 급여가 규정하지 않는 별도의 서비스를 제공하는 것이 대표적이다. 그러나 주로 대학병원에서 제공되는 이런 서비스의 질이 어떠한지, 여성들이 필요로 하는 정보가 올바른 방식으로 제공되는지, 평등하고 보편적인 접근이 가능한지는 말 그대로 알려진 바가 없다.

5) 임신중절 시술을 제공하는 의사들의 부담

여성의 재생산 권리와 자기결정권을 지지하는 마음으로 시술에 임하든, 혹은 다소 어쩔 수 없이 자신이 진료하는 환자에 대한 책임감으로 시술을 제공하든 임신중절시술은 의료제공자들에게 일정한 부담을 감당해야 하는 일인 것으로 보인다. 이를 크게 세 가지 차원으로 구분하여 이야기해 보려고 한다.

첫 번째 차원은 임신중절 시술을 진행하는 과정에서의 의료제공자들이 경험하는 심리적 부담이다. 개인에 따라 차이가 있겠으나 산부인과 의사들

---

27   전명희, 신계영, & 김혜경. "산부의 산전 기형아 검사에 관한 지식과 정보 요구및낙태에 대한 태도". 『한국간호교육학회지』, 24(4), 2018, 463면.

28   우아영, 『아기말고 내 몸이 궁금해서』, 휴머니스트, 2019.

29   전가일, 『여성은 출산에서 어떻게 소외되는가』, 스리체어스, 2017.

은 여성의 건강 외에도 건강한 출산과 태어날 아이의 건강을 직업적 소명으로 삼는다. 특히 스스로 자신의 소명을 "태아의 건강"에 두는 의료제공자가 있다면 여성의 결정에 따른 임신중지에 대해 부정적인 의견을 가지거나[30] 윤리적 부담감을 느낄 수 있다(의사2).

> "보통 산부인과에서는, 사실 다른 과도 그렇고 임신중절을 안 하는 걸 직업적 윤리로 생각할 수 있다고 생각해요. 그렇게 교육받아 왔기 때문에 당연하다고 인식할 수 있고, 일부 대학에서는 그게 심하구요."(의사2)

> "어보션을 한다는 거 자체가 제 스스로 혼란이 되는 부분이 있었어요. 초음파 하면서 독립된 생명처럼 산모와, 태명도 짓고 대화를 하게 되는데, 한편에서는 또 DC(Dilatation & Curretage)를 하게 되는 게 정리는 못하지만, 혹 떼는 것처럼 생각을 하고"(의사5)

이런 윤리적 부담감을 덜기 위해, 또한 스스로의 입장을 정리하기 위해 고민한 흔적들도 확인할 수 있었다. 의사5는 임신중절 시술을 하던 초반에는 일정하게 고민이 되었지만 계속해서 경험을 쌓다 보니 나름대로 입장이 정리가 되었다고 말했다. 임신을 유지할 것인지에 대한 윤리적 고민과 책임 모두 부모의 것이고, 의료인으로서 자신은 여성의 존엄과 자기결정권에 동의하고 그 결정을 돕고 지지하는 것이 책임이라고 여기기 때문에 이와

---

30   김동식 외(2021)의 연구에서 진행한 의료제공자 면담에서 한 참여자는 "산과 의사를 하는 제일 중요한 목적은 애기의 입장을 대변하는 것"이라고 공공연하게 말하며 낙태죄 폐지와 임신중절 합법화에 대해 부정적인 입장을 제시했다. 이런 태도는 의사의 세부 전공에 따라 다를 수 있는데 예를 들어 모체태아의학과와 같이 고위험 산모와 태아의 건강을 위해 의료를 제공하는 분과를 전공한 의료인들의 경우 임신중절시술에 관여하고 있을 가능성은 크지 않은 반면 낙태죄의 존치를 옹호하는 입장을 표방할 수 있을 것이다.

관련된 일련의 과정에서 스트레스를 받을 이유가 없다는 이야기였다.

> "사실 고민이 있다가 지금은 윤리적인 문제 관련해가지고는 스트레스가 별로 없어요. 이거는 그 애기에 관한 죄책감은 의사의 몫은 아닌 건거죠. 내가 결정한 게 아니고 임신유지를 포기한 거는 부모잖아요. 부모가 그 책임을 가져가고 죄책감을 갖는 건 맞는데 내가 그 애기 한명 한명에 대해 죄책감을 가질 필요는 없는 것 같고, 불필요한 죄책감이고 그냥 내 가치관이 애기의 생명보다는 여성의 존엄이 중요하다고 생각하고 그 의견에 나는 동의를 하는 거니까 난 그 과정을 돕는 것뿐인 거고."(의사5)

두 번째 차원의 부담은 의료기관에서 제공자들이 겪는 현실적 어려움으로 임신중지와 관련한 법·제도·문화적 공식화가 이루어지지 못한 것과 관련이 있다. 면담에 참여한 의사들은 대체로 낙태죄 폐지에 동의하며 임신중절 서비스를 담당하는 입장이었는데, 이들은 임신중절 서비스를 제공하는 것과 관련해서 동료 의료진들과 협력하여 업무를 수행하고 이야기를 충분히 나누기 어렵다고 호소했다(의사2, 의사3). 윤리적·법적 모호함이나 갈등이 해소되지 않은 상황에서 표준화된 절차나 임상 가이드라인이 없으므로[31] 기준을 정하기 어렵고, 환자와는 임신중절 시술을 하기로 합의했다고 하더라도 임신중절에 대한 의료비 청구와 관련해서 자신이 소속된 의료기관과 갈등을 겪기도 했다. 이처럼 임신중지를 통상적인 의료가 아닌 예외

---

[31] 이 면담이 진행되었던 2020년 초반에는 수술적 임신중절에 대한 임상 가이드라인이 부재하였으나 보건복지부는 2020년 연말 대한산부인과학회가 수행한 연구용역을 통해 "인공임신중절 임상가이드라인"을 개발하여 이를 공개했다. 그러나 이 가이드라인은 수술적 임신중절에만 국한되어 인공임신중절 교육·상담이나 내과적 임신중지와 관련한 내용을 담고 있지 못하며, 일선 산부인과 진료 현장에서 가이드라인을 준수하도록 규제하는 정책은 없다.

적이고 특수한 것으로 다루는 상황은 의료인들이 임신중절 시술을 제공하는 행정적, 절차적 부담을 늘리고, 자신이 소속된 의료기관에서 고립되거나 소외되는 방향으로 작동하고 있었다.

> "그래서 시술 해주고 싶어도 다른 선생님들이 어떻게 생각할지 걱정하고, 다른 교수님들 말고도 전공의나 간호사, 간호조무사 샘들도 마찬가지고, 위축이 많이 되어요. 그런데 이에 대해서 대놓고 이야기를 하기는 또 어렵고… 누가 물어보거나, 하면 "아직 사람이 아니에요"라고는 말하지만 확실한 건 없다고 느껴요."(의사2)

> "굳이 [여성주의 활동을 하고 있다고] 병원 사람들에게 이야기 안 하려고 해요. 언론에서 나오거나 하면 아는 사람들도 있고 또 찾아오고 그래서 어느 정도 알고 있기는 하지만, 병원에서 이런 걸 일절 언급 안 해야 되고 이런 게 제일 힘든 부분이에요. 진료 원칙을 지키는 것도 로컬 병원에 메커니즘에는 맞지가 않아요. 안 되는 걸 어떻게든 하려니까 너무 힘들고, 그 과정에서 트라우마를 받고 지치는, 그런거구요"(의사3)

세 번째 차원은 임신중지를 통해 배출된 태아와 부속물에 대한 관리와 처치와 관련이 있었다. 현행 법률에 따르면 임신 4개월(16주) 미만의 태아는 의료폐기물로 처리하고, 이후의 태아는 장례를 치러야 하는 사산아로 분류된다. 그러나 사산이 아닌 자의적 임신중지의 경우 이와 같은 장례 절차를 치르지 않고 배출된 태아를 의료기관이 알아서 처리해야 하는 경우가 많았던 것으로 보인다. 이런 임의적인 상황은 임신중절 서비스를 제공하는 의사뿐만 아니라 관련 업무를 수행하는 간호사와 그 외 보조 인력 모두에게 부담스러운 일이다. 또한 임신 2분기 이후의 임신중지에서는 배출된 태아가 일정 시간 생존하기도 하기에 이와 관련한 업무를 누가 어떤 방식으로 감당할 것인지에 대한 고민이 필요한 상황이었다.

이러한 복잡한 정황을 토대로 우리는 한 사회에서 임신중지를 필수의료로 포함하여 보장하는 일이 수동적인 법률적 '허용'만으로는 불가능한 일이라는 사실을 포착해야 한다. 형법상 낙태죄로 인해 오랜 기간 문제를 말하고 고통을 해결하기 위한 대화를 나누며 경험을 축적하지 못했기에 문제는 더욱 복잡해진다. 법과 무관하게 계속해서 원치 않는 임신을 하는 여성들이 생기고, 이들의 필요에 대응하는 의료진들이 현장에서 법과 제도의 공백으로 인한 어려움을 감수하도록 방치하는 것은 입법과 정책적 대응을 마련했어야 하는 사회적 책무를 이들에게 전가하는 일이다.

공론장에서 임신 1분기 이후의 임신중지, 특히 태아의 건강 문제로 인한 임신중지에 대한 논의가 진전될 필요가 크다. 태아의 건강 문제로 인한 임신중지를 고민했던 여성들이 스스로의 필요를 대변하기 어렵고, 이미 임신의 유지 또는 종결에 대한 의사결정을 한 이후에는 이 문제에 대해서 적극적으로 관여할 이유가 없다는 점에서 이 문제가 누락되지 않도록 더욱 주의를 기울일 필요가 있다. 처벌되지 않는다고 하더라도 임신 중반기 이후 태아의 건강문제를 이유로 임신을 종결한 여성들이 자신의 경험을 말하거나 미충족된 수요를 공론장에 요구하기란 대단히 어려운 일이다. 태아의 건강 문제로 인한 임신중지에 대한 찬성 또는 반대라는 이분법적 입장을 넘어 이와 같은 사례가 얼마나 되는지, 이들이 어려운 결정을 내리는 과정에서 필요한 지지와 자원은 어떤 것인지에 대한 파악이 이루어 져야 한다.

나아가야 할 방향은 명백하다. 임신중지를 고민하는 여성과 관련한 의료 서비스를 제공하는 의료인 모두 존엄과 안전을 지킬 수 있는 절차가 마련되어야 한다. 이는 의료서비스로서 임신중지 서비스의 질(quality)을 개선하자는 이야기인 동시에 이제껏 여성과 의료제공자들이 어쩔 수 없이 각자 떠맡아 왔던 부담을 보다 공적인 방식으로 해결해야 한다는 제안이다. 여성들의 성·재생산 권리 보장을 위해 필요한 것은 상황을 단번에 정리할 수 있는 권위적이고 관료적인 결정이 아니다. 우리에게 필요한 것은 더 좋은 결정을 하기 위한 공개와 모색의 과정이다. 예기치 않은 임신을 하게 된 여성과 이들의 결정을 존중하는 의료제공자들이 어떻게 보다 공식적이고 존엄한 방식으로 결정을 내리고 서로 지지할 것인지, 오래된 질문에 뒤늦은 답을 찾기 위해서는 촘촘한 제도적 뒷받침이 이루어져야 한다.

(2) 임신중지를 경험한 여성들의 이야기

연구진은 SNS와 온라인 커뮤니티에 우리의 연구를 소개했고, 임신중지를 경험한 여성 11인을 면담할 수 있었다. 여기에는 성인이 된 자녀를 키우는 오래 전에 임신중지를 한 여성부터 매우 최근 임신중지를 한 여성까지 다양한 사람들이 포함되어 있었다. 연구진이 면담을 할 수 있었던 모든 여성의 임신중지는 임신 1분기, 대부분 8주 이내의 임신중지였다. 온라인 커뮤니티를 통해 배포한 홍보물을 보고 자신의 경험을 익명으로나마 나눌 수 있다고 생각해 연락을 취해온 이들인 만큼, 평균적인 상황과 비교했을 때 상대적으로 사정과 문해력이 좋은 편일 것이라고 예상할 수 있다. 그럼에도 여성들이 용기를 내어 공유한 이야기들을 맥락적으로 배치하여 해석하는 일이 더 좋은 임신중지의 가능성을 고민하는 데에 필요한 안목을 제공할 수 있을 것이다.

1) 임신중지 결정의 이유

임신을 중단하기로 선택하게 된 과정은 각자 조금씩 달랐지만, 여성들은 아이를 낳게 되었을 때 명백히 달라질 자신의 삶에 대한 고민 끝에 임신중지를 결정했다. 학업과 커리어, 혹은 이런 단어로 설명할 수 없는 더 장기적인 일생 계획을 생각했을 때 계획하지 않은 임신을 유지해 출산을 할 수는 없었다는 이야기들이 공통적이었었다. 이런 판단을 하는 근거는 다양했다. 이미 아이를 낳아 보았기 때문에 아이를 낳는다는 것이 어떤 의미인지 너무 잘 알고 있었다거나(여성1), 주변에서 학생이거나 계획하지 않은 시기에 임신을 한 여성이 모든 것을 포기하고 아이의 양육자로서 살아가게 된 상황을 목격했던 경험(여성6), 임신을 계기로 결혼한 친구들이 꾸린 가정이 그리 행복하지 못하다는 간접 경험(여성10) 등이 근거가 되었다. 거꾸로 생각하면 계획하지 않은 임신을 하게 된 여성들이 겪게 되는 상황이 지금과는 달랐다면, 이 여성들 역시 다른 결정을 하게 되었을 수도 있다는 의미다.

"저는 말씀드렸지만은 일을 너무 하고 싶었어요. 둘째까지 이제 겨우 복직하는데 둘째를 이제 임신해서 10개월 뒤에 또 산후를 들어가야 한다 이거는 커리어를 완전히 그냥 잡아먹는 일이기 때문에 저는 할 수가 없다고 생각을 했구요. 그래서 이제 어 낙태를 생각을 했고,"(여성1)

"이게 낙태가 일단은 불법이잖아요. 일단은 완전 합법이 아니니까. 근데 이거를 애를 어쩔 수 없이 낳아야 되면, 한 아이, 학생이거나 한 여성이 인생이 다 망한다고 생각을 하거든요, 저는. 그리고 학생 때 일어난 일이면, 제 주변에 보면 할일 하나도 못 하거나 하고 싶은 거 아무것도 못하고 다 포기하고 애만 보더라구요. 그래서 그게. 낙태가 필요하다.가 제일 컸었어요 원래부터."(여성6)

"저도 직업이 불안정한데, 그리고 젊은데, 제가 젊은데 포기해야 될 게 많고. 그리고 제 주변에 결혼한 친구들이 그렇게 행복한 가정이 많진 않았어요. 제 주변에서 사고쳐서 결혼한 친구들이. 그래서 저는 아, 나는 저렇게 되면 안돼. 그리고 나는 대학원도 가야 되니까 무조건 이건 짐이다, 생각해서 가능한 빨리 지울거야 이 생각 밖에 없었어요 저는." (여성10)

2) 임신 중 의약품 복용과 태아 건강 문제에 대한 우려

연구 참여자 중에는 10여 년 전에 임신중지를 경험한 두 사람이 포함되어 있었다. 이들은 공통적으로 임신을 인지하지 못한 상태에서 태아의 건강에 영향을 미칠 수도 있는 약을 복용하고 이것이 태아에게 미치는 영향을 고려했을 때 아이를 낳을 수 없으리라고 판단했다 말했다. 여성2의 경우 멀미약 복용, 여성5의 경우 정형외과에서 처방받은 진통제 복용과 엑스레이 노출이 이유였다. 두 사례 모두 임신 중반기 이후 초음파나 산전 진찰을 통해 태아 기형을 확인한 것은 아니었고, 의약품 복용의 위험성을 고려해 초기에 임신중지 결정을 내린 사례였다.

약물 복용 이후 임신사실을 알게된 두 사람은 약사와 의사, 지인 등에게 상황을 설명하고 약물의 위험 크기를 판단하기 위해 노력했다. 그러나 임신 중 복용이 권고되지 않은 의약품의 영향을 확신을 가지고 예측할 수 있는 의료인은 없다. 지인과 의료제공자들은 약물의 영향에 대해 묻는 질문에 불확실성을 고려해야 한다는 조언을 할 수 밖에 없었을 것이다. 이에 대해 면담 참여자들은 작은 가능성이라고 하더라도 태아에게 커다란 건강 문제가 발생하는 경우 이에 대한 책임이 온전히 자신들의 것으로 이를 평생 책임져야 한다는 데에 부담을 느꼈다. 여성2의 경우 그 당시 분만 계획을 가지고 있었기에 이런 결정을 내리는 것이 더욱 고민스럽고 고통스러운 일이었다고 이야기했다.

> "저희 형부랑 언니가 의사 약사거든요. 그래서 언니한테 얼른 전화해가지고 상황을 이야기하니까 흠… 그 정도로는 괜찮을 것 같긴 한데 그 부분에 대해서는 누구도 장담을 못 하니까, 저기 남편하고 잘 누구 아빠랑 이렇게 잘 상의해봐라 그렇게 얘기를 하더라고요. 그리고 그 다음 날 또 산부인과에 가서 여쭤보니까 뭐 비슷한 말씀하세요. 이렇게, 이 정도는 괜찮을 것 같다 했다가 나중에 출산시에 그것에 대한 책임은 어느 누구도 지는 게 아니니까. 그리고 그때 쯤에 사회문

제로 그 약간 장애 있는 아이를 이렇게 출산하고 그 아이를 뭐, 어디 남의 집 앞에 놓고 가 버리는 그런 것도 좀 사회화되고 좀 그랬었거든요. 그래서 그런 거까지 막 생각하니까 너무 막 복잡해가지고. 그럼 어쩔 수 없이 한번 이걸 해야 될 거 같다는 생각이 들었는데, 그 기간이 진짜 한 보름 정도까지 고민을 되게 많이 했던 거 같아요. 바로 결정을 하지 못하고 힘들었어요, 좀. 심적으로. 그래서 두 군데인가 가서 한 번 더 여쭤보고 약국에 가서 또 아는 약사님이 동네에 계셔가지고 또 여쭤보고 했는데 역시나 대답은 거기 한결같았던 것 같아요, 그때. 그래서 산부인과 가지고 그걸 했죠."(여성2)

"엑스레이 찍고 물리치료 받고 이러고 나서 제가 애가 생겼다는 걸 알게 된 거예요. 그래서 둘째 낳기 전 여름이었던 것 같아요, 그때 정형외과 엑스레이가 태아에게 안 좋다고 해서 그때 수술을 한번 했었죠… 기형이 있을 수 있고, 약도 정형외과 약이 좀 강해서, 왜 임신을 하면 약도 함부로 먹고 이러면 안되는데 치료제 먹어서 조금, 기형이 있을 수도 있고, 장애 있을 수 있다 미리 말씀해주시더라구요. 그래서 의논해보고 낳으실지 안 낳으실지 한번 의논을 해보시라고."
(여성5)

이들은 태아의 건강 문제 발생에 대한 정확한 정보를 얻을 수 없는 상황에서도 "(장애아를 낳을) 가능성 그 자체를 수용할 수 없었다"고 말했다. 면담자 여성5는 명시적으로 "확률과 퍼센트는 중요하지 않다"고 말하기도 했다. 복용한 의약품이 태아에게 영향을 미칠 가능성이 전혀 없다고 확신할 수 없다는 사실이 임신 종결을 결정하는 데에 충분했다는 식이다.

"그런 이러이러한 확률적인 이야기나 몇 퍼센트의 가능성 이런 거는 거의 생각 안 하고. 아까 제가 얘기했던 것처럼, 그런 책임 부분에서 제가, 완전히, 그렇다면 나는 그런 아이는 낳지 않겠다고 딱 정해져 있었기 때문에 빨리 그냥 안 낳겠

2부 성·재생산 건강 권리 정책의 공백 - 의료와 보건

다고 결정이 된 거 같아요. (중략) 일단 장애 정도에 얼마나 되느냐에 따라서 다르지만, 그걸, 뭐, 장애가 적을 수도 있고 아닐 수도 있다는 그, 불확실한 그쪽으로 희망을 걸고 그러고 싶지 않았어요."(여성5)

이런 판단은 "임신 중 의약품 노출이나 특정할 수 있는 명시적인 사건이 없다면 태아는 건강하게 태어날 것"이라고 전제한다는 점에서 절반의 진실만을 담고 있다. 약물을 복용하지 않는다고 하더라도 장애나 질병이 있는 아이를 낳을 가능성을 배제할 수는 없기 때문이다.

3) 임신중지의 과정은 임의적이고 격차가 컸다

임신중절 서비스를 제공하는 의료기관을 찾는 일부터 시술을 받고 시술 후 관리에 이르기까지 여성들이 경험한 임신중지의 경험은 제각기 큰 폭으로 달랐다. 병원에 도달하는 과정만 해도 간호사인 어머니나 지인의 도움을 통해 병원을 소개받고 수월하게 임신중지를 한 여성들도 있었지만, 인터넷을 통해 알선업체를 경유해 병원을 찾거나, 접수대에서 모욕적인 시선과 거절을 받고 모멸을 참으며 임신중지가 가능한 병원을 찾아 여러 병원을 전전한 여성도 있었다.

임신중절 과정에서 보호자, 특히 남성의 동의를 요구했던 사례가 많았다. 하지만 그 방식은 일관적이지 않았다. 애초에 동의서 작성에 응하는 남성이 임신에 대해 공동으로 책임을 져야 하는 파트너가 맞는지에 대한 확인이 불가능한 상황에서 남성 파트너에 대한 요구를 하는 것이 요식 행위이거나, 위험을 회피하기 위한 절차 정도라고 말했던 의료제공자(의사5)의 말대로였다. 임신중지를 한 여성들도 수술 동의서 작성이 여성의 건강과 관련된 것이어야지 유전적 부로 여겨지는 사람의 허가가 되는 것이 부당하다는 의견을 강하게 피력했다. 엄마의 소개를 통해 병원에 갈 수 있었던 여성의 경우 동의서 작성이나 파트너의 동의 절차 없이 바로 시술을 받았다고 했다.

"수술 동의서를 쓴다는 거 자체는 저에게 만약에 비상시에 어떤 일이 벌어졌을 경우에 그거에 대한 책임을 저줄 수 있는 사람에게 동의를 구한다라는 식의 의미로 받아들였는데 그게 왜 저의 직계존속인 엄마는 안 되고 남편은 되는지가 이해 안 됐구요. 남편은 솔직히 이혼하면 끝인 관곈데 그런 사람이 무슨 저에게 책임을 진다고 그렇게까지 남편한테 굳이굳이 그런 걸 받아야 되나라는 생각도 좀 들었구요. 그리고 제 몸에 대한 거를 제가 죽던 살든 나는 임신중절을 하겠다라고 하는 거에 왜 내가 싸인을 하면 안 되나 라는 생각도 들었어요."(여성1)

"수술 전에 갔을 때는 그냥 일반 진료처럼 그랬던 거 같고, 수술을 하러 갔을 때는 그런 거조차 하지 않고, 그냥 어차피 다 아는 분이거든요 제가. 바로 간호사 아는 분, 바로 저랑 만나서 저를 그냥 바로 데려가셨어요, 그냥 진료하는 거기로."(여성6)

임신중절 수술에 관한 의료진의 설명 역시 격차가 컸다. 임신중절 방식이 소파술과 흡입술 중 어떤 방식으로 이루어졌는지에 대한 설명을 받았던 여성은 아무도 없었고, 시술 절차나 합병증에 대해 구체적인 설명을 전혀 듣지 못했던 사례도 있었다. 시술에 대한 설명은 주로 임신중지에 소요되는 시간과 비용에 대한 이야기가 중심이 됐다. 수술 그 자체에 대한 설명이 부족했듯 임신중지 후 관리에 대한 설명 역시 충분하다 보기는 어려웠다. 병원에서 진행되는 후속조치도 차이가 컸다. 일부 여성은 임신중지 이후 다시 병원에 와야 한다는 이야기를 듣지 못해 한 번도 병원에 가지 않았다고 했고, 또 다른 여성은 중절 시술 이후 4~5일간 매일 병원을 방문했다. 같은 수술이라도 사례마다 다른 사후관리가 필요할 수 있지만 대체로 임신중지 서비스가 표준화되지 않고, 질 관리를 위한 가이드라인이나 규제가

2부 성·재생산 건강 권리 정책의 공백 - 의료와 보건

없는 상황에서 임의적인 진료가 이루어지고 있을 가능성이 큰 것으로 판단된다.

4) 여성들은 자신들에게 어려웠던 임신중지의 상황이 변하기를 기대했다

미국에서 임신중지와 관련한 여성들의 방대한 경험을 집대성한 턴어웨이 연구에서처럼, 우리의 조사에서도 임신중지의 경험히 그리 대단하지 않았다는 참여자들의 회상을 확인할 수 있었다. 죄책감과 슬픔을 느꼈던 사람들도 있었지만, 임신중지를 했다는 사실로 인한 심적 동요가 아주 오래 남아있지는 않다고 덤덤하게 말하는 참여자도 있었다. 여러 경험을 종합해보았을 때 임신중지와 관련한 감정은 시술 그 자체에 대한 기억을 넘어 파트너와의 관계나 전후의 건강 상태, 그 당시의 경제적 상황 등 임신중지를 하게 된 더 넓은 맥락과 관련이 클 것이라고 짐작되었다.

물론 임신중지 경험을 회상하며 면담에 참여하는 일은 마냥 유쾌한 일은 아니었다. 매우 사적인 이야기, 많은 경우 누구에게도 말하지 않고 혼자 간직해왔던 경험을 타인에게 털어놓는다는 일은 결심을 필요로 했다. 하지만 참여자들은 자신의 경험을 공유하는 것이 상황을 개선하는 데에 도움이 될 수 있다면 이야기를 할 수 있다고 말했다. 자신이 경험했던 임신중지가 여러 면에서 불만족스러웠기 때문에, 형법상 낙태죄 폐지 이후 진행되었던 이 연구가 상황을 바꾸는 데에 기여하기를 기대했다고 볼 수도 있다.

> "연구라고 하니까 그냥 한번 해보고 싶기도 했고, 그 담에 사실 여성분들의 연구라고 해서 제가 사실 인터뷰를 한다고 했던 거거든요. 그래서, 그러면 좀 좋은 방향으로 나아가지 않을까 연구가. 했던 거예요." (여성7)

> "제가 이거를 한다고 했을 때 고민이 되게 많이 들었거든요, 제가 모르는 사람

들이잖아요. 신상도 어느 정도 노출이 될 거고. 그럼에도 불구하고 지금 시간이 주말인데, 이렇게 한 거는. 좀 빨리 최대한 빨리 바뀌었으면 좋겠는 부분이 되게 많다고 느꼈어요."(여성10)

(3) 소결: 외면되어 방치되었던 문제들을 직면하기

이 소절에서는 일곱 명의 의료제공자와 열한 명의 임신중지 경험자의 이야기를 토대로 한국의 임신중지가 의료로서 수행되는 과정에서 발생하는 문제들을 짚어보았다. 면담 결과에 기존의 지식을 보태면 다음과 같이 요약할 수 있을 것이다.

한국에서 임신중지는 더 이상 처벌 대상이 아니지만, 여전히 임신중지는 기존의 보건의료체계 내의 통상적인 의료로 통합되지 못했다. 어느 병원에서 임신중지를 할 수 있는지에 대한 믿을 만한 정보를 제공하는 공적 체계는 부재하고, 합법적으로 접근 가능한 임신중지의 방법 역시 수술적 방법으로 국한되어 있다. 임신 초기의 비교적 간단한 임신중지 외의 복잡한 임신중지 상황에 대응할 수 있는 의료전달체계는 갈 길이 멀다. 태아의 건강 문제와 관련해서 임신 유지 결정을 지원할 수 있는 제도적 기반이 마련되어야 하지만 이에 대한 정책이 유의미한 진전을 보이지 못하고 있고, 이런 상황은 어려운 결정을 내리는 여성들의 어려움을 늘리고 서비스를 제공하는 의료인들의 부담을 가중하고 있다.

해외 국가들에 비해 장애나 질병이 의심되는 태아에 대한 적극적인 임신중절이 이루어지고 있을 가능성이 크다고 추정되지만 이와 관련한 공적 논의는 거의 이루어지지 못했다. 공론장의 빈약은 태아의 건강 문제를 이유로 하는 임신중지가 불법이었던 과거의 상황과 관련이 크다. 이런 점에서 법적 조건이 달라진 지금부터라도 보다 적극적인 공적 논의와 이에 따른 사회적 지원 체계를 마련해 나갈야 한다. 더 나아가 적극적인 산전 진단과 이에 따른 태아 선별은 의학적 기술 발전 및 상업화된 기술의 활용이 초래한 현상이기도 하다. 재생산 기술과 기술의 상업적 활용이라는 측면에서 현 상황을 분석하고 윤리적·사회적 함의를 고려하는 의료 이용의 기준과 규범을 만들어 나가는 것도 남겨진 과제다.

의료의 질 측면에서는 환자중심적인 양질의 의료가 제공되고 있는지를 파악할 수 있는 정책 수단이 부재하고, 의료서비스로 임신중절의 질적 격차가 큰 것으로 예상된다. 한국에서 임신중지를 한 여성들은 대체로 서비스의 질을 따지기 어려운 상황에서 각자의 재량에 따라 임신중절 시술을 받게 된다. 그 결과 여성들은 시술의 위험과 부작용에 대한 충분한 설명을 듣지 못한 상태에서 일방적으로 시술을 받고, 시술 이후에 필요한 의료를 충분히 이용하지 못하는 등 부정적인 의료이용 경험을 하곤 했다. 다른 의료에서와 마찬가지로 환자 당사자의 의지를 존중하는 양질의 임신중지가 이루어질 수 있도록 의료의 질에 대한 제도적인 개입이 논의될 필요가 있다.

3. 양질의 임신중지를 모두에게 보장하기 위한 보건 의료체계의 과제[32]

성·재생산 권리(sexual and reproductive rights)는 모든 사람이 자신의 몸과 섹슈얼리티에 대한 자기결정권, 더 나아가 생애주기에 걸쳐 이루어지는 생식 과정(reproductive life)에서 안전과 존엄, 건강을 보장받을 권리를 말한다. 이는 오랫동안 여성의 건강을 모자보건으로 환원해 왔던 인구개발정책의 제국주의적·국가주의적 관점을 지양하고, 국가 정책에 대한 여성주의적

---

32   이 소절의 내용은 다음 논문의 내용을 정리한 것이다. 김새롬, "포괄적 성·재생산 건강보장을 위한 보건의료체계의 과제: 임신중지를 중심으로", 『여성연구』, 제109집 제2호, 2021. 5-36면.

비판을 반영하여 보편적 사회권 접근을 추구하는 과정에서 제안된 개념이기도 하다.[33]

국제적 공론장에서 성·재생산 건강과 권리가 중요한 의제로 공식화되고 이를 둘러싼 이론적·역사적 토대가 두터워지는 추세는 국민국가의 정책과 제도에도 영향을 미친다. 한국에서도 제4차 저출산·고령사회 기본계획(2021~2025),[34] 제5차 국민건강증진 종합계획(2021~2030),[35] 제3차 양성평등정책 기본계획(2023~2027)[36] 내에 성·재생산 건강 증진, 성·재생산권 보장 기

33 Correa, S., & Petchesky, R. *Reproductive and sexual rights: a feminist perspective. In Culture, society and sexuality,* Routledge, 2007, 314-332면.

34 소과제로 성·재생산권 보장 기반 마련이, 세부목표로 포괄적 성·재생산권 보장을 위한 기본계획 마련, 평등한 성인식 권리강화를 위해 성교육 강화 및 청소년성문화센터 운영 강화, 젠더 폭력으로부터 안전을 위한 디지털 성범죄 대응체계 강화 및 비동의 간음제 법죄화 도입 검토가 포함되었다. 이 외에도 안전한 임신·출산 보장 같이 기존 계획에 포함되었던 내용과 별도 소과제로 "생애 전반 생식 건강 관리 및 질환 예방"이 포함되었다. 이 소과제의 세부목표는 "모자보건 중심에서 포괄적 여성·영유아 건강 보장으로 이행을 위한 법제·사업 정비, 생애주기에 따른 건강 지원, 월경건강 보장 등이 포함되었다. 관계부처합동, 『제4차 저출산·고령사회 기본계획(2021~2025)』, 2020, 89~93면.

35 국민건강증진종합계획은 제4차 계획까지 "모성 건강"을 포함할 뿐 "여성 건강"을 포함하지 않았으나 제5차 계획에서 여성과 남성, 소득 분위 별로 건강지표를 구분하여 제시하는 형평성 주류화 관점을 도입하면서 인구집단 건강 사업 중 하나로 "여성건강 사업"을 포함했다. 여기에는 "남녀가 함께하는 생애주기별 성·재생산 건강증진 강화"가 포함되었다. 세부사업으로는 ① 피임도구 판매자 등의 인식개선을 통해 청소년의 피임도구 접근성을 제고함으로써 원치 않는 임신을 예방, ② HPV 예방접종 대상 확대 검토 및 접종 독려, ③ '신체 및 건강' 항목을 포함하는 양성평등 실태조사 실시, ④ 중년여성 대상 체육활동 참여 지원을 통해 건강증진 도모가 세부사업 내용으로 포함됐다. 보건복지부, 『제5차 국민건강증진종합계획(Health Plan 2030, 2021~2030)』, 2021, 48면.

36 계획에는 "성·재생산 건강 증진" 외에도 "인공임신중절 의료접근성 보장"이 함께 소과제로 포함되었다. 전자에는 취약계층의 생리대 지원, 여학생 건강권 보장, 생식독성 노출 사후관리가, 후자에는 인공임신중절 관련 법·제도 정비, 인공임신중절의 약품의 안전한 사용 지원, 인공임신중절 의료서비스 접근성 강화가 세부 목표로 제

반 마련 등이 과제로 포함됐다. 국제적 물론 이는 사회적 고통을 규범의 언어로 담아내기 위한 사회적 경합과 시민사회의 지난한 노력이 반영된 결과다.

국가의 계획에 국제 인권 규범으로 성·재생산 권리가 기입되었다는 사실이 곧 현실에서 모두의 성·재생산 건강을 보장해주는 것은 아니다. 앞의 소절에서 임신중지라는 의료서비스를 제공하고 이용하는 과정에서 발생하는 어려움과 장벽들이 전형적 사례다. 모든 의료와 건강문제가 사회문화적 맥락과 무관하지 않지만 임신중지와 피임 같은 성 건강과 재생산 권리의 측면에서는 그 결합 정도가 매우 크다. 이러한 점에서 성·재생산 건강과 관련한 의료서비스는 만족스러운 양질의 의료가 구성되기까지 다른 의료에 비해 상대적으로 더 높고 다양한 장벽이 있다.

이런 점에서 이 절에서는 한국의 보건의료체계가 성·재생산 건강을 보장할 수 있는 역량을 갖추고 있는지, 만약 그렇지 않다면 성·재생산 권리 개념이 확장되어 가고 있는 상황에서 보건의료가 직면해야 하는 과제는 어떤 것들이 있는지를 검토한다.

(1) 세계보건기구의 보건의료체계

보건의료체계(health system)는 사람들의 건강을 향상, 유지, 회복하는 것을 목표로 하는 모든 조직과 사람, 활동으로 구성되는 일련의 노력을 체계적으로 포착하기 위해 개발된 개념이다. 따라서 이는 대단히 넓은 개념을 가지고 있으며, 건강을 위한 사회의 집합적 노력의 양식에 따라 구성요소와 이들 간의 관계가 다양할 수 있다. 여기에서는 다소 병렬적이고 관료적이라는 비판을 받기는 하지만 가장 이해하기 쉽고 간단한 세계보건기구(World Health Organization, WHO)의 개념틀을 활용해 논지를 전개한다.

세계보건기구는 2007년 출판한 연구에서 보건의료체계를 여섯 가지 구

시되었다. 여성가족부, 『제3차 양성평등정책 기본계획(2023~2027)』, 2023, 50~51면.

성요소로 제시했다.[37] 개념틀의 좌측에는 보건의료체계의 구성요소 여섯 가지를 ① 서비스 전달(service delivery), ② 보건의료인력(healthcare workforce), ③ 보건정보체계(information), ④ 의약품과 백신, 기술(medical product, vaccines, & technologies), ⑤ 재원조달(financing), ⑥ 리더십과 거버넌스(leadership/governance) 제시했다. 이들 요소는 인구집단의 건강 보장이라는 목적 달성을 위한 투입(input) 요소다. 이렇게 투입된 자원들은 보건의료 접근성(access), 보장성(coverage), 질(quality), 안전성(safety)이라는 가치를 만들어내고, 이를 경유해 보건의료체계의 네 가지 목표이자 투입의 결과(output)로 나아간다. 기대하는 결과는 ① 사람들의 더 좋은 건강과 건강형평성, ② 반응성(responsiveness), ③ 사회적·재정적 위험으로부터 보호(social and financial risk protection), ④ 효율성 개선(improved efficiency)이다.(그림 5-1 참조)

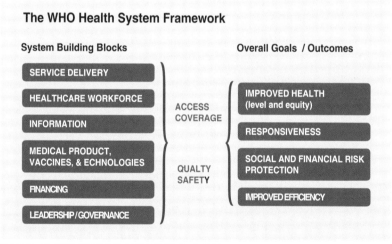

[그림 5-1] 세계보건기구의 보건의료체계 개념틀(De Savigny & Adam, 2009)

---

37   De Savigny, D., & Adam, T. (Eds.), *Systems thinking for health systems strengthening*, World Health Organization, 2009.

임신중지를 비롯한 성·재생산 건강을 보장하는 데에는 어떤 투입이 필요하고 이는 어떤 결과로 이어질 수 있을까? 성·재생산 건강뿐만 아니라 성·재생산 권리를 보장하기 위해서 보건의료체계는 어떤 역량을 갖추어야 하는 걸까? 막연하고 모호한 이 질문을 보다 구체적인 형태의 투입과 결과로 연결지어 생각해보고 대비할 수 있게 해준다는 것이 보건의료체계 개념 틀의 장점이다.

(2) 구성 요인 별 개선 과제

1) 서비스 전달

사람들이 적절한 의료서비스를 이용할 수 있게 하되, 체계 수준의 효과성과 효율성을 추구하는 제도를 "의료전달체계(healthcare delivery system)"라고 부른다. 어떤 의료를 누가 어떤 시설에서 어떻게 제공하고, 서로 다른 조건(거주지역, 소득수준, 국적 등)과 필요(기저질환, 임신주수, 피임수요 등)를 가진 사람들이 차별없이 적정한 의료를 이용할 수 있게 하기 위해서는 어떤 연계가 필요한지 등이 임신중지서비스 전달체계의 문제라고 할 수 있다.

예를 들어 정부가 2020년 제안했던 모자보건법 일부개정안에서 이와 관련한 정책을 찾아볼 수 있다. 여기에서는 임신 14주 이후의 여성이 임신중지를 하기 위해서는 임신중지와 관련한 종합상담기관을 방문해 "상담사실확인서"를 발급받아야만 임신중지 시술을 받을 수 있도록 했다. 의사가 임신중지 시술을 거부하는 경우 이를 인정하는 대신 의사가 환자를 임신중지 종합상담기관으로 연계하도록 규정하는 내용도 방안도 포함됐다.[38] 이런 내용이 "임신중지 서비스 전달"에 대한 정책이다.

보건의료서비스 전달을 위해서는 우선 해당 서비스를 제공할 수 있는

---

38   보건복지부, "보건복지부공고 제2020-708호, 모자보건법 일부개정안 입법예고", 2020,

보건의료기관과 인력이 확보되어야 한다. 상담을 의무화하겠다면 상담을 제공하는 기관을 먼저 확보해야 한다는 의미다. 임신중지 서비스를 제공할 수 있는 의료기관이 얼마나 되는지, 임신중지와 관련한 상담이 필요하다면 적정한 역량을 갖춘 상담 기관이 얼마나 있는지를 파악하는 일이 선행되어야 한다. 그러나 한국에서는 지금까지 얼마나 많은 의료기관에서 누가 임신중절 서비스를 제공해 왔는지에 대한 모니터링이 이루어지지 않았다. 지금이라도 임신중지 서비스를 제공하는 기관에 대한 조사가 필요한 이유다.

일각에서는 이미 많은 의료기관에서 비공식적으로 임신중절 시술을 해왔으므로 합법화 이후 서비스 제공 주체에 대한 별도의 고민이 불필요하다고 주장하기도 한다. 하지만 일선 산부인과 의사들이 '선별적 낙태 거부'를 선언하거나 프로라이프 활동에 관여하고, 지역 간 의료자원 격차가 날로 심각해지고 있음을 고려하면 안전한 임신중지를 위한 보건의료인프라에 대한 검토는 필요하다.

서로 다른 기관 사이 '연계' 역시 의료전달체계의 핵심 요소다. 많은 국가가 가벼운 질환과 예방적 서비스는 일차의료기관을, 중증이거나 복잡한 질환은 종합병원을 이용하도록 환자들의 의료기관 선택을 일정하게 규제하는 의료전달체계를 운영한다. 대표적인 것이 "주치의 제도"이다. 주치의를 맡은 일차의료 의사는 지역사회의료팀의 일원으로 주민의 건강증진, 질병예방, 만성질환 관리, 의뢰-회송을 담당하며 적절한 의료이용을 돕는다. 피임과 임신중지, 성건강 상담 같이 성·재생산 건강서비스를 효과적으로 제공하기 위해서도 주치의에 준하는 믿을 만한 의료제공자의 역할이 주효할 수 있다. 가능하기만 하다면 이런 서비스는 일상에서 흔히 접할 수 있는 장벽이 낮은 일차의료 또는 건강증진의 영역에서 제공하는 것이 바람직하다. 몸에 대한 생의학적 지식뿐만 아니라 여성의 복합적인 건강 필요와 사회적 조건을 고려해 의료이용과 재생산 계획을 세우고 사회복지서비스 연계 역량을 갖춘 조정자(coordinator)가 있다면 성·재생산 건강서비스 이용에도 크게 도움이 될 수 있다.

한국의 보건의료체계는 상대적으로 의료접근성이 높지만 적절한 의료전달체계가 구축되지 못한 채 의료이용의 조정이 오롯이 개인과 가족에게 맡겨져 있다. 대부분 의료기관이 민간 소유로 전문가의 안내에 따른 효과적인 의료이용과 연계가 어렵고 의료기관 간 경쟁이 심하다. 서로 다른 의료기관에서 같은 검사를 반복하거나, 위험 부담을 미루는 등 분절화로 인한 낭비도 많다. 환자와 보호자는 자력으로 예방과 진단, 치료, 돌봄을 위한 서비스를 구매하는 데에 상당한 노력을 기울이게 되는데, 각자 가용한 물질적·사회적·시간적 자원에 따라 의료이용경로의 효율성과 효과성의 격차가 커질 수밖에 없다.

임신중지 역시 마찬가지다. 산부인과에 아는 사람이 있는 여성과 그렇지 않은 여성의 임신중지는 경로와 경험에서 차이가 있다. 복잡한 임신중지에서 격차는 더 커진다. 예컨대 선천성 심장병을 가진 여성의 임신에서 태아기형이 발견된다면 임신의 유지와 종결에 대한 결정을 위해 심장내과와 산부인과, 소아과, 흉부외과 등 다수 전문분과의 의견과 논의가 필요하다. 가정폭력과 우울증을 경험한 청소년이 원치 않는 임신을 하였을 때는 폭력에 대한 수사와 정신 보건서비스, 주거 등 사회복지서비스 지원이 필요할 수 있다. 의료기관 간, 의료와 사회복지 및 행정 사이 연계와 조정이 원활하게 이루어지기 힘든 현재의 관계에서 복잡한 임신중지 상황에 적절히 대응할 만한 자원을 가진 여성은 그리 많지 않다. 이러하다면 자원의 조정과 연계를 담당하며 불평등을 줄이는 것은 국가의 역할이 되어야 한다.

2) 보건의료인력

안전한 양질의 임신중지를 위해서는 최선의 근거에 따라 여성을 존중하고 보호하는 보건의료인력이 필요하다. 직접 시술을 하거나 약을 처방하는 산부인과 전문의에 초점이 맞춰지기 쉽지만 임신중지를 비롯해 성·재생산

건강 문제를 다룰 수 있는 의사와 간호사, 조산사와 약사 등 더 다양한 인력 양성과 교육·수련이 가능하다. 더 효율적이고 형평한 서비스 공급을 위한 역할 조정 역시 사회적으로 논의되어야 할 사안이라는 의미다.

지금까지 한국의 의과대학과 의학수련기관에서는 인공임신중절의 다양한 상황과 원치 않는 임신을 하고 이를 종결하고자 하는 여성의 복합적 필요에 대한 교육이 이루어지지 못했다. 간호학과 보건학 등 관련 학제에서도 임신중지는 물론, 성·재생산 건강에 대한 관심 수준이 낮다. 미국의 경우 산부인과 전문의 수련 과정 중 약 64%가 임신중지와 관련해 별도의 시간을 배정하고, 31%에서 선택적으로 이를 실시하며, 5%에서는 수련이 불가능한 것으로 알려져 있다.[39] 한국 산부인과 전공의 수련교과과정에도 자궁소파술과 임신 중반기 중절술이 포함되어 있다. 그러나 실제로 얼마나 훈련이 이루어지는지는 파악되고 있지 않다. 태아의 사망이나 모자보건법상 합법적인 사유에 포함되는 이유가 아니라 여성의 선택에 의한 임신중지에서 익혀야 하는 지점들을 전공의 수련과정에서 충분히 다루고 있을 가능성은 낮다. 대부분 전공의 수련이 이루어지는 상급 종합병원에서는 다양한 임신중지 사례를 접하기 힘들기 때문이다. 불법이라는 이유로 인공임신중절의 현황이나 합병증에 관한 연구가 거의 이루어지지 않았기에 간접적인 훈련도 어렵다.

성인지적 의료를 위한 기반 역시 미비하다. 많은 여성이 임신중지 과정에서 의료진으로부터 모욕감을 느끼고 이후 건강관리와 피임 등에 대해 적절한 설명과 지지를 받지 못했다고 말한다.[40] 환자중심적 임신중절 서비스 제공을 위해 별도의 교육과 훈련이 필요하다는 의미다.

39   Steinauer, J. E., Turk, J. K., Pomerantz, T., Simonson, K., Learman, L.A., & Landy, U., "Abortion training in US obstetrics and gynecology residency programs," *American journal of obstetrics and gynecology*, 219(1), 2018, 86-e1.
40   한국여성민우회, 『있잖아. 나 낙태했어』, 도서출판 다른, 2013.

성·재생산 건강은 다른 질병과는 조금 다른 방식으로 환자와 의료인 사이의 라포와 신뢰관계를 요구한다. 몸에 대한 여성 스스로의 통제도 중요한 가치다. 여기까지를 고려하면 임신중지와 관련하여 의료 인력을 어떻게 활용할 것인지에 대해서도 논의가 필요하다. 해외 사례에서도 임신중지 등 성·재생산 건강 영역에서 의사 외의 인력을 적극 활용하는 경우가 많다. 한국에서는 전체 분만의 99.7%가 의료기관에서 전문의에 의해 이루어지고, 조산원 분만은 0.2%에 그치지만[41] 이런 방식이 절대적이라고 볼 수는 없다. 네덜란드에서는 의사보다 조산사들이 더 많은 아이를 분만하며 (약 75%), 임신한 여성들과 더 많이 만나고 대화한다. 병원에서도 합병증이 없는 임신이라면 조산사가 분만을 담당하고, 조산사의 도움을 받아 집에서 분만을 하는 경우도 약 13% 수준이다.[42] 네덜란드의 모성사망률은 출생아 10만 명당 4명 정도로 출생아 10만명 당 산모 9명 정도가 사망하는 한국보다 양호하다.

일차의료영역에서 간호인력을 활발하게 활용하는 것도 여성 건강 측면에서는 유리해 보인다. 적절한 훈련을 받은 간호사가 의사와 동등한 수준으로 안전한 임신중지 서비스를 제공할 수 있게끔 성·재생산 건강서비스 제공자의 역할 배분에 대해 적극적인 검토가 필요하다는 논의가 활발하게 진행되고 있는 것도 이 때문이다.[43] 아이슬랜드에서는 산부인과 전문의가 아니더라도 일정한 교육을 수료한 자격이 있는 일반의들이 약물을 이용한

41   이소영 외, 위의 책, 2018.

42   Koninklijke Nederlandse Organisatie van Verloskundigen, "Midwifery in the Netherlands", de Royal Dutch association of Midwives, 2017, https://www.knov.nl/english (최종접속일 2023.10.12.).

43   Mainey, L., O'Mullan, C., Reid-Searl, K., Taylor, A., & Baird, K., "The role of nurses and midwives in the provision of abortion care: A scoping review," *Journal of clinical nursing*, 29(9-10), 2020, 1513-1526면.

임신중지를 할 수 있도록 함으로써 의료 접근성을 높였다.[44] 호주에서는 비도시 지역 일차의료기관에서 일반의와 간호사들이 임신중지 의약품을 처방한다.[45]

3) 보건의료정보체계

보건의료정보체계는 사람들이 더 좋은 의사결정을 내리기 위해 필요한 보건의료와 관련한 정보에 대한 것이다. 이 부분은 의료이용자의 측면과 서비스 제공자 또는 전체 임신중지와 관련한 의료를 총괄하는 건강당국의 측면에서 각각의 필요가 있다.

먼저 의료이용자 측면에서는 임신중지와 관련한 믿을 만한 정보를 찾을 수 있는 플랫폼이 필요하다. 성·재생산 건강은 정확한 정보와 서비스를 찾기 어렵고, 당사자들이 정보를 적극적으로 구하기 어려운 대표적인 영역이다. 범람하는 정보 중 무엇이 정확하고 내게 필요한 정보인지를 파악할 수 있게끔 돕는 것이 핵심이다. 임신중지를 위한 정확한 정보제공은 양질의 임신중지를 위해 필수적이다. 많은 국가가 임신중지의 방법은 무엇이 있고 장단점은 무엇인지, 임신중지 서비스를 제공하는 의료기관은 어디에 있고 어떻게 연락을 취할 수 있는지, 비용과 위험은 어떤지, 임신중지와 관련한 상담이나 지원은 어떻게 받을 수 있는지 등에 대한 정보를 제공하는 홈페이지를 운영한다. 대부분 고소득 국가의 보건부 홈페이지가 유사한 방식을 취하고 있기에 특정 국가를 소개할 이유도 없을 정도다.

44 Mishtal, J., Reeves, K., Chakravarty, D., Grimes, L., Stifani, B., Chavkin, W., ⋯ & Lavelanet, A. F., "Abortion policy implementation in Ireland: Lessons from the community model of care," *Plos one*, 17(5), 2022, e0264494.

45 Newton, D., Bayly, C., McNamee, K., Bismark, M., Hardiman, A., Webster, A., & Keogh, L., "'⋯ a one stop shop in their own community': Medical abortion and the role of general practice," *Australian and New Zealand Journal of Obstetrics and Gynaecology*, 56(6), 2016, 648-654면.

이에 비해 한국에서 건강과 보건의료에 대한 정보를 총망라하는 질병관리청 국가건강정보포털은 임신중지 관련한 내용을 다루지 않는다. 정부가 임신의 유지·종결에 대한 종합상담을 담당하게 하겠다고 밝혔던 '임신육아종합포털 아이사랑' 누리집에서는 "인공임신중절"을 일부 다루었지만 그 설명 내용이 부실하다는 비판을 받았고, 실제 서비스를 어떻게 이용할 수 있는지 실용적 지식은 포함되어 있지 않았다. 2023년 현재는 해당 사이트에서 인공임신중절 관련 내용이 사라지고 "러브플랜" 사이트에서 인공임신중절을 다루고 있다. 인공임신중절과 관련한 정보는 "성 건강 정보-위기임신" 페이지[46]에서 확인할 수 있는데, 여전히 원치 않는 임신을 한 여성이 누구에게 어떤 도움을 요청할 수 있는지, 임신중절 시술을 제공하는 의료기관을 어떻게 확인할 수 있는지에 대한 정보는 제공하지 않는다.

보건의료정보체계의 두 번째 차원은 서비스 제공자와 국가 차원의 정보 수집에 대한 것이다. 안전하며 양질의 의료를 제공하고자 한다면, 더 나아가 원치 않는 임신을 줄이고자 한다면 임신중지와 관련해 보다 구체적인 정보를 모으고 평가하는 체계가 필요하다. 정부는 임신중절과 관련한 사회적 요구가 제기될 때마다 간헐적인 실태조사를 진행해 왔다. 그러나 이런 비정기 조사로 임신중지의 현황을 파악하기는 어려웠으며, 임신중지 서비스의 질에 대한 조사 역시 제대로 이루어지지 못했다. 협소한 관점 역시 문제였다. 〈전국출산력 및 가족보건·복지실태조사〉는 유배우 부인을 대상으로 임신중절 경험을 묻는다. 성·생식 건강보장이 아닌 정상가족의 구성원으로 여성의 장기적인 가족계획을 조사하는 것이다. 대조적으로 미국의 구트마허 연구소(Guttmacher Institute)는 여성의 관점에서 현재 출산 의향(pregnancy preference)과 피임접근성, 임신중지 접근성 등 재생산 건강과 관

---

46   러브플랜 홈페이지. "성 건강 정보〉위기임신". https://www.loveplan.kr/home/71.htm (접속일 2023.10.02.).

런된 지표를 모니터링한다. 여성들의 의향과 조건을 묻는 조사는 여성들의 성·재생산 욕구를 파악하고, 경제위기나 신종감염병 유행처럼 사회적 위기가 발생하거나 정치적 여건이 변화하였을 때 재생산 선택이 어떤 영향을 받는지를 파악한다.[47] 여성의 입장에서 바라보는 질문들은 실용적으로도 더 의미가 있다.

향후 임신중지에 대한 정보수집체계를 구축하고 이를 근거자료로 양질의 임신중지서비스 제공을 위한 모니터링과 평가가 필요하다. 성·재생산 건강 조사를 통해 전반적인 근거를 모니터링하고, 개입방안을 마련하기 위한 추가적인 조사를 진행하는 등의 과정이 필요할 것으로 보인다. 장기적으로는 지역사회건강조사, 청소년건강행태조사, 한국의료패널, 국민건강영양조사 등 기존 보건의료영역의 조사에도 젠더 폭력 경험이나 재생산과 관련한 의료이용 및 건강 결과를 포함하는 방안을 고려할 수 있다. 더 다양한 방식으로 성·재생산 건강과 관련한 필요와 문제들을 확인하는 것이 도움이 될 수 있다. 더 나아가 의료법에 따라 이루어지는 비급여 진료비용 보고 제도에서 임신중지와 관련한 시술의 비용과 빈도, 상병명 등을 보고할 수 있도록 해야 한다. 보고 대상이 되는 비급여 항목은 보건복지부 고시를 통해 결정하게 되는데, 2024년 천여 개로 확대되는 항목들의 리스트 속에는 임신중지나 피임 시술과 같은 성·생식 건강의 주요 의료 시술들이 포함되어 있지 않다.[48] 향후 고시 개정 과정에서 성·재생산 건강과 관련한 시술들

47   Lindberg, L. D., VandeVusse, A., Mueller, J., & Kirstein, M., "Early impacts of the COVID-19 pandemic: Findings from the 2020 Guttmacher Survey of Reproductive Health Experiences", Guttmacher Institute, June 24 2020, https://www.guttmacher.org/report/early-impacts-covid-19-pandemic-findings-2020-guttmacher-survey-reproductive-health (최종접속일 2023.10.02.)

48   보건복지부 고시 제2023-168호, 『비급여 진료비용 등의 보고 및 공개에 관한 기준 전부 개정 발령』.

을 비급여 보고 목록에 포함하도록 하고, 이 결과를 환자 안전과 의료의 질 개선을 위해 활용할 필요가 있다.

4) 의약품과 백신, 기술

임신중지와 관련해서 쟁점이 되는 기술 중 하나는 내과적 임신중지 의약품이다. 임신중지 의약품으로 알려져 있는 미페프리스톤은 1980년대 프랑스에서 개발된 의약품이다. 복용을 통해 임신중지를 유도하는 프로게스테론 길항제로 개발 시점과 현재의 쓰임에서 확인할 수 있듯 그 효과성과 안전성에 대한 근거가 널리 축적되어 있다. 세계보건기구는 2005년 미페프리스톤을 필수의약품(essential medicine) 목록에 포함했고, 2019년에는 핵심 필수의약품(core essential medicine) 리스트에 올렸다.[49]

한국에서 내과적 임신중지 약물에 대한 시민들의 요구가 지속되어 왔다. 문재인 정부에서는 청와대 국민청원게시판에 두 차례에 걸쳐 미페프리스톤 도입 청원이 올라왔고 두 건 모두 20만 명 이상의 찬성을 얻었다. 그러나 식품안전의약처는 법률개정과 제약사의 약품허가신청을 기다리겠다는 입장을 고수할 뿐이었다. 주로 산부인과 의약품을 판매하는 (사) 현대약품이 2021년 7월 미프지미소라는 제품명의 미페프리스톤/미소프로스톨 복합제재에 대한 의약품 품목허가를 신청했지만 2022년 12월 알 수 없는 이유로 취하절차를 밟았고, 의약품 허가 절차는 중단됐다. 이후 정부는 의약품의 승인·허가는 제약사의 신청을 통해 이루어지는 것이므로 내과적 임신중지를 위해 할 수 있는 일이 없다는 입장을 유지하고 있다.

한국은 대체로 신약에 대한 접근성이 높은 편으로 해외에서 생산되어 유통된지 이렇게 오랜 기간이 흐른 의약품이 한국에서 이용할 수 없는 사

49   Gill, R., Ganatra, B., & Althabe, F., "WHO essential medicines for reproductive health," *BMJ Global Health*, 2019(4), 2019, e002150.

례는 상당히 이례적이다. 식약처와 보건복지부는 신규 의약품의 승인과 허가는 제약사의 신청에 의해 개시될 수 있다는 답변을 내어놓곤 하지만 이런 입장이 일관적이지 않다는 점도 명확하다. 예를 들어 2023년 초 임신부의 입덧에 효과가 있는 의약품이 건강보험 적용이 되지 않아 부담이 크다는 문제가 공론화되었다. 이에 보거복지부는 해당 의약품을 비급여로 판매하는 모든 제약사들을 소집해 회의를 하고, 급여 등재 신청을 독려한 것으로 알려졌다.[50] 미페프리스톤의 경우에도 이를 수입해 판매할 역량이 있는 제약사들에 허가신청을 독려하는 등의 책무를 할 수 있었을 것임을 고려하면 정부가 보장하고자 하는 권리가 임신을 유지하는 쪽에 치우쳐 있음을 보여주는 사례다.

이처럼 의약품 접근성과 승인·허가, 활용 과정은 이에 대한 정보가 주로 의료제공자와 제약사 등 전문가들에게 독점되어 있고 그 절차가 매우 까다롭고 복잡하다는 점에서 사회적 논의가 쉽지 않은 영역이다. 많은 여성이 위먼온웹(Women on Web)이나 책과 언론, 간접 경험 등을 통해 내과적 임신중지가 가능하다는 사실을 알고 있다. 그러나 안전성과 효과성이 가장 중요한 의약품을 공식적인 제도를 통해 이용할 수 없다는 사실을 온전히 이해하고 여기에 대해 이의를 제기하기란 쉽지 않다. 원치 않는 임신을 인지하고 임신중지를 가능한 빠르게 받는 편이 안전한 입장에서 당사자가 나서서 이를 문제시하기도 쉽지 않다.

성·재생산 건강 영역은 어떤 기술이 유독 사회적 관심을 더 많이 받거나 받지 못하고, 어떤 의약품이 보장되거나 보장되니 않는지를 맥락적으로 파악할 수 있게 해 주는 사례로도 주목의 가치가 있다. 해외에서도 유사한 정치들이 벌어지고 있다. 대표적으로 미국에서도 미페프리스톤의 처방과 허

50 　　정아임, "월 20만원 입덧약 싸진다?…정부-제약사 건보 논의 시작", SBS Biz, 2023.06.29,https://biz.sbs.co.kr/article/20000124728 (접속일 2023.10.02.).

용 범위를 둘러싼 다양한 정치적·법적 공방은 현재진행형이다.

국가마다 다르지만 미페프리스톤은 주로 임신 1분기의 임신중지에 대해 허가되어 있고, 코로나19 유행 시기에는 원격의료를 통해 약을 처방받을 수 있게끔 한 경우도 많았다. 국내에서 인공임신중절 시술 절대 다수가 12주 이내에 이루어지고 있음을 고려하면 내과적 임신중지 기술은 한국 여성들의 임신중지 경험을 큰 폭으로 바꾸어 놓을 가능성이 있다. 그러나 미페프리스톤이 한국에서 언제 사용 가능할지, 어떻게 확산될 지는 아직 예상하기 어렵다. 모자보건법 개정과 의약품의 승인·허가를 거치는 데에 얼마나 긴 시간이 걸릴지 모르고, 이후에도 내과적 임신중지가 얼마나 확산되는지는 의사들의 처방에 달려 있기 때문이다. 여성의 건강, 그 중에서도 성·재생산 건강 영역에서 의학기술의 진보와 확산이 특별히 지체되는 이유는 무엇인지, 또 이를 변화시키기 위해서 어떤 개입이 필요한지를 고민하며 임신중지의 기술이 도입, 확산되는 과정을 면밀하게 추적하는 일은 보건의료의 지식과 기술이 어떻게 사회적 규범과 이데올로기를 반영하는지를 살펴보는 이론적 탐색에도 기여할 수 있을 것으로 보인다.

5) 재원조달과 분배

보건의료 재원조달은 사람들이 의료서비스를 이용하는 과정에서 의료비를 감당할 수 없어 의료이용을 포기하거나, 빈곤에 빠지지 않도록 하는 제도에 대한 것이다. 1977년 시작되어 1989년 전국민을 대상으로 확대된 건강보험은 모든 의료기관과 국민 대다수의 의료이용에 대한 건강보험급여를 제공한다. 하지만 모든 의료서비스가 건강보험급여 대상이 되는 것은 아니다. 현재 한국의 건강보험은 임신과 출산, 심지어 난임에 대한 의료비를 지원하지만, 피임은 급여에 포함하지 않는다. 모자보건법(개정 이전)이 허용하는 적법한 사유의 인공임신 중절은 건강보험급여가 제공된다. 그러나 형법상 낙태죄 폐지 이후 합법의 영역으로 들어오게 될 임신중절을 건강보험급여 범위 내에 포함할 것인지에 관한 결정은 아직 이루어지지 않았다.

건강보험급여 여부는 한국 사회가 어떤 건강 필요를 사회적으로 보장해야 할 것으로 인정하는지에 대한 합의인 동시에 경제적 접근성을 좌우하는 정치적 결정이다. 건강보험급여의 원칙을 규정하는 『건강보험법』 제41조는 "가입자와 피부양자의 질병, 부상, 출산 등에 대하여 다음 각호의 요양급여를 실시한다"고 쓴다.[51] 일각에서 이 조항을 근거로 임신중지가 요양급여의 대상이 될 수 없다는 주장을 제기하기도 한다.[52] 그러나 이는 예방적 치료와 건강증진사업에 건강보험재정을 활용할 수 있다는 최근의 결정과 합의에 배치되는 좁은 입장이라는 점에서 그리 설득력이 있다 보기 어렵다.

법률해석과 의료제공자의 이해관계를 둘러싸고 벌어지는 정치경제를 논외로 하더라도, 무엇이 건강보험 요양급여의 대상이 될 수 있는지에 대한 이론적 논의는 성·재생산 건강보장을 위해 진전이 필요한 영역일 것으로 보인다.

피임과 임신중지, 폐경기 증상 관리 등 성·재생산 건강 영역에는 "질병"으로 규정되지 않는 다양한 건강 필요가 포함된다. 트랜스젠더의 성 전환을 위한 호르몬 치료와 수술 등도 마찬가지다. 원치 않는 임신을 피하고, 젠

---

51 「국민건강보험 요양급여의 기준에 관한 규칙」 제1조의2는 "보건복지부장관은 의학적 타당성, 의료적 중대성, 치료효과성 등 임상적 유용성, 비용·효과성, 환자의 비용부담 정도, 사회적 편익 및 건강보험 재정상황 등을 고려하여 요양급여대상의 여부를 결정해야한다"고 규정한다. 이는 건강보험요양급여 결정이 단지 의학적 근거에 따른 판단뿐만 아니라 사회적 요구와 재정적 지속가능성 등 다차원적 요소를 고려하여 이루어지며, 건강 필요를 해결할 수 있는 적절한 가격의 의약품 발명·발견과 같이 기술적 진전의 영향을 받는 자원배분에 관한 결정이자 정치임을 시사한다.

52 대표적인 사례로 분만, 임신, 임신중지, 피임 등이 질병이 아니라는 이유로 건강보험 급여 적용을 반대하는 입장을 꾸준히 반복해온 산부인과 의사회의 입장이다. 임재우, "임신중지는 개인 취향? '궤변' 펼친 산부인과 의사회", 한겨레, 2021.01.27., http://www.hani.co.kr/arti/society/women/980562.html (접속일 2023.10.02.) 등 참조.

더정체성과 지정 성별의 불일치를 정정하는 의료서비스는 질병 치료가 아니지만 삶의 질과 건강을 증진하고 성별 불쾌감(gender dysphoria) 등으로 인한 정신 건강 악화를 예방한다는 근거가 있다. 질병은 아니지만 의료를 이용하는 것이 건강에 도움이 될 수 있는 셈이다.

과거에도 의사들은 임신·출산 관련 의료서비스나 입원환자의 식사와 돌봄이 질병에 대한 치료가 아니라는 이유로 이와 관련한 의료 보장 확대를 반대하곤 했다.[53] 질병, 부상, 출산만 건강보험 요양급여의 대상으로 해야 한다는 협소한 논리를 따른다면 성·재생산 영역의 많은 영역은 건강보험 급여범위에 포함될 수 없다. 어떤 몸의 고통을 선택적으로 "질병"으로 규정해 인정하고, 어떤 괴로움을 개인이 부담해야 할 고통으로 남겨두는지에 대한 의학의 독점적 권력[54]이 건강보험제도에서 되풀이되고 있다.

이러한 상황에서 성·재생산 건강 관련 의료의 건강보험급여를 위한 경로는 두 가지 전략을 채택할 수 있다. 첫 번째는 성·재생산 영역에서 몸의 불편과 고통을 치료받아야 할 "질병"으로 규정하는 의료화(medicalization) 전략이다. 예를 들어 정상적인 노화 과정에서 발생하는 몸의 변화는 상당 부분 "퇴행성 질환"으로 규정된다. 과거에는 질병보다는 노화로 여겨졌던 많은 영역이 이제는 질병으로 규정된다. 의학과 생명과학은 노년기에 발생하는 다양한 몸의 변화를 질병으로 규정하며 노화에 대한 체계적 연구를 수행하고, 서비스를 개발하여 산업화하기도 한다. 이런 과학과 산업의 발달

---

53 예를 들어 2007년 대한 산부인과의사회는 "건강보험대상 항목으로 등재될 수 있는 질환은 필수의료로 한정해야 한다"면서 "입원환자 식대 및 산전진찰검사는 필수의료라고 할 수 없기 때문에 (국민건강보험 대상에) 포함되어서는 안 된다"라고 주장했다. 조현경, "가입자 현금 직접지급, '말도 안돼' 반박", 의약뉴스, 2007.12.10., http://www.newsmp.com/news/articleView.html?idxno=38767 (접속일 2023.10.02.).

54 Conrad, P., "Medicalization and social control," *Annual review of Sociology*, 18(1), 1992, 209–232면.

은, 다시 나이가 들면서 발생하는 몸의 문제들을 병리화하며 이를 문제 삼는 근거가 된다. 과학이 특정한 몸의 문제를 질병으로 만들고, 사회보장제도 안에서 다룰 수 있도록 근거를 생산하는 역할을 한다는 의미다. 이는 일정하게 사람들의 고통을 줄이고 삶의 지속을 도울 수 있다. 그러나 의료화는 몸의 고통과 결부된 사회적 맥락을 소거하고 건강 문제를 개인화하여 의료전문가의 통제 속에 두는 방향으로 나아가기도 한다. 의료화가 사람들의 고통을 줄이는 데에 정말로 기여하는지에 대한 의문이 반복되는 이유다.

성·재생산 권리 측면에서 의료화의 전략은 여성의 입장과 목소리를 반영하지 않는 몸의 병리화를 경계해야 한다. 물론 의료화 전략은 계층화가 심한 사회에서 중립적·객관적 필요로서 질병을 표방하고, 정치적·경제적 갈등을 우회하여 자원을 획득할 수 있게 해준다. 그러나 의료화를 통한 자격 획득은 수세적인 전략이기도 하다. 정치적 경합이 이루어지는 과정에서 지배적인 젠더규범이나 이성애 정상가족 규범과 일치하지 않는 건강 필요는 배제·주변화될 가능성이 상존한다.[55] 한국에서 생의학적 관점을 고수하지 않고 포용적 의료와 성·재생산 건강 필요를 고민하는 의료전문가 집단이 주류는 커녕 거의 존재하지 않는다는 현실적 조건도 의료화를 통한 건강보장이 유효한 전략이 되기 어려운 또 다른 이유다.

성·재생산 건강 관련 의료의 건강보험급여를 위한 두 번째 경로는 질병과 부상, 출산이 아닌 다양한 건강 문제가 마땅히 건강보험을 통해 보장받아야 할 몸의 문제임을 주장하고 이를 관철해 내는 방식이다. 법률을 어떻게 해석할 것인지를 다투지 않더라도 이미 건강보험은 정치적·정책적 상황에 따라 급여를 제공하고 있다. 넓은 의미에서 출산을 위한 과정이지만 명확하게 질병이라고 보기 어려운 난임에 대한 건강보험급여가 대표적이

---

55   Vipond, E., "Resisting transnormativity: Challenging the medicalization and regulation of trans bodies," *Theory in Action*, 8(2), 2015, 21면.

다. 난임 '치료'를 위한 보조생식술은 오랫동안 비급여로 남아있다가 2006
년 저출산 대책의 일환으로 사회적 지원의 대상이 되었다. 시작은 일정 소
득계층 이하 난임부부에게 시술비 일부를 지원하는 사업이었다. 2017년 정
부는 건강보험 보장성 강화 정책, 일명 '문재인 케어'를 발표했고, 여기에는
기존에 의료비 지원을 하던 난임 시술을 건강보험제도 내로 포괄하는 정책
이 포함되었다. 질병이라고 보기 어렵지만 건강보험급여에 포함되는 의료
서비스가 난임뿐 만은 아니다. 국민건강보험은 영구피임시술을 받은 사람
이 자녀를 낳기 위해 이를 복원하거나, 자궁내장치를 제거하는 시술에 대
해 선택적으로 급여를 제공해왔다. 건강보험급여에 대한 원칙과 규정에 대
한 해석이 정치적·사회적 맥락의 영향을 받는 가운데 출산장려정책(pro-
natalist policy)이 급여 결정과정에 개입을 해왔다고 볼 수 있다.[56]

　국제사회는 국가와 사회가 마땅히 보장해야 하는 필수적인 성·재생산
건강서비스의 항목을 다음 표와 같이 규정한다.[57] 한국의 건강보험은 대체
로 산전·출산·산후 서비스와 불임에 대한 치료, HIV와 생식기계 성매개감
염에 대한 치료, 생식기계 암에 대한 예방과 치료를 급여로 포함하지만 그
외 항목들은 아예 의료 영역에서 중요한 문제로 다루지 않거나 건강보장
대상으로 간주하지 않는다. 사람들의 필요를 충족할 만한 서비스가 개발되
어 있지 않은 경우도 있다.

56　Kim, S., "Reproductive technologies as population control: how pronatalist
　　policies harm reproductive health in South Korea," *Sexual and reproductive
　　health matters*, 27(2), 2019, 6-12면.

57　Starrs, A. M., Ezeh, A. C., Barker, G., Basu, A., Bertrand, J. T., Blum, R., ⋯ &
　　Ashford, L. S., "Accelerate progress—sexual and reproductive health and
　　rights for all: report of the Guttmacher‒Lancet Commission," *The Lancet*,
　　391(10140), 2018, 2642-2692면.

〈표 5-3〉 세계보건기구가 제안하는 필수 성·재생산 건강서비스의 항목

	필수 성·재생산 건강서비스의 항목	한국에서 보장 범위
1	근거에 기반한 포괄적 성·재생산 건강에 대한 정확한 정보와 상담	△
2	성 기능과 만족에 대한 정보, 상담, 치료	△
3	성폭력과 젠더기반폭력에 대한 예방, 보고, 관리	X
4	안전하고 효과적인 피임 방법에 대한 선택	△
5	안전하고 효과적인 산전·출산·산후 서비스	O
6	불임에 대한 예방·관리·치료	O
7	HIV와 그 외 생식기계 성매개감염에 대한 예방·관리·치료	△
8	생식기계 암에 대한 예방·관리·치료	O

성·재생산 건강서비스는 성적 자기결정과 재생산 운명에 대한 자기통제를 가능하게 한다는 점에서 건강 보호와 증진을 넘어서는 가치를 지닌다. 인권으로서 재생산 건강을 보장하라는 사회적 요구는 건강보험의 목적[58]이 보건의료를 통해 해소할 수 있는 사회적 고통을 충분히 포괄하고 있는지 다시 생각해야 한다는 요구이기도 하다. 성·재생산 건강과 권리를 국민건강보험제도 내에 반영하는 것은 이전과 같이 사회적 가치와 세력이 경합하는 정치적 과정일 수밖에 없다. 성·재생산 건강은 필연적으로 불평등한 젠더 구조를 구성하는 생물학적 성차와 그로 인한 건강 결과를 다루게 된다. 결국 보건의료에 성·재생산 건강을 기입하는 일은 기존의 건강보장제도 운영의 근본 원리를 다시 검토하게끔 만드는 논쟁적인 과정이다. 건강보험의 재정배분 원칙을 다시 생각하게 만드는 성·재생산 건강의 특성들을 직면하는 일은 한국의 보건의료체계가 보다 성평등한 제도로 나아가도록 하는 데에 기여할 수 있을 것이다.

---

58   『국민건강보험법』 제1조(목적) 이 법은 국민의 질병·부상에 대한 예방·진단·치료·재활과 출산·사망 및 건강증진에 대하여 보험급여를 실시함으로써 국민보건 향상과 사회보장 증진에 이바지함을 목적으로 한다.

6) 리더십과 거버넌스

보건의료체계의 마지막 구성요소는 리더십과 거버넌스다. 목적달성을 위해 필요한 자원을 동원하고 효과적으로 감시·규제하거나 책무와 협력의 구조를 형성하는 등의 활동이 여기 포함된다. 이는 행정부, 이른바 건강당국(health authority)의 역할이지만 한국 정부 내에 성·재생산 건강보장을 위해 리더십을 발휘하고 책무를 지는 주체는 명확하지 않다. 보건복지부 인구정책실에 출산과 아동, 보육, 노인을 다루는 부서가 있지만, 성·재생산 건강이나 여성건강을 다루는 부서는 지금껏 설치되지 않았다.

해외 국가의 사례를 살펴보면, 많은 경우 보건부 내에 여성건강에 관한 정책, 연구, 사업을 총괄하고 부처·부문 간 업무 연계와 조정을 담당하는 부서가 존재한다. 예를 들어 미국 공중보건국(Public Health Offices)에는 여성건강국(Office on Women's Health)이, 캐나다 보건국(Health Canada)에는 여성건강국(Women's Health Bureau)이 있다. 이들 부서는 보건정책의 기획, 집행, 평가 단계에서 성 주류화와 여성의 특수한 건강 필요를 고려하기 위한 조정과 지원을 담당한다. 생애주기에 따른 여성건강증진을 위해 "여성건강계획"을 수립·시행하고 산하기관[59]과 지방정부의 여성건강업무를 총괄·관리한다.

한국에서도 보건복지부 내 여성건강부서 설치 필요성이 논의된 지 오래다.[60] [61] [62] 성인지 의학과 젠더주류화 관점에서 생애주기에 따른 재생산 건

59   예를 들어 미국 질병관리예방센터와 보건의료자원서비스청, 식품의약품안전청, 국립보건원 각각에 여성건강부서 등을 의미한다.

60   정진주·김영택·전희진·천희란·최성수, 『외국의 여성건강증진 기반고찰 및 한국의 정책과제』, 한국여성정책연구원, 2007.

61   김영택·김동식·김인순·정진주, 『한국의 여성건강증진 정책 추진전략을 위한 외국 사례연구』, 한국여성정책연구원, 2013.

62   임도희, 이지혜, 김혜원, 박수현, 이혜아, 민정원, 박혜숙, "여성건강연구 관련 법, 관리체계 및 연구현황에 대한 국가 비교", 『한국모자보건학회지』, 18(1), 2014, 13-23면.

강을 다루고, 심혈관질환이나 암처럼 주요사망원인 질환에 대한 성인지 정책을 총괄하는 리더십이 필요하다는 요구도 반복되고 있다. 아직까지 이와 관련한 정부 조직은 만들어지지 않았다. 달라진 조건이 있다면 최근 한국 사회에서 낙태죄 폐지 운동을 비롯해 여성건강과 보건의료의 젠더편향에 대한 문제의식이 커져가고 있다는 것이다. 여성계와 학계, 언론, NGO 등 여성건강권을 중심으로 활동하는 시민사회는 이미 성·재생산 건강을 위한 시민적 리더십을 행사하고 있다고도 설명할 수 있다.

그러나 보건의료영역은 특히나 사회 권력의 영향에서 비교적 자유로운 영역으로, 그 전문성을 토대로 의사결정을 독점하기 쉽다. 여성들이 논의에 관여하거나 의견을 제출한다고 하더라도 의료전문가들의 전문성과 보건의료 의사결정에 대한 기술관료의 우위를 넘어서기는 매우 어렵다. 성·재생산 건강과 같이 소외된 이슈를 당사자들의 입장에서 다루기 위해 시민사회의 참여가 보장되는 공적거버넌스가 앞으로도 중요해지는 이유다. 한국 보건의료체계의 맥락과 성·재생산 권리를 이해하는 활동가, 연구자, 시민들의 참여와 앞으로도 중요한 동력이 될 가능성이 크다.

한국에서 임신중지 접근성 보장을 위한 리더십을 행사할 가능성이 있는 유일한 부처는 현재로서는 양성평등기본계획을 수립하고 집행하는 여성가족부이다. 그러나 타 부처의 업무에 관여할 수 있는 여성가족부의 권한과 역량이 문제다. 제3차 양성평등기본계획의 소과제로 인공임신중절과 관련한 정책 중 여성가족부가 담당 부서로 되어 있는 것은 주로 임신중지 상담과 관련한 영역이다. 보다 실질적인 의료접근성을 다루는 의약품 접근성과 의료 정책에 대한 내용은 보건복지부 출산정책과와 식품의약품안전처 등의 소관으로 할당되어 있다. 전체를 총괄하여 보건의료체계의 각 구성요소를 살피고 연결하는 정치적 리더십을 발휘할 수 있는 주체가 존재하지 않는다면 상황이 개선되기는 쉽지 않다.

4. 나가며

임신중지는 가장 논쟁적인 필수의료다. 이 글은 임신중지가 여성의 건강과 온전한 삶을 위해 모든 사회가 반드시 보장해야 할 필수의료 서비스라는 입장에서 작성됐다. 성·재생산 건강과 권리를 옹호하는 이들이라면 동의하지 않을 수 없는 입장이며, 적어도 국제적으로는 반복되는 논의를 통해 일정하게 합의가 이루어져 있다고 판단한다. 다만 한국 사회에서 이런 관점이 얼마나 공유, 인정되고 있는지에 대한 논의는 별개다. 한국에서 임신중지와 관련한 법과 제도의 공백이 어떻게 채워질 것인지에 대한 정치적 논의가 진행됨에 따라 이와 관련한 보건의료 정책이나 의료의 양식이 변화의 기회가 생길 텐데, 이 과정에서 선언적이거나 규범적인 수준의 권리 담론의 힘은 한계가 있을 가능성이 크다.

보건의료는 유난히 전문가 단체와 지식의 힘이 강력한 영역이다. 그러나 미국의 임신중지 관련 판결 등 사례[63]에서 확인되듯 임신중지에 대한 정치와 정책은 가용한 최선의 과학적 근거를 따라 움직일 것이라고 보기는 어렵다. 이런 점에서 한국에서도 임신중지와 관련해서 각자의 서로 다른 입장을 옹호하는 지식과 근거를 내세우는 정치적 경합이 지루하게 이어지기 쉽다고 판단한다. 따라서 이 글에서는 각자의 지식과 근거를 내세우는 논쟁에 의견을 더하기보다 성·재생산 건강과 권리의 관점에서 임신중지가 한국 보건의료체계의 어떤 도전을 제기하고 있는지를 다루는 데에 초점을 맞췄다.

성·재생산 건강과 권리라는 "수입된 합의"가 한국에서 힘을 얻고 정책에 반영되기까지는 경합과 논쟁의 과정을 피할 수 없을 것으로 보인다. 보건의료의 제도와 정책에서 임신중지, 더 나아가 트랜스젠더의 성별정정 치

---

63   Foster, D. G., "The Court is ignoring science," *Science*, 376(6595), 2022, 779면.

료에 대한 건강보험 급여화 등 섹슈얼리티의 권리를 반영하는 과정은 더욱 그렇다. 국가가 누구의 어떤 건강을 왜 보장하는지에 대한 정치적 논쟁을 회피하고 각자의 사회적 합의를 강요하는 방식으로는 성·재생산 건강과 권리를 보건의료체계에서 주류화하는 데에 성공할 가능성이 크지 않다. 그러하다면 보다 근본적인 지점에서 사람들의 건강이란 무엇을 의미하는지, 그 건강을 보장해야 마땅한 사회와 국가의 책임은 어디까지이며 이를 위한 시민들의 기여와 관여는 어떤 양식이어야 하는지를 따져 물어야 한다고 생각했다.

어떤 여성도 원하지 않는 임신을 하지 않고, 따라서 임신중지 역시 필요하지 않은 상황이 현실적으로 실현가능하지는 않지만 이상적이라는 점을 굳이 부연해 둔다. 불필요한 오해를 피하기 위한 변명이기보다 성·재생산 건강의 본질적 특성을 반영하는 문제다. 성·재생산 권리는 국가와 사회가 섹스와 피임, 임신과 출산 모두 여성이 스스로 하거나 하지 않겠다는 결정을 내릴 수 있도록 보장해야 한다고 말한다. 원치 않는 출산을 하지 않는 데에 임신중지보다 피임이 더 안전하고 효과적인 대책임은 분명하다. 그러나 섹스, 피임, 임신, 출산, 더 나아가 인간 삶의 우발성과 불확실성을 고려한다면 사회가 마땅히 기울어야 할 노력은 연속선상에 있는 섹슈얼리티와 재생산의 과정 전반에 불완전하나마 더 촘촘한 안전망을 제공하는 방식이 될 수밖에 없다.

청소년과 교육

제6장

공교육에서 다뤄지는 성·재생산권리: 초등교육과정을 중심으로

서한솔(서울상천초등학교 교사)

1. 교육과정과 지침에서의 성교육

초등학교에서 성교육은 국어, 수학처럼 하나의 교과목으로 다뤄지기보다, 범교과 수업 주제 중 하나로 학년당 연간 15시간을 이수하게 되어 있다. 범교과 수업 주제란 미래 사회의 변화를 전망하여 국가, 사회적으로 중요하게 요구되는 학습 내용이자 여러 교과의 경계를 가로지르는 종합적이고 통합적인 학습 주제를 말한다. 생물학적 지식부터 사회적 지식, 도덕적 가치, 미디어 리터러시 등 여러 교과에 걸쳐져 있는 영역을 모두 포괄해야 할 필요가 있는 성교육의 특성을 생각하면, 한 교과에 묶여서 다뤄지는 것보다 종합적이고 통합적인 학습 주제를 뜻하는 범교과 주제 중 하나로 다뤄지는 것이 적합하다고 생각할 수도 있을 것이다. 그러나 아래를 보면 알 수 있는 것처럼 7차 교육과정에서 '범교과 수업'이라는 영역이 처음 도입된 이래로 범교과 수업 주제의 수는 무려 39개에 달할 정도로 늘어났다.

주제별로 배정된 수업 시수도 3년 동안 12차시, 학기당 5차시 등 매우 복잡하게 제시되다 보니 현장의 교사들은 실질적인 교육을 하기보다 교육과정 문서상에 범교과 의무 시수를 '빼먹지 않고 했다는 증거를 남기는 것'

초·중등학교 교육과정(교육과학기술부 고시 제2012-31호, 2012.12.13) 【별책 1】총론(범교과 수업)

민주 시민 교육, 인성 교육, 환경 교육, 경제 교육, 에너지 교육, 근로 정신 함양 교육, 보건 교육, 안전 교육, 성 교육, 소비자 교육, 진로 교육, 통일 교육, 한국 정체성 교육, 국제 이해 교육, 해양 교육, 정보화 및 정보 윤리 교육, 청렴·반부패· 교육, 물 보호 교육, 지속 가능 발전 교육, 양성 평등 교육, 장애인 이해 교육, 인권 교육, 안전·재해 대비 교육, 저출산·교령 사회 대비 교육, 여가 활용 교육, 호국·보훈 교육, 효도·경로·전통 윤리 교육, 아동·청소년 보호 교육, 다문화 교육, 문화 예술 교육, 농업·농촌 이해 교육, 지적 재산권 교육, 미디어 교육, 의사소통·토론 중심 교육, 논술 교육, 한국 문화사 교육, 한자 교육, 녹색 교육, 독도 교육 등

정도로 만족하게 되는 경우가 많다.

이러한 비판을 받아들여, 2015 개정 교육과정에서는 범교과 학습 주제를 개인, 시민, 사회, 국가 공동체의 범주로 구분하여 10개의 주제로 재구조화해 아래와 같이 제시하고 있다. 그러나 재구조화가 이루어졌을 뿐 다뤄야 할 내용 자체가 줄어든 것은 아니기 때문에 실제 수업 없이 서류상으로만 수업이 이루어지는 문제는 그대로 남아있다.

〈표 6-1〉 범교과 학습 주제별 내용요소

구분	주제	관련 내용요소
개인	안전·건강교육	안전·재난대비, 보건·성교육, 영양·식생활
	인성교육	전통윤리(효도, 경로), 생명존중
	진로교육	진로탐색, 여가활용
시민사회	민주 시민 교육	청렴·반부패, 헌법정신 및 법질서, 근로자의 권리와 의무
	인권 교육	인간의 존엄성과 인권존중(아동, 청소년, 장애인, 양성평등, 노동인권 등), 폭력예방
	다문화 교육	다양성의 존중, 세계시민 및 국제이해
국가 공동체	통일 교육	통일 필요성 이해, 국가정체성 이해(한국문화사 교육), 호국보훈
	독도 교육	국토 이해, 독도 사랑
	경제·금융 교육	소비자의 책임과 권리, 창업(기업가)정신, 복지와 세금·금융생활의 이해·지적 재산권
	환경·지속가능발전 교육	저출산·고령화 사회 대비 교육, 물 보호·에너지, 해양교육, 농업·농촌 이해 교육

출처: 교육부, 『2015 개정 교육과정 총론 해설서(초등학교)』, 2016.

2015 개정 교육과정 중 편성·운영에 관한 사항에 명시되어 있는 지침에 따르면, 범교과 학습 주제는 교과와 창의적 체험활동 등 교육활동 전반에 걸쳐 통합적으로 다루게 되어 있다. 국어, 수학 등의 교과목을 가르치기에도 수업 시간이 빠듯한 학교의 상황을 고려해 따로 성교육 시간을 잡지 않아도 수업을 진행할 수 있도록 하기 위해서다. 다시 말해 과학 시간에 몸에 대해 배우는 단원이 있다면 이 단원 수업을 진행하며 성교육과 관련된 내용 요소를 다루는 것만으로 성교육을 1차시 분량을 수업했다고 인정할 수 있다는 것이다.

그러나 다양한 영역들을 다 기억하기도 힘든 교사 입장에선 까다로운 의무 교육 시수 기준을 지켜 가면서 각 과목의 수업 내용 중 해당 주제와 연관되어있는 부분을 재구성해 범교과 영역과 연계해 진행한다는 식의 구체적인 계획을 세우는 것은 불가능에 가깝다. 또 성교육에서 다뤄야 하는 다양한 내용 요소가 각 학년의 교과목에 모두 포함되어 있지 않다.

무엇보다 성교육은 교사 입장에서 다루기 부담스럽고 민원이 많을 수밖에 없는 수업 주제다. 성교육을 해야 한다는 지침은 있지만, 구체적으로 어떤 내용을 어느 학년에서 가르쳐야 한다는 기준이 모호하다 보니 민원이 발생했을 때 교사가 답변하기 어렵다. 예를 들어 현재 교육과정에서 몸에 대해 배우는 과학 단원은 초등학교 5학년 때 배정되어 있다. 이때 교과 수업과 연계해 성교육의 중요한 주제 중 하나인 신체 발달에 관해 이야기한다면 어떤 자료를 이용해야 할까. 나체가 표현된 캐릭터 그림이 적합할까, 아니면 사진도 괜찮을까. 캐릭터 그림은 어느 정도까지 구체적이어야 할까. 과학 교과서는 어디까지나 과학 교과서일 뿐이기 때문에 성교육을 위한 수업 자료는 나와 있지 않다. 교육과정에 계획한 성교육을 실제로 진행하려고 하는 교사는 스스로 수업 자료를 선택해야 한다. 사실 이미 많은 교사가 전문성을 발휘해 다양한 교과목에서 교과서가 아닌 스스로 선택한 자료로 수업을 진행하고 있다. 그러나 성교육의 경우 꼭 해야 하는 과목도 아닌데 민원의 가능성은 타 교과로 재구성했을 때에 비해 매우 높고, 그 강도 또한 강하다 보니, 학교에서도 긁어 부스럼으로 생각하는 경우가 많다.

결론적으로 성교육은, 시간을 확보하기도 어려우며, 수업 자료의 선택에 어려움이 있고, 하지 않아도 서류만 남긴다면 처벌받지는 않지만, 수업할 경우 심각한 민원을 마주할 수 있는 수업이다. 대다수의 학교에서 서류상으로 했다는 기록을 남겨두고, 최소한의 '성폭력 예방 교육' 정도만 실시하는 이유다.

마지막으로 범교과 주제에서 성교육을 어떻게 바라보고 있는지를 살펴볼 필요가 있다. 내용 체계를 살펴보면 성교육이 '안전·건강교육'이라는 대주제 중 내용 요소로 다루어진다는 것을 확인할 수 있다. 물론 성교육의 중요한 목적 중 하나는 몸을 건강하게 관리하고 폭력으로부터 안전할 수 있게 돕는 것이다. 그러나 성은 안전과 건강의 측면뿐 아니라 가치, 권리, 문화 등 사회적인 측면, 도덕적인 측면을 함께 다뤄야 할 필요가 있다. 성을 단순히 몸의 성장이나 폭력을 피하기 위한 목적, 즉 안전 문제와 연결해 생각하는 사고는 성을 위험하고 불온한 것으로 여기는 태도나 안전을 이유로 피해자의 행동을 단속하는 방식의 교육으로 흘러갈 가능성이 크다. 아래 성교육 표준안에 대한 분석을 살펴보며 좀 더 자세히 살펴보자.

2. 성교육 표준안과 포괄적 성교육

성교육과 관련해 국가 수준에서 제시한 최신 교육자료로는 '2015 성교육 표준안'과 이를 바탕으로 한 '보건 교과서'가 있다. 이전처럼 단순히 '성교육을 해야 한다.'라는 식의 서술을 넘어 실질적인 교육과정을 체계화해 바로 수업이 가능한 형태 제작되었다는 점이 특징이다. 위에서 지적한 것처럼 교사들이 성교육을 기피하는 이유 중 하나가 모호한 교육 내용으로 인한 민원이라는 점을 고려했을 때, 성교육 표준안은 교사들에게 꼭 필요한 중요한 도구가 되어 줄 수도 있었다.

안타깝게도 현재 성교육 표준안은 시대착오적인 내용으로 인해 성교육을 활성화하기보다 제약하는 근거로 활용되고 있다. 언론 등의 비판 때문에 현장 교사조차도 성교육 표준안 파일을 구할 수 없는 상황임에도 불구하고, 본격적인 성교육을 시도하려는 교사가 있으면 성교육 표준안의 기준에 의거 해 진행해야 민원이 없다는 식의 압력을 받게 되는 식이다.

포괄적 성교육의 핵심개념은 관계, 가치·권리·문화·섹슈얼리티, 젠더 이해, 폭력과 안전, 건강과 복지를 위한 기술, 인간의 신체와 발달, 섹슈얼리티와 성적행동, 성 및 생식건강, 이렇게 8가지로 정리될 수 있다. N번방 사건의 충격 이후 학교 현장에 제대로 된 성교육, '포괄적 성교육'이 필요하다는 의견이 늘어나자, 교육부는 성교육 표준안을 수정하는 것만으로 그러한 역할을 할 수 있다고 주장하고 있다. 정말 그럴까?

'섹슈얼리티와 젠더 이해, 성적 행동'은 성교육 표준안에서 거의 다루지 않는 개념에 해당하며, 최근 2022년 교육과정에서는 '섹슈얼리티'라는 용어를 삭제하는 퇴행이 이루어졌다. 또 성교육 표준안과 포괄적 성교육에서 공통으로 다루고 있는 것처럼 보이는 핵심 개념조차 바라보는 시각이나 다루는 방식이 서로 다르다. 하나씩 살펴보자.

가치, 문화와 섹슈얼리티의 경우 종교, 사회에서 중요시하는, 혹은 금기시하는 가치와 개인이 속해있는 문화가 어떤 성적 행동이 수용할 수 있고 어떤 것이 수용 불가능한 것으로 간주 되는지에 영향을 끼친다는 점을 교육하는 것이 핵심이다. 즉 내가 가진 성 규범을 절대적인 것이 아니라 여러 영향을 받아 만들어진 구성물로 인지할 수 있도록 하는 것이다.

예를 들어 한국은 동성애에 대해 아직 부정적인 사회이며 문화적으로도 금기시되어있다. 특히 기독교 배경의 가정에서 자란 학생의 경우 이러한 금기는 더 강하게 작용한다. 포괄적 성교육에서는 이러한 규범은 절대

2부 성·재생산 건강 권리 정책의 공백 - 청소년과 교육

적인 것이 아니라 학생이 성장해온 문화, 종교, 사회의 영향을 받아 형성된 것임을 밝히고 다른 규범과의 비교를 통해 나만의 규범을 만들 수 있도록 도와야 함을 강조한다. 하지만 과연 공교육에서 동성애가 금기시되지 않는 문화와 사회, 종교의 성 규범을 살펴보고 내가 가지고 있는 기준과 비교해 보는 활동이 가능할지 회의적이다. 교과서에 명시적으로 이러한 활동을 하라고 제시되어 있어도 민원을 염려해 진행하기 어려운 활동이기 때문이다.

권리와 섹슈얼리티는 성적 자기 결정권 등 '안전'의 측면에서 성교육 표준안에서도 다뤄진다. 하지만 피해자가 범죄 피해를 보지 않기 위한 방법을 가르치는 식으로 오용되는 경우가 많다. 너에게는 성적 자기결정권이 있기 때문에 그것을 잘 활용하여 '내 몸의 안전'을 지켜야 할 책임이 너에게 있다는 식의 교육이다.[1]

물론 성적 자기 결정권에는 분명 원하지 않는 성적 행동을 하지 않는 것이 포함되어 있다. 그러나 상호 존중하는 관계에서 내가 원하는 성적 행동을 '하는 것'도 포함되어 있을 것이다. 하지만 공교육은 학생이 원하는 성적 행동을 잘 하기 위한 방법에 대해 전혀 가르치지 않는다. 성교육 표준안의 기본적인 전제가 '이성' 간의 성적 행동은 특정 나이에 다다를 때까지, 혹은 기혼자가 될 때까지 해서는 안 되는 일로 가정하고 있기 때문이다.

이러한 교육과정이 탄생하게 된 배경은 청소년들의 성폭력 피해를 막기 위한 좋은 의도였을 것이다. 그러나 '성적 자기 결정권'을 적극적으로 활용해 자신의 순결을 지켜야 할 책임을 피해자에게 짐 지우고, 이성 친구와 단둘이 집에 있거나 여행을 가면 성폭력 피해가 발생한다는 식의 구체적인 활동 지침까지 가르치는 식의 교육은 결국 성범죄를 저지르는 '가해자'의

1   한채윤, "성적 자기결정권은 왜 필요한가", 이나영 엮음, 『모두를 위한 성평등 공부』, 프로젝트P, 2020.

잘못보다 성범죄를 피했어야 할 피해자의 책임을 묻는 식으로 흘러갈 수밖에 없다. '피해자'에게 성적 자기 결정권을 아무리 잘 가르친다고 하더라도 범죄를 저지를 의도를 가진 가해자와 마주한다면 그러한 결정권의 표현은 아무 의미가 없다. 오히려 피해자가 범죄를 당한 책임이 나에게 있다고 자책하게 할 뿐이다. N번방의 가해자들이 피해자를 향해 '학교에 알리겠다.'라는 말을 하며 협박할 수 있었던 것이 이런 교육과 관련이 있을 것이다.

포괄적 성교육의 핵심 개념 중 '관계'와 관련된 부분은 성교육 표준안에서도 자세히 다루고 있는 부분이다. 그러나 다루는 내용 요소가 유사하다고 해서 교육부의 주장처럼 성교육 표준안을 약간 수정하는 것으로 포괄적 성교육을 대신하는 식의 교육이 가능한 것은 아니다.

포괄적 성교육의 '관계'에서는 '①가족, ②친구, 사랑, 연인관계, ③관용, 포용, 존중, ④결혼과 육아'와 관련된 내용을 다룬다. 사람 사이의 관계는 매우 다양하며 모든 관계는 관용과 포용, 존중받을 가치가 있다는 점, 또 모든 관계는(가족과 연인을 포함해서) 긍정적인 관계가 될 수도 있지만, 부정적인 관계가 될 수도 있기 때문에 나 또한 긍정적인 관계를 만들기 위해 노력해야 할 책임이 있다는 점을 주로 가르친다.

성교육 표준안에서도 관계, 특히 가족 간의 관계에 대해서는 비교적 자세히 다루고 있다. 그러나 '다양한 관계가 있으며 모든 관계가 존중받을 가치가 있다'는 시선으로 다루고 있지는 않다.

〈표 6-2〉는 초등학교 성교육 표준안에서 '관계'에 대해 배우는 수업이다. 학습 목표를 살펴보면 '가정'이라는 단어 앞에 굳이 '결혼으로 이루어진'이란 전제가 붙어 있다. '부모'라는 표현이야 워낙 일상적으로 사용되는 표현이니 어쩔 수 없다고 하더라도, 지금 학교 현장에 있는 모든 학생이 '결혼으로 이루어진 가정'에서 생활하고 있지 않다는 점을 고려했을 때 굳이 혼인을 전제로 '엄마'와 '아빠'가 모두 존재하는 것이 '가정'이라는 식의 학

습 목표를 작성한 것은 의아할 수밖에 없다. 무엇보다 성교육의 목적은 나와 다른 가족 관계 속에서 생활하는 타인에 대한 감수성을 높이는 쪽이 되어야 할 필요가 있을 것이다.

〈표 6-2〉 초등학교 성교육 표준안 중 인간관계 영역 주요 내용

교과 관련 단원(단원)	〈통합교과〉 가족 1-1. 22-23/23 가족놀이		수업 모형	탐구 활동 모형
영역	인간관계		차시	1/1
학습 제재	결혼, 부모와 나의 관계			
학습 목표	결혼으로 이루어진 가정에서 부모와 나와의 관계에 대하여 알 수 있다.			
중심 활동 내용	●결혼을 하는 이유는 뭘까요? ●내가 살고 싶은 가정 ●사랑으로 하나 되는 우리 가족			
교수 학습 자료	교사	PPT, 동영상, 역할극 이름표		
	학생	성교육 워크북, 색연필		

출처: 교육부, 『초등학교 성교육 교수·학습 과정안(저학년용)』, 도서출판 들샘, 2017, 89면.

'관계'와 관련된 또 다른 수업의 동기 유발을 살펴보면 더욱 확실히 문제점을 알 수 있다. 〈표 6-3〉을 보면, 가족이 해야 하는 역할을 설명하기 위해 서로 떨어진 채로 생활하는 가족의 예를 들어 이 가족은 외롭고 우울하고 힘들 것이라고 전제한다. 기러기 가족처럼 '선택'이 아니라 병이나 금전상의 이유로 떨어져서 생활할 수밖에 없는 가족에 속한 학생이 있다면 이 동기 유발을 들으며 어떤 생각을 하게 될까. 실제로 존재하는 타인의 삶의 방식을 '불행한 것'으로 낙인찍어 타인에 대한 편견을 강화할 뿐만 아니라 어떤 것이 '정상적인 가족 관계'인지를 끊임없이 강조하는 형태로 작성된 성교육 표준안은, 똑같이 '관계'를 다룬다고 할지라도 포괄적 성교육에서 다루는 관계 영역과 동떨어져 있을 수밖에 없다.

〈표 6-3〉 초등학교 성교육 표준안 중 인간관계 영역 교수·학습활동

학습단계	학습 과정	교수·학습 활동	시간 (분)	자료 및 유의점
문제 확인	전시 학습 상기	□ 전시 학습 상기 - 가족 간에 화목하게 지내기 위한 방법을 질문으로 확인하기	5	▣ PPT
	동기 유발	□ 동기 유발 - 그림을 보고 어떠한 상황인지 이야기 나누기 - 아빠는 한국에 있고 엄마와 아들은 미국에서 학교를 다니고 있다 - 기러기 아빠라서 한국에 혼자 있다 - 그림 속 아빠, 엄마, 아들의 심정 이야기하기 - 아빠:가족과 떨어져 있어 외로울 것이다, 우울할 것이다 등 - 엄마: 혼자 아이를 돌보느라 힘들 것이다 등 - 아들: 미국에서 공부하느라 힘들 것이다 등		
	학습 문제 확인	□ 학습 문제 확인하기 - 동기 유발을 통해 학습 문제 알아보기 <center>〈학습 문제〉 부모와 가족 구성원으로서 할 수 있는 역할을 알아봅시다.</center>		

출처: 교육부, 「초등학교 성교육 교수 학습 과정안(중학년용)」, 도서출판 들샘, 2017, 78면.

마지막으로 재생산권과 직접적으로 연결되어 있다고 여겨지는 성 및 생식 건강 부분을 살펴보자. 위에서 이야기한 것처럼 공교육에서 다루어지는 성교육은 기본적으로 학생이 성관계하지 않아야 한다는 생각을 바탕으로 이루어지고 있기 때문에 성교에 관련된 내용은 거의 다루어지지 않는다. 유일하게 성교에 대한 언급이 드러나는 부분은 임신과 출산에 대해 다루는 단원이다.

성교와 임신, 출산이 늘 한 세트로 이루어지지 않는다는 점을 생각해볼 때 단원의 구성 자체가 학생들에게 잘못된 정보를 전달할 수 있다는 점이 우려스럽다. 또한 '사랑으로 힘을 합쳐요', '정자와 난자가 만나다.' 등의 표현으로 성교를 전달하는 것은 학생들의 궁금증을 해결하는 데 아무런 도움이 되지 않는다.

이러한 지적에 대한 반박으로 '학생을 과잉성애화' 할 가능성을 이야기하는 경우가 있다. 그러나 학생들은 우리와 같은 인터넷 환경을 공유하고 있다. 관심이 있는 학생은 찾아볼 수 있고 이미 그렇게 행동하고 있다. 그 결과 학교가 손 놓은 '어떻게 성교를 할 것인가'에 관련된 교육을 포르노, 더욱 심각하게는 불법 촬영된 성 착취 영상, 강간 영상이 대신하고 있다.

물론 관심이 없는 학생, 특히 성적으로 억압되어 있을 가능성이 높은 여학생의 경우 '과잉성애화'를 염려하는 그룹이 바라는 것처럼 어떻게 성교를 할 수 있는지와 관련된 정보를 전혀 모르는 상태로 성장할 수도 있을 것이다. 그러나 이러한 무지는 학생의 재생산권을 심각하게 침해하게 되며, 성폭력에 취약한 상태로 성장할 수밖에 없게 만든다. 실제로 초등학교 중학년을 대상으로 성폭력 예방 교육을 진행하기 위해 성폭력이 무엇인지를 무기명으로 적어내도록 하자, 많은 어린이가 성폭력의 의미를 정확히 알지 못하거나, 소중한 곳(생식기)를 때리는 행동으로 생각한다는 것을 알게 된 일이 있다. 성교가 무엇인지에 대한 정보가 없는 학생이 피해를 당하였을 때 내가 당한 일이 무엇인지를 해석하는 것조차 어려움을 겪을 수 있으리란 추측이 들었다.

〈표 6-4〉에서 확인할 수 있듯이, 성교의 과정이 제대로 교육되지 않는 것과 반대로, 임신의 과정은 시기별로 나누어 매우 구체적으로 다루어진다. 그러나 이러한 구체성은 '아이의 발달'에 초점이 맞춰져 있을 뿐 '산모의 건강'을 기준으로 한 것이 아니다. 유의점으로 제시된 '임신의 신체적 변화보다는 생명의 소중함을 강조하도록 한다.'라고 표현 또한 매우 문제가 있으며, 모순적이다. 임신은 한 인간의 생명에 상당한 위협이 될 수도 있는 행위이기 때문이다. 임신의 신체적 변화를 제대로 교육하지 않는 것은 인간의 소중한 생명을 상당히 위협할 수 있지 않을까? 낙태 이슈에서 여성의 선택권과 태아의 생명권을 대결의 구도로 다루는 많은 담론과 상당히 닮아있다는 점에서도 포괄적 성교육에서 다루는 내용과는 거리가 있다.

〈표 6-4〉 초등학교 성교육 표준안 중 임신 관련 교수·학습활동

학습 과정	학습 과정	교수·학습 활동	시간 (분)	자료 및 유의점
문제 해결 적용 및 발전	생명의 탄생	**[가/활동 1]: 생명이 생기는 과정 알기** □ '정자와 난자의 여행'을 보고 나의 탄생 이야기 완 성하기 - 남자 몸의 아기씨 정자, 여자 몸의 아기씨 난자 가 만나서 아주 작은 아기(점 크기)를 만든다. - 아기는 여자 몸의 자궁에서 10달(280일) 정도 자란다. - 가족의 축하 속에 태어난다. □ 내 생일의 의미 알기 - 10달 동안 잘 자란 소중한 아기에 대한 축하와 잘 키워 준 소중한 분에 대한 감사를 잊지 않고, 1년에 한 번씩 서로의 마음을 전하는 날이다.	5	임신의 신체적 변 화보다는 생명의 소중함을 강조하 도록 한다.

출처: 교육부, 「초등학교 성교육 교수·학습 과정안(중학년용)」, 도서출판 들샘, 2017, 52면.

〈표 6-5〉 초등학교 성교육 표준안 중 출산 관련 교수·학습활동

학습 단계	학습 과정	교수·학습 활동	시간 (분)	자료 및 유의점
반응 형성	생명의 탄생	**[가/활동 1]: 출산 과정 알아보기** □ 출산 장면 보고 느낀 점 발표하기 - 자연 분만/ 제왕 절개 수술	12	■ 학생용 워크북 ■ PPT 자료 [출산 장면] 산모의 고통보다는 태아 가 나오는 과정에 초점을 두어 여학생들이 출산에 대한 두려움 보다는 생명 탄생의 위대함에 집중할 수 있도록 지도
	내용 파악 하기	□ 출산 과정 알아보기 - 출산 전 증상: 규칙적인 진통이 시작되고 피가 섞인 점액, 양수 등이 나온다. - 자궁문이 열림: 천천히 자궁 입구가 열리 며 10cm까지 열림 - 태아의 머리가 나옴: 자궁 입구가 다 열 리면 태아는 자궁을 지나 탄력성이 있는 질을 통해 머리부터 서서히 나오기 시작 - 태반이 나옴: 태아가 다 나온 후 탯줄과 태반이 나옴 　　　　　　[워크북 정답: ① ③ ④ ②]		
		□ 아기가 나오는 길은? - 자연 분만: 요도와 항문 사이의 질을 통 해 나옴 - 제왕 절개 분만: 태위가 좋지 않거나 산 모에게 위험이 있을 때 실시		

출처: 교육부, 「초등학교 성교육 교수·학습 과정안(고학년용)」, 도서출판 들샘, 2017, 70면.

출산 또한 성교육 표준안에서 비교적 구체적으로 다뤄지는 부분 중 하나이다. 여성의 생식기 건강과 관리법을 가르치는 수업에서조차 여성의 외부 생식기는 그림으로 된 모식도조차 제시되지 않는 경우가 많은데, 출산과 관련해서는 외부 생식기의 모습이 나올 뿐 아니라 출산 장면을 사진이나 그림으로 제시된다.

그러나 〈표 6-5〉에서 확인할 수 있듯이 '산모의 고통보다는 태아가 나오는 과정에 초점을 두어 여학생들이 출산에 대한 두려움보다는 생명 탄생의 위대함에 집중할 수 있도록 지도'하라는 지침은 임신의 과정을 다루는 교육과정과 마찬가지로 매우 문제가 있다. 이러한 유의점들은 어떤 면에선 여성이 재생산의 과정에 대해 충분히 교육받지 못하도록 하는 것이 오히려 목표가 아닌가 하는 생각이 들기도 한다. 이러한 교육의 방침은 포괄적 성교육에서 재생산에 대해 필요한 정보, 자원, 서비스, 지원을 받을 수 있는 권리가 있음을 이야기하는 것과는 상당히 거리가 있다.

3. 포괄적 성교육을 기반으로 한 수업 사례

그렇다면 성교육은 대체 어떻게 이루어져야 하는가. 포괄적 성교육을 기반으로 진행했던 수업 사례를 통해 이야기해 보도록 하겠다. 일단 8가지 핵심 개념 중 어느 개념을 중심으로 수업을 진행할지 고민하여 보았다. 학생들의 수요가 높을 것 같은 부분을 선택하고 싶었다. 초등학교 고학년을 대상으로 수업할 예정이었기 때문에 사전 수요조사를 하였고, 이미 학생들이 다양한 종류의 사랑을 기반으로 한 관계를 맺고 있으며 그 과정에서 성적 행동을 시도하고 있다는 점에 주목했다. 학생들이 어려워하고 있던 부분은 내가 애인에게 키스하고 싶을 때 어떻게 동의를 구해야 하는지, 키스하는 방법은 무엇인지에 대해서 조언을 구할 곳이 없다는 점이었다. 또 내가 시도하는 성행동이 어떤 결과를 낳을 수 있는지에 대해서도 '인생을 망칠 것이기 때문에 절대로 해서는 안 된다.'는 식의 막연한 두려움만 있을 뿐 문제를 피할 수 있는 현실적인 대처 방법이나 실제로 어떤 문제가 벌어질 수 있는지에 대해서는 잘 모르고 있었다.

포괄적 성교육에서는 관계의 개념을 가르치며 아주 친밀한 관계, 이른바 '화목한 정상 가족'조차도 '부정적인 관계'가 될 수 있음을 이야기한다. 그리고 내가 이러한 부정적인 관계에 속해있을 경우 어떻게 해야 하는지에 대해서는 '폭력과 안전' 단원에서 다루고 있다. 성교육 표준안과 구별되는 지점은 동시에 '긍정적인 관계' 어떤 성적 행동들을, 어떻게 해야 상대에 대한 폭력이 되지 않는지에 관해서도 이야기하고 있으며, 이때 필요한 의사 결정 기술, 대화, 거절 및 협상의 기술, 도움과 지원 찾기, 성적 행동에 대한 정보 또한 다루고 있다는 점이다. 현재 학생들이 겪고 있는 어려움이 긍정적인 관계에서 성적 행동을 잘하는 방법이었기 때문에 이와 관련된 수업이 필요하다는 생각이 들었다.

내가 계획한 수업은 '연애의 기술'이라는 6차시 분량의 수업이다. 국어의 말하기 단원과 창의적 체험활동의 학교폭력예방 교육으로 배정되어 있던 시수를 이용해 시간을 확보하였다.

〈표 6-6〉 연애를 위한 관계의 기술 프로젝트 수업 계획

수업 주제	차시	내용 요소
연애. 어디서 배웠니?	1-2	- 미디어 정보 해독력과 섹슈얼리티 - 성적 행동에 대한 규범 및 또래의 영향
연애를 위한 의사 결정	3-4	- 미디어 정보 해독력과 섹슈얼리티 - 의사 결정
연애 대본 다시 쓰기	5-6	- 대화, 거절 및 협상의 기술 - 도움과 지원 찾기

본격적인 수업에 들어가기 전, 학생들이 연애와 사랑 자체에 대해 어떤 생각을 하고 있는지를 먼저 이야기하였다. 초등 고학년 시기에는 많은 학생이 연애에 관해 관심을 가진다. 그러다 보니 연애에 관심을 가지지 않는 학생을 이상하게 생각하는 식의 또래 압력이 형성되어 있는 경우가 있다. 따라서 연애랑 관련된 수업을 하기 전 모든 사람이 동일한 시기에 연애에 관해 관심을 가지지는 않는다는 점, 어떤 사람은 평생 연애에 관심이 없기도 하며 이것도 아무 문제 없는 것이라는 점을 명확히 하고, 이 수업은 연애를 소재로 하여 다른 사람과 관계 맺는 다양한 기술을 익히는 것임을 밝혔다.

　1-2차시의 기본적인 아이디어는 미디어 속 연애 장면을 분석하며 이것이 현실에서 학생들이 생각하는 연애 규범과 얼마나 연관이 있는지를 확인하는 것이다. 예를 들어 학생들은 '첫 데이트에서는 남자가 비용을 부담한다.', '여자는 데이트 때 평소와 달리 특별히 꾸며야 한다.', '연애할 때는 밀당(자신의 속마음을 솔직하게 말하는 대신 숨겨서 상대방의 관심을 끄는 의사소통 방식)이 필요하다.' 등의 연애 규범을 공유하고 있었다. 이러한 모습은 학생들이 자주 보는 미디어(웹툰, 드라마, 관찰 예능 등)에서도 그대로 드러났다.

　본 수업을 통해 학생들은 자신이 당연하다고 생각하고 상대방도 당연히 따라야 한다고 생각하는 연애의 규범들이 사실은 또래 집단이나 미디어 정보를 통해 만들어지는 것이고, 좋은 관계를 위해선 내가 정말로 원하는 연애의 대본을 스스로 결정하고, 상대가 원하는 연애 대본과 맞춰가며 관계를 만들어갈 필요가 있다는 점을 알게 되었다.

　3-4차시는 본격적으로 성적 행동에 대한 이야기를 나누었다. 일단 지난번과 마찬가지로 미디어 성적 행동을 살펴보고 이것이 성 역할 고정관념과 어떻게 연결되어 있는지를 이야기했다. 또 자극적인 내용을 제공할수록 더 높은 조회 수를 얻을 수 있는 뉴미디어의 특성상 웹드라마 속 성적 행동은 일상적인 것보다 자극적인 내용 위주로 이루어질 수밖에 없다는 점도 이야기했다.

이후 남자친구가 '뽀뽀하고 싶다.'는 요구를 여자 친구에게 하는 상황을 들어 어떠한 의사 결정을 할 수 있을지를 생각해보았다. 학생들은 결정을 내리기 전 어떤 점을 고려해야 할지 이야기하고, 거절하는 경우와 찬성하는 경우 어떤 말을 할 수 있을지, 또 뽀뽀하고 싶다는 욕구는 어떤 상황에서 어떤 방식으로 전달해야 할지 고민하는 시간을 가졌다. 많은 웹드라마에서 선택하는 방식처럼 의사 결정 과정을 뛰어넘고 일방적으로 성행동을 하거나 당하게 된다면 어떤 기분이 들지에 대한 이야기도 나누었다. 본 수업을 통해 학생들은 미디어 속 연애 대본에 따라 성적 행동을 하는 일이 범죄가 될 수 있으며 내가 가지고 있는 성적 행동에 대한 생각들도 별다르게 고민하지 않고 미디어 속 장면을 보고 막연히 저렇게 하면 좋으리라 생각하게 된 것은 아닌지 돌아볼 수 있었다.

　5-6차시는 다양한 관계 속 문제 상황을 제시하고 이에 대한 해결책을 함께 고민해보는 시간으로 계획했다. 3-4차시 내용과 다소 겹치는 수업을 계획한 이유는, 학생들이 만들어가는 관계 대부분이 학년 공동체 안에 포함된다는 점 때문이었다. 3-4차시 수업을 들었다고 해서, 학생들이 연인과 뽀뽀를 하기 전 자신의 욕구를 표현하고 이와 관련된 대화를 나누기는 어려울 것이다. 학생들이, 그리고 내가 속해있는 사회의 연애 대본과 어긋나는 상황이기 때문이다. 그러나 이러한 과정을 거치는 것이 공동체 구성원 전체가 합의하는 하나의 선, 보편적인 연애 대본이 된다면 이 과정을 시작하는 일이 보다 쉬워질 수 있다. 또 이러한 의사 결정이 타인에 의해 침해당했을 때 '내가 예민한가?'라고 생각하는 대신 이것이 폭력임을 인식하고 도움을 청하기도 쉬워질 것이다.

　하지만 5-6차시의 수업은 민원으로 인해 이루어지지 못했다. 첫 번째 민원은 3-4차시 수업에서 들었던 차별적인 예시 때문에 발생한 것으로 교사의 책임이 컸다. 해당 차시에서 의사소통 없이 일방적으로 뽀뽀를 하는 모습이 잘못되었음을 이야기하기 위해 드라마 속 '상남자'의 잘못된 성적 행동을 연기를 해 가며 과장하여 설명하였다. 그러나 해당 설명으로 인해 교사가 남성 전체를 성폭력의 가해자로 가정하는 것 같아 불쾌했다는 민원이 있었다. 물론 현실 사회에서 성폭력의 가해자가 많은 경우 남성인 것도 사실이지만, 청소년기 수업 사례를 선택하면서 더욱 주의가 필요한 부분임을 인정하였다.

두 번째 민원은 우리나라 교육과정에서 성교육을 '안전·건강 교육'에 포함하는 것과 유사한 사고방식을 기반으로 하고 있다는 생각이 들었다. 연애를 소재로 수업을 하는 것 자체가 학생들에게 연애를 권장하는 것 같아 불쾌하였으며, 특히 학생 간 뽀뽀를 할 수 있는 일인 것처럼 다루는 것은 교사의 잘못된 성 가치관을 학생에게 주입하는 매우 잘못된 수업이란 취지의 이야기였다. 물론 학생이 어떤 나이에 어떤 성적 행동을 할 수 있는지에 대한 생각은 사람에 따라 다를 수밖에 없다. 그러나 학생이 어떤 나이에 어떤 성적 행동을 할지 결정할 수 있는 사람은 보호자가 아닌 학생 자신이다. 보호자가 자신이 가지고 있는 '나이에 맞는 적절한 성적 행동'을 강제할 방법은 없기 때문이다.

학교나 보호자가 아무런 정보도 주지 않으면 내 아이는 순수한 상태로 남아있을 것이기 때문에 아무 일도 일어나지 않을 것이란 믿음은, 유튜브에 단어 하나만 쳐도 포르노를 찾을 수 있는 현실에는 어울리지 않는다. 오히려 성적 행동을 하면서 타인과 자기 신체를 다치지 않게 할 방법을 구체적으로 이야기하고, 성적 행동을 할지 말지 결정하기 위한 올바른 정보와 의사소통 기술을 제공하는 것, 또 문제가 생겼을 때 보호자, 학교가 너를 비난하지 않는 의논 상대가 되어줄 수 있음을 명확히 하는 것이 필요하다.

4. 무엇을 어떻게 가르칠 것인가

N번방 이후 새로운 성교육에 대한 논의가 활발해지고 있다. 그러나 학교 현장은 여전히 성교육을 실제로 시행할 시수를 확보하기도 어려운 상황이며, 민원으로 인해 성교육을 하고자 하는 의지가 있는 교사조차 수업을 진행하기 쉽지 않다. 또 성교육이 '학교 안'에서만 이루어지는 것이 아니라는 점을 생각해 볼 때, 마치 교육 하나만 잘하면 청소년의 성 관련 문제들이 사라질 것처럼 이야기하는 것은 비현실적이다. 성교육을 안전과 건강의 영역에 묶어놓는 방식에 대해서도 의문을 가질 필요가 있다. 성교육의 목표 중 하나가 '안전'임은 분명하지만, 안전이 유일한 목표가 될 경우 오히려 피해자를 위축시키는 방식으로 작용할 가능성이 높기 때문이다. 마지막으로 안전 위주의 성교육을 넘어 어떤 내용을 가르칠 것인가에 대한 구체적인 고민이 필요하다. 이 과정에서는 많은 진통이 있을 수 있을 것이다. 실제로 성교육에 대해 다양한 의견을 가진 사람들을 만나며 절대로 합의할 수 없을 것 같다는 생각이 들 때도 있었다. 그러나 결국, 이 논의에 참여하는 모든 사람이 바라는 것은 학생들이 성교육을 통해 행복하고 안전한 삶을 살 수 있도록 하는 일이다. 이 바람이 갈등과 고민을 풀어갈 수 있는 열쇠가 아닐까?

제7장

백래시를 가로질러
포괄적 성교육하기[1]

윤나현(시립동작청소년성문화센터 센터장)

1. 성평등 교육의 현실과 교육자의 위치

(1) 제도화[2]의 딜레마

현재 학교 성평등 교육은 크게 성교육과 폭력예방교육, 그리고 양성평등 교육 등으로 이루어지고 있다. 시대적 요구와 함께 그간 성교육의 중요성은 꾸준히 강조되어 현재는 교육부 지침에 따라 최소 1개 학년, 연간 15차시 이상 정규 교육과정에서 운영하도록 제도화되어 있다.[3] 폭력예방교육 가운데 젠더 기반 폭력과 밀접한 관련을 맺는 성희롱·성매매·가정폭력·성폭력 예방교육 등도 학교 성평등 교육의 큰 부분을 차지하고 있다.

이들 성희롱·성매매·성폭력·가정폭력 예방교육의 교육시간은 각 교육별로 매년 연 1회, 1시간 이상 실시하도록 되어 있다. 이후 2014년 「양성평등기본법」 제정 시, 통합교육을 성평등 관점에서 실시할 수 있도록 조항이 개설되어 4대 폭력예방교육 간의 통합교육이 가능해졌다. 그러나 이는 성

1 　본 기고문은 필자의 『'백래시'를 넘어 페미니스트 페다고지 실천하기』, 성공회대학교 NGO대학원 실천여성학과 논문, 2022년 2월을 재구성한 것이다.

평등 관점에서의 통합을 의미하며 4대 폭력예방교육의 실질적인 통합을 의미하는 것은 아니다.[4]

2   여기서 제도화는 여성운동의 제도화를 뜻하며, 그 중 하나가 반(反)성폭력 운동의 결과로 여러 예방 교육이 법정 교육이 된 것이었다. 폭력예방통합교육 시행의 법적 근거는 아래와 같다.
제30조(성폭력·가정폭력·성매매 범죄의 예방 및 성희롱 방지)
① 국가와 지방자치단체는 관계 법률에서 정하는 바에 따라 성폭력·가정폭력·성매매범죄 및 성희롱을 예방·방지하고 피해자를 보호하여야 하며, 이를 위하여 필요한 시책을 마련하여야 한다. ② 국가와 지방자치단체는 관계 법률에서 정하는 바에 따라 성폭력·가정폭력·성매매 범죄의 예방을 위하여 교육을 실시하여야 하고, 각 교육과 제31조에 따른 성희롱 예방교육을 성평등 관점에서 통합하여 실시할 수 있다.

양성평등기본법 [시행 2018. 9. 28.]/ 기타 폭력예방교육 관련 법적 근거

분류		성희롱 예방교육	성매매 예방교육	성폭력 예방교육	가정폭력 예방교육
		양성평등기본법 제31조	성매매방지 및 피해자보호 등에 관한 법률 제5조	성폭력방지 및 피해자보호 등에 관한 법률 제5조	가정폭력방지 및 피해자보호 등에 관한 법률제4조의 3
도입	시기	1999년	2004년	2010년 (11.1월 시행)	2006년
	대상 기관	국가, 지방자치단체, 정부투자기관, 특수법인	초·중·고교	초·중·고교	양성평등초·중·고교 등기본법 제31조

출처: 변신원, "디지털 시대의 젠더폭력, 교육으로 인권의 길을 연다", 『젠더리뷰』, 제58권, 2020, 29-30면.

3   성교육은 관련 교과 및 창의적 체험활동 시간을 활용하여 연간 15시간을 의무적으로 진행하고, 이 중 3시간은 성폭력 예방교육으로 실시하도록 하고 있다. (최윤정 외, "국가 주도 성평등교육의 체계적 운영방안과 관련법 제정 가능성의 탐색", 『이화젠더법학』, 제13호 제2권, 2021, 266면 재인용).

4   초·중·고 학생은 「양성평등기본법」제36조에 의해 양성평등교육을 들어야 하고 성매매 예방교육, 가정폭력 예방교육, 성폭력 예방교육도 의무적으로 들어야 한다. 특히 학교에서는 연간 15시간 듣게 되어 있는 성교육과 중첩되어 학생들에게는 각 교육의 차이와 특성을 이해하지 못할 경우, 젠더 관련 교육들이 이름의 차이만 있을 뿐 중복 교육되는 것으로 이해되고 있다(최윤정 외, 위의 글, 2021, 90면).

(2) 침해받는 전문성

성인지적 청소년 성교육은 기존의 성교육이 생물학적 패러다임에 기반해서 발생하는 성차별적 관점을 개선하기 위한 대안으로 등장하였으며, "성평등에 기반을 둔 섹슈얼리티 교육"을 의미한다. 하지만 이런 교육 철학과 전문성은 교육 의뢰기관의 필요와 요구에 따라 쉽게 수정이나 철회를 요구받고 있는 것이 현실이다.

첫 번째는 민원에 대한 우려를 근거로 교육 내용에 대한 검열 및 수정을 요구하는 경우이다. 이는 교육 의뢰 과정에서 교육 내용을 확인하기 위해 사전에 자료를 요구하거나 노골적으로 「학교 성교육 표준안」에 맞춰서 교육해달라"는 것으로 나타난다. 두 번째로 교육자들은 남학생들의 반발을 사지 않는 '안전한' 교육을 요구받고 있다. 시대의 변화와 발맞춰 성교육 또한 변해야 한다는 목소리가 높은데[5] 학교가 변화를 두려워하면서 내용 구성에 어려움을 겪고 있다.

(3) 사회정치적 백래시

지난 2022년 5월 10일 여러 우려 속에서 윤석열 정부의 임기가 시작되었다. 후보 시절부터 줄곧 여성가족부 폐지를 주장해왔던 것에서 한발 물러나 현재는 여성가족부 존치로 입장을 선회했지만, 후보자 검증에서 여러 자격 논란이 일었던 인물이 여성가족부 장관이 된 상황이다. 그뿐 아니라, 서울시 여러 자치구에서도 최근 몇 년간 성평등 조례가 양성평등 조례

---

5   초등젠더교육연구회 '아웃박스'가 2020년 9월21일~10월1일 초등학생 142명, 중·고등학생 76명, 성인 395명을 조사한 결과 초등학생 8.6%, 중·고등학생 41.6%, 성인 70.1%가 '학교 성교육이 불만족스럽다'고 답했다(박현정, "성관계 그림은 '성문란'인가요?", 한겨레21 제1340호, 2020.11.27., https://h21.hani.co.kr/arti/society/society/49569.html (최종검색일 2023.10.11.). 다른 조사에서도 학교급별로 보면 중학교(52.9%), 고등학교(69.7%)로 상급 학교로 갈수록 이에 대한 비율이 높고, 이러한 경향은 남녀 청소년 모두에게서 나타난다).

로 개정되었다. 현재 서울시만 성평등 조례인 상황에서 앞으로 이를 고수할 수 있을지 여러모로 예측하기 어려운 상황이다.

페미니즘 리부트 이후 백래시가 강해지면서 사실 보도와 비판적 여론 형성의 책임을 담당해야 할 언론 역시 오히려 백래시를 조장하고 있는 것이 지금의 현실이다. 백래시를 자극적으로 다루면서 이를 소비하고 최근에는 특히 정치인들의 여성혐오 발언을 여과 없이 다루면서 "이들이 던지는 메시지 자체가 갈등을 불러일으키고 역차별이 실재하는 논리인 것처럼 포장하는 신호"를 주고 있다. 언론이 자기 책임을 방기한 채 '젠더 갈등', '젠더 전쟁'이라는 성별 경쟁 구도, 대칭적인 프레임으로 다루면서 성평등 교육에 대한 부담과 긴장이 커져 있는 상황이다.

2. 성인지적 성교육의 방향성

(1) 포괄적 성교육의 도입

그간 성교육 전문가 및 청소년성문화센터와 여성단체, 교원단체 등 시민사회에서는 「국가 수준의 학교 성교육 표준안」[6](이하 「학교 성교육 표준안」)을 전면 폐기하고, "청소년의 특성과 발달단계에 맞는 실천적이고 상호작용적 성교육을 통해 아동, 청소년 스스로 성 가치관을 정립하고 건강한 성적 주

---

6   2013년 성폭력 근절을 위한 정부 종합 정책의 일환으로 학교 성교육의 체계성과 내용성을 갖추기 위해 국제 성교육 가이드를 표방하며 고안되었다(이명화, 아동·청소년 성교육, 경계를 고민하다", 『젠더리뷰』, 제43호, 2020, 43면). 하지만 2015년 3월 교육부 발표 이후 일선 학교 교사와 성교육 전문가, 학부모 등으로부터 성별 이분법에 근거한 성별 고정관념을 강화하고 이성애 관계만 다루는 등 시대착오적이라는 비판을 받았다. 유엔 여성차별철폐위원회(UN Committee on the Elimination of All Forms of Discrimination against Women)가 2018년 3월 개선을, 같은 해 8월 교육부 '교육 분야 성희롱·성폭력 근절 자문위원회'도 폐기를 권고했다.

체로 성장할 수 있도록 포괄적 성교육[7](Comprehensive Sexuality Education)[8]을 시행할 것을 주장해왔다. 하지만 「학교 성교육 표준안」은 여전히 유효한 상태이며[9] 성평등 교육[10] 현장은 여러 난관에 부딪히고 있다.

포괄적 성교육은 섹슈얼리티에 대한 인지적, 정서적, 신체적, 사회적인 측면에 대해 배우는 교육과정으로, 아동과 청소년으로 하여금 자신의 능력[11]

7　'포괄적 성교육(Comprehensive Sexuality Education)'이란 섹슈얼리티에 대한 인지적, 정서적, 신체적, 사회적인 측면에 대해 배우는 교육과정으로, 아동과 청소년으로 하여금 자신의 능력–자신의 건강과 복지, 존엄성에 대한 인식 능력, 존중에 기반한 사회적, 성적 관계 형성 능력, 자신 및 타인의 복지에 미치는 영향을 고려한 선택 능력, 자신의 삶 속 권리에 대한 이해와 보호능력–을 높일 수 있는 지식, 기술, 태도, 가치를 갖추도록 하는 교육이다(UNESCO, 「국제 성교육 가이드 라인」, 2018). 이에 청소년성문화센터와 여성단체, 교원단체, 청소년단체 및 성소수자단체 등이 '포괄적 성교육 권리 실현을 위한 네트워크'를 구성하고 국회에 '포괄적 성교육' 입법을 촉구하고 있는 상황이다(김태규, "211개 시민단체, 국회에 '포괄적 성교육' 입법 촉구…릴레이 1인 시위", 투데이신문, 2021.07.22., https://www.ntoday.co.kr/news/article View.html?idxno=79723 (최종 검색일 2021.11.09.).

8　안재희, "학부모의 학교 성교육에 대한 인식과 요구 분석", 『여성학연구』, 제31호 제1권, 2021, 142면.

9　교육부는 성폭력 피해 대응 위주가 아닌 피해자 인권 보장, 민주시민 교육 관점을 반영한 개편안을 마련하겠다고 한 뒤 150여 곳을 수정했다고 밝혔지만, 미봉책에 불과하다는 평가가 뒤따랐다. 그리고 2021년 발표한 「2021년 학생건강증진 정책 방향」에는 기본 방침과 성교육 부분에서 이전까지 포함되어 있었던 '포괄적'이라는 단어가 전면 삭제되면서 학교 성교육 정책에 대한 변화 의지가 있는지 불확실한 상황이다.

10　성평등 교육(gender equality education)은 개별 근거법을 가지고 시행되고 있는 폭력예방교육(성희롱·성폭력·성매매·가정폭력 예방교육)과 양성평등교육, 성인지교육, 성교육(Sexuality education)을 기본으로, 현실에서 혼용되고 있는 페미니즘교육, 성인권교육, 젠더교육 등을 모두 포괄한다. "성평등 교육은 교육의 목표를 젠더에 관한 지식을 기반으로 성평등의 관점과 가치를 이해하고 실천하도록 독려하는 교육을 일컫는다"(엄혜진·신그리나, "학교 성평등 교육의 현실과 효과: 젠더규범의 재/생산, '위험한' 성평등 교육", 『페미니즘연구』, 제19호 제1권, 2019, 52면).

11　자신의 건강과 복지·존엄성에 대한 인식 능력, 존중에 기반한 사회적, 성적 관계 형성 능력, 자신 및 타인의 복지에 미치는 영향을 고려한 선택 능력, 자신의 삶 속 권리

을 높일 수 있는 지식, 기술, 태도, 가치를 갖추도록 하는 교육이다. 포괄적 성교육(CSE)의 원리[12]를 간단히 살펴보면 학습자가 알아야 할 모든 주제를 다루어 "일회성이 아닌 시간을 두고 일관되게 학습자에게 전달하는 주제와 내용의 폭과 깊이"를 강조하고 있다.

(2) 청소년의 성적 권리 실현

페미니즘은 성차별적 인식론을 비판하면서 성장해왔다. 남성과 여성의 생물학적 차이를 성적 차이의 원인으로 규정하고 본질적 차이로 승인하여 성적 욕망을 위계화시켜 온 인식과 구조를 깨뜨리는 것이 그 목표이다. 페미니즘은 역사적, 현재적 차별 구조에 대한 근본적인 성찰을 통해 개인은 물론 사회의 변화를 도모하는 인식이자 실천이며, 이러한 의미에서 성평등 교육의 필요성을 제기한 사상이자 이론이다.

그러므로 성인지적 성교육은 성적 차이에 관한 질문을 포함하여 위계화되어 있는 성적 욕망에 관한 사유로부터 시작되어야 한다. 그리고 이러한 질문과 사유는 개개인이 가지는 성에 관한 쾌락과 욕망을 포함해야만 실제로 그 의미가 발생한다. 쾌락과 욕망의 이야기가 없는 성교육은 오히려 성적 피해에 대한 구체적인 분석을 불가능하게 하고 청소년들을 책임감 있는 주체적 인간으로 성장시키는 데 도움이 되지 않는 것이다.[13]

청소년을 성적 존재로 인정하지 않는 현실적 한계 속에서 청소년들은 성적 존재로서 시민으로 성장할 기회를 충분히 가지지 못하고 있다. 청소

에 대한 이해와 보호능력

12 1) 과학적, 점증적(나선형), 계획된 교육 과정, 2) 연령(발달단계)에 맞춰서, 3) 인권 접근법에 기초 : 모든 개인의 건강권, 교육권, 동등한 정보 접근권 및 차별 금지, 4) 문화적 관련성과 맥락을 고려, 5) 포괄적 : CSE는 일부 사회문화적 상황에서는 어려울 수 있는 주제를 포함한다(이유정, 『성교육은 '다음'을 가르칩니다 : 건강, 즐거움, 권리, 관계 맺기, 동의, 안전, 다양성, 몸, 감정』, 마터, 2021).

13 김현경, "여성주의 성폭력 예방교육의 모색", 『한국여성학』, 제31호 제2권, 2015 참조.

년의 성적 권리는 단순히 성관계를 포함한 성적 실천을 할 수 있냐, 아니냐의 문제가 아니다. 성적 존재인 자신에 대한 탐구와 이해, 그리고 성에 관한 다양한 측면을 이해하고 자기 삶에 적용할 수 있는 것을 뜻한다.

청소년들은 재생산을 포함하여 시민으로서 자신의 성 건강을 위한 다양한 성적 권리를 성교육을 통해 접할 수 있어야 한다. 대표적인 예로 개인의 생명, 자유 및 안전에 대한 권리, 평등에 대한 권리, 자율성에 대한 권리, 잔혹하고 비인간적인 대우나 폭력, 처벌로부터 자유로울 권리, 사생활 보호에 대한 권리가 있다. 현실의 복잡한 상황과 자신의 위치에서 성이 갖는 의미와 가능성, 그 선택의 결과에 대해 교육을 통해 이해하고 상상할 수 있어야 하는 것이다.

또한 즐겁고 만족스럽고 안전한 성 경험과 함께 성건강을 포함한 전반적인 건강에 대한 권리, 정보에 대한 권리, 포괄적 성교육을 받을 권리를 통해 평등하고 완전하고 자유로운 동의를 기반으로 한 결혼 및 기타 유사한 유형의 관계를 시작, 형성 및 마무리할 권리, 자녀를 가질지 여부, 자녀의 수와 시기를 결정하고 이를 위한 정보와 방법을 가질 권리 등[14]에 접근할 수 있어야 한다. 이러한 과정을 통해 청소년들은 자신의 성과 재생산이 갖는 의미를 사유하고 자신의 삶을 구성할 수 있다.

이는 현재 성평등 교육이 가지고 있는 제도적 한계를 넘어서 전면적인 성평등 교육의 패러다임 전환을 의미하는 것이다. 지금의 성인지적 성교육이 일회성 '의무' 교육이 아니라, 공교육 내 시민교육 차원의 성적 '권리' 교육으로 전환되어야 하는 것을 의미한다.

---

14   대한성학회, 〈2022 서울선언〉, 2022.

3. 백래시를 가로질러 포괄적 성평등 교육하기

(1) 성평등 교육의 확대보다 우선 체계화로

연구에 따르면 학부모 집단은 성교육을 공공재로 인식하고 있고 학교 성교육의 개선사항으로 '일회성이 아닌 지속적이고 체계적인 성교육 실시', '학생들의 눈높이에 맞는 콘텐츠 개발' 등을 꼽으며 성교육의 변화와 확대를 요구하고 있다. 교사들의 성평등 의식이 필요하다는 공감대가 형성되면서 2021년 2월 교원자격검정령이 개정되어[15] 2022년 8월 졸업자부터 성인지 교육을 필수적으로 이수해야만 교원 자격을 취득할 수 있게 된 점도 큰 변화이다.

현재 성평등 교육을 진행하고 있는 교육자들은 체계적인 교육과정 마련이 필요하다고 답하고 있다. 대상별 특성에 맞는 교육내용과 방법 등을 체계화하고 이를 바탕으로 장기적으로 포괄적 성교육으로 전환해야 한다. 그러기 위해서는 지금 분절적으로 진행되고 있는 성교육과 폭력예방교육, '양성평등' 교육 등이 성평등의 관점에서 통합적으로 운영되어야 한다. 그러기 위해서는 지금의 성교육, 성평등 교육이 각각 동떨어져서 진행되는 것이 아니라, 체계화되어야 하며 연속성을 보장할 수 있어야 한다.

---

15 이 개정안은 스쿨미투와 텔레그램 N번방 사건 등 성범죄가 사회 문제로 대두되고, 교원의 성인지 감수성에 대한 국민의 요구 수준이 높아짐에 따라 교대·사대 등 교원양성 단계부터 예비교원들을 대상으로 성인지 교육을 의무적으로 실시하는 내용을 담고 있다. 이수교원자격을 취득하려는 모든 사람은 교원양성과정을 이수하는 동안 교원양성기관의 장이 실시하는 성인지 교육을 4회 이상 받아야 한다. 그동안 예비교원 대상 성인지 교육은 의무가 아닌 권고사항이었다. 장원주, "향후 교원 자격 취득 시 성인지 교육 의무적으로 이수해야", 대학저널, 2021.02.02., https://www.dhnews.co.kr/news/articleView.html?id xno=136105 (최종 검색일 2021.11.10.).

(2) 집단적 대응체계 구축하기

앞으로 '백래시'는 더욱 심화될 가능성이 있고 현재의 구조에서는 교육자 각자가 고립되어 교육 의지를 상실하게 되는 심각한 상황으로 이어질 수 있다. 이에 무엇보다 집단적 차원에서의 적극적 개입과 대응체계가 마련되어야 한다.

1) 단기적 대응체계

현장에서 느끼는 점 중 하나가 '백래시' 경험이 자신에 대한 강사 자질과 역량 평가로 이어질 수 있다는 심리적 압박이 크다는 사실이다. 이에 교육현장에서부터 '백래시'를 강사 개인의 문제가 아니라, 공동의 문제로 접근하는 것이 필요하다. 백래시는 개인이 겪어내야 할 과제가 아니며 그러하기에 '심리적 지지집단과 동료'가 필요하다. 둘째, 강사에 대한 적극적인 보호조치, 즉 '백래시' 대응 매뉴얼이 필요하다. 이는 '백래시'가 교육안에서 다룰 수 있는 정도를 넘어 교육이 곤란한 상황일 때, 교육자가 취해야 할 세부적인 조치사항을 말한다. 이러한 노력은 '백래시'로부터 강사들을 적극적으로 보호하고 '백래시'에 대해 집단적으로 대응하겠다는 의지를 확인시켜 준다. 마지막으로 지속적인 대응 언어와 논리 계발을 위해서 현장 사례수집 및 관리가 필수적이다.[16]

2) 중·장기적 대응체계

첫째, 발표자가 근무하는 성문화센터는 '대상별 성교육'을 체계화하고 장기적으로는 포괄적 성교육으로 전환하기 위한 여러 시도를 하고 있다.

---

16 발표자가 근무하는 센터에서는 교육일지나 교육결과보고서 등에 '백래시'와 관련한 구체적인 문항을 삽입하여 이를 데이터화하기 위한 과정에 돌입했다. 예를 들어 '백래시'내용과 양상, 교육에서의 영향, 교육자의 어려움 등 일부 항목을 삽입하여 이를 기록하고 양적 데이터화하는 것이다.

분절적으로 진행되고 있는 성교육과 폭력예방교육, '양성평등' 교육 등이 성평등의 관점에서 통합적으로 운영되어야 한다.

둘째, 성평등 교육을 위한 사회정치적 분위기가 형성되어야 한다. 이를 위해서는 정치, 경제, 사회, 문화 전반적으로 벌어지고 있는 백래시 대응에 적극적으로 나서야 한다. 교육 현장을 중심으로 성평등 교육에서의 '백래시 대응 네트워크'[17]를 구축하는 것도 하나의 방법이다. '젠더 갈등' 프레임을 깨고 성평등 교육의 필요성과 중요성에 대한 사회적 공감대를 넓히며 청소년과 학교, 양육자, 교육자들의 목소리를 드러낼 수 있도록 해야 한다.

셋째, 학교 및 교육기관과의 유기적 협력관계를 가져야 한다. '페미니즘 리부트' 이후 성평등 교육을 실천하고자 하는 다양한 교사, 교사공동체가 등장하여 그 어느 때보다 많은 노력을 기울이고 있다.[18] 페미니스트 페다고지 관점에서의 성평등 교육은 다양한 학교 구성원들이 평등하게 참여할 수 있는 의사결정구조에 기반을 둔 교육일 수밖에 없으며, 평등한 학교 공동체를 구축하기 위한 교육을 말한다.[19] 이를 위해서 학교 및 교육기관들과 성문화센터가 현재 제도적 한계 속에서도 성평등 교육의 빈틈을 찾고 이를 채워나갈 수 있는 실천과 다양한 방안을 함께 모색해 나갈 때, 성평등 교육에 대한 논의를 좀 더 적극적으로 가져갈 수 있을 것이다.

---

17 앞서 단기적 대응체계로 제시한 '강사들에 대한 보호조치' 및 '백래시 사례수집 및 연구', '대응 언어 및 논리 계발'등을 우선 과제로 수립하는 방법이 있다.

18 이예슬.『페미니즘 실천으로서의 성평등 교육: 초등교사들의 경험과 협상』, 서울대학교여성학협동과정 석사학위논문, 2020.

19 단순히 교육의 시수, 방식, 규모가 아니라 "학교라는 공간의 보수성, 관료주의, 나이주의, 반인권적인 물리적 학교 환경 등에 대한 정밀한 비판의 바탕에서 모색되어야 한다"는 것이다. 이혜정·김동진·박진아·양지혜·이정연,『학교의 젠더 질서와 페미니즘 교육의 방향: 학교교육의 성 정치학을 중심으로』, 경기도교육연구원, 2020.

(3) 교육의 재구성

"각기 다른 경험과 서사를 가진 청소년들의 삶이라는 맥락"이 성평등 교육에서 더욱 중요하게 고려되어야 한다는 것이다. 지금 성평등 교육의 문제점 중 하나는 성평등 교육의 내용과 방식이 청소년들의 삶과 괴리되어 이루어지고 있다는 점이다. 교육 현장에 존재하는 교육참여자들은 각기 다른 경험과 서사를 가진 존재들임에도 불구하고 강의식 교육에서는 이러한 다름이 고려되지 않은 채 여성, 남성으로 이분화되어 동질적인 존재로 가정된다. 그 결과 "청소년들은 자신에 대한 질문을 할 필요가 없고, 삶이나 세계에 대한 사유를 할 필요가 없으며"[20] 이러한 교육에서 청소년들은 소외될 수밖에 없다는 것이다.

성평등 교육이 청소년들에게 성평등과 자기 삶의 문제, 교실 밖 세상을 연결해서 이야기 나눌 수 있는 공론장으로서 역할을 해야 한다. 김누리(2020)는 독일에서는 성교육을 가장 중요한 정치교육으로 본다고 말하며, 가장 중요한 것은 성과 관련된 담론이 공론장에서 공개적으로 논의되는 것이라고 말하고 있다.[21]

이를 위해 학교에서 체계적인 성교육을 시행하는 것이 굉장히 중요하며, 민주주의 교육의 일환으로서 인간에 대한 예의와 생명에 대한 존중을 가르치는 인성교육으로도 성교육이 매우 중요하다고 강조하고 있다. 이는 페미니스트 페다고지 관점에서 성평등 교육이 나아가야 할 방향이자, 동시에 성평등 교육의 의미이기도 하다.

---

20   이혜정, 앞의 글, 2020.
21   "성교육은 어떻게 해야 하는지, 한국 남성의 왜곡된 성 의식의 기원은 어디인지, 성적 대상화의 표적으로서 한국 여성의 일상적 고통은 어떤 것인지, 일상화된 성적 거래와 착취의 원인은 어디에 있는 것인지, 이런 다양한 현실의 문제들이 텔레비전, 라디오, SNS등 영향력 있는 공론장에서 대담하게 논의되어야 한다"는 것이다. 김누리, 『우리의 불행은 당연하지 않습니다』, 해냄, 2020, 140-141면.

지금 교육 현장에서 나타나고 있는 '백래시'는 '페미니즘 리부트' 이후 거세지고 있는 백래시의 한 부분으로 그 자장 속에서 발생하고 있다. 그리고 이는 지금까지 실질적인 성평등을 논의하는 공론장으로서의 성평등 교육을 내용적·제도적으로 담보하지 못하는 데에서 오는 문제이기도 하다. 이것이 '백래시' 앞에서 페미니스트 페다고지 관점에서의 성평등 교육을 다시 질문하는 이유이다. 그리고 기억해야 할 것은 백래시는 페미니즘의 무기력을 증명한다기보다는 페미니즘의 파워를 증명한다.[22]

---

22 손희정, "페미니즘 백래시. 그런 이유로 멈추지 않겠다", 『함께가는 여성』, 제225호, 2018.

제 8 장

재생산권의 렌즈를 통해 본
거리청소년 지원 현장

이윤경(움직이는청소년센터 엑시트 활동가)[1]

1. 거리청소년[2]이 처한 사회적 상황

IMF 이후 사회안전망이 붕괴되며 위기상황을 맞는 가구가 증가했다. 2000년대 초반부터 탈가정 청소년 수 역시 급증했고, 2017년 말 여성가족부 발표에 의하면 연간 '가출청소년' 수를 27만명으로 추산하고 있다. 엑시트는 2011년부터 2021년까지 만 24세 이하 여성, 남성 청소년 모두를 지원해왔고, 다수의 청소년이 탈가정, 탈학교 상황에 놓여 있었다.

---

1   엑시트는 2011년 7월 사단법인 '들꽃청소년세상'과 사회복지법인 '함께걷는아이들'이 거리청소년을 지원하기 위해 만든 기관이다. 38인승 버스 내부를 청소년들이 놀고, 먹고, 쉴 수 있는 곳으로 개조해 정해진 장소에서 주2회 아웃리치를 진행했다. 활동 마지막 해에는 매주 금요일 신림역(오후8시~새벽2시) 인근에서 활동했다. 버스 활동을 하지 않는 날에는 인연맺은 청소년들의 사례지원을 유연하게 하는 곳이다. 기관폰과 페이스북 메신져 등을 매개로 청소년들과 24시간, 365일 소통하며 필요시 긴급 출동과 동행지원 등 청소년들에게 필요한 지원을 했다. 재정상황의 악화로 2021년 12월 활동을 정리했다. 활동에 대한 자세한 안내는 『그런 자립은 없다』, 인권교육센터들, 2019와 『비상구에서 지은 누구나의 집 '엑시트X자립팸 10주년 기록집』, https://blog.naver.com/wahahabus/222582865257을 참고할 수 있다.
2   엑시트가 주로 만나는 청소년들은 각종 사업이나 법률에서 흔히 '위기 청소년'으로

한국의 탈가정 청소년 보호 및 지원 정책의 방향은 원가정 복귀와 시설 보호 단 두 가지로 양분되어 있다. 그러나 엑시트가 만났던 청소년 대다수는 학대폭력의 피해자였다. 학대 양상에는 차이가 있지만, 장기간 학대를 경험했고 이를 벗어나기 위한 수단으로 탈가정을 선택했다. 청소년의 처지에서 아무런 대책 없이 학대가 일어났던 가정으로 돌아가는 것은 가능한 선택지가 아니었다. 꽉 짜인 프로그램과 엄격한 생활 관리를 강제하는 쉼터 등의 청소년 보호시설 역시 대안이 될 수 없었다. 청소년쉼터 입소 청소년 중 55.9%인 1만 6352명의 청소년이 무단이탈, 자의퇴소, 무단퇴소 등 스스로 떠난 것으로 확인됐다.[3]

원가정에 있지 않거나 시설 중심의 통제 시스템 안으로 포섭되길 거부하는 '거리청소년'들은 흔히 '가출청소년' 또는 '비행청소년'으로 호명되며 '우범집단'으로 묘사된다. 탈가정 이후 청소년의 삶은 당연히 불안정하고 위험했다. 한국 청소년은 정치적·사회적 무권리 상태이다. 부모가 친권을 포기하지 않는 한 모든 권한이 부모에게 위임되어 있다. 독자적으로 부동산 계약을 맺을 수도 없고, 부모의 동의 없이 소득활동을 할 수도 없다. 아파서 병원에 가더라도 혼자서는 수술 역시 할 수 없다. 그러니 탈가정 청소년들은 생존을 위해 사기, 절도, 성매매 등의 가/피해 상황에 연루될 가능성이 크다. 청소년의 탈가정 문제를 청소년 개별의 품성, 도덕성 문제로 치부

분류된다. '위기 청소년'이라는 개념과 그 개념이 유통되는 과정에는 대개 일탈, 위험, 결핍, 부적응, 장애, 질병 등의 이미지가 결부되어 있다. 삶의 특정한 위기의 국면을 통과하고 있는 이들을 별도의 개념으로 분류하는 것이 타당한가, 그 다양한 위기의 측면을 '위기'라는 말 하나로 집단화는 것은 가능한가, 그러한 분류 자체가 낙인의 위험성을 내포하고 있는 것은 아닌가라는 근본적 질문 또한 필요하다. 이 글에서는 '거리 청소년'이라는 용어를 사용하고자 한다. 가정, 학교 등 사회 주요 장소들로부터 밀려나 불안정하지만 한편 자유로운 경계지대인 '거리'에 임시적으로 머물고 있다는 의미를 강조하고 싶어서다.

3 박경미 의원실, 2017년 국정감사 '청소년쉼터 유형별, 퇴소사유별 인원 현황' 자료.

하기에는 청소년이 처한 현실의 구조적 문제가 촘촘하다.

2020년 발생한 코로나19는 사회에 그동안 잘 보이지 않거나 숨겨져 왔던 사회적 차별을 보다 명확하게 드러냈고, 사회적 약자들이 재난 이전부터 겪고 있었던 위기를 심화시켰다. 거리청소년 지원 현장에서도 이를 확인할 수 있었다.

〈표 8-1〉 움직이는청소년센터 EXIT 2019년~2021년 상담 주요 이슈 현황 (단위 : 건, %)

이슈 구분	2019년		2020년		2021년	
	상담건수	비율	상담건수	비율	상담건수	비율
가족과의 갈등/폭력	75	5.45	103	5.05	98	4.02
가해 상담	71	5.16	161	7.89	113	4.63
금융/대출	146	10.61	85	4.17	121	4.96
기타 범죄 피해	4	0.29	74	3.63	105	4.30
노동권침해	14	1.02	10	0.49	7	0.29
대인관계	46	3.34	83	4.07	192	7.87
복지제도	121	8.79	142	6.96	145	5.94
빈곤	분류없음		44	2.16	109	4.47
성매매	27	1.96	31	1.52	42	1.72
성폭력	47	3.42	104	5.10	109	4.47
약물 및 마약	0	0.00	3	0.15	6	0.25
연애문제	81	5.89	53	2.60	65	2.66
일자리	11	0.80	233	11.42	318	13.03
임신	100	7.27	126	6.18	77	3.16
정신건강(심리문제)	40	2.91	55	2.70	126	5.16
주거	389	28.27	475	23.28	483	19.80
진로/학업	102	7.41	94	4.61	176	7.21
질병/성병	85	6.18	125	6.13	116	4.75
탈가정	17	1.24	39	1.91	32	1.31
합계	1,376	100	2,040	100	2,440	100

엑시트의 전체상담 건수는 2019년(1376건)과 비교했을 때, 코로나19가 발생한 2020년(2,040건) 148%, 2021년(2,440건) 177% 증가했다. 상담의 주요

이슈들은 통화나 문자 상담만으로 해결할 수 없는 내용들로 대부분 상담 이후 대면 지원이 필요했다. 특히 생계와 관련된 주거, 일자리, 복지제도 등의 이슈가 급증하며 가구 중심으로 설계된 복지체계의 사각지대가 드러났다. 모든 국민을 대상으로 하는 지원(긴급재난지원금 등)에서 가구에 속할 수 없는 탈가정 청소년은 거의 모든 공적지원의 제외 대상이었다. 위기상황의 청소년들을 지원하는 공적 영역의 복지시스템은 매우 빠르게 전면 중단됐다. '안전'을 위한 중단이라 말했지만 거리청소년들의 삶은 이전보다 안전해지지 않았고 현장에서 확인되는 위험도는 매우 빠르게 증가하고 있었다. '안전'해진 것은 대면시스템을 중단했기에 공적체계가 감염경로에 잡힐 가능성이 낮아진 정부와 기관뿐이었다.

2020년 청소년들이 일자리를 구하는 것은 더욱 어려워졌다. 물류/배달 대행 아르바이트 외 단기간 일자리들은 거의 없어졌다. 일자리의 불안정과 소득의 차단은 주거 불안정과 범죄 연루로 이어졌다. 월세를 낼 수 없어 집을 급하게 빼야 하거나, 어렵게 모은 보증금을 월세로 날리기도 했다. 사기의 가/피해 역시 급증했다. 수수료 몇십만 원을 받기 위해 부동산 명의를 대여했다가 수급이 끊기거나 LH임대주택 재계약에서 탈락하는 사례가 늘어났다. 시키는 일만 하면 하루에 몇십만 원을 준다기에 한 일이 보이스피싱 사기에 연루되는 사례도 늘어났다. 5천 원짜리 선불유심을 3만 원에 사준다기에 수십개를 팔았더니 중고거래 사기에 연루되는 사례가 등장했다. 다 해도 백만 원이 안 되는 돈 때문에 감옥에 가거나, 수백, 수천만 원의 벌금과 합의금을 물어야 하는 상황에 놓였다. 꽉 막힌 상황에서 조건이나 유흥업소 일에 연루되는 여성청소년들이 늘어났다. 감염 재난 시기에도 많은 유흥업소가 불법적으로 운영됐다. 코로나19 감염에도 무방비로 노출되고, 단속에 걸릴 위험도 높았다. 그럼에도 시도해볼 수 있는 일이 없으니 일을 끊지 못했다.

코로나19 재난이 1년에 되어 가는 시점에 자해이슈가 급증했다. 상황의 경중을 떠나 자해는 메시지였다. 외로움과 고립감, 생계의 막막함, 사람에 대한 상처 등 여러 어려움을 감당하기 어렵다는 몸짓이었다. 스스로가 무서워 보호병동에 자발적으로 입소하는 이들도 생겨났다. 정신보건 공적지원체계에 도움을 요청했지만 유효한 것은 많지 않았다. 청소년이 겪는 어려움은 의료지원과 함께 일상의 안정감을 만들면서 넘어서야 하는 복합적이고 종합적인 접근이 필요하기 때문이다. 기존 청소년 지원기관들이 문을 닫으면서 일상을 같이 챙길 수 있는 곳들이 줄었고, 청소년들은 이러저러한 충격을 혼자 감내해야 했다. 자해 이슈 증가가 코로나19로 인한 것인지 섣불리 단정할 수 없지만, 사회적 지지망과의 단절은 원래도 사회적·인적 자원이 부족했던 청소년들에게 상당한 심리적 충격이 되었을 것이라 짐작한다.

이런 상황에서도 위기상황의 청소년 지원에 대한 정부의 자성과 진단은 없었다. 코로나19 감염 재난이 1년도 넘은 시점인 21년 4월 2일에서야 여성가족부는 학교밖청소년 지원현황을 점검했다. 이마저도 매우 형식적인 수준에 머물렀다. 현장에서는 정부의 그 어떤 대책도 평가도 확인할 수 없었다

2. 임신 상황 청소년들이 겪는 위기 상황

거리청소년은 청소년이 처한 어떤 한 문제만 해결하기도 어렵고, 설령 그 문제를 해결했다고 해도 그 다음으로 넘어가기 어려운 매우 중복적인 상황에 놓여있다. 청소년의 임신상황이 발생할 경우 역시 그러하다

다음 표는 임신상황에 놓인 A1~A9의 여성청소년들이 겪는 임신 외 위기적 상황에 대한 통계이다. 청소년 대부분이 '임신'만이 아닌 중복적인 위기적 상황에 놓여 있다.

〈표 8-2〉 2020년 엑시트 이용청소년 중 임신 상황 청소년이 겪는 위기적 이슈 현황 (단위 : 건)

	A1	A2	A3	A4	A5	A6	A7	A8	A9	합계
임신	1	1	1	1	1	1	1	1	1	9
주거불안정	1	1	1	1	1	1	1	1	1	9
복지제도 연결		1					1	1		3
일자리 연계		1	1			1	1			4
기관 연계	1	1	1	1			1	1	1	7
의료지원		1			1				1	5
질병/성병		1			1					4
성매매	1	1	1							3
성폭력	1	1	1			1		1		5
범죄 피해 (성폭력제외)	1		1	1						3
금융사기피해 및 회복진행			1							1
사법절차 지원	1		1					1		3
가족과의 갈등/폭력			1	1	1	1	1	1	1	7
생계지원	1		1	1			1	1		5
정신건강			1				1			2
진로/학업			1							1
합계	7	8	14	5	4	6	7	7	4	

* 해당 이슈가 있는 경우 "1"로 표시함

임신상황 청소년들이 경험하게 되는 어려움은 상담사례를 통해 더욱 구체적으로 파악할 수 있다. 아래는 엑스트가 지원한 임신상황 청소년 사례들을 재구성하여 예시로 제시한 것이다.

〈임신상황 청소년 사례지원 과정 일지 예시〉

아웃리치 현장에서 청소년이 임신테스트기 요청. 테스트기 두 개 지원 후, 주말 중 청소년이 확인 후 결과 공유하기로 함.
주말 테스트기 확인 결과 임신 확인됨. 청소년에게 산부인과 초음파 진료 제안함. 남성 파트너와의 폭력적 관계 여부 확인 후 가능한 함께 동행할 것 제안. 여성청소년이 산부인과 진료가 의료기록에 남는지 보호자가 이후 확인할 수 있는지 물어와 본인이 아니면 확인할 수 없음 알림. 초음파 진료비는 기관에서 지원. 진료로 임신 10주차 확인 후 청소년 상담함. 당일 결정이 이뤄지지 않아 해당 일주일 기간 내 여러 차례 대면 및 비대면 집중 상담 진행. 여성청소년은 자신의 임신상황을 다른 사람들에게 알려지는 것에 대한 두려움이 큼.

청소년 임신중지 결정함.

여성청소년은 10대이고 10대 남성청소년과 연애관계에 있음. 원가정의 방임과 학대로 탈가정 상황이고, 주거는 남성청소년의 지인집 원룸에서 남성청소년과 함께 지내거나 모텔에서 주 또는 월 단위로 비용을 지불하며 지내고 있음. 여성청소년은 일자리가 없고 친부로부터 비정기적으로 용돈 수준의 지원을 받고 있음. 남성청소년은 배달대행으로 소득활동을 하고 있으나 저금해놓은 돈은 없음. 보호자에게 해당 상황을 알리는 것 제안했으나, 이해받기 어려울 뿐만 아니라 보호자에 의한 폭력이 심할 것이라며 두려워함. 기관이 함께 만나 설명하고 설득할 수 있음을 제안했으나 거절함.

임신중지를 결정했으나 10대 청소년이 부모 동의 없이 수술할 수 있는 병원을 찾기가 어려움. 청소년과 함께 활동가들이 서울 내 산부인과에 문의하기 시작함. 전화로 확인을 안 해주는 곳이 많아 직접 방문해서 확인하기도 함. 확인 결과 비용은 40만원~150만원 정도로 격차가 많이 남.

기관에서 임신중지수술에 대한 비용을 지원할 방안이 없어 청소년과 비용 마련을 위한 상의 진행. 비용 마련 계획을 세웠으나 쉽지 않음 확인함. 다시 만나기로 함.

여성청소년이 수술이 아닌 약물 임신중지약을 인터넷에서 살 수 있다고 연락옴. 가격은 25만원이고 수술을 안 할 수 있다면 더 좋은 것이 아닌지 물어 옴. 확인했다는 링크를 함께 확인하고 판매자와 대화 시도함. 이후 청소년과 함께 관련 기관에 해당 내용을 공유하고 약의 안전 여부 확인함. 해당 기관에서 약의 안전성과 효과성은 대부분 확인할 수 없고 위험성이 훨씬 높음을 확인해줌.

기관 확인 후 청소년이 수술비용 마련이 어려우니 자해로 중단하겠다는 등의 말을 하며 감정적으로 동요함. 식사하면서 다시 대화를 시도함. 여성, 남성청소년과 기관 인턴쉽 등을 통한 비용 마련 계획을 다시 상의하고 수술 일정을 잡기로 함. 산부인과 진료 후 10여일이 지나 임신 주차가 길어지고 있음. 수술비용이 15~20만원 증가할 것 예상해야 함.

수술 당일 청소년과 만나 병원으로 이동. 남성청소년 동행함. 수술 후 지인집은 처치가 곤란할 것이 예상된다며 모텔로 이동함. 수술 후 식사 챙기고 진료와 처치를 위해 나는봄4 진료일정 약속하고 헤어짐.

나는봄 진료 당일 일이 생겨 갈 수 없다고 연락 옴. 일정 다시 잡음.

엑시트의 상담사례들을 통해 파악된 임신상황 청소년들의 요구(needs)와 상담 및 지원시 대응은 다음과 같다.

---

* 보통 임신 10~12주차 정도에 청소년이 임신 상황을 인식하기 시작한다.
* 상담 시 원칙 : 당사자의 선택과 결정을 돕기 위한 욕구 확인을 여러 차례에 걸쳐 확인하기 위해 노력한다. 임신 관련 정확하고 쉬운 정보제공을 하기 위해 노력한다. 대부분의 여성청소년이 임신상황 자체에 큰 죄책감과 당혹감을 느낀다. 여성청소년이 임신 상황을 자신의 안정과 이후 삶을 중심에 두고 바라볼 수 있도록 대화하는 과정에 주목한다. 당사자의 결정 후 가능한 안전한 방식으로 해당 사안을 진행하는 방법을 모색해야 한다.
* 상담 시 확인하는 내용 : 남성과의 관계 세부 확인. 남성과 여성청소년의 연령, 가족 간 관계, 주거 및 경제 상황 등 확인. 출산 또는 임신중지 결정에 대한 의견 확인. 출산 결정 시 양육여부 의사, 양육 관련 정보, 입양을 원하면 관련 정보 안내. 임신중지 결정 시 수술비 마련과 수술 후 지원을 위해 보호자에게 해당 상황을 함께 알리는 것 제안 등.
* 첫 상담 시 보통 출산을 하겠다는 청소년들이 많은 편이다. 태아에 대한 감정이입과 임신중지에 대한 죄책감 등이 그 이유이다. 남성청소년은 출산을 하면 본인이 책임진다고 말해야 한다고 여겨 출산하자고 이야기하는 경우가 다수다. 여성청소년과 분리해 상담 시 임신 자체에 대한 두려움을 드러내는 경우가 대부분이다.

---

4 서울시립십대여성건강센터 나는봄 : 마포구 합정역에 위치한 10대 여성청소년 무료

임신 상황에서 청소년이 제대로 된 공적인 지원을 받기는 어렵다. 성폭력으로 인한 임신이 아니고 출산을 결심하지 않은 청소년을 지원하는 기관은 거의 없기 때문이다. 임신중지 자체가 불법이었던 상황에서 청소년을 지원하는 것에 어려움이 있을 수 있다. 청소년의 임신중지 과정에서 병원동행 정도의 지원을 했다가 이후 법적보호자에게 그 사실이 확인될 경우 기관 혹은 담당자는 "청소년의 낙태를 부추겼다"는 비난을 감수해야 하는데 이를 감수할 기관은 없다. 청소년지원기관이 의지를 갖더라도 위탁법인이 종교법인일 경우 법인의 종교적 이유로 임신중지 관련 지원이 불가하다는 경우도 상당하다. 청소년들이 아는 기관에 임신 문제를 상담하더라도 청소년의 행실을 비난하거나 임신중지를 생각하는 청소년의 죄책감을 자극하고 무조건 출산할 것을 제안하기도 한다. 공적지원체계의 부재는 청소년들이 임신상황에서 정확하고 안전한 정보를 제공받지 못하게 하고, 때로는 위험한 상황에 놓이게 한다.

위 상담 예시 사례와 같이 임신중지를 결심해도 여러 난관이 있어 임신주차가 길어진다. 10대 청소년의 경우 법적보호자 동의없이 수술할 수 있는 병원을 찾지 못하는 경우가 많다. 보호자가 임신 중 혹은 임신중지 후 해당 상황을 알게 되는 경우, 청소년이 가족으로부터 비난과 폭력을 당하는 경우가 대다수다. 성병검사나 임신 확인을 위해 청소년끼리 병원진료를 갔다가 의료진에 의한 비난을 경험한 청소년들도 다수 있었다. 이런 경험이 있는 청소년들은 병원진료 자체를 거부하기도 한다.

진료기관. 엑시트 이용청소년들은 산부인과, 치과, 예방접종 등을 주로 이용하였음. (나는봄 홈페이지 자체 소개) 위기청소년의 건강문제는 안전한 사회와 제도의 제공으로 우리 사회의 미래를 위해 적극적인 조치와 지원이 필요한 영역입니다. 서울시는 여성 청소년에게 안전한 환경을 조성하고 성폭력, 성병, 임신, 성매매 등 위험한 환경에 노출된 여성 청소년들의 몸과 마음 회복을 위해 2013년 9월 전국 최초로 십대여성건강센터 나는봄을 설립하였습니다.

임신상황 자체를 늦게 알게 되는 경우가 많다. 일상이 불안정한 상황이 장기화하면서 신체균형이 무너지거나, 성병 질환 등의 이유로 생리불순이 자주 있을 수 있어 임신 가능성을 가늠하지 못하기도 한다. 피임방법 자체를 모르는 경우도 많다. 엑시트는 아웃리치 현장에서 청소년들에게 콘돔을 지원했다. 청소년들과 자연스럽게 성 관련 대화를 나누기 위해 청소년이 콘돔 요청 시 활동가가 청소년으로부터 성교육을 받는 방법을 이용했다. 이 활동에서 많은 청소년들이 콘돔사용법, 먹는피임약 복용법 등에 대해 잘못 알고 있음을 확인했다. 청소년들은 탈학교 전 학교에서 진행한 성교육은 기억이 잘 나지 않거나 피임법 등을 알려주지 않았다고 말했다.

임신중지 과정에서 가장 큰 어려움은 수술비용을 마련하는 것이다. 가진 돈도 없고, 가족에게 알릴 수도 없는 상황에서 보험 적용이 안 되는 수십에서 백만원이 넘는 수술비용은 청소년에게 큰 부담이 된다. 수술비용을 마련하기 위해 고리대 수준의 이자로 지인에게 돈을 빌리거나, 불법적인 일을 감수하기도 한다. 그럼에도 수술비용을 마련하는 것이 늦어지면서 임신 주차도 길어지게 된다. 운이 좋아서 10대 청소년도 임신중지가 가능한 병원을 찾더라도 수술과 진료과정에 궁금함이 있거나 문제에 대해 질문하거나 항의하기 어렵다. 이 역시 보호자 없이 임신중지수술을 하는 청소년이라는 위치성 때문이다. 불안정한 주거상황은 수술 후 회복과정에도 당연히 어려움을 겪게 한다. 수술 이후 청소년이 신체적·정신적 어려움을 호소하는 경우가 상당하다.

3. 임신중지를 원하는 청소년도 지원이 필요하다

여성의 자기결정권을 제한하는 이유로 낙태죄가 헌법불합치 결정이 났다면 청소년도 예외일 수는 없다. 하지만 낙태죄의 헌법불합치 결정과 관런법 개정 이후에도 청소년의 임신중지는 쉽지 않을 것이라 예상한다. 청소년은 청소년과 관련된 모든 결정 과정에 법적 보호자의 동의가 필요하다. 본인 명의 핸드폰, 통장 개설에서도, 자신의 통장 비밀번호 확인과 변경도, 아르바이트를 구하려고 해도 법적 보호자의 동의가 필요하다. 법적 보호자가 실제 보호를 할 수 있는 사람인지, 청소년이 법적 보호자를 원하는지를 국가는 확인하지 않는다. 이런 법체계에서 임신중지를 원하는 청소년의 처지는 이전과 다르지 않을 것이다. 청소년의 안전한 임신중지를 위한 세심한 보완책이 필요한 이유다.

(1) 약물유산유도약이 빠르게 공식 도입돼야 한다.

약물유산유도약이 수술보다 신체적 부담이 적고 안전하기도 하지만 병원에서 법적 보호자의 동의 요구를 낮출 수 있다. 현재도 10대 청소년에게 사후피임약을 처방해주는 병원이 인공임신중절수술을 해주는 병원보다 더 쉽게 찾을 수 있다. 병원의 부담을 낮추고 청소년의 안전을 도모할 수 있는 중요한 방안이다.

(2) 청소년 공적지원기관들의 청소년 중심 지원 방안을 마련해야 한다.

복지지원기관들의 인권감수성 향상을 위해 국가가 가장 쉽게 선택하는 방법은 "의무교육"이다. 하지만 많은 경우 각종 의무교육이 형식적으로 진행되고 있다. 국가와 기관, 지원자의 편의와 안전이 우선되는 지원이 아닌 청소년 중심의 지원을 위한 구조적인 방안에 대한 논의가 필요하다. 이와 함께 청소년 지원기관들의 적극적인 임신 관련 대응이 필요하다. 임신테스트기, 콘돔 등을 생필품 수준으로 지원해야 한다. 청소년의 복합적인 위기를 고려하며 성 관련 상담 및 지원을 현장기관들이 적극적으로 진행해야 한다.

(3) 청소년 지원 의료기관이 확대 설치돼야 한다.

서울에 있는 '나는봄'은 거리청소년들에게 매우 중요한 의료기관이다. 탈가정 상황에서 보호자에게 자신의 위치가 발각될 거란 두려움과 경제적 부담 등의 이유로 아파도 병원에 가지 못하는 청소년들이 매우 많다. 산부인과 진료의 경우 청소년의 입장을 고려하는 의료진을 만나기조차 어렵다. 이런 상황에서 나는봄은 청소년이 안전하게 진료받을 수 있는 권리를 보장하고 있다. 하지만 다수의 청소년들에게 거리적으로 멀다. 청소년의 접근성을 생각할 때 서울과 같은 대도시는 3곳 이상의 나는봄과 같은 의료기관이 필요하다. 그리고 현재 지원대상을 10대로 한정하고 있는데, 청소년기본법상 청소년은 24세 이하로 지원대상 범위를 확대할 필요가 있다. 남성청소년에 대한 의료적 지원도 필요하다. 성병의 경우 여성과 남성이 함께 치료받아야 하는데, 쉼터 등에 있지 않은 남성청소년에 대한 공적 의료지원은 없어 치료가 늦어지거나 방치되는 경우가 많다.

4. 나가며

엑시트가 만난 임신 상황의 여성청소년 중 임신과 임신중지를 가볍게 여긴 이는 단 한 명도 없었다. 엑시트가 만나는 청소년은 미디어에서 쉽게 말하는 "방탕하고" "문란한" 청소년이 아니다. 원가정과 사회의 폭력으로부터 살아남기 위해 집과 시설에서 탈출했지만, 존중받으며 안전하게 살아남기 위한 정보와 지원, 법적인 권리도 보장받지 못하는 이들이었다. 복합적인 위기상황에 놓여 있는 거리청소년과 함께 일상을 만들고 안정을 찾는 과정에서 어떤 한 상황만 해소하는 것은 가능하지 않았다. 여러 상황을 조금씩 넘어서고 미끄러지는 과정을 가능한 한 함께 겪으며 청소년이 현재를 살아갈 몸과 마음의 근육을 만들 수 있도록 조력하기 위해서는 많은 사람과 자원이 필요했다. 청소년 부모 이슈가 예능프로그램으로 다뤄지는 사회에서 청소년의 성과 임신, 임신중지 이슈가 이제는 문제적인 이슈로 다뤄질 이유는 없지 않은가. 임신 상황의 청소년을 비난하고, 외면하는 대신 청소년이 스스로를 위해 안전하고 존중받는 선택을 할 수 있는 제도와 체계가 하루빨리 마련되길 기대한다.

미혼모와 베이비박스

제 9 장

미혼모당사자 활동

오영나(한국미혼모지원네트워크 대표)

1. 들어가며

최근 20여년간 한국사회에서 미혼모의 위치는 크게 변화하였다. 우리 사회에 존재하지 않는 사람들처럼 여겨지던 것에서 아이를 키울 권리를 요구할 수 있는 엄마가 되었으며, 미혼모에 대한 인식도 일탈로 바라보던 시각에서 홀로 아이를 키우는 어려움에 공감하고 지원해야 한다는 인식이 확산되었고, 영화·드라마에서 미혼모가 등장인물로 나오는 것는 더 이상 낯선 일이 아니게 되었다. 미혼모에 대한 공적인 지원도 체계화되어 미혼모가 홀로 아이를 키울 수 있는 최소한의 여건은 마련되었다. 이러한 변화를 가져올 수 있었던 가장 큰 동력은 무엇보다도 미혼모 당사자의 헌신적이고 적극적인 활동이었고, 미혼모를 지원하는 우리사회 네트워크도 활발하게 작동하였다.

이러한 변화를 만들어낸 미혼모활동의 과정을 짚어보는 것은 유의미한 일이 될 것이다. 그간 미혼모활동은 많은 이들의 참여로 이루어진 방대한 과정이었기 때문에 보다 구체적이고 자세한 정리가 필요하지만 여기에서는 거칠게나마 큰 흐름을 따라 빼놓을 수 없는 내용을 확인하는 것으로 하겠다.

2. 투명인간, 존재를 알리다(2000~2010)

이전에 미혼모는 우리사회에서 투명인간이었다. 미혼모가 아이를 키우는 것은 허용될 수 없는 일탈로 여겨졌고, 미혼모는 입양을 권유받았으며 아이를 키우고자 결심했다 하여도 자신이 미혼모임을 숨긴채 아이를 키워야 했다. 사회의 민주화는 진행되고 시민사회의 목소리가 커지고 있었지만 미혼모는 사회의 관심을 받지 못한 채 외면받고 있었고, 이를 개선하기 위한 움직임이 싹트고 있었다.

미혼모활동의 출발은 미혼모의 집 애란원에서 2005년 무렵부터 양육을 결심한 미혼모들의 자조집단이 만들어지기 시작한 것에서 찾을 수 있다. 이 자조집단에서 활동하던 미혼모 중에 몇몇 사람들이 후에 결성된 '한국미혼모가족협회(KUMFA)'의 주요 구성원이 되었다.

또한 모국으로 돌아와 살던 해외입양인들이 2004년에 국외입양인연대(Adoptee Solidarity Korea, 약칭은 ASK)를 결성하였다. ASK는 2006년부터 양육미혼모들과 만나기 시작했고 해외입양인들의 경험을 미혼모들이 함께 나누는 일은 그들의 입양이냐 양육이냐를 숙려하는 일에 상당한 수준의 영향을 미쳤다. 이처럼 해외입양인과의 교류는 미혼모활동의 출발부터 이루어졌고 지속적인 연대가 이루어지게 된다.

2007년 말에 몇몇 귀환입양인들이 주축이 되어 '진실과 화해를 위한 해외입양인 모임(TRACK)'이 설립되었다. TRACK은 출범하여 첫 사업으로 해외입양의 과정에서 조작되고 위조된 해외입양인의 기록의 문제, 즉, 훼손된 정체성의 권리에 대한 질의를 국민권익위원회에 보냈으나, 긍정적인 답변을 받지 못했다. 이에 TRACK은 이미 일어난 해외입양인 정체성의 권리 의제를 한 쪽으로 밀어두고, 한국 사회의 미래의 아동, 즉 당시 현행 법제에서 입양 보내어지게 될 아동의 인권 문제를 우선적으로 해결하기 위해 '입양촉진과 절차에 관한 법' 개정 운동을 시작했다. TRACK의 협력 요청에 응답한 '공익인권법재단 공감'과 '뿌리의집', 'ASK'와 활동을 시작하고 있던 미혼모들과 해외입양인원가족모임 민들레회가 연합해서 2009년 말 '입양특례법 전부 개정안'을 제출했고, 이 입양특례법의 개정을 위해 함께 노력하는 과정에서 귀환입양인들과 친생가족과 양육미혼모들과의 연대가 만들어지고 여기에 시민단체들의 협력이 갖추어지기 시작했다.

미혼모활동의 또 다른 물줄기가 미국의 안과의사 리차드 보아스(Richard Boas) 박사로부터 흘러나왔다. 한국 아이를 입양한 입양부모였던 보아스 박사는 2006년 한국을 방문했다가 결혼 여부에 따라 양육 기회와 권리가 평등하게 보장되지 못하고 있는 한국의 현실에 충격을 받아 2007년 '한국미혼모지원네트워크'를 설립하고 한국미혼모권익옹호 사업에 기금을 출연하기 시작했다. 더불어 한국여성재단의 미혼모지원 사업을 촉발하고 한국여성정책연구원의 미혼모 관련 연구사업을 지원하였으며 또한 '한국미혼모가족협회'의 설립에도 기여하였다.

보아스 박사는 미혼모당사자활동 지원 등 많은 활동을 했지만 가장 두드러진 활동은 미혼모정책연구에 대한 지원이었다. 보아스박사의 지원에 힘입어 한국여성정책연구원에서는 2009년 2월에 미혼부모의 사회통합방안연구를[1], 2010년 12월에 "미혼모의 양육 및 자립실태조사"를 하였다.[2] 이 연구가 우리나라에서 최초로 이루어진 미혼모지원의 관점에서 진행된 연구였다. 그 이전에는 미혼모에 초점을 맞춘 연구는 없었고, 있다 하더라도 미혼모발생을 예방하는 관점에서 연구가 이루어졌다.[3] 이 시기의 미혼모연

---

1   김혜영, 선보영, 김은영, 정재훈, 『미혼부모의 사회통합방안 연구』, 한국여성정책연구원, 2009.
2   김혜영, 이미정, 김은지, 『미혼모의 양육 및 자립실태조사』, 한국여성정책연구원, 2010.
3   권영자, 서경숙, 김엘림, 『미혼모 발생예방대책에 관한 프로그램개발』, 한국여성개발원, 1987.

구를 통하여 미혼모의 실태가 드러났고, 지원방안에 대한 논의가 국가정책에 영향력을 가지는 오피니언 리더 그룹에서 시작되었다.

미혼모당사자들의 활동도 본격화되기 시작했는데, 2009년 3월에 모임결성의 뜻을 모으고 6월에 "특별하고 밝은 세상 함께해요" 제1회 캠프가 진행되었으며. 7월에 미스맘마미아 온라인 카페가 만들어지고 9월에 한국미혼모가족협회(준) 발족을 위한 준비모임이 결성되어 체계적인 활동을 시작하게 된다. 미혼모당사자들은 복지담당공무원에게 미혼모반편견교육, 국회 토론회에 참여, 인식개선캠페인, 언론에 출연 하여 미혼모의 권리를 주장하는 등 미혼모인식개선을 위한 활동을 하였다.

한편 보아스 박사는 2012년에 그간의 한국활동을 정리하고, 이제는 한국민이 한국의 미혼모를 스스로 책임질 수 있을 것이라고 하며 미국으로 돌아갔다. 당시 한국정부에서는 보아스 박사에게 국민포장을 수여하였고, 한국미혼모지원네트워크는 사단법인으로 활동을 이어나가게 되었다.

이 시기는 그동안 우리사회에서 마치 투명인간처럼 여겨졌던 미혼모들이 존재를 드러내고, 미혼모 권익향상과 인식개선을 위한 조직적인 활동이 시작되었던 시기였다.

또 미혼모활동은 초기부터 보아스 박사의 지원에 힘입어 정책연구와 제도개선에 큰 비중을 두었다. 이후 단기간에 미혼모지원정책이 체계화될 수 있었던 것은 초기부터 정책연구의 중요성을 인식하고 현실에 기반을 둔 연구결과를 근거로 하여 지속적인 제도개선을 요구하는 방식이 잘 자리잡혀 있었던 것에 기인한 바 크다.

3. 단체활동이 뿌리내리고, 연대를 통한 메시지를 전달하다. (2011~2017)

2012년에 한국미혼모지원네트워크는 사단법인으로 등록하였고, 같은 해 한국미혼모가족협회는 비영리민간단체로 등록하였다가 2016년에 사단법인으로 등록하여 활동을 하게 되었다. 한국미혼모가족협회는 미혼모인식개선활동을 활발하게 하였으며 당사자의 이야기를 진솔하게 전달하는 휴먼라이브러리를 꾸준하게 전개하였다. 이 시기 미혼모당사자단체가 더 만들어지는데, 2013년 12월에 변화된미래를만드는미혼모협회 인트리가 창립하여, 연극 '마이 스토리, 마이 플레이' 창작뮤지컬 '소녀, 노래하다' 등을 공연하고, 여성학 교육 등 문화와 교육, 그리고 청소년미혼모지원활동 등 미혼모인식개선에 활동을 하였다. 또한 한국미혼모가족협회의 대구지부가 2015년에 대구미혼모가족협회로 독립하여 지역의 실정에 맞는 활동을 전개하였다.

미혼모당사자단체인 한국미혼모가족협회, 변화된미래를만드는미혼모협회 인트리, 대구미혼모가족협회, 그리고 미혼모지원단체인 한국미혼모지원네트워크, 이렇게 4개의 단체가 협력하면서 활동을 해갔으며, 입양인들과 시민사회단체들과 연대하였는데 이 연대의 가장 중요한 축은 싱글맘의 날을 중심으로 이루어졌다.

싱글맘의 날은 TRACK의 대표였던 제인정의 제안에서 출발하였다. 국가가 '국내입양활성화' 정책을 내건 일이 원가족보호에 대한 인식의 부재로부터 온다는 점을 사회의 의제로 제기해야 한다는 생각을 꾸준하게 해왔던 제인 정은 2010년 가을, 국가가 제정한 '입양의 날'에 대한 대항담론의 일환으로써 같은 날 5월 11일을 '싱글맘의 날'로 선포하고 기념하자고 제안했다. 그녀는 미국의 경우 유럽에서 건너온 백인의 후손들이 '추수감사절' 잔치를 하는 동안 아메리카 선주민 인디언들은 '국가 애도의 날(National

Mourning Day)'로 지키고 있고, '컬럼버스의 날'을 '원주민의 날'로 재명명하는 운동이 있는 것처럼, '입양의 날'을 당사자인 입양인들과 친생모가 중심이 되어 재명명할 필요가 있다고 주장했다.

제인 정의 이러한 제안은 당사자 중심의 새로운 의제 제기라는 점에서 소중한 제안이었고, 귀환입양인공동체들, 뿌리의집, 해외입양인원가족모임 민들레회, 한국미혼모가족협회와 한국미혼모지원네크워크가 함께 연대하였다. '요보호 아동에게 가정을 맺어주는 일'을 활성화하기로 한 '입양의 날'을 기념하기에 앞서 '아동이 요보호아동이 되기 전에 보호를 제공해서 아동이 원가족으로부터 분리되지 않을 권리를 지켜 줘야할 국가 책무의 환기'라는 사회적 의제를 '싱글맘의 날' 운동을 통해서 제기하기로 한 것이다. 그것이 바로 2011년 5월 11일에 열린 제1회 싱글맘의 날이었다. 이렇게 시작한 싱글맘의 날 활동은 2018년에 정부는 원가정에서 아동을 양육할 권리가 입양보다 우선한다는 문제제기를 수용하여, 입양의 날보다 하루 앞선 5월 10일을 한부모가족의 날로 지정하였고, 이에 싱글맘의 날 행사는 2019년 제 9회 싱글맘의 날을 기념하는 것으로 마무리하였다.

2011년부터 2019년까지 이루어진 싱글맘의 날 활동은 캠페인, 국제컨퍼런스 등으로 진행하였고 원가정보호의 메시지를 사회에 지속적으로 전달하면서, 많은 성과를 이루어냈다. 그 중 가장 특기할 만한 것은 2011년에 이루어진 입양특례법 개정이다. 입양절차에서 가정법원의 판결을 거치도록 하여 사법부의 개입을 공식화하였고, 일주일간의 숙려기간을 두어 친생모가 양육을 고려할 수 있는 최소한의 여건이 마련되었다. 또 입양기관은 미혼모본생활시설을 운영할수 없도록 한부모가족지원법이 개정되었고, 2014년에 헌법재판소 판결까지 거쳐 확정되었다.[4] 이처럼 입양과 관련한

---

4   헌법재판소 2011헌마363 한부모가족지원법 제20조 제4항 등 위헌확인사건 결정에서 "국가는 모성의 보호를 위하여 노력해야 한다."고 규정한 헌법 제36조 제2항의 취지를 고려하여, 출산전후 미혼모에 대한 입양기관의 부당한 입양권유를 방지하여

법과 제도가 개정되면서 해외입양인의 수는 현저하게 줄어 입양특례법이 개정되기 전인 2010년에 1천명을 넘었던 국외입양인의 수는 2015년부터 3백명대로 줄었다.(표 9-1 참조)

〈표 9-1〉국내외 입양인현황

년도	2009	2010	2011	2012	2013	2014	2015	2016	2017	2018	2019	2020	2021
계	2,439	2,475	2,464	1,880	922	1,172	1,057	880	863	681	704	492	415
국내	1,314	1,462	1,548	1,125	686	637	683	546	465	378	387	260	226
국외	1,125	1,013	916	755	236	535	374	334	398	303	317	232	189

출처: 국가통계포털

또한 2015년부터 국가가 시행하는 인구 주택 조사의 조사 항목에 미혼인 사람들에게도 자녀 유무를 묻는 질문이 포함되었다. 이를 통하여 국가의 공적 통계 안에 미혼모(부)와 그 가족에 대한 역학 조사가 이루어지고, 미혼모(부)에 대한 정책 수립의 기초가 마련될 수 있는 기반이 만들어졌다.[5]

민간에서도 이시기 미혼모의 양육을 돕기 위한 프로젝트가 시작되었는데 2015년부터 KDB나눔재단의 지원으로 시작된 트라이앵글 프로젝트가 그것이다. 미혼모가 긴급하게 지원을 필요로 할 때 까다로운 형식을 요구하지 않고 신속하게 지원이 이루어질 수 있도록 하였으며, 임신기부터 지원을 할 수 있도록 한 것이 특기할 만한 점이었다. 트라이앵글 프로젝트는 한국미혼모지원네트워크가 주관하여 한국미혼모가족협회, 인트리, 대구미

미혼모의 자녀 양육권을 실질적으로 보장하기 위한 것인데, 입양기관이 '기본생활지원을 위한 미혼모자가족복지시설'을 함께 운영할 수 없도록 한 것은 이를 위한 적절한 수단이다. 라고 밝히고 있다.

5   처음으로 미혼모부의 수를 조사한 2015년 통계에 따르면 미혼모의 수는 24,487명, 미혼부는 10,601명으로 조사되었다.

혼모가족협회가 같이 참가하였고, 1천명이 넘는 미혼모에게 지원을 하였고 현재까지 지속되고 있다. 트라이앵글 프로젝트를 통하여 미혼모들의 상황을 구체적으로 알 수 있었고 어떤 지원이 필요한지에 대해서도 구체적인 정보를 얻을 수 있게 되었다.

이 시기 단체 활동과 연대를 통하여 사회에 원가정 보호의 메시지를 강력하고 지속적으로 전달했으며, 미혼모가 입양보다는 양육을 선택할 수 있는 기본적인 여건이 입양특례법과 한부모가족지원법의 개정으로 만들어졌으며, 미혼모정책을 세울 수 있는 기반이 만들어지기 시작하였다.

4. 공적지원이 체계화되다(2017~)

2017년 무렵부터는 그동안 민간에서 제기했던 메시지와 정책을 세울 수 있는 정보를 기반으로 하여 공적기관에서 미혼모를 체계적으로 지원하기 시작하였다.

(1) 양육비 지원의 증가
이시기 가시적으로 뚜렷하게 보이는 것은 한부모가족에게 지급하는 양육비 지원의 증가이다. 2016년에 월 10만원을 지급하던 양육비가 현재는 월 20만원으로 인상하였으며, 청년한부모는 추가아동양육비를 지급받고 있다. 양육비의 인상은 자녀를 양육하는 데 도움을 주고 있으며, 2022년부터는 미혼모단체의 요구를 적극 수용하여 양육비 지급의 기준이 되는 소득산정에서 근로·사업소득은 30%를 공제하여 적용하고 있어, 한부모가 일을 하면서도 양육비를 지급받을 수 있는 범위를 확대시켜 자립을 지원하도록 하고 있다.

〈표 9-2〉 한부모가족 대상 양육비 지원(2022년)

지원종류	지원대상	지원금액
아동양육비	•소득인정액이 기준 중위소득 60% 이하인 가족의 만 18세 미만 자녀	월 20만원
추가 아동양육비	•소득인정액이 기준 중위소득 60% 이하인 조손 및 만 35세 이상 미혼 한부모가족의 만 5세 이하 아동	자녀 1인당 월 5만원
	•소득인정액이 기준 중위소득 60% 이하인 만 25세 이상 34세 이하 청년 한부모가족의 만 5세 이하 아동	자녀 1인당 월 10만원
	•소득인정액이 기준 중위소득 60% 이하인 만 25세 이상 34세 이하 청년 한부모가족의 만 6세 이상 18세 미만 아동	자녀 1인당 월 5만원

한편 2015년부터 양육비이행관리원이 설립되어 한부모 양육비 이행을 지원하고 있지만 미혼모는 먼저 친생부의 인지 절차를 저쳐야 하는 법적절차의 번거로움, 상대방 신원확인의 어려움, 상대방의 경제적 능력의 부족 등의 이유로 친생부에게 양육비이행의 법적절차를 청구하는 경우가 많지는 않다.

(2) 긴급복지지원의 활성화

미혼모는 혼자서 자녀를 양육하여야 하므로 일을 할 수가 없어, 국민기초생활보장법에 의한 수급자로 지정을 받아 지원을 받는 경우가 발생한다. 수급자로 되면 최소한의 생계는 확보할 수 있지만, 수급자로 지정되기 전에 1~2개월 걸리는 기간 동안 긴급하게 지원을 필요로 하는 경우가 있었고, 그 시기가 위기상황이라 할 정도로 어려운 사정에 처하게 되는 경우가 있어 미혼모단체에서는 긴급복지지원을 받을 수 있게 해달라고 요청하였다. 그런데 미혼모가 긴급복지지원을 받을 수 있게 되기까지는 약간의 과정이 있었다. 원래 미혼모단체에서는 긴급복지지원법 제2조에 지원을 받을 수 있는 위기상황이 구체적으로 규정되어 있으므로 그 유형에 미혼모를 추가해 달라고 여성가족부와 저출산고령사회위원회에 요청하였다. 해당 기관에서 긴급복지지원의 유형 중에서 지방자체단체의 조례로 규정되어 있으면 긴급복지지원을 받을 수 있게 되어 있는 것을 발견하고 전국의 기초지방자치단체의 긴급지원 조례를 구체적으로 알아본 결과 몇 개의 지자체만 제외하고는 모두 긴급지원조례에 임신, 출산, 양육의 이유로 생계의 어려움을 겪는 경우가 규정되어 있음을 확인하였다. 이미 미혼모가 긴급복지지원을 받을 수 있는 규정은 마련되어 있었는데, 규정을 찾기 힘들어 미혼모도 공무원도 잘 몰라서 지원을 받지 못하고 있었던 것이었다. 여성가족부는 다시 미혼모가 긴급복지지원을 받을 수 있다는 사실을 전국의 주민센터에 적극 홍보하였고, 민간단체들도 미혼모당사자들에게 이런 사실을 널리 알렸다.

그 결과 미혼모들이 긴급복지지원을 받을 수 있게 되어 위기상황에서 신속하게 지원을 받아 고비를 넘기고 이후 기초생활보장에 의한 수급자로 지정을 받아 최소한의 생계를 해결할 수 있는 여건을 마련하는 공적지원체계의 기본적인 틀이 만들어졌다.

(3) 주거지원의 체계화

미혼모는 임신과 출산과정에서 원가정에서 분리되어 개별적인 주거를 구해야 하는 상황에 처하는 경우가 생긴다. 또 이전에는 미혼모들은 사회복지시설에서 생활하는 경우가 많았지만 미혼모에 대한 인식이 개선되고, 미혼모지원의 틀이 갖추어지면서, 지역에서 주거를 마련하여 자녀와 함께 생활하기를 원하는 미혼모들이 늘어났다. 그리하여 주거지원이 필요하게 되었는데 민간단체들은 트라이앵글 프로젝트에서 긴급주거지원을 하면서 그 경험에서 얻은 교훈을 바탕으로 구체적인 주거정책 개선을 요구해 갔다.

트라이앵글프로젝트에서는 보증금과 월세, 청약저축을 지원하여 보증금만 지원하는 것을 넘어 정부의 주거복지제도를 안내하고 이를 활용하여 임대주택을 이용할 수 있게 하는 것을 방향으로 하였다. 이후 청소년부모까지 지원을 확대하면서, 청소년부모의 주거지원 경험분석이라는 연구보고서[6]를 냈는데 사회의 자원을 활용하여 주거를 마련했던 경험을 토대로

---

6 은주희, 임고운, 김선미, 『2020 청소년부모 주거 지원 경험 분석』, 한국미혼모지원네

주거지원이 청소년부모에게 미치는 영향을 분석하면서, 주거지원정책에 제언을 담았다.

이러한 활동의 결과 미혼모 등 한부모의 임대주택 이용범위가 신혼부부와 동일하게 조정되었고 특히 아동주거빈곤가구에 대한 지원을 활용하여, 임대주택에 대한 접근성을 높였다. 이렇게 주거지원이 활성화되면서, 미혼모들이 임대주책을 적극 활용하여 주거의 안정성을 높이고 지역사회에 정착해서 살아갈 수 있는 토대가 만들어졌다.

(4) 민간단체연대

이시기 민간에서도 미혼모·부가족, 청소년부모를 지원하는 단체들이 늘어나면서 정보를 공유하고, 협력할 수 있는 틀에 대한 요구가 있었다. 2019년 말을 거치면서 전국적으로 14개 단체[7]가 모여 민간단체연대를 만들고 지속적인 교류를 하기로 하였다. 단체들은 오랜 역사를 가지고 있는 곳도 있고, 생긴지 얼마되지 않은 단체들도 있지만 단체의 각각의 특성을 살려 지원활동을 활발하게 해나갔다. 사단법인 비투비에서 진행하고 있는 '품(pumm)'을 통한 미혼모지원 정보 플랫폼 구축, 미혼부자녀의 출생등록될 권리를 위하여 활동하는 세상에서 제일 좋은 아빠의 품 청소년부모 지원 전문 킹메이커. 지역에서 미혼모자립모델을 만들어 가고 있는 희망날개, 예람, 행복드림센터, 오랜 기간 꾸준하게 활동하고 있는 러브더월드, 여성인권 동감 등 단체의 각각의 특성을 살려 지원활동을 하였다.

트워크·아름름다운 재단, 2020 참조.

7   러브더월드, 미혼모협회 아임맘, 사단법인 비투비, 사단법인 링커, 사단법인 여성인권 동감, 사단법인 예람, 한국미혼모가족협회, 한국미혼모지원네트워크 사단법인 희망날개, 세상에서 제일 좋은 아빠의 품, 인트리, 킹메이커, 행복드림센터 13개 단체이다.

(5) 양천입양아동학대사망사건과 입양연대회의

2020년 10월 13일 양천입양아동학대사망사건이 발생하게 된다. 사건 초기에는 많은 사건들 속에 묻히는 듯 했으나 2021년 1월 2일에 SBS '그것이 알고 싶다'에서 이 사건을 방영하면서 그야말로 전국민의 관심이 집중되는 사건이 되었다.

미혼모단체에서는 사건 초기부터 이사건의 실상을 알리려는 노력을 하면서, 이 사건 아동의 입양을 연결했던 홀트아동복지회에 사과 요구를 하고, 친생부모의 입양상담을 입양기관이 해서는 안된다는 입장을 밝혔다. 그 과정에서 아동인권단체, 입양인단체, 시민단체와 연대하여 아동인권의 중요성과 재발방지를 위한 대책마련을 호소하였다.

또한 그동안 교착상태에 빠져있던 입양특례법 개정에 뜻을 모으기로 하여 2021. 5.11에 국내입양인연대, 국제아동인권센터, 더나은 입양을 실천하는 입양부모네트워크, 변화된미래를만드는미혼모협회 인트리,뿌리의집,친생가족모임 민들레회, 한국미혼모가족협회, 한국미혼모지원네트워크 8개 단체가 모여 "입양의 공공성 강화와 진실규명을 위한 연대회의(약칭 입양연대회의)를 만들고 입양문제에 지속적인 목소리를 내는 역할을 하게 된다. 또한 사회전반적으로 그동안 꾸준히 제기되어 온 입양을 아동복지체계 안에 일원화시켜야 한다는 문제의식이 공감을 얻어 입양특례법 개정안이 국회 보건복지위를 통과하여 개정을 눈앞에 두고 있다.

미혼모활동의 초기부터 미혼모와 입양인과의 연대는 꾸준하게 이어져 온 흐름이었다. 입양연대회의는 이러한 연대를 보다 구체적인 틀로 만든 것이었고 이후에도 지속적인 활동을 해나갈 것이다.

2017년 이후는 저출산 문제가 심화되면서 아동양육의 중요성을 깨닫고, 민간에서 제기해 온 내용에 기반하여 공적인 지원이 체계화되었던 시기였다. 긴급복지지원- 기초생활보장- 한부모가족지원으로 이어지는 공적지원의 틀이 만들어졌으며, 미혼모가 지역에서 살아갈 수 있는 주거지원도 꾸준하게 개선되어 갔다, 또한 보편적 아동지원이 확대되면서 출산후 첫만남, 아동수당의 확대 도 미혼모에게 도움이 되고 있어 이전과 비교하면 경제적인 지원은 양적으로 늘어났다고 볼 수 있다.

또한 사회적인 편견도 개선되어 갔다, 드라마, 영화, 언론에서 미혼모에 대한 긍정적인 이미지를 보여주는 영향도 컸다. 한국미혼모가족협회, 인트리, 한국미혼모지원네트워크에서는 미혼모를 자립적이고 긍정적인 이미지로 그린 드라마 '동백꽃 필 무렵' 제작진에게 감사패를 전달하기도 하였다.

5. 맺으며

지난 20여 년간 미혼모를 둘러싼 여건은 많은 변화가 있었다. 하지만 앞에 놓여 있는 과제 또한 많다. 기본적인 경제적 여건은 갖추어졌지만, 제도적 지원에 접근하지 못하는 사각지대에 놓여 있는 미혼모가 여전히 존재하고 특히 임신기 지원은 아직 매우 취약하여 임신기 여성에 대한 지원을 보다 적극적으로 추진해야 한다. 또한 기본적인 생계는 해결되었다고 하지만 지원에 의존하는 것이 아닌, 미혼모 스스로 경제적 자립을 해야 하는 과제가 놓여 있다. 자립을 위한 준비과정의 지원, 아동양육의 분담, 그리고 정서적 어려움을 극복할 수 있는 인적지지체계의 구성 등이 자립을 위한 과정에서 필요하다.

많은 과제가 놓여 있지만 지금까지 그래왔던 것처럼, 미혼모당사자들의 적극적인 활동, 꾸준한 지원활동, 그리고 입양인들과의 연대와 시민사회의 호응이 있다면 미혼모들은 우리사회에서 당당한 일원으로 자리잡아 갈 수 있을 것이다. 다소 거친 글이 되었지만 이후 보다 체계적인 정리가 가능할 것이라 믿고, 이 글에서 특히 싱글맘의 날과 관련한 부분은 제9회 싱글날의 집 자료집의 김도현 목사의 기조발제문을 인용하였음을 밝히면서 글을 마무리한다.

제10장

누구를 위한 베이비박스인가: 미혼모와 아동의 경험을 중심으로

최형숙(변화된미래를만드는미혼모협회 인트리 대표)

1. 들어가는 말

2009년 설치된 베이비박스는 생명을 살리는 곳이라는 명분으로 많은 관심을 받게 되었고 '미혼모'와 '베이비박스'라는 단어가 등장하면 '유기'와 관련된 기사는 급증하였다. 이러한 현상은 혼자 아이를 낳아 양육하고 있는 많은 미혼모들의 일상에 또 다른 편견을 만들기에 충분했다. 무책임한 여성, 비정한 모정 등 언론에서 쏟아지는 이러한 차별적인 단어들은 임신 중인 대부분의 미혼모들이 아이를 포기하게 만드는데 큰 영향을 미쳤을 것이다. 2022년 8월 "위기영아보호상담센터"라는 명칭으로 제주도에서 한국형 베이비박스 설치 및 지원을 위한 공청회를 진행하였다. 그들의 주장은 "위기영아보호상담센터"라는 명칭으로 포장을 하였을 뿐이지 기존의 베이비박스를 제주도에 설치하는 것이었다. 아이를 놓고 가는 베이비 룸이 있냐는 질문에 답을 하지 않았다. 한국형 베이비박스에서 지원하는 것은 이미 공적 영역인 시설, 기관, 단체에서 진행이 되고 있는 제도들인데도 불구하고 왜 이들은 한국형 베이비박스라는 또 다른 명칭으로 베이비박스를 만들려고 하는 것일까? 우리 사회에서 베이비박스가 많은 문제에 직면

한 미혼모들에게 최후의 안식처도 마지막 보루도 아닌 것을 증명해 보려고 한다.

2. 베이비박스와 미혼모

베이비박스에 맡겨지는 아동의 대부분이 미혼모의 아이들이라고 알려져 있으며 베이비박스가 아동 유기와 살해를 예방한다는 의견이 있다. 하지만 이는 정확한 정보가 아니다. 임신과 출산이라는 과정을 겪으며 몸과 마음이 가장 힘든 시기에 자신과 아이의 삶을 결정해야 하는 여성에게 우리 사회에서 제대로 된 서비스를 제공하고 있지 않고 미혼모에게 주어지는 사회적 편견과 주변의 시선들이 오히려 아이를 양육하지 못하고 포기하게 만드는 것은 아닌가 생각해보아야 한다.

아직 밖으로 내보내지 못하는 여러 건의 상담 사례들이 있다. 이들의 인권을 위해 자세히 공개할 수 없는 내용이지만 감추고 보호되는 것만이 아이와 엄마를 지키는 것이 아니라는 생각에 몇몇 사례를 공유하려고 한다. 이를 통해 우리 사회가 무엇을 해야 하는지 함께 고민해 보았으면 한다. 사례자 A씨의 내용은 2015년도 싱글맘의 날 자료에 실린 것으로 2014년 본인이 직접 상담한 사례이다. 2022년도 지금은 인트리를 비롯해 몇몇 미혼모 단체들이 출산에 대한 상담도 진행하고 위기 지원도 하고 있지만 2014년도 당시에는 상황이 매우 달랐다. 천안에서 대학 재학 중 임신한 사례자 A씨는 주위의 권유로 아이를 2주 정도 베이비박스에 맡겼다가 다시 찾아와 지금까지 아이를 키우고 있는 여성이다.

2014년 1월 20일 그렇게 제 딸 지혜(가명)가 태어났습니다. 아이를 낳고 나서 남자친구의 어머니는 본인도 혼자 아들 둘을 키웠고 이제 고등학교 2학년이 어떻게 아이를 키우겠냐며 저의 부모님을 생각해서라도 입양을 보내자고 하였습니다. 이미 저는 남자친구의 거짓말에 희망을 버렸었고 많은 고민을 하였기에 남자친구 엄마의 말에 동의를 하였습니다. 아이를 잠시 맡아주는 곳이 있으니 몇 년만 맡겼다 대학을 졸업하고 남자친구도 고등학교를 졸업하면 다시 찾아와서 함께 키우라고 그렇게 간절히 설득하셔서 태어난 지 일주일도 안 된 아이를 베이비박스에 맡겼습니다. 잠시 상담을 하고 나오니 남자친구 어머니께서 어떤 분의 명함을 주셨고 아이를 두고 돌아와 꼬박 이틀을 물 한 모금 먹을 수가 없었습니다. 젖은 불어서 단단한 돌덩이 같고 너무 아픈데 자꾸 아기의 울음소리만 들렸습니다. 명함을 찾아 전화를 하고 2주 만에 다시 아이를 찾아왔습니다. (사례자 A)

그때 당시 인트리는 아직 상담 진행에 사업비가 없던 때였고 사비를 털어 아이 옷 한 벌을 사서 찾아갔었다. 그 당시 보일러도 틀지 못하고 전기장판에 누워 있는 사례자 A씨에게 수급자 선정 방법을 알려주었고 적은 돈이었지만 매달 5만원을 보내며 꼭 보일러를 틀라고 했던 기억이 난다. 그리고 그 이후에도 많은 어려움이 있었는데 그 중 하나는 바로 복학을 해서 학업을 이어 나갈 수 없는 것이다.

그렇게 안간힘을 쓰면서 아이가 돌이 지나고 복학을 하였습니다. 저는 학교가 너무 가고 싶었고 아이를 어린이집에 맡기고 다닐 수 있을 것이라 생각했습니다. 하지만 현실은 너무 달랐습니다. 아이를 어린이집에 맡기고 학교에 가면 약 40분이 걸립니다. 아이가 아프면 수업을 빠질 수밖에 없고 때로는 수업 도중에 아이에게 가야하는 경우도 많았습니다. 아이가 어리다고 오후 4시면 데리고 가야한다고… 그래서 저는 다시 휴학을 했습니다. 언제 다시 학교로 돌아갈 수 있을지 모릅니다. 올해는 꼭 복학하려고 했지만 아이를 키우는데 너무 많은 것이 필요했습니다. 아직 아르바이트를 하면서 내년에는 꼭 복학을 하겠다는 꿈을

꾸고 있습니다.(사례자 A)

　　대부분의 청소년미혼모들이 겪는 사례로 일과 양육 그리고 학업을 병행하기 힘든 문제들이었다. 그 당시만 해도 정보연계가 제대로 되지 않았고 시설이 아닌 곳에서는 더욱더 정보를 알 수 없었다. 또 아이가 아프거나 위기 상황에 대처할 수 있는 어떤 서비스 전달체계도 잘 갖추어지지 않았던 때 이기도 하다. 그리고 사례자 B씨 또한 2016년도 사례이지만 2014년도와 크게 차이가 나지 않는다. 사례자 B씨는 당시 상담일지를 바탕으로 구성하였다.

　　사례자 B씨는 당시 26세로 2016년 임신 중 긴급지원으로 상담하였고 수원 00병원에서 출산 후 본인이 거주하는 집으로 아이와 돌아왔다. 빚이 있는 상황이라 채권자들이 집으로 찾아온다며 도움을 요청하였다. 거주지를 마련해 주었으나 베이비박스와 상담을 하고 아이를 맡겨두고 입양을 보내기로 했다고 하였으나 출생신고를 하지 않은 상태라 베이비박스에서 입양이 어렵다고 설명을 하니 아이를 다시 찾아와 출생신고를 마치고 시설에 입소한 케이스였다. 베이비박스에서 입양을 연계하지 못하고 다시 아동보호시설로 가는 문제는 지금까지 남아있는데도 불구하고 베이비박스로 들어오는 아동의 수는 점점 늘어나고 있다. 사례자 A씨의 문제는 청소년미혼모의 학습권에 대해 사회적으로 문제 해결을 해야하는 것이라면 사례자 B씨의 문제는 출생등록과 주거문제 그리고 채무의 문제 등이 얽히고설킨 사례로 아이를 베이비박스로 보내는 것이 문제의 해결이 아니라 오히려 사회 저변에 깔린 문제를 감추고 은닉하는 것이었다.

　　또한 사례자 C씨의 경우는 2020년 상담자로 예기치 않은 임신으로 주위에 알리지 못하고 남자친구와 상의 후 출산 후 입양 보내기로 하고 인터넷 검색으로 베이비박스를 알아보았다고 한다. 출생신고의 부담이 컸고 남자친구도 원하지 않았다고 한다. 베이비박스에 아이를 맡기려고 할 때 무엇보다 아이를 몰래 버린다는 죄책감으로 힘들었고 정보를 알아보고 찾던 중 베이비박스의 아이들은 입양이 어렵다는 것을 확인하고 출생 전에 입양기관 상담을 진행하였다고 한다. 그리고 출산 이후 남자친구의 부모님과 상의를 하고 아이는 친부가 출생신고를 하고 부모님이 양육하고 있는 경우이다. 이처럼 2020년 당시에도 입양을 검색하면 베이비박스가 검색되었다는 것은 온라인상의 정보 관리가 제대로 되고 있지 않다는 것을 보여주는 예이며 이는 입양을 담당하고 있는 아동권리보장원의 책임도 있다. 그럼에도 불구하고 이 사례는 출생신고에 대한 전 국민의 의식이 높아지고 아동인권이 기본권으로 인식되어 원가정에서 양육될 수 있었던 사례였다고 생각된다.

결론적으로 앞의 사례들에서 볼 수 있듯이 베이비박스가 아이들의 생명을 구하는 최후의 보루로 인식되어서는 안 된다. 베이비박스에 대한 정확한 사회적 인식이 필요하고 사례에 따른 문제 해결에 대한 각 부처의 노력이 필요하다. 서울시에서 공적 지원을 받고 있는 베이비박스는 들어간 아이들 중 80%가 성인이 될 때까지 시설에서 살아간다고 한다. 이러한 상황들을 보았을 때 베이비박스는 아동이 원가정에서 자라야 한다는 첫 번째 원칙과 자신의 부모를 알 권리 그리고 입양되어 시설이 아닌 가정에서 자랄 수 있는 모든 기회를 박탈하는 것이다. 2022년 8월 23일 제주도에서 열린 베이비박스 설치 조례제정에 관한 공청회 자료를 보면 베이비박스에 아이를 데려다 놓는 사람들 중 96%는 직접 만나서 상담을 한다고 한다. 그렇다면 96%의 아이의 부모를 알고 있다는 것이며 출생신고를 하지 못하는 부득이한 상황(강간, 외도, 근친, 불법이주노동자)을 제외하면 출생신고는 이루어져야 한다. 결혼하지 않고 임신을 하는 여성들이 베이비박스가 아닌 다른 공적기관, 시설, 상담센터 및 단체에서 상담을 했을 때 오히려 건강하게 출산을 하고 자신과 아이의 삶에 대한 고민을 시작할 수 있다. 베이비박스로의 유입을 위한 아이와 생모의 단절이 우선이어서는 안된다. 위의 사례들뿐만 아니라 대부분의 단체에서 상담을 하다 보면 적절한 상담과 도움이 있다면 많은 이들이 원가정에서 자녀를 양육할 수 있고 출생신고 후 입양을 보낼 수도 있다고 판단된다.

이제 베이비박스에 아동들이 어떻게 입소를 하고 보호(?)받고 있는지 한 시설관계자의 증언을 바탕으로 베이비박스를 정확하게 이해해보고자 한다.

3. 베이비박스 '이후' 아동들의 실태

사회복지를 전공하고 시설에 근무하는 D씨의 인터뷰를 통해 우리는 베이비박스의 아이들이 시설에서 어떻게 생활을 하고 성장하고 있는지 알게 되었다. 베이비박스 아동의 80%가 시설에서 장기 보호되고 있다고 한다. 이들은 정말 보호를 받고 있는 것일까?

(1) '아이의 부모를 찾습니다' 출생신고가 미루어지는 아이들

베이비박스에서 출생신고가 이뤄지지 않은 아이들은 출생신고가 미뤄지기 일쑤다. 그리고 이어 이름 대신 '미상'의 아이는 제때 예방접종도 받을 수가 없다.

> 제가 근무하던 시설은 0세~18세 아이들이 있는 곳이었고, 저는 그중에서도 영아 방에서 근무했어요. 입소문의 전화를 받은 사무실 직원이 저희 방으로 찾아와 입소할 아이의 대략적인 인적사항과 입소 날짜를 알려줬어요.(인터뷰 D씨)
>
> 대부분 베이비박스에서 발견된 아이들이 입소했는데, 저희는 아이의 건강도 신경써야 하기 때문에 "예방접종을 하러 가야 합니다. 출생신고는 언제 되나요?"

라고 물으면 "아직 아이의 공고가 끝나지 않아서 기다려야 한다."는 얘길 들었어요. 무슨 공고인지 물으니, "이 아이의 부모를 찾는 공고"라고 얘기하셨는데 그때, '그게 먼저가 아니라 출생신고를 빨리 마쳐야 예방접종도 하고 갑자기 아프면 진료도 받을 텐데….'라는 생각이 들었어요.(인터뷰 D씨)

(2) '미상'의 아이는 예방접종이 어렵다.

이 아이의 '부모'를 찾는다는 공고를 올려놓고, 없으면 그제서야 출생신고를 한다는 게 뭔가 잘못됐다고 생각했어요. 결핵이나 B형 접종, 뇌수막염 등…. 그 많은 예방접종이 과거엔 유료였으나, 무료 예방접종으로 전환되고 국가에서 관리한다는 것은 그만큼 중요한 일이기 때문이라고 생각하는데 출생신고가 되지 않아 예방접종 시기를 모두 놓치는 모습을 보며 안 좋은 바이러스나 세균에 감염될까 봐 항상 걱정했어요. 한 번은 고개도 잘 못 가누는 작은 아기여서 원내 간호사를 따라 서울에 있는 병원으로 진료 동행을 한 적이 있는데, 원내 간호사가 예방접종을 문의하니, "아직 주민등록번호가 나오지 않아서 비용 상환에 애를 먹는다고 주민등록번호가 나온 후 접종하라고 그러더라"라는 얘길 들었어요. 그리고 보육원 근처에 있는 소아청소년과 의원에 갔을 때도, 시설코드로 접종이 불가한지 확인하기 위해 간호조무사 선생님이 사이트에 시설코드를 조회해보았지만 역시 접종을 할 수 없다고 떠서 결국 예방접종을 하지 못하고 귀원한 일도 있었어요. 나중에, 주민등록번호가 4개월쯤 나와서 보건소에 BCG접종을 할 수 있는지 문의하자, 항원검사 후 음성이 나오면 접종 가능하다고 그랬다더라고요. 이후에 접종을 했는지는 잘 기억나지 않아요.(인터뷰 D씨)

또 어떤 경우에는 발견 당시 종이에 생년월일, 간단한 편지, 입양 허락 문구와 함께 'B형간염 1차 접종 완료'라고 쓰여 있는 아이도 있었지만, B형간염 1차 접종 여부가 적혀있지 않은 아이도 있었어요. 그렇다면 과연 이 아이는 2차 접종을 언제 해야 하는가에 대해 원내 간호사와 머리를 맞대고 고민을 했던 적이 있는데, 보건소에 전화해서 물으니 "혈액형이 적혀있는 걸 보니 아마 맞은 것 같다."라고 얘기했다더라고요. 생명과 직결된 문제 중 하나가 감염이라고 생각하는데 주민등록번호 하나가 없어서 노심초사 양육해야 하는 거죠.(인터뷰 D씨)

(3) 열악한 환경에서 자라고 있는 베이비박스의 아이들

아동보호 시설은 그 유형별로 근무 조건이 다를 수 있으므로 특정 한 곳을 지적하려는 것이 아니다. 다만 우리의 인터뷰에 응해주신 D씨의 관점에서 아이들의 환경에 대해 들을 수 있었고 특정 어느 한 곳의 문제라고는 생각하지 않는다. 또한 아동보호시설에 불철주야로 근무하시는 분들의 노고에 다시 한 번 머리 숙여 감사를 드린다. 다만 대한민국 어느 곳에서 태어난 아동이라도 기본적인 인권이 지켜져야 하고 아울러 해외입양인들의 노력으로 인해 우리가 이제야 비로소 알권리에 대해 주장은 하고 있지만 그럼에도 불구하고 미혼모의 인권과 무관하지 않다는 점에서 또 한편으로는 고민이 된다. 그리고 베이비박스 측에서 주장하는 당장 출생등록을 할 수 없는 부득이한 상황에 대해서는 뾰족한 대안을 낼 수는 없지만 베이비박스가 미래의 대한민국 사회의 대안이 아니라는 것은 분명하다. 그리고 열악한 환경에서 자랄 수밖에 없는 아이들은 사실 아무런 죄가 없다.

제가 근무했던 방은 생활지도원 2명이 7명의 아이들을 돌봤어요. 36개월 1명, 약 20개월 2명, 6개월 2명, 4개월 2명. 24개월 이상과 12개월 미만이 같이 살다 보니 일반식을 먹는 아이들은 1층 식당에서 배식을 받아다 차려주고 식사지도하고 설거지를 해야 하고, 그 사이사이 분유와 이유식을 먹는 아이들은 수유하고… 굉장히 벅찼어요. 이런 일 말고도 보육일지나, 프로그램일지도 써야 해서 굉장히 바쁘다 보니 애들이 조금만 칭얼거리면 언어 표현을 유도하기보다는 즉각 해결해주게 되더라고요. 그 와중에 수유해야 할 시간이 되면, 왼팔에는 한 아이를 안고 제 손목을 꺾은채 한 손 수유하고, 다른 한 아이는 바운서에 눕혀 벨트를 채운 후 발로 바운서를 흔들어주며 울지 않도록 놀아주고, 다른 한 손으로는 한 아이를 무릎에 앉혀 '둥가둥가'를 해주면, 파트너 생활지도원이 설거지나 빨래를 하며 나머지 4명을 봐야 하고, 이마저도 아이들의 안전사고가 우려된다 싶으면 할 일을 미뤄두고 거실에서 자유 놀이를 해요.(인터뷰 D씨)

업무는 점점 쌓이고, 중간중간 기저귀 교체, 낮잠 재울 시간이 되면 점점 늦춰지고, 퇴근도 늦어지고 그래요. 교대 자들에게 부탁할 수가 없어요. 그들도 그러다가 아이들이 서로 싸워서 생채기라도 내면 아동학대 오해를 받으니까 결국 하이체어에 아이들을 앉혀놓고 TV를 틀어주는 거예요. 아이들도 행복하지 않고, 생활지도원들도 행복하지 않은 일과가 매일매일 반복돼요. 그래서인지 저희 방 아이들은 모두 발달이 느리다는 생각이 들었고, 직원 대부분이 느리다고 평가했어요. 20개월 아이가 할 수 있는 단어가 '음마' 하나였고, 뭔가 필요한 게 있으면 한 번은 손가락으로 가리키다가 '이모(생활지도원)'가 알아듣지 못하면 그 자리에 주저앉아 울어버렸어요. 함께 자유 놀이를 할 때면 사회성이 부족하다는 생각이 많이 들었어요. 각자 자기가 갖고 놀고 싶은 장난감을 가져다가 제각각 흩어져서 놀고, 함께 놀 수 있도록 관심을 끌면 그 장난감을 달라고 표현하는 게 아니라 때리거나 말없이 빼앗아가고, 빼앗긴 아이는 빼앗아간 아이를 쫓아가 깨물고 때려요.(인터뷰 D씨)

생활지도원들 마다 훈육 방식에 차이가 있다 보니 아이들은 혼란에 빠지고 이런 모든 상황이 아이들의 발달을 촉진하지 못하는 것 같아요. 마당에 나가서 바깥놀이 해줄 틈도 없이 하루가 휘몰아쳤으니까요. 그나마 사무실이나, 큰 방에 사는 형아 들이 한 번씩 바깥놀이를 나가줘야만 가능했고, 감기가 크게 걸려야만 3일에 한 번, 5일에 한 번 병원 진료 때나 나갈 수 있었어요. 물론 아닌 시설도 있겠지만 인력이 부족하지 않은 보육원이 그렇게 많을까 싶어요. 대학 동기들과 자주 연락하는 편인데 "너희 보육원에서 가장 얘기가 많이 나오는 게 뭐야?"라고 물으면 "사람 부족하다고 더 뽑아달라는 거지, 뭐."라는 답변이 압도적인 1위거든요.(인터뷰 D씨)

베이비박스 아동들이 시설로 옮겨진 후 실제로 아동들을 보살펴온 시설 생활지도원들의 경험을 들어보면 생각보다 더 열악한 상황임을 알 수 있다. 출생신고의 중요성은 또 한 번 강조 할 수밖에 없으며 아동이 태어남과 동시에 출생등록이 되어야 한다. 이는 태어난 아동의 생명권과 직결되기 때문이다. 베이비박스 유기아동의 출생등록 방법을 보면 기아 출생신고가 77.3%로 가장 많다고 한다. 이러한 통계들이 베이비박스가 아동의 알권리를 박탈하고 유기를 조장하고 있다는 결과인 것이다.

4. 나가며

우리나라는 역사적으로 가장 오래된 해외입양제도를 가지고 있는 나라다. 한국전쟁시 혼혈 아동을 '아버지의 나라'로 돌려보내기 위한 비상시 임시 조치로서 시작된 해외입양은, 시간이 흐르며 상설 제도로 자리 잡았다. 입양 대상 아동은 한국 사회에서 가장 취약한 상황에 있는 여성, 특히 미혼모의 자녀를 향했다. 가부장적 가족문화, 법률혼 중심주의, 여성의 피임이나 낙태가 허용되지 않는 문화 속에서 결혼제도 밖 여성의 출산은 입양 산업으로 흡수되었다. 그리하여 결혼하지 않고 아이를 임신한 여성들은 시설로 들어가 아무도 모르게 출산을 하고, 아이를 입양 보내고, 아무 일 없었던 것처럼 일상으로 복귀했다. 하지만 임신과 출산을 경험하면서 여성들이 겪어야 했던 고통들을 국가는 철저하게 외면하였다. 낙태는 불법이었으며 미혼모로 출산을 하면 아이를 키울 수 없다며 입양을 종용당했다. 여성들이 겪은 정신적인 고통은 상상조차 힘들다. 그래서 일각에서는 익명출산의 필요성에 대한 이야기를 하지만 여성이 자신 스스로 임신중지를 선택할 수 있어야하며 출산과 양육에 대한 결정도 여성이 스스로 할 수 있도록 보장되어야 한다. 이러한 재생산권 역시 낙태죄는 사라졌지만 현재 이렇다 할 성과 없이 임신부는 물론 산부인과 의사들이 현장에서 어려움을 호소하고 있다고 한다.[1] 임신을 유지할 수 밖에 없어 출산을 하게 된 경우에는 어려운 환경에서 양육을 하거나 자녀를 시설에 보내거나 입양을 보낼 수 밖에 없었다. 이런 현상은 현재에도 진행중이며 또 다른 이면에는 스스로출산을 선택하여 양육을 하고자 하지만 사회는 결혼제도권 밖 출산이라는 이유로 가족, 지인의 의해 임심중지를 강요당한다. 이는 우리사회에서 미혼모에게 가하는 폭력이다.

그렇다면 우리 사회는 출생신고를 할 수 없는 미혼모들과 여성들에게만 질타를 할 수 있는가? 그들이 아이를 버린 게 아니라 버릴 수밖에 없는 현실을 개선하지 못하는 사회가 더 문제는 아닐까? 결혼하지 않고 아이를 낳아도 사람들은 손가락질하며 질타한다. 미혼모들은 아이를 제대로 양육할 수 없으니 입양 보내는 것이 '최선'이라고 사람들은 너무 쉽게 말한다. 입양을 보내기 위해 베이비박스에 아이를 데려다 놓아도 사람들은 아이를 버린 비정한 엄마라고 손가락질 한다. 결국 미혼모들은 아이를 양육하겠다고 결정하거나 아이를 입양 보내겠다고 결정하거나 어느 쪽으로 결정을 하여도 사회로부터 받는 것은 비난뿐이다. 자식이 죽으면 부모는 가슴에 묻는다는 말이 있다. 하지만 우리나라에는 죽지 않은 자식을 가슴에 묻고 평생을 살

---

1   헌법재판소의 헌법불합치 결정으로 지난해 1월부터 '낙태죄' 처벌 조항의 효력이 사라졌지만, 대체입법과 가이드라인 부재로 임신중지를 원하는 임신부는 물론 산부인과 의사들이 어려움을 호소하고 있는 것으로 나타났다. 박고은, '낙태죄' 사라졌지만 임신부, 산부인과 의사 여전히 혼란스럽다", 한겨레, 2022.10. 24. https://www.hani.co.kr/arti/society/women/1063914.html (최종검색일 2023. 10. 22.)

아가야 하는 많은 입양을 보낸 부모들이 있다. 그리고 어렵게 입양을 해서 키우는 분들도 있고 실제 입양 당사자들과 해외입양 당사자들 모두 국가의 제도 속에서 만들어진 집단들이다. 이제 과거에 대한 성찰과 반성이 있어야 하며 이제부터라도 미혼모에 대한 사회적 차별과 편견을 해소하고 현실적인 지원제도와 함께 보편적 돌봄 그리고 위계와 차별없는 가족제도 등 해결되어야 할 산적한 문제들이 많다. 여성의 임신은 숨겨야 하는 일이 아니라 스스로 선택할 수 있어야 하며 이러한 과정에서 임신을 중단할 권리, 출산하고 양육할 권리, 입양을 보낼 권리 이 모든 선택지 안에 국가는 여성과 아동을 제대로 보호해야 한다.

제11장

익명출산제도가 베이비박스의 대안인가[1]

소라미(서울대학교 법학전문대학원 임상교수)

1. 들어가며

2009년도 관악구에 베이비박스가 처음 문을 연 이래 연간 200명 내외의 아동이 베이비박스에 유기되고 있다. 공공 화장실이나 길거리에 아동을 유기하여 사망의 위험에 노출시키는 것보다는 베이비박스를 통해 안전하게 유기되도록 하는 것이 아동을 위해 보다 나은 선택지라는 인식이 만연하다. 이러한 인식 하에 얼마 전 제주도에서는 베이비박스 설치 지원 조례 제정을 위한 공청회가 열렸다.[2] 민간에서 설치 운영해오던 베이비박스를 공

---

[1] 본고는 필자가 2022. 10. 28. 개최된 한국가정법률상담소 창립 66주년 기념 심포지엄 "보호출산제 도입-자녀의 생명과 권리 그리고 친생모의 익명성 여부 논의"에서 토론하였던 내용과 2022. 11. 25. 국회에서 개최된 "베이비박스 무엇이 문제인가-실태와 쟁점을 중심으로"에서 발표한 '베이비박스의 현황과 관련 쟁점의 검토' 발표문을 종합적으로 정리하고 보완하여 작성하였으며,『사회보장법연구』, 12(1), 2023에 출간되었음을 밝힌다.

[2] 제주특별자치도 환경도시위원회의 주최 및 주관으로 2022. 8. 23. "베이비박스 설치 및 지원을 위한 조례 제정 공청회" 진행, 2022. 10. 14. "제주특별자치도 위기영아 보호상담 지원 조례안" 공청회가 진행되었다.

적으로 지원하고자 하는 취지의 조례안이었다. 이 소식을 접한 미혼모단체
는 제주지역의 시민사회단체와 연대하여 베이비박스에 의한 여성·아동인
권 침해 문제를 제주도의회에 제기하였고, 나아가 국회 토론회를 주최하여
베이비박스의 문제점을 공론화하였다. 그 결과 베이비박스 지원 조례 제정
추진은 중단되었다. 베이비박스를 공적으로 지원하자는 움직임은 2016년
에도 경기도에서도 시도된 바 있었다. 당시에도 미혼모단체와 해외입양 관
련 단체, 아동인권단체가 연대하여 대응한 결과 조례 제정은 무산되었다.

   이와 같이 논란이 끝이지 않는 베이비박스에 대하여 익명출산제가 대
안으로 논의되고 있다.[3] 익명출산제란 임산부가 일정한 상담을 거쳐 자신
의 신원을 드러내지 않고 의료기관에서 출산하는 제도를 뜻한다. 익명출
산제가 베이비박스의 대안으로 언급되는 이유는 익명출산제도를 통해 출
산 당시에는 산모의 신원을 드러내지 않도록 보장하되 국가기관이 친모
의 인적사항을 공개되지 않도록 관리한 후 아동이 일정 연령에 달하면 공
개를 청구할 수 있도록 함으로써 여성의 사생활보호와 아동의 출생등록될
권리를 모두 보장할 수 있다는 취지에서이다. 익명출산제는 보호출산제,
신뢰출산제라는 이름으로도 불리는 데 본 고에서는 익명출산제로 통칭하
겠다.

   이러한 배경 하에 이 글에서는 베이비박스의 실태가 어떠한지 살펴보고
자 한다. 통상 베이비박스는 아동 살해를 막아 아동의 생명권을 보호하는
곳으로 알려졌는데 실제 그러한지, 베이비박스에는 어떠한 배경의 아동이
유기되는지, 베이비박스에 유기된 이후 아동 보호는 어디에서 어떻게 이루
어지는지 검토한다. 또한 베이비박스는 법적으로 허용된 시설인지, 베이비
박스를 통해 침해되는 아동인권은 무엇인지, 최근 제주도 의회에서 시도되

---

3   2022. 10. 28. 한국가정법률상담소의 창립 66주년 기념 심포지엄에서 김상용 교수는
     "베이비박스, 익명출산, 신뢰출산-끝나지 않을 논쟁"이라는 제목으로 주제발표를
     하며 베이비박스에 대한 대안으로 익명출산제도의 도입을 주장하였다.

었던 베이비박스 지원 조례의 문제점은 무엇인지 살펴보겠다. 나아가 베이비박스의 대안으로 제시되고 있는 익명출산제도와 관련하여서는 익명출산제도가 논의되기 위한 전제는 무엇이며, 현재 상황에서 익명출산제가 도입될 경우 초래할 문제점을 해외 사례와 비교하며 검토하고자 한다.

2. 베이비박스는 어떤 곳인가

베이비박스 운영기관은 베이비박스를 "부모의 피치 못할 사정 또는 아기의 장애 등의 사유로 인해 유기 위험에 처해져 있는 아기의 생명을 살리기 위해 만들어진 생명보호장치"라고 소개하고 있다.[4] 베이비박스는 2009년도 관악구 소재 교회에 처음 설치된 이래 아동의 생명을 보호하는 곳으로 홍보되어 국민적인 관심을 받았고 언론에서도 집중적으로 소개되었다. 매스미디어의 홍보 결과 베이비박스는 전국적인 인지도를 얻게 되었다. 전국에 유기되는 아동 중 다수의 아동이 서울로, 특히 베이비박스로 집중하는 현상이 눈에 띈다. 전국에서 유기로 인해 발생하는 요보호아동 중 서울에서 유기된 아동의 비율은 2008년 14.4%, 2009년 25.7%, 2010년 22.5%, 2011년 32.1%, 2012년 62.6%, 2013년 83.9%, 2014년 81.2%, 2015년 60.4%, 2016년 62.5%, 2017년 57.5%로 베이비박스로 인해 아동유기가 서울에 집중되고 있는 것을 확인할 수 있다.[5] 유기아동의 서울 집중 현상은 서울 소재 베이비박스가 전국적인 인지도를 갖게 된 것과 무관하지 않을 것이다.

---

4   주사랑공동체 홈페이지, "위기영아보호사업>베이박스란?", http://www.godslove. or.kr/kor/html/business/baby01.asp (최종검색일 2023. 5. 22.)

5   김선희, 김현준, "입법 공백과 가치 상충의 딜레마: 베이비박스 사례를 중심으로", 「한국행정논집」, 제31권 제2호, 2019, 372면.

〈표 11-1〉 유기로 인한 요보호아동 발생 건수

년도	2008	2009	2010	2011	2012	2013	2014	2015	2016	2017
전국	202	222	191	218	235	285	282	321	264	261
서울	29	57	43	70	147	239	229	194	165	150
지역	173	165	148	148	88	46	53	127	99	111
베이비박스	0	0	4	24	67	224	220	206	168	133

출처: 김선희, 김현준, "입법 공백과 가치 상충의 딜레마: 베이비박스 사례를 중심으로", 『한국행정논집』, 제31권 제2호, 2019, 372면.

전국 유기아동의 통계를 보면 관악구 소재 베이비박스에 유기되는 아동의 숫자가 증가됨에 따라 서울 지역의 유기아동 숫자가 급증하는 반면 지역에 유기되는 아동의 숫자가 감소하고 있으며, 2013년과 2014년에 베이비박스 유기아동 숫자가 정점을 찍은 후 이후 다소 감소 추세를 보이는 데 이에 따라 다시 지역에 유기되는 아동의 숫자가 회복하여 증가되고 있는 것을 확인할 수 있다. 이러한 통계를 통하여 추정할 수 있는 것은 베이비박스가 전국적으로 알려짐에 따라 지방에서 유기되었을 영아가 서울로 이동하여 베이비박스에 유기되고 있다는 점이다.

(1) 베이비박스는 아동살해를 막는가

베이비박스가 필요하다고 주장하는 주된 논거는 베이비박스가 아동살해를 방지하고 아동의 생명권을 구한다는 점이다. 영아살해의 위험으로부터 신생아의 생명을 보호하기 위해서 베이비박스가 필요하다는 것이다. 이러한 취지의 주장에 부합하는 연구로 오스트리아에서 익명출산제가 도입된 이후 영아 살해율이 감소되었다는 연구 결과가 소개되기도 하였다.[6] 하지만 이러한 연구와 반대로 신생아의 살해나 유기 건수가 베이비박스가 설

---

6   김상용, "베이비박스, 익명출산, 신뢰출산-끝나지 않을 논쟁", 한국가정법률상담소 창립 66주년 기념 심포지엄 『보호출산제 도입- 자녀의 생명과 권리 그리고 친생모의 익명성 여부 논의 자료집』, 2022. 21-22면.

치되기 이전에 비하여 크게 감소하지 않았으며 베이비박스가 아동의 생명 보호에 기여하는 효과가 크지 않다는 연구 결과 또한 존재한다.[7] 미국의 경우, 피난처(Safe Haven)로 지정된 곳에 익명으로 신생아를 맡길 수 있는 제도가 1999년 텍사스 주법에 규정되었고 이후 47개주로 확산되어 시행되었다. 피난처 제도의 도입으로 영아살해 또는 신생아 유기가 감소되었는지 연구하였으나 유의미한 인과관계가 확인되지 않는 것으로 나타났다.[8] 피난처 도입 이후로도 신생아 살해나 영아 유기 사건은 계속 발생하였으며 이러한 사고 건수에 비해 피난처에 아동이 유기되는 건수는 소수에 불과했기 때문이다.[9] 우리나라에서는 현재까지 베이비박스가 영아살해를 감소시켰는지에 대한 실증적인 연구가 이루어진 바 없다. 영아살해 통계만 보았을 때에는 베이비박스가 운영되기 시작한 2010년 이후 영아살해 숫자가 베이비박스의 운영 결과 유의미하게 감소하였는지 연관성을 찾기 어려워 보인다.

〈표 11-2〉 우리나라의 영아살해 통계

연도	2009	2010	2011	2012	2013	2014	2015	2016	2017	2018	2019
영아살해 건수	12	18	12	16	7	11	16	7	8	7	8

출처: 김희원, "[베이비박스의 그늘②] 다시 불거진 찬반논란", 시사위크, 2020. 11. 18., https://www.sisaweek. com/news/curationView.html?idxno=139335 (최종검색일 2023.10.13.)https://www.sisaweek.com/news/ curationView.html?idxno=139335 및 이보람, 13세 소녀의 임신, 가족도 학교도 몰랐다", 세계일보, 2013. 9. 13., "https://news.zum.com/articles/8878770 (최종검색일 2023.10.13.)에서 재구성

한편 2010년부터 2014년까지 5년간 베이비박스에 유기된 아동의 통계를 분석한 '베이비박스 프로젝트 보고서'에서는 베이비박스 아동들이 '버려진'아동이 아니라고 결론을 내리고 있다.[10] 친생부모들이 아동을 안전하

---

7   신동현, 독일에서의 베이비박스와 비밀출산법제, 『비교사법』, 제22권 제4호, 1875면.
8   권재문, 『입양특례법 재개정론과 익명출산제도』, 법무부, 2013, 18면.
9   앞의 책, 24면.
10   베이비박스 프로젝트 팀, 『베이비박스 프로젝트 보고서』, 2022.01.09., https://btob.

게 보호해줄 곳을 찾아 전국 각지에서 베이비박스가 있는 곳까지 찾아왔다는 것이다. 심지어 제주도에서 16시간 동안 배를 타고 서울의 베이비박스까지 찾아온 사례도 존재한다고 밝혔다. 베이비박스 프로젝트 보고서는 베이비박스를 찾아온 부모들이 베이비박스를 찾기 전까지 많은 선택지를 알아보았고 그 중에서 최선의 선택지로 베이비박스를 '선택'한 것이라고 보고하고 있다. 아동의 보호를 위해 최선의 선택지로서 베이비박스를 찾은 부모들이 베이비박스라는 선택지가 없었다면 아동을 살해하거나 사망하도록 유기하였을 것이라고 보기는 어렵지 않을까.

(2) 어떤 아동이 베이비박스로?

어떠한 아동이 베이비박스에 유기되었는지 그 배경을 살펴보면 경제적인 어려움으로 인한 양육곤란이 가장 높게 나타난다.[11] 위 베이비박스 프로젝트 보고서에서도 베이비박스를 찾았던 총 340건의 사례 중 33.8%가 경제적 어려움을 호소한 것으로 나타났다. 경제적인 어려움과 더불어 거주불안정의 문제가 맞물려 존재했다. 또한 베이비박스를 찾은 부모 중 70% 내외가 미혼모 또는 미혼부인 상황이었다.[12] 한부모가 아니더라도 대부분이 부모나 친척, 친구, 지인 등 주변에 도움이나 지원을 기대하기 어려운 상황이었다. 베이비박스 프로젝트 보고서에 의하면 청소년 부모의 경우 피임에 무지한 결과 준비되지 않은 상황에서 갑작스럽게 임신하게 되었고 이는

---

or.kr/26/?q=YToxOntzOjEyOiJrZXl3b3JkX3R5cGUiO3M6MzoiYWxsIjt9&bmode=view&idx=9395090&t=board (최종검색일 2023.10.13.)

11 이선영, "베이비박스 아동 실태 및 돌봄지원 방안", 『여성가족리포트』 2015 제3호, 2015, 3면.

12 베이비박스 아동의 가정이 미혼인 비율은 2017년 68%, 2018년 59%, 2019년 63.6%, 2020년 72.1%인 것으로 나타났다. 김희원, "[베이비박스의 그늘③] 비밀출산제 등 아기 유기 대책 부상", 시사위크, 2020. 11. 25., http://www.sisaweek.com/news/articleView.html?idxno=139543 (최종검색일 2023.10.13.)

양육을 책임질 수 없는 상황으로 이어졌다. 베이비박스 프로젝트 보고서의 사례 중에는 장애를 가진 아동이 6.64%를 차지하는 것으로 나타나는데, 장애아동이 베이비박스로 오게 된 이유는 다른 아동복지시설과 입양기관이 장애를 이유로 아동을 받아주지 않았기 때문이라고 한다. 그 외 혼인관계 외에서 자녀를 출생하거나 원치 않는 성관계로 인한 임신과 출산인 경우도 소수 존재했다.

베이비박스를 찾게 된 이유가 다양한 만큼 이에 대한 해결방법 또한 다각도로 접근해야 할 것이다. 우선 베이비박스를 찾게 된 원인을 사안별로 구체적으로 규명하고 각 원인별로 근본적이고 실질적인 대책을 강구하여야 할 것이다. 경제적인 어려움으로 인해 베이비박스를 찾았다면 실질적인 양육 지원과 빈곤 가정에 대한 지원 대책을 실효성 있게 확충해야 할 것이다. 청소년이 갑작스러운 임신과 출산으로 베이비박스를 찾았다면 청소년들에게 성교육과 피임교육을 실질적으로 시행하는 것이 필요하다. 성폭력 피해 등과 같이 피치 못할 사정으로 원치 않는 임신을 하였다면 낙태 관련 정보제공과 상담, 의료 서비스의 제공이 이루어져야 할 것이다. 아동복지시설과 입양시설에서 장애를 이유로 아동의 보호를 거부하여 베이비박스를 찾게 되었다면 이는 장애를 이유로 한 차별에 해당하는 만큼 동일한 사례가 재발되지 않도록 정부 차원에서 관리감독을 강화하여 장애 차별적인 관행을 바로잡아야 할 것이다. 이와 같이 각각의 문제 원인에 걸맞는 해결방법을 강구하기 위한 시간과 노력을 들이지 않은 채 익명출산제의 도입으로 베이비박스의 문제를 일거에 해결하고자 기대하는 것은 잘못된 처방전으로 병을 치료하고자 하는 것과 같다.

해외의 경우 베이비박스가 어떠한 사회적·제도적 환경 속에서 이용되고 있는지도 살펴볼 필요가 있다. 전국에 100여개의 베이비박스가 설치되어 운영되고 있는 독일의 경우, 베이비박스를 허용하고 있는 함부르크주의 조사에 의하면, 아동을 유기할 수밖에 없는 곤경에 처한 여성들은 주로 불법체류외국인 여성, 마약중독자, 성범죄나 가정폭력 피해자, 어린 10대 여성들이었다고 한다.[13] 특히 주목할 만 한 점은 독일의 경우 영아 유기의 사유에 '미혼모'가 존재하지 않는다는 점이다.[14] 독일 전체 출생자 중 혼외자가 약 30%로 상당한 비율을 차지하고 있는데, 이는 사회적·법제도적으로 혼외자에 대한 차별을 없애기 위해 노력해온 결과이며 혼인외 자녀를 양육하는 한부모 가정에 대한 지원제도가 잘 구비되어 있기 때문이다.[15] 미혼모에 대한 사회적 편견과 차별, 경제적 어려움으로 베이비박스를 찾아 아이를 유기하고 있는 한국의 현실과 대비되는 지점이다.

(3) 베이비박스에 유기된 아동은 어디로?

언론을 통해 베이비박스를 '미담'으로 접한 사람들 대부분은 베이비박스 운영기관이 유기아동에게 가족과 같은 보살핌을 지속적으로 제공할 것으로 기대하지만 사실은 그렇지 않다. 베이비박스에 유기된 아동이 보호되는 절차를 살펴보면 다음과 같다. 베이비박스에 아동이 유기되면 베이비박스 운영기관은 경찰에 유기아동 신고를 한다. 신고가 이루어지면 관악구청은 베이비박스를 방문하여 아동을 인수한 후 서울시립 어린이병원에서 건강검진을 실시한다. 건강검진 후 아동은 서울시 아동복지센터에서 일시보호를 받은 후 이후 서울시 산하 보육원 등 아동양육시설로 배치되어 시설에서 생활하게 된다.[16]

13   서종희,『입양특례법상 입양시 아동의 출생신고 및 가족관계등록법 상 출생신고에 관한 비교법적 검토』, 법무부, 2014, 23면

14   앞의 책, 23면

15   앞의 책, 23면.

16   주사랑공동체 홈페이지. "위기영아보호사업〉베이비박스에서 하는 일", http://www.godslove.or.kr/kor/html/business/baby02.asp (최종검색일 2023. 5. 22.).

〈표 11-3〉 베이비박스 아동 실태 및 돌봄지원 방안(여성가족리포트, 2015. 11)

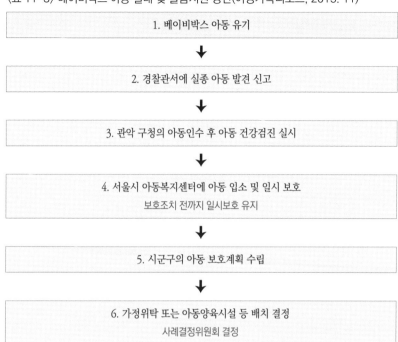

| 1. 베이비박스 아동 유기 |
| 2. 경찰관서에 실종 아동 발견 신고 |
| 3. 관악 구청의 아동인수 후 아동 건강검진 실시 |
| 4. 서울시 아동복지센터에 아동 입소 및 일시 보호
보호조치 전까지 일시보호 유지 |
| 5. 시군구의 아동 보호계획 수립 |
| 6. 가정위탁 또는 아동양육시설 등 배치 결정
사례결정위원회 결정 |

　　서울시아동복지센터에 의하면 2015년 기준 서울시아동복지센터에 입소한 총 613명의 베이비박스 아동 중 602명인 98%가 아동양육시설로 보호의뢰 되었고, 9명은 원가정 복귀, 입양 1명, 사망 1명인 것으로 나타났다.[17] 대부분의 아동이 아동양육시설에서 장기간 보호되었고 극히 일부 숫자의 아동에게만 가정형 보호가 이루어진 것이다. 이러한 결과는 감사원의 2020년 감사결과에도 동일하게 나타났다. 감사결과 베이비박스 아동의 80% 이상이 시설에서 장기 보호되고 있는 점이 지적되었다. 2014년부터 2018년 사이에 베이비박스로 유기된 아동 962명 중 929명(99.6%)이 아동양육시설로

17　김형모, "베이비박스의 실태와 대안", 『동광』, 112호, 2017, 9면.

보호 의뢰되었고, 3.4%인 33명만이 입양 또는 가정위탁 되었다. 아동양육 시설에 보호된 아동이 사후적으로 가정보호로 변경된 것은 총 128명에 불과해 베이비박스에 유기된 아동 중 80.5%인 748명이 성인이 될 때 까지 시설에서 살아야 하는 실정인 것이다. 감사원은 이러한 보호실태에 대하여 "부모가 없는 유기아동에게 시설보호만 제시하는 등 보호조치 간 우선순위에 따른 처리절차가 없고 또한 시설로 보호조치된 아동에 대한 입양, 가정위탁 등의 변경조치를 위한 절차도 없어 시설로 보호조치된 아동에 대한 가정보호로의 변경 조치가 시설장 등의 재량에 맡겨져 있는 실정"을 문제로 지적하였다.[18]

유엔아동권리협약에서는 아동은 원칙적으로 부모를 알고 부모에 의해 양육 받을 권리를 가지며(협약 제7조), 원가정으로부터의 분리는 아동 최상의 이익을 위하여 필요한 경우에만 할 수 있다고 명시하고 있다(제9조). 2009년 유엔 총회에서 결의된 유엔 '아동의 대안양육에 관한 지침'에서는 가정에서 아동을 분리하는 것은 가장 최후의 수단이어야 하고 가능한 한 일시적이고 단기적으로 이루어져야 하며(제14조), 시설 양육은 아동 최상의 이익을 고려하여 아동 개인에게 유익한 때에만 최후의 수단으로 이루어져야 한다고 규정하고 있다(제21, 22조). 아동보호의 원칙으로서 가정 우선적으로 고려되어야 하는 것은 원가정보호이며 아동을 가정에서 분리하는 것은 아동 최상의 이익에 부합하는 경우 최후의 수단으로 이루어져야 한다는 점을 거듭 강조하고 있다.

베이비박스에 유기된 아동의 보호 상황은 이러한 아동보호의 원칙에 반하는 결과를 보여주고 있다. 앞서 살펴본 바와 같이 2015년 서울시아동복지센터의 보고와 2020년 감사원 감사결과에 의하면 베이비박스에 유기되는 아동 중 80% 이상이 대규모 아동양육시설에서 보호되고 있는 반면 입

---

18   감사원, 『보호대상아동 지원실태 감사보고서』, 2019.

양 또는 가정보호의 비중은 20%에 불과하여, 대부분의 아동이 시설보호 되고 있는 것이다. 이러한 보호실태는 국제인권규범이 제시하고 있는 아동보호원칙에 반한다.

(4) 아동의 '출생등록될 권리'의 침해

베이비박스의 가장 큰 문제점 중 하나는 아동의 출생등록될 권리를 침해한다는 점이다. 아동의 출생신고는 아동이 공적으로 존재를 인정받고 법적 권리를 향유하기 위한 출발점이다. 출생신고가 되지 않은 이상 아동에게 부여되는 법적 제도적 권리를 누릴 수가 없으며, 공적인 보호의 사각지대에 놓이게 돼 유기, 불법입양, 아동매매 등과 같은 위험에 노출될 우려가 크다. 이러한 이유에서 유엔 아동권리위원회, 인종차별철폐위원회, 자유권규약위원회, 사회권규약위원회 등 국제사회는 우리나라 정부를 상대로 모든 아동의 출생신고가 가능하도록 제도개선을 촉구해왔다. 「유엔 시민적 및 정치적 권리에 관한 규약」은 제24조에서 "모든 아동은 출생 즉시 등록되어야 하며, 이름을 가져야 한다."고 명시하고 있으며, 「유엔아동권리협약」 또한 제7조에서 "아동은 출생 후 즉시 등록되어야 하며, 출생 시부터 이름을 갖고, 국적을 취득하며, 가능한 한 부모를 알고 부모에게 양육 받아야 한다."고 선언하고 있다. 이러한 조문에 근거하여 2011년부터 현재까지 유엔 산하의 각 위원회는 우리나라 정부를 상대로 8차례에 걸쳐 보편적 출생등록제를 도입하라는 취지의 권고를 했다. 유엔아동권리위원회는 2011년에 이어 2019년도에도 우리 정부를 상대로 "온라인 출생신고를 포함한 출생신고가 부모의 법적 지위 및 출신지와 관계없이 모든 아동이 보편적으로 이용 가능하도록 보장할 것"을 권고하였다.[19]

출생등록될 권리와 관련한 국제인권 규약 내용과 유엔 산하 위원회

---

19   2019. 9. 27. 유엔아동권리위원회, 대한민국 제5-6차 국가보고서에 대한 최종견해 중

의 최종 권고 사항을 반영하여 최근 대법원은 아동의 '출생등록 될 권리'를 '법 앞에 인간으로 인정받을 권리'로서 모든 기본권 보장의 전제가 되는 기본권으로 보아 법률로써도 이를 제한하거나 침해할 수 없다고 판시하였다.[20] 헌법재판소도 최근 출생등록은 "개인의 인격을 발현하는 첫 단계이자 인격을 형성해 나아가는 전제로서 중요한 역할을 담당"한다고 보아 "'출생등록될 권리'는 아동이 사람으로서 인격을 자유로이 발현하고, 부모와 가족 등의 보호 하에 건강한 성장과 발달을 할 수 있도록 최소한의 보호장치를 마련하도록 요구할 수 있는 권리"라고 결정하였다.[21] 이러한 대법원 판결과 헌법재판소의 결정은 유엔인권규약에서 보장하고 있는 아동의 출생신고 될 권리를 아동의 기본권으로서 명시한 선례로서 의미가 있다.

이와 같이 아동에게 출생등록될 권리가 기본권 보장의 전제가 되는 근본적인 기본권임에도 불구하고 베이비박스에 유기된 아동은 친생부모에 대한 자료를 전혀 확보할 수 없어 출생등록될 권리를 전면적으로 침해받는 실정이다. 베이비박스 운영기관은 아동이 유기될 당시 95% 이상 친생부모를 만나 직접 상담을 진행하고 있다고 밝히고 있으나,[22] 유기아동이 관악구청을 통해 보호의뢰 되는 과정에서 자신들이 소지한 친생부모와 관련된 정보를 전혀 인계하고 있지 않다.

(5) '미신고' 시설인 베이비박스의 문제점

현행 아동복지법은 국가 또는 지방자치단체는 아동복지시설을 설치할 수 있으며, 국가 또는 지방자치단체 외의 자가 아동복지시설을 설치하고자 할 경우에는 시장·군수·구청장에게 신고하도록 규정하고 있다(아동복지법

---

20   대법원 2020. 6. 8. 결정. 2020스575 판결.

21   헌법재판소 2023. 3. 23. 선고 2021헌마95 가족관계의 등록 등에 관한 법률 제46조 제2항 등 위헌확인.

22   주사랑공동체 홈페이지. "위기영아보호사업)베이비박스에서 하는 일", 위의 글.

제50조제1,2항). 아동복지시설의 시설기준 및 설치 등 필요한 사항에 대하여는 보건복지부령으로 정하도록 규정하고 있다(아동복지법 제50조 제4항). 이와 같이 시설 설치 기준 등을 법령으로 규율하는 이유는 아동이 건전하고 행복하게 육성될 수 있도록 위생적이고 그 환경이 아동의 복리에 적합하도록 하고자 하는 취지에서이다.[23] 아동복지시설의 설치·운영을 신고제로 운영하면서 중앙정부와 지방정부가 관리·감독하는 이유는 시설입소아동의 복지와 권익을 시설 운영자와 종사의 선의에만 맡길 경우 발생할 수 있는 인권침해를 사전에 방지하기 위해서이다. 하지만 미신고 아동복지시설에는 이러한 시설 설치 기준, 아동복지법상 요구되는 종사자의 전문성 확보와 같은 각종 책무 규정이 적용되지 않는다.[24]

신고가 필요한 아동복지시설의 종류로 아동양육시설, 아동일시보호시설, 아동보호치료시설, 공동생활가정, 자립지원시설, 아동상담소, 아동전용시설, 지역아동센터, 아동보호전문기관, 가정위탁지원센터, 아동권리보장원, 자립지원전담기구가 규정되어 있다(아동복지법 제52조). 베이비박스가 위 아동복지시설 중 하나에 해당한다면 그 설치와 운영을 위해서는 아동복지법에 따라 관할 지자체장에게 신고가 필요할 것이다. 베이비박스를 운영하고 있는 주사랑공동체는 홈페이지에서 영아 '긴급보호'와 '수탁보호'를 베이비박스의 사업으로 소개하고 있다.[25] 영아긴급보호 사업에 대해서는 "부모의 피치 못할 사정 또는 아기의 장애 등의 사유로 인해 유기 위험에 처해져 있는 아기를 긴급 구제하여 보호"하고 긴급보호의 대상은 "친부모가 양육을 포기하여 출생신고를 하지 않은 아기들"이며, 베이비박스는 "이 아기들을 1~7일 보호한 후"절차에 따라 국가에 인도한다고 소개하고 있다. "영

---

23   강정은, "미신고 아동복지시설 사례로 살펴 본 아동보호체계의 공백", 『미신고 아동복지시설 문제로 바라본 아동보호체계의 공백 국회토론회 자료집』, 2021. 17면.
24   앞의 글, 16면.
25   주사랑공동체 홈페이지. "위기영아보호사업〉베이비박스에서 하는 일", 위의 글.

아 수탁 보호"에 대하여는 "친부모가 아기를 양육하고자 하는 뜻을 가지고 있으나 당장 아기를 양육할 형편이 못되는 경우, 주사랑공동체는 상담을 통해 아기를 수탁하여 보호"하며 "영아 수탁 보호는 친부모가 출산 직후의 힘든 상황에서 양육을 포기하지 않도록 단기(1개월~6개월) 24시간 보육서비스를 제공하는 것"이라고 소개하고 있다.

이러한 베이비박스의 영아 긴급보호 사업은 아동복지법상 아동복지시설 중 '아동일시보호시설'의 업무에, 영아수탁보호 사업은 '가정위탁지원센터'의 업무에 준하는 것으로 보인다. 아동일시보호시설이란 "보호대상아동을 일시보호하고 아동에 대한 향후의 양육대책수립 및 보호조치를 행하는 것을 목적으로 하는 시설"을 뜻하며(아동복지법 제52조 제1항 제2호), 가정위탁지원센터는 가정위탁지원을 목적으로 하는 센터를 뜻한다(아동복지법 제42조). 그렇다면 베이비박스를 운영하는 주사랑공동체가 아동복지시설의 성격을 갖는 베이비박스를 설치 운영하기 위해서는 아동복지법 제50조 제2항에 따라 시장·군수·구청장의 신고를 필해야 한다. 하지만 주사랑공동체는 베이비박스의 설치·운영에 대하여 지방자치단체의 장에게 신고하지 않았고 따라서 베이비박스는 '미신고'시설이다.

아동복지법은 미신고시설을 설치·운영한 자에 대하여 "1년 이하의 징역 또는 1천만원 이하의 벌금"에 처하도록 규정하고 있다(아동복지법 제71조 제1항 제3항 제3호). 나아가 보건복지부장관과 지방자치단체의 장은 아동복지법을 위반한 시설에 대하여는 시설의 개선, 6개월 이내의 사업의 정지, 위탁의 취소 또는 시설장의 교체, 시설의 폐쇄를 명할 수 있다(아동복지법 제56조 제1항 제7호). 앞서 살펴본 바와 같이 베이비박스는 미신고시설에 해당하므로 신고제를 규정하고 있는 아동복지법을 위반하고 있다. 보건복지부장관과 지방자치단체의 장은 아동복지법에 따라 미신고시설인 베이비박스 운영자에게 시설 개선, 사업 정지, 시설 폐쇄 등을 명할 수 있다. 하지만 보건복지부장관과 서울시장은 베이비박스에 대한 국민적 여론을 의식하여 적극적인 행정조치에 나서지 않고 있다.

3. 베이비박스 지원 조례안의 검토

앞서 살펴본 바와 같이 베이비박스는 유기아동의 문제를 해결하기 위한 적절한 대안이 될 수 없으며 베이비박스를 통해 유기된 아동은 이후 장기간 아동복지시설에서 지내게 되어 아동보호원칙에도 반하는 문제를 내포하고 있다. 또한 아동복지법상 '미신고'시설로 정부의 관리감독의 사각지대에 존재하여 아동 복리에 위해가 발생할 우려가 존재한다. 그럼에도 불구하고 최근 제주도에서 제주특별자치도 환경도시위원회의 주최 및 주관으로 '베이비박스 설치 및 지원을 위한 조례 제정 공청회'가 두 차례에 걸쳐 진행되었다. 2022. 8. 23.에 1차로 "베이비박스 설치 및 지원을 위한 조례제정 공청회"가 개최되었고, 2022. 10. 14.에 2차로 "제주특별자치도 위기영아 보호상담 지원 조례안" 공청회가 진행되었다. 조례안은 총 8조로 구성되어 있으며, 1조는 목적, 2조는 정의 규정, 3조는 도지사의 책무를, 4조는 위기영아 보호상담 지원센터의 설치에 대하여, 5조는 위탁운영의 근거를, 6조는 협력체계의 구축에 대하여, 7조는 종사자의 비밀 준수 의무에 대하여, 8조는 시행규칙의 근거를 규정하고 있다. 조례안에서 소개하고 있는 '위기영아보호상담지원센터'는 1차 공청회의 제목과 조례안의 내용에 비추어 보았을 때 베이비박스라는 용어를 대체하고 있는 것으로 보인다. 이러한 명칭 변경은 베이비박스에 대한 사회적 논란을 우회할 수 있고, 위기영아를 보호하고 지원한다는 명분에 많은 사람들이 공감할 것이라는 점에서 유효한 입법전략으로 보인다. 동 지원조례는 앞서 살펴본 바와 같이 베이비박스가 내포하고 있는 문제점을 간과한 채 오히려 공적인 지원 근거를 마련하고자 하고 있는 점에서 첫 단추부터 잘못 꿴 상황이 되었다. 베이비박스

자체가 내포한 문제점 이외에도 조례안은 다음에서 살펴보는 바와 같이 아동보호의 원칙과 현행 아동보호절차에 반하는 문제점도 갖는다.

(1) 친생부모의 존재가 '세탁'된 조례

앞서 살펴본 바와 같이 유엔아동권리협약과 2009년 유엔총회결의로 채택된 '유엔 아동대안양육에 관한 지침'은 아동보호에 있어서 원가정보호를 우선으로 하여야 한다는 점을 분명히 밝히고 있다.[26] 원가정보호의 원칙은 우리나라의 아동복지법에도 반영되어 있다.[27] 베이비박스지원 조례안은 영유아기 위기아동의 보호를 위한 목적의 조례안이므로 원가정보호의 원칙이 적용되어야 한다.

동 조례안은 "위기영아의 보호와 상담지원에 필요한 사항"을 규정함으로써 "위기영아의 생명권과 인권 보장"을 하고자 한다고 목표를 밝히면서(제1조) '위기영아'를 "불가피한 사유로 출생하여 원가정과 분리되거나 유기의 위험성이 큰 아이"로 정의하고 있다(제2조 제2호). 위기영아의 발생에는 친생부모의 존재가 필연적이며 건강한 성장과 발달을 위해서는 원가정보호가 우선적으로 검토되어야 함에도 불구하고, 목적조항과 정의 규정에서 친생부모에 대한 언급을 찾아볼 수 없다. 또한 동 조례안은 원가정 분리가 불가피한 위기아동의 발생을 전제로 하여 아동의 분리와 유기 이후의 개입, 즉 아동의 가정외 보호와 치료에만 주력하고 있을 뿐, 애초에 위기아동이 발생하지 않도록 하여 아동이 원가정에서 보호·양육될 수 있도록 하는 예방적 개입에 대한 내용은 담겨 있지 않다.

조례안 제4조는 '위기영아보호상담지원센터'의 업무 중 하나로 "위기영아의 부모에 대한 상담 지원"업무를 제시하고 있으나, 목적 조항에서

---

26   유엔아동권리협약 제7, 9, 14조.
27   아동복지법 제4조 제4항.

조차 언급하고 있지 않은 원가정에 대한 양육 지원을 위한 상담이 제대로 이루어질지 의문이다. 상담이 원가정보호 원칙과 아동 최상의 이익의 관점에서 이루어지기 위해서는 원가정 양육지원을 위한 공적 지원과 민간 지원의 연계, 일시보호·가정위탁·입양 등 공적인 아동보호체계로의 연계가 통합적으로 가능해야 할 것이다. 이를 위해 부모상담은 민간 자원과 공적 자원을 유기적으로 개입시킬 수 있는 공적 기관에서 수행하여야 할 것이며 같은 이유로 현행 아동복지법에서는 보호대상아동이 발생했을 경우 지방자치단체가 상담과 보호조치에 개입하도록 규정하고 있다. 이에 대하여는 다음 목차에서 살펴보도록 하겠다. 만약 부모에 대한 상담 과정에서 원가정보호의 원칙을 제대로 반영하지 못한다면, 상담과정은 아동 분리를 위한 형식적인 들러리에 불과하다는 비판을 면할 수 없을 것이다. 따라서 동 조례안은 위기아동을 원가정에서 분리하는 것을 전제로 하여 분리 이후 아동에 대한 사후적인 보호를 주된 내용으로 하는 조례안으로서 유엔아동권리협약과 현행 아동복지법에서 보장하고 있는 원가정보호의 원칙에 위배된다.

(2) 현행 아동복지법에 반하는 조례

조례안에서 정의하고 있는 '위기영아'규정이 적용되려면 대상아동은 "불가피한 사유"로 출생하여 "원가정과 분리되거나 유기의 위험성이 큰"경우에 해당하여야 한다(제2조). 그런데 어느 경우가 "불가피한 사유"로 인한 출생에 해당하는지 또한 어떠한 경우가 "원가정과 분리되거나 유기의 위험성이 큰" 경우인지에 대하여 누가 어떻게 판단할지 조례는 정하고 있지 않다. 아동을 원가정과 분리 하는 결정을 내리는 심사주체나 기준, 절차에 대해 구체적으로 규정하고 있지 않은 이상 조례안 제4조에서 규정하고 있는 '위기영아보호상담지원센터'가 상담을 한 이후 해당 아동의 보호와 치료 등의 조치를 취할 것으로 해석된다. 이는 지방자치단체의 장이 아동복지심의위원회를 거쳐 아동최선의 이익의 원칙을 기반으로 보호대상아동의 보호조치를 판단하도록 하고 있는 아동복지법상(아동복지법 제15조제1항, 제12조) 아동보호절차와 원칙에 위배된다. 또한 일개 민간 센터가 아동의 원가정으로부터의 분리를 결정하도록 하는 것은 아동 최선의 이익의 원칙을 담보할 수 있는 공적 절차를 배제하는 것으로 아동 최선의 이익 원칙에도 위배된다. 아동과 관련된 모든 절차와 내용에 있어서 아동 최선의 이익을 최우선으로 보장하여야 한다는 원칙은 아동복지법 제2조 제3항과 유엔아동권리협약 제3조에서 보장하고 있는 아동복지의 기본이념이다.

4. 익명출산제도의 문제점

익명출산제도는 베이비박스에 대한 대안으로 자주 호명되는 제도이다. 아동의 출생등록될 권리와 친생부모를 알 권리를 전면적으로 차단하는 베이비박스보다는 친생부모에 대한 정보접근 가능성이 조금이라도 열려있는 익명출산제가 보다 아동권리에 부합하다는 취지에서이다. 친생모가 신분을 드러내지 않고 출산할 수 있는 제도가 시행되고 있는 나라로 독일과 프랑스가 꼽힌다. 독일의 경우, 2014년 5월 1일부터 시행되기 시작한 '임신여성 지원확대 및 신뢰출산에 관한 개정법률'에 따라 친생모가 '신뢰출산'을 선택하면 병원에서 가명으로 출산이 가능하며 친생모의 신상에 관한 정보는 별도의 봉투에 밀봉되어 국가기관에서 보존한된다.[28] 자녀가 16세가 되면 친생모에 대한 인적 사항의 열람을 신청할 수 있으며 친생모가 반대의 의사표시를 하는 경우에는 가정법원이 정보의 열람 여부를 심사하여 결정

---

28 김상용, "베이비박스와 익명의 출산 – 가족관계등록법의 개정과 관련하여", 『부산대학교 법학연구』, 제54권 제4호, 2013, 319면

하도록 되어 있다.[29] 프랑스의 경우, 임신여성이 익명출산을 요구하는 경우 입원비와 출산비를 전액 사회보조금으로 지출하도록 되어 있다고 한다.[30] 각 나라에서 익명출산이 제도화된 사회적, 문화적 환경과 우리나라 상황 사이에 존재하는 차이점을 주목할 필요가 있다. 신생아에 대한 출생등록제 도의 형태, 미혼모에 대한 사회적 차별의 정도, 미혼모의 출산과 양육에 대한 지원 내용 등을 종합적으로 살펴보았을 때 우리사회 상황에 맞는 베이비박스의 대안이 도출될 수 있기 때문이다.

(1) 익명출산제도를 논의하기 위한 전제

2019년 유엔아동권리위원회는 대한민국 정부를 상대로 부모의 법적 지위 및 출신지와 관계없이 모든 아동이 온라인 출생신고를 포함한 출생신고를 보편적으로 이용 가능하도록 보장할 것을 권고하였고, 더불어 아동의 출생등록될 권리 등을 심각하게 침해하는 익명출산제도의 도입에 우려를 표했다.

> "위원회는 종교단체가 운영하면서 익명으로 아동유기를 허용하는 베이비박스를 금지하고, 병원에서 익명으로 출산할 가능성을 허용하는 제도의 도입을 최후의 수단으로 고려할 것을 당사국에 촉구한다." – 2019. 10. 유엔 아동권리위원회의 제5·6차 대한민국 정부 심의 최종 견해 중 –

출생등록될 권리의 기본권적 성격과 유엔아동권리위원회의 최종견해 등을 종합해보면, 아동의 출생등록될 권리를 침해하는 익명출산제도의 도입을 논의하기 위해서는, 모든 아동에게 출생과 동시에 출생등록될 권리를

---

29   앞의 글, 319면
30   서종희, 위의 책, 2014, 11면

보장하는 '보편적출생등록제'의 도입과 실행이 선행되어야 한다. 현재 익명 출산이 이루어지고 있는 독일과 프랑스의 경우에도 보편적 출생등록제도가 이미 시행되고 있다. 프랑스의 경우 의료기관(의사) 등에게 아동의 출생 후 3일 이내 출생신고를 하도록 의무화하고 있다.[31] 의료기관이 이를 위반하는 경우에는 법적인 제재를 가할 수 있도록 규정하고 있다.[32] 독일에서는 출생 후 7일 이내 아동의 부 또는 모가 직접 출생신고를 하도록 의무화하고 있으나 병원이나 조산사가 있는 기관에서 출산한 경우에는 해당 의료기관이 아동의 출생신고의무를 부담도록 하고 있다.[33] 의료기관에게 친생부모와 동순위의 출생신고의무를 부여함으로써 모든 아동이 공적으로 등록되어 법적인 보호를 받을 수 있도록 보장하고 있다. 보편적 출생등록제도를 시행하는 아래에서 곤궁에 처한 임산부에게 예외적인 비상수단으로서 익명출산제도를 보장하고 있는 것이다. 반면 우리나라에서는 아동의 출생신고를 부모의 임의적인 의사에만 맡겨두고 있어 출생 즉시 등록되어야 할 아동의 출생등록될 권리가 보장되고 있지 않다. 그 결과 출생신고가 되지 않은 아동의 사례가 끊임없이 보도되고 있다. 2020년 11월, 여수에서 생후 2개월 된 영아가 출생신고도 되지 않은 채 사체로 냉동고에서 발견되었고,[34] 2021년 1월에는 인천에서 출생신고 되지 않은 8세 여아가 친모에 의해 살해당한 안타까운 사건도 발생했다.[35] 이러한 실태에 대하여 유엔아동권리위원회는 수차례 보편적 출생등록제도의 도입을 권고하였다. 출생등

---

31 서종희, 앞의 책, 2014, 4면

32 앞의 책, 4면.

33 김철효 외, 『이주배경 아동의 출생등록』, 세이브더칠드런, 2013, 90-01면

34 김은빈, "여수 가정집 냉장고서 발견된 아기 사체…2년 전부터 숨겨 있었다.", 중앙일보, 2020. 11. 3., https://www.joongang.co.kr/article/23933866#home (최종검색일 2023.10.13.).

35 이정하, "출생신고 않은 채 살해된 8살 여아 '이름' 생긴다", 한겨레, 2021. 2. 19., https://www.hani.co.kr/arti/area/capital/983679.html (최종검색일 2023.10.13.).

록제의 도입을 전제로 하지 않는 익명출산제도의 도입은 익명출산제의 필요성이 유래된 주요한 사회적 조건을 간과한 것으로서 유효 적절한 문제해결 방안이 될 수 없다.

그 동안 많은 아동인권단체의 노력으로 아동의 출생신고될 권리를 보장하기 위해 다수의 「가족관계의 등록 등에 관한 법률」(이하 '가족관계등록법') 개정안이 국회 발의되었지만 본회의를 통과하지 못하고 자동폐기 되기를 반복했다. 그러던 중 2023. 6. 감사원의 출생미신고 아동에 대한 감사 결과 발표와 뒤 따라 언론을 통해 보도된 출생미신고 아동의 사망·유기·불법매매 사건들로 인하여 전 국민적인 공분이 촉발되었고, 그 결과 출생통보제를 담은 가족관계등록법 개정안이 2023. 6. 30 국회 본회의를 통과하게 되었다. 2024. 7. 19.부터 시행될 출생통보제는 아동이 병원에서 출생하면 공적인 전산시스템을 통하여 지자체가 아동의 출생사실을 파악한 후 출생신고를 위하여 공적 개입을 하도록 하고 있다. 하지만 출생통보제는 대한민국 국적을 가진 아동에게만 적용되어 이주배경을 가진 아동들은, 즉 부모가 난민인정자거나 난민신청자인 경우, 이주노동자인 경우, 무국적자인 경우에는 출생신고에서 누락되는 실정이다. 법 앞에 인간으로 인정받을 권리로서 모든 기본권 보장의 전제가 되는 '출생등록될 권리'를 모든 아동에게 보편적으로 보장하는 제도를 기초로 설계한 후, 보편적 출생등록제도의 이행 과정에서 발생하는 문제를 보완할 필요가 있다면 최후의 수단으로써 익명출산제도를 검토해야 할 것이다.

(2) 미혼모지원 정책의 지연

베이비박스와 익명출산제의 도입에 가장 앞장서 반대하는 단체로 미혼모 단체와 해외입양인 단체를 꼽을 수 있다. 어째서 미혼모와 해외입양인 단체는 공동의 목소리를 내게 되었을까. 그 배경에는 우리나라에서 70여년의 역사를 자랑하는 해외입양의 역사가 자리한다. 해외입양통계를 살펴보면 1980년대 중반 이후 해외입양 대상아동의 80% 이상이 미혼모 가정 출신이 차지하고 있다.[36] 베이비박스에 유기되는 아동 역시 미혼가정 출신인 경우가 70% 내외를 차지하고 있다는 점은 앞서 언급하였다. 이러한 통계는 우리 사회가 미혼모의 출산을 은폐되어야할 것으로 치부해 왔고, 미혼모에게 아동을 직접 양육할 수 있도록 지원하는 대신 친권과 양육을 포기하고 해외입양 보낼 것을 사회적으로 권장해왔다는 사실을 드러낸다. 한편 과거 불법적인 해외입양 관행 중 대표적인 것이 '고아호적'관행이다. 해외입양기관은 아동에게 확인 가능한 실제 부모가 존재함에도 불구하고 아동에게 기아호적을 창설하여 해외입양 절차를 추진했다.[37] 그 결과 해외입양인은 출생등록이 제대로 이루어지지 않아 평생 자신의 뿌리를 알 수 없게 되어 회복하기 어려운 정신적 고통 속에서 살아가야 했다. 베이비박스에 유기된 아동 역시 앞서 살펴본 바와 같이 출생등록될 권리를 전면적으로 침해당한다. 이와 같이 해외입양 관행과 베이비박스 운영 사이에는 미혼모에 대한 차별을 용인하고 아동의 출생등록될 권리를 침해한다는 공통점이 존재하기 때문에 두 가지 이슈에 있어서 미혼모 인권 단체와 해외입양인 당사자 단체가 앞장서 나서온 것이다.

나아가 미혼모와 보호가 필요한 아동에 대한 공적인 지원제도의 설계와 발전을 저해하고 해외입양제도와 익명출산제도가 동일하게 가지고 있는 문제점이다. 정부는 민간 입양기관을 통해 미혼모의 자녀를 해외 입양 보냄으로써, 미혼모에 대한 지원 정책을 마련하고 국내에서 아동을 보호할 수 있도록 아동보호체계를 구축해야할 책임을 방기했다. 입양은 아동보호를 위한 조치 중 하나로 아동복지법에 규정되어 있음에도 불구하고, 공적

36   권희정, "고아로 만드는 것이 '아동유기' 해법인가", 일다, 2013. 2. 25. https://www.ildaro.com/6283 (최종검색일 2023.10.13.).

37   원태성, "해외입양 민낯… 친부모 살아있는데 '고아'로 조작돼 보내졌다", 뉴스1, 2023. 2. 6., https://www.news1.kr/articles/?4942838 (최종검색일 2023.10.13.).

인 아동보호체계와 유리되어 민간 입양기관을 통해 별도로 작동되어 왔다. 그 결과 아동양육시설에서 보호 중인 아동은 현실적으로 입양의 기회를 얻을 수 없게 되었다. 입양절차가 민간 기관에게 일임된 이상, 공공 아동보호 절차로 유입된 아동은 민간 입양기관의 관할 외 지역에 존재하는 아동이기 때문이다. 유엔아동권리위원회 등 국제사회의 인권기준과 권고에 따라 뒤늦게나마 정부가 입양절차에 개입하여 공적 책임을 강화하고자 나섰으나, 수십 년간 구축된 입양시스템과 관행은 공적인 입양체계로의 개편을 가로막고 있다.[38]

이러한 구조 속에서 베이비박스로 유입된 아동 또한 입양의 기회를 얻기 어려웠다. 앞서 살펴본 바와 같이 2020년 감사원 감사결과에 따르면 베이비박스에 유기된 아동 중 3.4%인 33명만이 입양 또는 가정위탁된 것으로 나타났다. 베이비박스에 유기되는 아동에게는 가정형 보호를 우선하라는 국제인권규범 상 아동보호의 원칙이 지켜지지 않고 있는 것이다. 그러므로 베이비박스가 가지고 있는 이러한 상황과 문제를 해결하지 않은 채 베이비박스의 필요성을 전제로 이를 대체할 익명출산제도의 도입을 논하는 것은 적절치 않다.

미혼모에 대한 지원정책은 미혼모에 대한 사회적 차별을 개선하고 현실적이고 충분한 지원제도를 마련하여 미혼모라는 이유로 어쩔 수 없이 아동을 유기하거나 해외입양 보내는 것이 아니라 임신과 출산을 숨기지 않고 자유롭게 아동의 양육을 선택할 수 있는 환경을 보장하는 방향으로 나가야

---

38 2023. 7. 18. 기존의 「입양특례법」이 「국내입양에 관한 특별법」으로 전면 개정되어 2025. 7. 19.부터 시행될 예정이다. 개정법은 입양의 주요한 절차를 중앙정부와 지방정부가 담당하도록 하여 입양이 공적인 아동보호체계 내에서 작동하게 하고자 한다. 하지만 개정법은 정부가 담당하게 된 입양 업무를 다시 민간 기관에게 위탁할 수 있도록 하고 있어 입양의 공공성을 강화하고자 한 입법취지가 형해화될 우려를 내포하고 있다.

할 것이다. 이에 반해 익명출산제도는 과거 해외입양관행과 마찬가지로 혼인외 자녀의 임신과 출산은 제거되고 은폐되어야한다는 사회적 규범을 강화하거나 확산시키는 결과를 야기하여 역으로 여성의 재생산권을 침해할 소지를 내포한다.

(3) 미혼모가정에 대한 통합적이고 실질적인 대책부터

익명출산제의 도입 논의에 앞서서 무엇보다 양육미혼모에 대한 지원제도를 제대로 확충하는 것이 시급하다. 우리나라는 미혼모가정에 대한 지원을 위해 「한부모가족지원법」이라는 별도의 특별법을 두고 이에 근거하여 지원제도를 운영하고 있다. 「한부모가족지원법」은 배우자와 사별하거나 이혼한 경우, 노동능력을 상실한 배우자를 가진 경우, 배우자가 교정시설 등에 입소한 경우, 미혼자인 경우에 대한 양육지원을 규정하고 있다.[39] 동법에 따라 미혼모를 포함한 한부모 가정에게 아동양육비가 지원되었는데, 그 액수는 오랫동안 입양가정에 대한 지원액수보다 적었다. 입양가정에 대한 지원이 월 10만원일 때 미혼모 가정에 대한 양육비 지원은 월 5만원, 조금 상향되어 월 7만원이었다가 2017년이 되어서야 비로소 월 10만원으로 조정되었다. 정부 정책이 미혼모의 양육보다는 입양에 우선적으로 초점이 맞춰져 있었다는 점을 단적으로 보여주는 사례이다. 2019년 이후 미혼모가정에 대한 아동양육비 지원은 월 20만원이 되었고, 그 외에 아동교육지원비(학용품비)로 자녀 1인당 연 9.3만원, 한부모가족 복지시설에 입소한 경우에는 가구당 월 5만원의 생계비(생활보조비)가 지원되고 있다.[40] 부 또는 모가 만 24세 이하인 경우, 즉 청소년 한부모가족인 경우에는 아동양육비를 월

---

39   「한부모가족지원법」 제4조
40   「한부모가족지원법」 제12조 제1항, 여성가족부고시 제2022-57호(2023. 1. 1. 제정) '2023년도 한부모가족 지원대상자의 범위'

35만 원으로 증액하여 지원하고 검정고시 등 학습지원과 자립촉진수당을 추가로 지급하도록 되어 있다.[41] 저소득 미혼모가정에 해당하면 「국민기초생활보장법」에 따른 생계급여 지원을 받을 수 있으나 해당 지원 범위 내에서는 「한부모가족지원법」상 급여를 받을 수 없다. 다만 2020. 10. 20. 법 개정으로 아동양육비만 예외적으로 병급 지원이 가능하게 되었다.[42]

독일의 미혼모가정을 위한 사회보장제도는 공공부조제도 내에 실업수당의 형식으로 규정되어 있으며 한부모가족의 특성과 욕구를 반영하도록 운영되고 있다.[43] 급여의 내용으로는 기준급여, 부가급여, 주거와 난방비로 구성되어 있으며, 급여의 수준은 개별성의 원칙에 따라 가족 내 구성원의 숫자, 어린이와 청소년의 나이, 가족의 형태에 따라 정해진다.[44] 보다 구체적으로 양육미혼모의 경우 416유로(한화 약 58만 5천 원)의 기준급여가 적용되고, 18세 미만의 자녀가 있는 경우에는 나이 구별에 따라 자녀에게도 수요공동체에 생활하는 자에게 지급되는 사회수당이 지급된다.[45] 자녀가 14세~17세인 경우에는 316유로(한화 약 44만 5천 원), 6세~13세인 경우에는 296유로(한화 약 41만 6천 원), 0세에서 5세인 경우에는 240유로(한화 약 33만 8천 원)가 지급된다. 이러한 급여만으로 보호되지 않는 추가적인 필요가 있는 경우에는 자녀의 연령과 명수에 따라 '부가급여'가 책정·지급된다.[46] 이러한 공공부조 지원 이외에도 독일에서는 2016년부터 부모의 소득, 국적과 관계없이 독일에 거주하고 있는 모든 아동에게 만 18세가 될 때까지 아동

---

41 성가족부고시 제2022-57호(2023. 1. 1. 제정) '2023년도 한부모가족 지원대상자의 범위'.

42 「한부모가족지원법」 제12조 제2항.

43 윤지영, "독일과 한국의 한부모가족을 위한 공공부조제도 비교-개별성의 원칙과 관련하여-", 「사회보장법연구」 제10권 제2호, 2021년, 24면.

44 윤지영, 앞의 글, 27면.

45 윤지영, 앞의 글, 28면.

46 윤지영, 앞의 글, 28면

수당이 지급되는데, 첫째 아동에게는 190유로(한화 약 26만 6천 원), 둘째 아동에게는 190로, 셋째 아동에게는 196유로, 넷째 아동에게는 221유로가 지급된다.[47] 또한 양육으로 인한 부모의 소득 손실을 보전하기 위한 부모수당이 부모의 소득에 따라 최저 300유로(한화 약 42만 원)에서 최대 1800유로(한화 약 252만 원)까지 최대 14개월 간 지급된다.[48] 앞서 살펴본 공공부조, 아동보조금은 부모수당 산정시 수입으로 계산된다.

이와 같이 독일은 미혼모가족 지원제도를 별도로 분리하지 않고 아동의 양육이라는 관점에서 다른 사회보장제도 속에 통합하여 운영하고 있으며 또한 개별 가정의 특성과 욕구가 급여에 반영될 수 있도록 하고 있다. 이러한 독일의 통합적이면서도 개별적인 서비스 설계는 급여권자 입장에서는 지원 급여 내용을 간명하게 파악할 수 있고 서비스 이용에 대한 접근을 용이하게 하는 이점이 있다. 반면 우리나라에서는 미혼·한부모에 대한 지원 정책을 산발적으로 법제화한 결과, 제도 간 연계성이 떨어지고 서비스 이용자의 입장에서는 급여 내용을 파악하기 어려워 합리적인 급여 선택을 하기 어려운 실정이다.

한편 독일의 경우 베이비박스에 유기되는 아동 중 미혼모 출신인 경우가 없다는 점에서도 우리나라와의 차이가 극명히 드러난다. 우리나라에서는 베이비박스에 유기되는 아동 중 70% 내외가 미혼모가정의 자녀인 반면 독일의 베이비박스에 유기되는 아동 중 미혼모가정 출신은 없으며, 대

---

47   신옥주, "미혼모의 인권제고를 위한 법제개선방안 비교법적 연구", 이화여자대학교 「법학논집」 제21권 제1호, 2016, 256면.
    우리나라의 경우 만 8세 미만의 아동에게 월 10만 원의 아동수당을 지급한다. 이에 더해 출생시부터 23개월까지 부모급여가 지급되는데 0세 때는 70만 원을, 1세 때는 35만 원을 지원한다(어린이집과 중복지원은 되지 않음). 24개월 이후 가정에서 아동을 양육하는 경우에는 아동의 연령에 따라 10만 원~20만 원의 양육수당이 지급된다.

48   신옥주, 앞의 글, 258면.

부분 미등록 이주민, 홈리스, 약물 또는 알콜 중독 등과 관련된 것으로 나타난다.[49] 프랑스의 경우 혼인외 관계에서 출산한 자녀와 혼인관계에서 출산한 자녀 사이에 있어서 법적·제도적 차별은 존재하지 않으며 아동과 그 가족에게 동일한 지원이 이루어진 결과 혼인외 관계에서 출산한 자녀의 비율이 최근 63%에 이르렀다고 보도되었다.[50] 하지만 우리나라의 경우 미혼모 단체가 이혼 가정과 미혼모 가정 등을 건강하지 못한 가정으로 분류하고 있는 「건강가정기본법」이 한부모가정에 대한 사회적 편견과 차별을 반영하고 있으므로 법개정이 필요하다고 지속적으로 요구해왔으나, 법 개정 작업은 현재 국회에서 표류중이다.[51] 미혼모에 대한 차별의 해소, 미혼모 가정에 대한 양육지원의 실질화에 대한 방안 없이 익명 출산제도만을 논하는 현 상황은 매우 우려스럽다. 과거, 우리나라 정부가 고아나 기아를 돌볼 경제적 여력이 없다는 이유로 입양을 아동보호대책으로 우선 설계한 이래 입양제도가 수십년 동안 보호가 필요한 아동에 대한 복지 정책의 발전을 가로막았던 전철을 되밟을 우려가 있기 때문이다.

(4) 익명출산제가 유발한 사회적 논쟁

또한 익명출산제가 도입되고 운영되는 과정에서 생겨난 사회적 논쟁도 면밀히 살펴야 한다. 프랑스의 경우 1900년도 초반에 오랜 전통이었던 베이비박스를 금지하며 익명출산제도를 고안해 현재에 이르고 있다.[52] 프랑스에서 익명출산제도를 도입하게 된 데에는 역사적으로 카톨릭이 지배적

---

49   서종희, 앞의 글, 23면.
50   MBC 뉴스, 2023. 5. 13. "프랑스 혼외 출산 63% … 다양한 가족 형태가 출산율 높여", https://naver.me/xQNW8pF4 (최종검색일자 2023. 6. 21.)
51   오마이뉴스, 2021. 3. 25. "건강가정기본법? '건강가정'이란 무엇인가", https://naver.me/xWinwu9f (최종검색일자 2023. 6. 21.)
52   권재문, 위의 책, 2013, 11면.

인 규범을 형성하였던 상황에서 여성에게 낙태가 용인되지 않았던 종교적·사회적 배경이 반영되었다.[53] 익명출산제를 도입한 이래 프랑스에서는 이에 대한 사회적 논쟁이 끊이질 않았다. 익명출산제도가 국제인권법이 보장하는 '출생을 알 권리'를 전면적으로 차단했기 때문이다.[54] 나아가 친생부의 인지권과 충돌한다는 점도 문제가 되었다.[55] 매년 익명출산으로 태어난 사람들이 한자리에 모여 임신출산을 폐지하라는 시위를 열었다.[56] 결국 자녀의 출생신분을 알 권리와의 조화를 위하여 2002년 1월 22일 '사회적 행위와 가족법'을 제정했다.[57] '개인정보에 대한 접근에 대한 국가위원회'를 설립해서 익명 출산모로 하여금 자녀의 출생의 배경, 출산모와 혈연부의 의학적, 유전적 특징 등 과 같이 자녀의 정체성 형성을 위해 필요하지만 누가 출생모인지 식별하기에 부족한 '비식별' 정보를 국가위원회에 제출하도록 하였다.[58] 또한 익명출산모는 별도로 자신의 인적 동일성을 식별할 수 있는 정보도 밀봉된 봉투에 넣어 국가위원회에 제출하도록 하였다.[59] 국가위원회는 자녀의 요청이 있을 경우 비식별 정보를 제공하며 식별정보에 대하여는 익명출산모의 동의를 얻어 제공하도록 되어 있다.[60]

프랑스에서 익명출산모는 '그림자엄마'라고 불리우는데, 최근 해당 여성들은 언론과 출판 등을 통해 자신의 목소리를 내기 시작했다고 한다.[61] 과거에 미성년자로서 다른 선택을 할 수 없는 상황에서 자신이 어떠한 선택

53   김현진, "프랑스 익명출산의 명암".『비교사법』제30권 제1호, 2022, 83면.
54   권재문, 위의 책, 2013, 12면.
55   앞의 책, 13면.
56   김현진, 위의 글, 2022, 95면.
57   서종희, 위의 책, 2014, 17면.
58   앞의 책, 17면.
59   앞의 책, 17면.
60   권재문, 위의 책, 2013, 14면.
61   김현진, 위의 글, 2022, 94~95면.

을 하는지 이해하지 못한 채 익명출산을 하도록 강요받았으며, 이후 평생 지울 수 없는 상처 속에서 자책하며 살아야만 했다고 증언했다.[62] 익명출산 제도를 둘러싼 프랑스에서의 논란은 익명출산제도를 도입하여 베이비박스의 문제점을 간단히 해결하고자 하는 우리의 기대가 실현가능하지 않음을 보여주고 있다.

5. 익명출산제도 넘어 대안을 찾아

베이비박스 또는 익명출산이 필요한 배경으로, 사회경제적인 이유 등으로 영아를 포기할 수밖에 없는 상황 또는 공개할 수 없는 수치심으로 인하여 아동의 출생신고를 할 수 없는 상황이 주로 언급된다. 즉 원치 않는 아동을 출산한 상황에 대한 해결책으로써 베이비박스 또는 익명출산이 필요하다는 것이다. 임신·출산을 거친 여성이 이후에 아동을 포기·유기하겠다는 결정을 한다는 것은 어떠한 과정일지, 그 선택 이후 여성의 삶에 평생 드리우게 될 심적 고통과 트라우마는 어떠할지 상상하기란 쉽지 않다. 익명출산 제도의 도입을 주장하는 측에서도 익명출산을 통해 여성의 인격권·행복추구권·재생산권이 제대로 보장될 수 있다고 주장하는 것은 아닐 것이다.

여성인권을 제대로 보장하기 위해서는 무엇보다 원치 않는 임신과 출산을 거쳐서 익명출산까지 오기 이전 단계에서 원치 않는 임신을 중단할 권리를 보장해야 할 것이다. 여성의 재생산권이란 여성의 피임, 임신, 출산에 관한 선택권 및 성관계, 피임, 임신, 임신중절, 출산, 양육 전반에 관한 결정권 등 여성의 삶의 맥락에서 성과 재생산에 관한 종합적인 건강 권리를 뜻

---

62   앞의 글, 95면.

한다.[63] 즉 임신을 중단할 권리와 출산 및 양육을 선택할 권리는 모두 여성의 재생산권의 내용에 포함된다. 영아 유기 이전에, 출산 이전에, 원치 않는 임신을 중단할 수 있는 여성의 재생산권이 안전하고 충분하게 보장된다면 익명출산이 논의되는 상황은 대부분 해소될 수 있을 것이다.

익명출산이 이루어지고 있는 프랑스와 독일의 경우 이미 수 십 년 동안 여성의 임신중지권이 보장되어 왔다. 프랑스의 경우 46년 전에 임신중지를 합법화한 이래 의료보험 혜택을 적용하고 미성년자의 임신중지를 지원하였으며 최근에는 임신중지를 방해하는 행위를 처벌하는 법률을 도입하였다.[64] 독일의 경우 1970년대부터 부분적인 임신중지를 허용하여 낙태 시술 3일 전에 상담을 한 후 상담증명서를 발급받은 경우에는 임신 12주 이내에는 낙태가 허용되도록 하되, 의학적인 사유와 강간 및 성범죄인 경우에는 상담을 거칠 필요가 없도록 하고 있다.[65] 우리나라에도 2019년 헌법재판소의 낙태죄 헌법불합치 판결로[66] 임신중지의 사유, 절차, 지원 방안 등에 대한 제도의 설계와 도입이 필요한 상황이다.

앞서 살펴본 바와 같이 베이비박스 필요성의 강력한 논거인 베이비박스가 영아살해를 방지한다는 주장은 합리적인 근거가 없는 가설에 불과하다. 베이비박스에 보호의뢰된 아동 대부분이 이후 보육원과 같은 아동양육

---

63   전윤정, "성·재생산권으로써 낙태권리를 위하여", 『페미니즘연구』, 제20권 제1호, 2020, 11면.

64   전윤정, "프랑스 임신중지 정책의 동향과 시사점", 『국제사회보장리뷰』, 제18권. 2021. 54면.

65   정현미, "낙태규제에 있어서 형법의 효용성", 『이화여자대학교 법학논집』, 제16권 제2호, 2011. 142면.

66   2019. 4. 11. 헌법재판소가 자기낙태죄인 형법 제269조 제1항과 의사에 의한 낙태죄인 형법 제270조 제1항에 대하여 헌법불합치 결정(2017헌바127)을 하였으나 법률개정시한인 2020년 12월 31일까지 국회의 입법조치가 이루어지지 않아 2021. 1. 1.부터 형법 제269조 제1항 자기낙태죄와 제270조 제1항 의사에 의한 낙태죄는 효력을 상실한 상태이다.

시설에서 장기보호되는 현실을 직시하지 않은 채, 만연히 베이비박스의 필요성을 전제로 하여 이를 공적으로 지원하는 조례의 제정을 논하는 것은 적절치 않다. 베이비박스와 익명출산제도는 혼인외 자녀의 임신과 출산은 제거되고 은폐되어야한다는 사회적 규범을 강화하거나 확산시키는 결과를 야기하여 여성의 재생산권을 침해할 소지를 내포한다. 원치 않는 임신을 안전하고 건강하게 중단할 수 있도록 보장하고, 출산을 선택한 경우에는 안전하고 건강하게 임신과 출산 전 과정을 거칠 수 있도록 지원하고 출산으로 인하여 교육받을 권리가 침해되지 않도록 보장하여야 한다. 양육을 선택한 경우에는 실효성 있는 양육지원 제도가 확충되어야 한다. 입양을 선택한 경우에는 공적기관에 의한 입양 전 상담이 담보되어야 하며, 입양 과정에 참여가 보장되어야 한다. 익명출산제도의 도입은 여성과 아동의 인권의 관점에서 예외적으로 최후적으로 고려되어야 할 제도이다. 유엔 아동권리위원회는 2019년 우리 정부에게 "종교단체가 운영하면서 익명으로 아동 유기를 허용하는 '베이비박스'를 금지할 것"과 더불어 병원에서 익명으로 출산한 가능성을 허용하는 제도의 도입은 '오직 최후의 수단으로' 고려할 것을 촉구하였다. 익명출산제가 유엔아동권리협약에서 보장하고 있는 아동의 친생부모를 알권리와 부모에 의해 양육 받을 권리를 심각하게 침해하기 때문이다.

하지만 최근 출생통보제도를 도입하면서 병원 밖 출산을 우려한 정부가 일명 '보호출산제'의 도입을 졸속으로 추진한 결과, 2023. 10. 6. 「위기 임신 및 보호출산 지원과 아동보호에 관한 특별법안」이 국회 본회의를 통과해 2024. 7. 19.부터 시행될 예정이다. 동 법에 따르면 일정한 상담을 받은 임산부는 누구나 보호출산을 신청할 수 있으며 신청인은 자신의 신원을 익명으로 하여 아동을 출산할 수 있다. 보호출산제에 따라 출생한 아동은 기아로 출생신고가 이루어지게 되어 보호출산제는 익명출산제와 다름 아니다. 고립·갈등 상황에 처한 임신 여성에게 필요한 상담을 제공하고 의료, 주거,

법률서비스를 지원하는 공적인 시스템이 필요하다는 점에 대해 이의를 제기할 사람은 없을 것이다. 하지만 익명출산제의 도입에 대해서는 해외 사례를 통해 예상되는 문제점을 대비하기 위하여 더욱 촘촘하고 신중한 대비가 필요했다. 프랑스에서의 '그림자 여성'들의 외침에서 알 수 있듯, 여성과 아동을 보호하자는 선의에서 추진한 제도이지만 의도와 달리 여성과 아동 인권을 침해할 소지가 높기 때문이다.

2019년 헌법재판소의 낙태죄 헌법불합치 판결로 한국사회에서 임신중단은 비범죄화되었다. 그러나 경제적 부담과 병원의 거부 등으로 적절한 시기에 임신중단을 하지 못하는 사례가 지속적으로 발생하고 있으며 이 중 일부가 영아살해의 결과로 이어지는 것으로 보인다. 출생 미신고 아동의 사망 사건에서 촉발된 출생등록될 권리를 보장해야한다는 사회적 공분을 단순하게 익명출산과 비밀입양을 보장하는 것으로 한정해서는 안될 것이다. 이는 오히려 정상성의 굴레 밖에서 이루어진 임신과 출산은 은폐되어야 할 것이라는 차별과 낙인을 강화시킨다. 지금 필요한 것은 여성혐오를 조장하는 익명출산제가 아니다. 임신과 출산 전 과정에 필요한 의료적·비의료적 비용을 국가가 무상으로 지원하고, 여성의 재생산권이 실질적으로 보장될 수 있도록 임신중지에 대한 지원이 이루어진다면 익명출산제가 필요하다고 상정하는 대부분의 상황은 해소될 수 있을 것이다.

부록

제1장

2012년 낙태죄 헌법재판소 결정문 및
참고인 의견서 요약문

가. 헌법재판소 2012. 8. 23. 선고 2010헌바402 전원재판부 결정
[형법제270조제1항위헌소원] [헌집24-2, 471]

○ 판시사항

가. 부녀가 약물 기타 방법으로 낙태한 때에는 1년 이하의 징역 또는 200만 원 이하의 벌금에 처하도록 규정한 형법(1995. 12. 29. 법률 제5057호로 개정된 것) 제269조 제1항(이하 '자기낙태죄 조항'이라 한다)이 위헌이라고 판단되면, 조산사 등이 부녀의 촉탁 또는 승낙을 받아 낙태하게 한 때에는 2년 이하의 징역에 처하도록 규정한 형법(1995. 12. 29. 법률 제5057호로 개정된 것) 제270조 제1항 중 '조산사'에 관한 부분(이하 '이 사건 법률조항'이라 한다)도 위헌이 되는 관계에 있는지 여부(적극)

나. 자기낙태죄 조항이 임부의 자기결정권을 침해하여 헌법에 위반되는지 여부(소극)

다. 이 사건 법률조항이 책임과 형벌 간의 비례원칙에 위배되는지 여부(소극)

라. 이 사건 법률조항이 형벌체계상의 균형에 반하여 평등원칙에 위배되는지 여부(소극)

○ **결정요지**

가. 이 사건 법률조항과 자기낙태죄는 대향범이고, 이 사건은 낙태하는 임부를 도와주는 조산사의 낙태를 처벌하는 것이 위헌인지 여부가 문제되는 사안이므로, 자기낙태를 처벌하는 것이 위헌이라고 판단되는 경우에는 동일한 목표를 실현하기 위해 임부의 동의를 받아 낙태시술을 한 조산사를 형사처벌하는 이 사건 법률조항도 당연히 위헌이 되는 관계에 있다고 봄이 상당하다.

나. 인간의 생명은 고귀하고, 이 세상에서 무엇과도 바꿀 수 없는 존엄한 인간 존재의 근원이며, 이러한 생명에 대한 권리는 기본권 중의 기본권이다. 태아가 비록 그 생명의 유지를 위하여 모(母)에게 의존해야 하지만, 그 자체로 모(母)와 별개의 생명체이고 특별한 사정이 없는 한 인간으로 성장할 가능성이 크므로 태아에게도 생명권이 인정되어야 하며, 태아가 독자적 생존능력을 갖추었는지 여부를 그에 대한 낙태 허용의 판단 기준으로 삼을 수는 없다. 한편, 낙태를 처벌하지 않거나 형벌보다 가벼운 제재를 가하게 된다면 현재보다도 훨씬 더 낙태가 만연하게 되어 자기낙태죄 조항의 입법 목적을 달성할 수 없게 될 것이고, 성교육과 피임법의 보편적 상용, 임부에 대한 지원 등은 불법적인 낙태를 방지할 효과적인 수단이 되기에는 부족하다. 나아가 입법자는 일정한 우생학적 또는 유전학적 정신장애나 신체질환이 있는 경우와 같은 예외적인 경우에는 임신 24주 이내의 낙태를 허용하여(모자보건법 제14조, 동법 시행령 제15조), 불가피한 사정이 있는 경우에는 태아의 생명권을 제한할 수 있도록 하고 있다. 나아가 자기낙태죄 조항으로 제한되는 사익인 임부의 자기결정권이 위 조항을 통하여 달성하려는 태아의 생명권 보호라는 공익에 비하여 결코 중하다고 볼 수 없다. 따라서 자기

낙태죄 조항이 임신 초기의 낙태나 사회적·경제적 사유에 의한 낙태를 허용하고 있지 아니한 것이 임부의 자기결정권에 대한 과도한 제한이라고 보기 어려우므로, 자기낙태죄 조항은 헌법에 위반되지 아니한다.

다. 이 사건 법률조항은 그 법정형의 상한이 2년 이하의 징역으로 되어 있어 법정형의 상한 자체가 높지 않을 뿐만 아니라, 비교적 죄질이 가벼운 낙태에 대하여는 작량감경이나 법률상 감경을 하지 않아도 선고유예 또는 집행유예 선고의 길이 열려 있으므로, 지나치게 과중한 형벌을 규정하고 있다고 볼 수 없다. 그러므로 이 사건 법률조항은 책임과 형벌 간의 비례원칙에 위배되지 아니한다.

라. 낙태는 행위태양에 관계없이 태아의 생명을 박탈하는 결과를 초래할 위험이 높고, 일반인에 의해서 행해지기는 어려워 대부분 낙태에 관한 지식이 있는 의료업무종사자를 통해 이루어지며, 태아의 생명을 보호해야 하는 업무에 종사하는 자가 태아의 생명을 박탈하는 시술을 한다는 점에서 비난가능성 또한 크다. 나아가 경미한 벌금형은 영리행위를 추구하는 조산사에 대하여는 위하력을 가지기 어렵다는 점들을 고려하여 입법자가 이 사건 법률조항에 대하여 형법상 동의낙태죄(제269조 제2항)와 달리 벌금형을 규정하지 아니한 것이 형벌체계상의 균형에 반하여 헌법상 평등원칙에 위배된다고도 할 수 없다.

○ 재판관 이강국, 재판관 이동흡, 재판관 목영준, 재판관 송두환의 반대의견

태아에 대한 국가의 보호의무에는 여성이 임신 중 또는 출산 후 겪게 되는 어려움을 도와주는 것까지 포함된다고 보아야 할 것이고, 국가는 생명을 보호하는 입법적 조치를 취함에 있어 인간생명의 발달단계에 따라 그 보호정도나 보호수단을 달리할 수 있다. 현대 의학의 수준에서는 태아의 독자적 생존능력이 인정되는 임신 24주 이후에는 임부의 낙태를 원칙적으로 금지하고, 임부의 생명이나 건강에 현저한 위해가 생길 우려가 있는 등

특단의 사정이 있는 경우에만 낙태를 허용함이 바람직하다. 임신 중기(임신 13주-24주)의 낙태는 임신 초기(임신 1주-12주)의 낙태에 비하여 임부의 생명이나 건강에 위해가 생길 우려가 증가한다는 점에서 국가는 모성의 건강을 증진하기 위하여 낙태의 절차를 규제하는 등으로 임신중기의 낙태에 관여할 수 있다고 할 것이다. 그런데 임신 초기의 태아는 고통을 느끼지 못하는 반면, 임신 초기의 낙태는 시술방법이 간단하여 낙태로 인한 합병증 및 모성사망률이 현저히 낮아지므로 임신 초기에는 임부의 자기결정권을 존중하여 낙태를 허용해 줄 여지가 크다. 따라서 임신 초기의 낙태까지 전면적, 일률적으로 금지하고 처벌하고 있는 자기낙태죄 조항은 침해의 최소성 원칙에 위배된다. 한편, 형법상 낙태죄 규정이 현재는 거의 사문화되어 자기낙태죄 조항으로 달성하려는 태아의 생명보호라는 공익은 더 이상 자기낙태죄 조항을 통하여 달성될 것으로 보기 어려운 반면, 자기낙태죄 조항으로 제한되는 사익인 임부의 자기결정권은 결코 가볍게 볼 수 없어 법익의 균형성 요건도 갖추지 못하였다. 그러므로 자기낙태죄 조항은 임신 초기의 낙태까지 전면적, 일률적으로 금지하고 처벌하고 있다는 점에서, 임부의 자기결정권을 침해하여 헌법에 위반된다.

자기낙태죄 조항이 임부의 임신 초기의 낙태까지 전면적, 일률적으로 처벌하고 있다는 점에서 위헌이므로, 동일한 목표를 실현하기 위하여 임신 초기의 임부의 촉탁 또는 승낙을 받아 낙태시술을 한 조산사를 형사처벌하는 이 사건 법률조항도 위 범위 내에서 위헌이다.

○ 재판관 이동흡의 반대의견에 대한 보충의견

임부의 자기결정권을 존중하여 임신 초기의 낙태를 허용하더라도 임부가 낙태에 대하여 충분히 숙고한 뒤에 결정할 수 있도록 함과 동시에 의학적으로 안전한 낙태시술이 이루어질 수 있도록 입법조치를 취하여야 한다.

나. 2010헌바402 사건에 대한 참고인 의견서

제출자: 양현아(서울대 법학전문대학원 교수)

제출일: 2011년 11월 14일

I. 쟁점의 정리

(…)

2. 본 사건의 청구인은 의료인(조산사)이지만, 현행 낙태죄 규정이 임부의 기본권을 비합리적이고 부당하게 제한한다는 점이 인정된다면, 그 임부의 동의 하에 낙태를 시술한 의료인의 자유도 부당하게 제한하는 논거가 마련될 것이다. 이에 본 의견서에서는 주로 낙태죄 규정이 임부의 낙태권리를 부당하고 비합리적으로 제한하는가의 문제를 중심으로 의견을 제출하고자 한다. 이를 위해 본 사건의 대상 조문은 형법 제270조 1항이지만, 본 의견서에서는 형법 제270조와 함께 형법 제269조 [낙태]를 함께 논의할 것임을 밝혀둔다. 이에 따라 본 의견서에서 형법상 "낙태죄 규정"이란 상기 두 조문을 의미한다.

3. 본 참고인은 낙태죄의 보호법익으로 일컬어지는 태아의 생명권과 임부의 자기결정권은 모두 존중되어야 할 가치라는 대전제 하에, 현행 낙태죄 조문은 임부의 자기결정권을 지나치게 제한하는 바, 여성의 인간으로서의 존엄과 행복 추구에 반하며, 사생활의 권리를 제한하며, 여성에게 차별적 효과를 미치며, 혼인과 가족생활에서의 남녀평등에 부합하지 않는다는 의견을 제시할 것이다. 이에 임부의 자기결정권과 태아의 생명권리를 보다 균형있게 실현할 수 있는 다른 입법적·정책적 대안을 마련하여야 했음에도 낙태의 원칙적 금지만을 고수하는 본 조문은 헌법 37조 제2항에 규정된

과잉금지의 원칙에도 위반한다고 판단한다.

II. 한국적 낙태의 특수성

1. 대한민국은 낙태가 가장 많은 국가군에 속한다고 하지만, 낙태의 전체 수치와 그 동향이 잘 파악되지 않고 있다. 전체 낙태수의 추정치간의 편차도 큰 것이어서, 2004년 고려대 의대 김해중 교수팀이 수행한 연구에서 한국의 연간 낙태는 35만 590건으로,[1] 1991년 형사정책연구원은 연간 낙태 수를 150만 건,[2] 박숙자는 100만 건으로 추정한 바 있다.[3] 한편, 인공임신중절사유에서 볼 것처럼 한국에서 대부분의 낙태시술은 모자보건법상의 인공임신중절의 정당화 사유에 해당하지 않는 불법으로 추정되지만,[4] 관련 통계에서 볼 때 1967년부터 2008년까지 매년 입건되는 건은 50여건을 넘지 않고, 기소는 일 년에 10여 건 내외이다.[5] 이렇게 법과 사회현실을 놓고

---

[1] 김해중 외 12인, 『인공임신중절실태조사 및 종합대책수립』, 고려대학교·보건복지부, 2005. 44면. 본 보고서는 고려대학교 의과대학 김해중 교수팀이 2004년 보건복지부로부터 연구용역의뢰를 받아 국내 인공임신중절실태에 관하여 전반적인 조사 및 대책수립을 한 연구보고서이다. 본 조사는 2005년 8-9월 사이 전국 가임시 미혼여성 2500명과 기혼여성 1500명을 대상으로 인구주택조총자 바료에 바탕하여 무작위추출에 의해 인공임신중절 경험 및 태도 조사를 실시하였다 (이하 '김해중 보고서'라 칭함).

[2] 한국형사정책연구소(신동운 외), 『형법개정과 관련하여 본 낙태죄 및 간통죄에 관한 연구』, 미간행 연구보고서, 1991; 한국형사정책연구소(심영희 외), 『낙태의 실태 및 의식에 관한 연구』, 미간행 연구보고서, 1991.

[3] 박숙자, "여성의 낙태 선택권과 입법과제연구", 『한국여성학』, 제17권 2호, 2001, 69-98면.

[4] 신동운, "모자보건법 제14조 개정필요성과 방향," 『안암법학』, 제32호, 2010, 156면.

[5] 한편, 외국의 경우에도 낙태죄를 엄격하게 처벌하는 나라는 드물다 (양현아, 2010, "낙태죄의 다초점 정책", 『한국여성학』, 제26권 제4호; 신현호, "낙태죄에 대한 제문

낙태죄 조문이 "사문화된 법" 혹은 "죽어있는 법"[6]으로 평가하기도 한다.

2. 한국의 낙태 현상은 여성들의 개인적인 "선택"이라고 보기 어려운 여러 사회적 요소들이 크게 영향을 미치고 있다면, 낙태에 대한 대책을 여성 개개인들을 통제함으로써 가능하다고 보는 것은 사회과학적으로 부합하지 않는다. 앞서 한국보건사회연구원 전국 조사에서 보면 첫 인공임신중절의 이유는, 자녀불원(35.9%), 터울 조절(20.5%), 임부의 건강상(9.4%), 태아이상(4.8%), 혼전임신(9.5%), 가정문제(1.5%), 경제적 곤란(6.6%), 태아가 딸이므로(1.8%), 기타(9.9%)로 말해진다. 여기서 '자녀불원'이라는 사유를 제외하고는 사회경제적 사유, 가족의 요청, 태아의 문제 등 여성의 개인적 "선택"이라고 볼 수 어려운 사회적 이유들이 제시되고 있다. 물론, '자녀 불원'에도 자녀 양육의 경제적 가족적 여건 등 사회적 요소들이 내재해 있다. 즉 대다수의 사유가 모자보건법에서 허용하지 않는 "사회경제적 사유"에 해당한다. 2005년의 김해중 보고서에서도 비슷한 경향이 나타난다. (…) 이렇게 경제적 사유, 자녀가 이미 있어서, 혹은 미혼으로 미혼모가 되기를 원치 않아서라는 사유는, 역으로 사회경제적 여건이 모성을 지원하는 방향으로 형성되면 출산의 가능성도 증가할 것임을 나타낸다. 이렇게 보면 한국의 비혼(非婚) 여성(배우자 없는 여성)들에게 부족한 것은 낙태 권리 뿐 아니라 출산의 권리이기도 하다.[7] 즉 비혼 여성의 경우에는 자신의 성관계의 결과 발생하

제", 『저스티스』, 통권 제121호, 2010)

6 한편 죽어있는 법이 아니라는 의견으로는 김영태, "지정토론문": 신현호, 위의 글, 2010, 420-425면; 양현아, "여성 낙태권의 필요성과 그 함의", 한국여성학회, 『한국여성학』, 제21권 1호, 2005, 30-32면 참조.

7 여기서 '비혼 여성'이란 결혼하지 않은 여성 뿐 아니라, 이혼 등으로 남성 배우자가 있지 않은 여성을 지칭한다. 김해중 보고서에 따르면 미혼여성의 인공임신중절의 규모는 전체 낙태의 42% (기혼여성 58%)로서 연간 추정건수는 14만 7460건으로 보고하였다. 이는 기혼 여성의 낙태체험율을 1로 하였을 때, 0.73이 되는 것으로서 법적 배우자가 있지 않음을 감안할 때, 상당히 높은 비율로 나타난다.

는 임신에 대해 자신이 어떤 결정을 해도 딜레마에 처하게 된다는 것이다. 이러한 사회적 사실에서 한국적 낙태의 특수성을 도출할 수 있다.

3. 지난 수십년간 한국에서 낙태시술이란 하고자 하면 할 수 있는 경우들이 그것이 금지된 경우보다 훨씬 더 많았다는 사실에 동의한다면, 낙태를 원하는데 억제된 경우보다는 원한다면 낙태를 치렀던 경우가 더 지배적이라는 것에 동의할 수 있다. 그런데 한국의 형법에서 낙태는 범죄이고, 도덕적 사회적으로 금지되고 있음에도 한국 여성에게 낙태 경험이 편만하다는 것은, 아이를 낳을 수 없는 불가피한 상황임에도 임신을 하는 경우가 매우 많음을 알 수 있다. 요컨대, 한국의 높은 낙태율은 무엇보다 "원치 않는 임신"이 매우 많다는 점에 주원인이 있다는 점에서 여성들의 몸과 삶의 자기 통제의 정도보다 여성들의 성적 통제권의 부족을 반영하는 정도가 더 우세하다고 해석한다. 이런 이유에서 한국의 낙태수는 여성들의 자유나 선택의 징표가 아니라 여성들의 성적·사회적 취약함의 징표이다. 무엇보다 여성들은 성교에서 자기 주도권을 가지지 못하고 피임의 실천이 제대로 되지 못하고 있음을 나타낸다. 이렇게 볼 때 한국의 낙태를 선택권 대 생명권(pro-choice v. pro-life)의 틀 속에서 해석하는 것은 체계적 오류를 불러일으킨다. 기혼과 미혼 모두에 있어서, 한국의 낙태는 원치 않는 임신에 대한 불가피한 수단, 즉 "최종적 피임 수단"으로 기능해 왔고, 의료계뿐 아니라 법조계도 이를 암묵적으로 묵과해 온 것이다. 이런 점에서 낙태죄의 강력한 처벌은 실제로 한국의 여성이라기 보다 "남성들의 성적 자기결정권"에 반하는 효과를 가질 것이다. (…)

III. 기본권의 측면에서 본 낙태죄

1. 낙태죄의 보호법익과 여성의 자기결정권의 실종(失踪)

(1) 낙태죄의 보호법익과 임부(姙婦)의 권리

(…)

2. 이론적으로는 보호법익이 충돌할 경우, 법익의 우선순위를 정해야 하고 양 보호 법익간을 형량해야 하는 딜레마가 생긴다. 하지만 앞서 보았듯이 현실의 대다수 낙태는 이런 딜레마와는 별 관계가 없는 문제구조, 즉 자녀를 키우기 어렵다거나 출산할 준비가 전혀 되어 있지 않은 임신 등과 같은 이른바 사회경제적 사유에 주로 기인한다. 일각에서는 사회경제적 사유를 임신중절의 사유로 허용할 것인가 여부에 관해 논구하고, 양 보호법익간의 조화를 찾고자 한다. 참고인은 양 법익의 조화와 절충 이전에 "낙태에 달려 있다는 임부의 이익" 자체에 대해 좀더 논구해야 한다는 의견이다. 그 것은 생명·신체라는 신체적 차원에서 말해질 뿐, 실질적이지도 구체화되어 있지도 않다. 요컨대 형법에서 낙태죄에서 임부에 관한 법익 규명이 대단히 미진한 상태로 남아 있다.

(…)

4. 참고인의 의견으로는 이상의 인공임신중절의 적응사유들은 형법에서 말하는 '긴급피난상황'이나 '기대가능성' 원칙에 의해 그 위법성이나 책임이 조각되는 매우 불가피한 경우들이라 보인다.[8] 예컨대 임부나 배우자의

---

8   형법상 정당방위란 현재의 위법한 공격행위로부터 법익침해의 위험을 제거하기 위해 인정되어 위법성이 제거되는 사유이다. 여기서 법익침해의 위험은 사람의 위법한 공격 뿐 아니라 물건이나 자연력에 의해서도 발견할 수 있다. 사람의 위법한 행위 이외의 사유로 법익침해의 위험을 발생시키는 사유로 위난(危難)이라 하고 이를 피하기 위한 행위를 '긴급피난'이라 하는데 이 역시 위법성조각사유의 하나로 인정

생명 신체에 질환이 있어서 임신의 지속이 임부와 태아에게 유해한 제14조 제1항 1,2,5호의 경우에는 긴급피난상황에 가깝고 강간이나 근친상간의 경우는 적법행위(출산)의 기대가능성이 없어 책임이 조각되는 경우라 할 수 있다.

5. 그렇다면, 현행 한국의 낙태죄 및 임신중절의 합법적 사유들이란 여성의 자기 결정권이 의미하는 바와 같이 '원하지 않게 어머니가 되지 않을 자유' 나아가 '환영받지 않는 자녀를 낳지 않을 자유'와는 다른 차원의 것이다. 그것은 임부의 자기결정권의 행사가 아니라 외부적 상황 혹은 상태에 따른 인공임신중절의 불가피한 사유들이다. 본 적응방식이란 앞서 본 낙태죄의 보호법익과 같이 태아 및 임부의 생명·신체에만 관여할 뿐, 임부의 자기 결정권의 행사라고 보기 어렵다는 의견이다. (…)

6. 이상과 같은 논거에서 형법 제269조 및 제270조 낙태죄와 모자보건법 제14조의 보호법익에서 여성의 존엄이나 운명, 인격과 관련하여 내리는 개인적 결정으로서의 여성의 낙태에 대한 자기결정권이 수용돼 있지 않다. 객관적으로 누가 보아도 낙태가 불가피하다는 사실과는 별도로 여성 당사자의 의사와 필요에 따라 내리는 '인간적 선택'이라는 의미에서 낙태의 자기결정권의 인정이 낙태 관련법에 부재하다. 오히려, 모자보건법 제14조의 (의) 배우자 동의 조항과 형법상 낙태죄 조문에서 보았듯이, 우리 법의 낙태 관련조항은 임신한 부녀가 스스로 낙태하지 못하도록 통제하는 법문으로서 규정되어 있다.

7. 현대사회는 남녀 모두에게 성의 자유를 허용한다. 헌법적 견지에서도 성적 자기결정권은 헌법 제10조 인간의 존엄과 가치 및 행복추구권의 필수

된다(형법 제22조 1항). '기대가능성' 이론이란 행위자가 행위를 할 당시에 적법행위로 나아갈 것을 기대할 수 없는 경우에는 책임비난을 하지 않는다는 이론이다. 적법행위에로의 기대가능성이 없는 경우에는 책임이 조각되어 벌하지 않게 된다. 신동운, 『형법총론』, 2001, 274 및 414면.

구성요소이다.[9] 이는 "각인 스스로 선택한 인생관 등을 바탕으로 사회공동체 안에서 각자가 독자적으로 성적 관(觀)을 확립하고, 이에 따라 사생활의 영역에서 자기 스스로 내린 성적 결정에 따라 자기책임 하에 상대방을 선택하고 성관계를 가질 권리"[10]로 정의된다. 그런데 여성이 하는 성관계는 남성이 하는 성관계와 달리 언제나 자신의 몸에서 임신의 가능성을 가지고 있으며, 후술할 것처럼, 의학적으로 어떠한 피임의 방법도 완벽하지 않다. 남성과 마찬가지로 여성에게도 성관계가 임신 희망을 의미하지는 않기에, 여성의 성적 결정에서 원치 않는 임신의 가능성은 상존한다. 요컨대 여성에게 성적 자기결정권과 임신 지속 여부의 자기결정권은 통합되어 있는 연속적 문제이다. 이에 성적 자기결정권을 기본권으로 보호하는 국가라면 여성의 임신 종결 여부에 대한 자기결정 권을 인정해야 한다. 합법적 인공임신중절의 폭을 대단히 좁혀 놓은 현재 낙태죄 조문은 특정 임부의 낙태의 자기결정권 이전에 임신 가능성을 가진 모든 여성의 성적 자기결정권의 보호에 역행한다.

(2) 생명의 질(質) 접근과 양육적 생명론

(⋯)

2. 2009년 대법원에서 선고된 "존엄사 판결"에서 생명이 얼마 남지 아니한 환자라 하더라도 생명권의 주체가 된다고 하였고, 뇌사판정 이후의 생명체는 사람으로 보지 않고 있다.[11] 이렇게 현대 의학의 발전과 생의 인식의 변화에 기초하여 생명권에 대한 법 이론은 생명의 질적인 접근에 기초한 인간 존엄성의 권리론의 전개양상을 나타낸다. 이러한 견지에서 볼 때

---

9   헌재 2001.10.25. 2000헌바60.
10   헌재 2002.10.31. 99헌바40, 2002헌바50(병합).
11   대법원 2009. 5. 21.선고 2009다7417 판결

                            부록

아직 태어나지 않은 태아의 권리 역시 인간존엄성의 권리에 포섭되는 것은 옳지만, 태아의 권리를 모체로부터 전부 노출된 신생아의 권리나 성인의 권리와 동일한 것으로 전제하는 것은 적절치 않다. 뇌사한 생명체, 살릴 수 없는 빈사의 환자, 배아와 태아 등의 사람의 생명의 "중간자들"에 대한 별도의 법의 접근이 필요하다. 생명체의 천부인권설, 신성불가침설이라는 원칙만을 가지고 절대적 생명존중 사상을 표방하는 것은 형식적이고 비현실적이다. 수정란에서 배아에 이르러 태아 상태 등 인간생명의 모든 단계에서 동일하게 절대적인 것으로 보는 태아의 생명권은 과장되어 있다. 이러한 절대적인 태아의 생명권이 설정된다면, 여성의 기본권과의 형량작업은 애초에 불가능해진다.[12]

3. 보다 중요한 쟁점은, 기존 낙태죄의 법익이나 사회적 태도에서 태아의 생명권이 마치 모성의 이익(자기결정권 내지 건강권)과 충돌하는 것처럼 구성하는 점이다. 이에 대해 참고인은 태아의 생명에 대한 "양육적 접근"이 요청된다는 의견이다. '생명'이란 단지 잉태되고 태어난다고 생명으로서 존재하는 것이 아니라 지속적으로 적절한 보살핌을 받아야만 비로소 독립된 개체로서 존재할 수 있다.[13] 보살핌 속에서만 생존하고 성장하는 존재로서의 생명론에 입각했을 때, 양육은 출산 못지않은 생명존중활동으로 개념화될 수 있다. 잉태와 수태가 생명의 "가능태"라면, 보살핌이야말로 생명을 "현실태"로 만들어 준다. 뿐만 아니라, 수태에서 착상 그 이후의 임신 9개월

---

12   오승이, 『법여성주의를 통해 본 낙태죄의 비판적 고찰 – 여성의 낙태권과 태아의 생명권을 중심으로』, 서울대 대학원 법학과 석사학위 청구논문, 2007 참고.

13   이 점에서 낙태 금지 시기의 기준이 되는 모체밖 생존가능성 viability 개념도 재고해야 한다. 모체 밖 생존 가능성 개념에 따라, 마치 이 시기 이후 태아가 모체 밖에서 자율적으로 생존할 수 있는 것처럼 표상되지만, 실제로는 막대한 의료적·재정적 지원 속에서만 태아가 살아남을 수 있다. 여전히 경제적 비용과 그것에 따르는 보살핌의 수고는 사적 가족, 주로 여성에게 남아 있기에, 태아의 자율성을 지나치게 강조하는 것은 적절치 않다.

동안 태아를 보호하고 발육시키는 것은 오로지 그 모성이다. 앞여 "생명의 질" 접근이 주로 생리적인 측면에서 본 생명의 발달에 기초한 법이론이라면, 양육적 생명론은 주로 사회적인 측면에서 본 생명 발전에의 접근이라 할 수 있다.

4. 태아, 영아, 사람 등에 대한 질적 접근에서도 마치 이 생명체들이 스스로 독립하여 생장하는 존재인 것처럼 그리고 있지만, 양육적 접근은 태중(胎中)의 생명 역시 어머니 내지 더 넓은 환경과 관련된 "상호의존적" 존재로 관념한다. 그 생명체가 어릴수록 어머니에의 의존도는 더욱 높고 임신 최종 단계에 이르면 모체밖 밖 생존(viability)이 가능해 질만큼 개체화된다 (태아는 물론 엄청난 의료적 재정적 서비스를 요하면서 생명의 위험을 감수해야 한다). 임부가 임신 중에 사망하거나 질병에 걸리면 그 태아도 함께 사망하고 질병에 걸리는, 어머니와 "둘이지만 하나인 존재"라고 하는 점에서 그 '관계 맺음'에 대한 자리매김이 요청되는 것이다.[14] 태아는 언제나 이미 관계적이고 상호 의존적이다. 대부분의 경우, 모성의 존중은 곧 태아의 존중이 되고 이것이 태아의 이익 향상에도 이바지 하는 것이다. 이 점에서 임부의 '자기 낙태'의 갈등상황은 태아와 임부 간의 반대방향의 권리간의 갈등이라기보다는 양육책임과 태아 보호간의 갈등, 즉 책임간의 갈등으로 보는 것이 정확할 것이다. 태아와 어머니를 떠받칠 사회적 안전망, 태아난 후의 책임 상황까지를 법의 숙려범위 안에 넣는 법리를 모색해야 한다.

---

14   물론 쌍둥이 내지 다둥이의 경우에는 '둘 이상이지만 한 존재'라 표현해야 한다.

Ⅳ. 사회과학적 견지에서 본 낙태죄

1. 피임의 불완전성

1. 이제 사회과학적·의료사회적 '사실'을 중심으로 현행 낙태법의 현실적합성및 사회적 효과에 대해서 살펴본다. 헌법적 판단에서 사회적 사실변화는 사실관계의 측면에서도 큰 의미를 지닌다. 앞서 논한대로 국가법에 의한 낙태 처벌은 여성의 입장에서는 단지 낙태 선택을 규제하는 데 그치지 않고, 여성의 신체 통합이나 운명 통제권에 대한 제약으로 이어진다. 여성의 성성(sexaulity)은 남성과 달리 성관계, 임신, 출산과 유기적으로 결합되어 있기 때문이다. (…) 요컨대, 철저한 피임만으로도 원치 않는 임신을 완전히 방지할 수는 없다. (…) 〈표 2〉의 산부인과적 소견에서 볼 때, 살정제, 월경주기법, 체외사정, 콘돔, 페미돔의 방법 등과 같은 가능한 피임방법을 사용하여도 임신을 완벽하게 막을 수는 없다. 특히 완벽한 적용이 아닌, 일반인들이 하는 일반적 적용시 앞서 언급한 비교적 널리 사용되는 피임방법들은 20% 정도의 피임실패율이 있다는 점이 주목된다. 요컨대 어떤 피임방법으로도 원치 않는 임신을 완전히 막을 수는 없다.

3. 성개방의 실천과 권리 의식의 증가에 더해 만혼과 독신, 이혼과 재혼의 증가 등 혼인과 가족의 변화, 소가족 추세, 의료기술의 발달 등을 고려할 때, 출산을 예정하지 않거나 출산할 수 있는 여건이 아닌 남녀간의 성교는 점점더 많아질 것으로 예측된다. 이에 남성이 아니라 여성의 성적 자기결정권을 인정한다면, 그 피임 불완전성도 함께 인정해야 성적 자기결정권의 실현에 있어서 양성간의 실질적 평등이 이루어질 것이다. 자유로운 성교 후 원치 않는 임신의 낙태를 금지한다면, 그것은 사회적 변화에 부합하지 않을뿐더러, 앞서 논한대로 여성에게 모성 신분을 강요하는 성차별적인 것이다.

4. 성교의 자유와 함께 낙태가 증가하는 것이 불가피한 일이라고 보는 것은 아니다. 성의 개방에 따른 원치 않는 임신 가능성의 증가에 대해서는 성교육, 피임교육, 성관계의 책임 등 다른 방안, 필요하다면 법적 의무교육으로 수단을 강구해야 할 일이지 원칙적 낙태 금지만으로 가능하지도 바람직하지도 않다.

2. 법적 규제가 낙태를 감소시키는가

1. 의료계에서는 "임신중절에 대한 법적 규제나 금지가 임신중절이나 임신에 영향을 미치지 않는다"고 한다.[15] 이런 의료사회적 현상은 다른 사회과학 연구에서도 비슷하게 발견된다. 낙태를 법적으로 넓게 허용하지만 실제 낙태율이 낮게 나타나는 몇몇 국가의 사례들에서 낮은 낙태율을 유지하는 이유가 낙태규정 자체에 달려있기보다는 피임 교육과 실천, 낙태 상담, 임부에 대한 지원 등이 잘 되어 있느냐에 좌우된다는 것이다.[16] (…) 비슷한 의미에서 이기헌 교수도 "수단의 복합성"이라는 접근을 제시하고 있다. 적절한 성교육, 피임법상담, 가족계획을 위한 효과적인 조치 및 아기를 가진 임부와 아이를 기르는 어머니에 대한 지원을 포함하여 종합적인 개인과 사회의 차원에서 대책이 강구되어야 한다고 한다.[17] 예를 들어 네덜란드의 경우 낙태를 원칙적으로 금지하는 규정이 없으며 단지 허가된 시설 이외에서 행하는 낙태시술 즉 낙태절차규정에 반하는 경우만 처벌한다. 그러나 네덜

15 안형식, "인공임신중절의 정책 및 법개정방향," 『인공임신중절의 현황과 대책』, 고려대학교 의과대학 산부인과 예방의학교실 주최, 보건복지부 후원(2005.9.13) 미간행 자료집, 2005, 20면.

16 이인영, "낙태죄 입법의 재구성을 위한 논의," 『재생산권: 낙태죄에서 재생산권으로』, 양현아 편, 서울대 공익인권법센터 기획, 2004, 140면.

17 이기헌, "낙태죄 소고 ─적응모델과 태아진단의 문제점을 중심으로," 『사회과학논총』, 제1집, 1986, 259면.

란드에서의 낙태율이 다른 나라보다 아주 낮은 것은 상담절차와 피임, 임신한 여성에 대한 지원대책 등이 마련되어 있기 때문이다.[18][19] 이렇게 낙태규제법이 실제 낙태 관행과 높은 상관관계를 보이지 않는다면, 낙태규제법 이외에 낙태에 영향을 미치는 요소들은 법 이외의 외생 변수 (extraneous factors)가 된다.

3. 임신중절이 자유화된 국가의 중절율로서 각국마다 편차가 크기는 하지만, 임신중절을 자유화한 국가들에서 인공임신중절율이 대체로 높게 나타나지 않는다. 오히려 낙태를 금지하는 국가들에서 임신중절률이 높게 나타나는 것은 각 국가의 성평등 정도, 성(sexuality)에 대한 교육과 문화, 가족제도 등 다른 요인이 개입하는 것이 보인다. 요컨대, 임신중절에 대한 법에 의한 통제와 실제 임신중절율은 예상과 달리 부적(否的)관계가 나타나며, 양자 간에는 다른 여러 변인들이 개입하는 것으로 추정된다.[20]

3. 낙태 불법화와 낙태 안전성

1. 한국의 낙태 불법화는 인구정책의 일환으로 관념되었다. 1950년대 형법 제정시나 1970년대 형법 개정에서 낙태죄는 "인구증식이나 감소의 수단"의 측면에서 사유되었다는 점이 이를 방증한다. (…) . 낙태가 법적으로 처벌되지 않는다면 해 볼 만한 일인가. 낙태는 안전한 일인가. 낙태는 육체적으로 자궁출혈, 골반감염, 자궁천공과 같은 후유증과 정신적 상처가 따르

---

18   이인영, 앞의 글, 2004, 140면.
19   참고로 서구의 임신중절 합법화 연도는 다음과 같다. 네덜란드 1960년부터 허용, 영국 1967년 합법화, 미국 1972년 허용, 독일 1972년 허용, 덴마크 1973년 허용, 프랑스 1975년 허용, 이탈리아 1978년 허용, 스페인1985년, 벨기에, 1990년 허용.
20   밑줄친 부분은 원문의 취지를 요약하여 요약문에 새로 기입된 부분임.

는 위험한 수술이다.[21] 낙태가 불법인 국가에서 안전하지 않은 낙태(Unsafe abortion)가 만연하는데, WHO(세계보건기구) 보고에 의하면, 한해 4,160만 건의 낙태 중 2,200만 건이 안전하지 않은 낙태이며, 아프리카, 라틴아메리카가 95%를 차지한다. 낙태 관련 합병증으로 800만 명이 고통 받으며, 그중 500만명 이 치료를 요하고, 낙태 관련 사망도 67,000 명에 달한다고 한다.[22] 특히 대다수 낙태가 불법인 한국에서는 제대로 자격을 갖추지 않은 의사에 의한, 그리고 사후 조리도 하지 못하는 상황에서도 낙태를 감행하는 것이다. 이렇게 낙태 불법화는 여성의 재생산 건강을 크게 해한다. 게다가 낙태 이후 자기 몸 속에서 자랐던 태아에 대한 죄책감을 생각할 때, 낙태 허용이 낙태수의 급증을 가져올 것이라는 전망은 비현실적이다. 낙태가 법적으로 허용된다고 낙태를 쉽게 감행할 수 없다. 낙태를 법적으로 허용한다 해도 해 볼만한 경험이 아니다.

(…)

3. 낙태 불법화는 '안전한 낙태'를 장려하거나 모니터링 할 수 없게 하여 여성의 '재생산 건강'을 위협하고 이에 따라 사회적 차원의 재생산 건강을 저해한다. 고경심 산부인과 의사는 안전한 낙태의 조건을 i) 합법적이고, ii) 훈련된 산부인과 전문의에 의해 행해지고, iii) 임신 2-3개월 이내에 시행되었을 때로 말한다. 조기 중절수술일수록 안전하고, 임신 8주가 넘어가면 매 2주마다 유산으로 사망할 비교위험도가 2배로 증가한다. 또한, 안전한 낙태를 하였을 때 불임이 되지 않으며, 다음 임신에서 자연유산이나 조기 유산을 증가시키지 않는다는 연구 보고들도 있다.[23]

4. 이렇게 낙태 불법화는 입체적으로 마련해야 한 인구와 재생산 정책을

---

21   대한가족보건복지협회 사이버 상담실 참고.

22   고경심, "안전한 낙태(Safe Abortion), 낙태 후 돌봄(Post-abortion care) 및 비수술적 낙태(Medical abortion)" 미간행 발표문, 2011.4.14

23   고경심, 전게 발표문, 2011.4.14

부록

하나의 잣대로 금지하는 것이다. 낙태 불법화의 효과를 일별하면 다음과 같다.

첫째, 낙태에 대한 실태 파악, 특히 정확한 낙태 숫자조차 파악하지 못하게 하여 재생산 정책의 기초 정보를 축적할 수 없게 만든다.

둘째, 자격 있는 의사에 의한 낙태 시술과 확인절차를 거치지 못하게 한다. 낙태 불법화는 의료 서비스나 정보에의 접근을 어렵게 하기 때문에 특히 십대 청소년 여성이나 저소득층 여성이 열악한 의료 환경에서 불법 낙태를 받거나 임신 중·후반기의 위험한 낙태를 감행하도록 방치시킨다.[24]

셋째, 낙태 불법화는 기본적으로 낙태에 대한 상담이나 교육의 기회를 대부분 원천 봉쇄한다. 내외적 죄의식에 둘러싸인 한국의 낙태에서 충분하고 적절한 재생산 건강이나 이후 커플 관계 및 가족관계 등에 관하여 상담이나 교육의 기회란 생각하기 어렵다 교육과 상담은 동일인의 재낙태를 방지하는데 필수적이다.

넷째, 불법적이고 음성적인 낙태에 대한 감시절차가 존재하지 않기에 낙태시술의 오남용을 막기 어렵다.

다섯째, 낙태 불법화는 낙태 이후의 여성의 재생산 건강, 특히 경제적 취약계층과 십대 청소년 여성들의 재생산 건강관리를 받을 수 없도록 한다. 이는 전반적 모성 건강에 큰 영향을 미친다.[25]

5. 이렇게 현행 낙태죄는 입체적으로 구축되어야 할 재생산 정책 수립의 의지나 노력을 방기한 채 여성의 재생산 건강에도 악영향을 미치고 있다. 이는 결국 미래 세대의 건강에도 해악을 미칠 수 밖에 없다. 현행 낙태죄는 실효성도 없으면서, 여성의 자기결정권과 평등권 등 기본권을 심히 제약하

---

24   허준용, "인공유산의 의학적 윤리-한국 여성의 인공유산 현황과 문제점", 『대한산부인과과학회잡지』 37권 제4호, 1994, 615-616면.

25   신현호, 앞의 글, 2010, 409-410면.

고 있기에 위헌으로 선고되어야 한다. 그것은 여성 인권을 위해서 뿐 한국의 미래를 결정할 건강한 재생산을 위해서도 그러하다.

제2장

2019년 낙태죄 헌법재판소 결정 및
의견서 요약문

가. 헌법재판소 2019. 4. 11. 선고 2017헌바127 전원재판부 결정
[형법 제269조 제1항 등 위헌소원] [헌집31-1, 404]

○ 결정주문

형법(1995. 12. 29. 법률 제5057호로 개정된 것) 제269조 제1항, 제270조 제1항 중 '의사'에 관한 부분은 모두 헌법에 합치되지 아니한다. 위 조항들은 2020. 12. 31.을 시한으로 입법자가 개정할 때까지 계속 적용된다.

○ **재판관 유남석, 재판관 서기석, 재판관 이선애, 재판관 이영진의 헌법불합치 의견**

1. 자기낙태죄 조항에 대한 판단

가. 제한되는 기본권

(…)

○ 자기낙태죄 조항은 모자보건법이 정한 일정한 예외를 제외하고는 임

신기간 전체를 통틀어 모든 낙태를 전면적·일률적으로 금지하고, 이를 위반할 경우 형벌을 부과하도록 정함으로써 임신한 여성에게 임신의 유지·출산을 강제하고 있으므로, 임신한 여성의 자기결정권을 제한하고 있다.

나. 임신한 여성의 자기결정권 침해 여부

(1) 입법목적의 정당성 및 수단의 적합성

○ 태아는 비록 그 생명의 유지를 위하여 모(母)에게 의존해야 하지만, 그 자체로 모(母)와 별개의 생명체이고, 특별한 사정이 없는 한 인간으로 성장할 가능성이 크므로, 태아도 헌법상 생명권의 주체가 되며, 국가는 태아의 생명을 보호할 의무가 있다.

○ 자기낙태죄 조항은 태아의 생명을 보호하기 위한 것으로서 그 입법목적이 정당하고, 낙태를 방지하기 위하여 임신한 여성의 낙태를 형사처벌하는 것은 이러한 입법목적을 달성하는 데 적합한 수단이다.

(2) 침해의 최소성 및 법익의 균형성

○ 임신·출산·육아는 여성의 삶에 근본적이고 결정적인 영향을 미칠 수 있는 중요한 문제이므로, 임신한 여성이 임신을 유지 또는 종결할 것인지를 결정하는 것은 스스로 선택한 인생관·사회관을 바탕으로 자신이 처한 신체적·심리적·사회적·경제적 상황에 대한 깊은 고민을 한 결과를 반영하는 전인적(全人的) 결정이다.

○ 국가가 생명을 보호하는 입법적 조치를 취함에 있어 인간생명의 발달단계에 따라 그 보호정도나 보호수단을 달리하는 것은 불가능하지 않다. 산부인과 학계에 의하면 현 시점에서 최선의 의료기술과 의료 인력이 뒷받침될 경우 태아는 마지막 생리기간의 첫날부터 기산하여 22주(이하 "임신 22주"라 한다) 내외부터 독자적인 생존이 가능하다고 한다. 이처럼 태아가 모

체를 떠난 상태에서 독자적인 생존을 할 수 있는 경우에는, 그렇지 않은 경우와 비교할 때 훨씬 인간에 근접한 상태에 도달하였다고 볼 수 있다.

○ 한편 자기결정권이 보장되려면 임신한 여성이 임신 유지와 출산 여부에 관하여 전인적 결정을 하고 그 결정을 실행함에 있어서 충분한 시간이 확보되어야 한다. 즉, 여성이 임신 사실을 인지하고, 자신을 둘러싼 사회적·경제적 상황 및 그 변경가능 여부를 파악하며, 국가의 임신·출산·육아 지원정책에 관한 정보를 수집하고, 주변의 상담과 조언을 얻어 숙고한 끝에, 만약 낙태하겠다고 결정한 경우 낙태 수술을 할 수 있는 병원을 찾아 검사를 거쳐 실제로 수술을 완료하기까지 필요한 기간이 충분히 보장되어야 한다.

○ 이러한 점들을 고려하면, 태아가 모체를 떠난 상태에서 독자적으로 생존할 수 있는 시점인 임신 22주 내외에 도달하기 전이면서 동시에 임신 유지와 출산 여부에 관한 자기결정권을 행사하기에 충분한 시간이 보장되는 시기(이하 착상 시부터 이 시기까지를 '결정가능기간'이라 한다)까지의 낙태에 대해서는 국가가 생명보호의 수단 및 정도를 달리 정할 수 있다고 봄이 타당하다.

○ 임신한 여성의 안위는 태아의 안위와 깊은 관계가 있고, 태아의 생명 보호를 위해 임신한 여성의 협력이 필요하다는 점을 고려하면, 태아의 생명을 보호한다는 언명은 임신한 여성의 신체적·사회적 보호를 포함할 때 실질적인 의미를 가질 수 있다. 원치 않는 임신을 예방하고 낙태를 감소시킬 수 있는 사회적·제도적 여건을 마련하는 등 사전적·사후적 조치를 종합적으로 투입하는 것이 태아의 생명 보호를 위한 실효성 있는 수단이 될 수 있다.

○ 낙태갈등 상황에서 형벌의 위하가 임신한 여성의 임신종결 여부 결정에 미치는 영향이 제한적이라는 사정과 실제로 형사처벌되는 사례도 매우 드물다는 현실에 비추어 보면, 자기낙태죄 조항이 낙태갈등 상황에서

태아의 생명 보호를 실효적으로 하지 못하고 있다고 볼 수 있다.

○ 모자보건법이 정한 일정한 예외에 해당하지 않으면 모든 낙태가 전면적·일률적으로 범죄행위로 규율됨으로 인하여 낙태에 관한 상담이나 교육이 불가능하고, 낙태에 대한 정확한 정보가 충분히 제공될 수 없다. 낙태 수술과정에서 의료 사고나 후유증 등이 발생해도 법적 구제를 받기가 어려우며, 비싼 수술비를 감당하여야 하므로 미성년자나 저소득층 여성들이 적절한 시기에 수술을 받기 쉽지 않다. 또한 자기낙태죄 조항은 헤어진 상대 남성의 복수나 괴롭힘의 수단, 가사·민사 분쟁의 압박수단 등으로 악용되기도 한다.

(…)

○ 자기낙태죄 조항으로 인해 임신한 여성은 임신 유지로 인한 신체적·심리적 부담, 출산과정에 수반되는 신체적 고통·위험을 감내하도록 강제당할 뿐 아니라 이에 더하여 다양하고 광범위한 사회적·경제적 고통까지도 겪을 것을 강제당하는 결과에 이르게 된다.

○ 자기낙태죄 조항은 모자보건법에서 정한 사유에 해당하지 않는다면 결정가능기간 중에 다양하고 광범위한 사회적·경제적 사유를 이유로 낙태 갈등 상황을 겪고 있는 경우까지도 예외 없이 전면적·일률적으로 임신의 유지 및 출산을 강제하고, 이를 위반한 경우 형사처벌하고 있다.

○ 따라서, 자기낙태죄 조항은 입법목적을 달성하기 위하여 필요한 최소한의 정도를 넘어 임신한 여성의 자기결정권을 제한하고 있어 침해의 최소성을 갖추지 못하였고, 태아의 생명 보호라는 공익에 대하여만 일방적이고 절대적인 우위를 부여함으로써 법익균형성의 원칙도 위반하였다고 할 것이므로, 과잉금지원칙을 위반하여 임신한 여성의 자기결정권을 침해하는 위헌적인 규정이다.

2. 의사낙태죄 조항에 대한 판단

○ 자기낙태죄 조항은 모자보건법에서 정한 사유에 해당하지 않는다면, 결정가능기간 중에 다양하고 광범위한 사회적·경제적 사유로 인하여 낙태갈등 상황을 겪고 있는 경우까지도 예외 없이 임신한 여성에게 임신의 유지 및 출산을 강제하고, 이를 위반한 경우 형사처벌한다는 점에서 위헌이므로, 동일한 목표를 실현하기 위하여 임신한 여성의 촉탁 또는 승낙을 받아 낙태하게 한 의사를 처벌하는 의사낙태죄 조항도 같은 이유에서 위헌이라고 보아야 한다.

3. 소결

○ 태아의 생명을 보호하기 위하여 낙태를 금지하고 형사처벌하는 것 자체가 모든 경우에 헌법에 위반된다고 볼 수는 없다. 그런데 자기낙태죄 조항과 의사낙태죄 조항에 대하여 각각 단순위헌 결정을 할 경우, 임신 기간 전체에 걸쳐 행해진 모든 낙태를 처벌할 수 없게 됨으로써 용인하기 어려운 법적 공백이 생기게 된다.

○ 입법자는 위 조항들의 위헌적 상태를 제거하기 위해 낙태의 형사처벌에 대한 규율을 형성함에 있어서, 결정가능기간을 어떻게 정하고 결정가능기간의 종기를 언제까지로 할 것인지, 태아의 생명 보호와 임신한 여성의 자기결정권의 실현을 최적화할 수 있는 해법을 마련하기 위해 결정가능기간 중 일정한 시기까지는 사회적·경제적 사유에 대한 확인을 요구하지 않을 것인지 여부까지를 포함하여 결정가능기간과 사회적·경제적 사유를 구체적으로 어떻게 조합할 것인지, 상담요건이나 숙려기간 등과 같은 일정한 절차적 요건을 추가할 것인지 여부 등에 관하여 앞서 우리 재판소가 설시한 한계 내에서 입법재량을 가진다.

○ 따라서 자기낙태죄 조항과 의사낙태죄 조항에 대하여 단순위헌 결정을 하는 대신 각각 헌법불합치 결정을 선고하되, 다만 입법자의 개선입

법이 이루어질 때까지 계속적용을 명하는 것이 타당하다. 입법자는 늦어도 2020. 12. 31.까지는 개선입법을 이행하여야 하고, 그때까지 개선입법이 이루어지지 않으면 위 조항들은 2021. 1. 1.부터 효력을 상실한다.

○ 재판관 이석태, 재판관 이은애, 재판관 김기영의 단순위헌의견

○ 우리는 헌법불합치의견이 지적하는 기간과 상황에서의 낙태까지도 전면적·일률적으로 금지하고, 이를 위반한 경우 형사처벌하는 것은 임신한 여성의 자기결정권을 침해한다는 점에 대하여 헌법불합치의견과 견해를 같이한다. 다만 우리는 여기에서 더 나아가 이른바 '임신 제1삼분기(first trimester, 대략 마지막 생리기간의 첫날부터 14주 무렵까지)'에는 어떠한 사유를 요구함이 없이 임신한 여성이 자신의 숙고와 판단 아래 낙태할 수 있도록 하여야 한다는 점, 자기낙태죄 조항 및 의사낙태죄 조항(이하 '심판대상조항들'이라 한다)에 대하여 단순위헌결정을 하여야 한다는 점에서 헌법불합치의견과 견해를 달리 한다.

1. 임신 제1삼분기에서의 임신한 여성의 자기결정권 보장

가. 임신한 여성의 자기결정권 보장

○ 임신한 여성에게 자기결정권이 보장된다는 것은 임신한 여성이 임신 기간 전체에 걸쳐 자신의 몸을 임신상태로 유지하여 출산할 것인지 여부에 대하여 원칙적으로 그 스스로 결정할 수 있다는 것을 의미한다.

○ 임신한 여성에게 임신기간 전체에 걸쳐 낙태를 원칙적으로 금지하면서 다만 낙태가 허용될 수 있는 예외적 사유를 법률로써 규정하는 방식은, 그 요건을 충족하는 임신한 여성에게 '낙태가 불가피한 사람'의 지위를 부여하여 법적 책임을 면제할 뿐, 임신한 여성에게 자기결정권을 부여하지도 보장하지도 않는다. 이는 사실상 그의 자기결정권을 부정 내지 박탈하는

것이다.

○ 임신한 여성의 자기결정권이 보장된다고 하려면, 임신한 여성이 임신의 유지 또는 종결에 관하여 한 전인격적인 결정으로서의 자기결정권의 행사가 원칙적으로 임신기간 전체에 걸쳐 보장되어야 한다. 다만 다음과 같은 이유로 제한될 수 있다.

나. 임신한 여성의 자기결정권 제한

(1) 태아의 생명 보호를 위한 제한

○ 태아가 과연 생명권에 대한 기본권 주체가 되는가에 관계없이, 태아는 그 자체로 생명으로서 점차 성장하여 인간으로 완성될 수 있는 존재이므로, 국가는 생명을 존중하는 헌법의 규범적·객관적 가치질서와 인간으로서의 존엄과 가치를 선언한 헌법 제10조에 따라 태아의 생명 보호라는 중대한 공익을 추구하여야 한다는 점은 자명하다.

○ 다만, 국가가 태아의 생명 보호라는 공익을 추구함에 있어서도, 생명의 연속적 발달과정에 대하여 생명이라는 공통요소만을 이유로 언제나 동일한 법적 효과를 부여하여야 하는 것은 아니다. 국가는 생명을 보호하는 입법적 조치를 취함에 있어 인간생명의 발달단계에 따라 그 보호정도나 수단을 달리할 수 있다.

○ 태아는 임신기간의 경과에 따라 점차 인간에 가까운 모습으로 발달되어 간다. 태아가 모체를 떠난 상태에서 독자적인 생존을 할 수 있는 경우(현재 의료계에 따르면 약 임신 22주 내외)에는 그렇지 않은 경우와 비교하여 훨씬 인간에 근접한 상태에 도달하였다고 볼 수 있으므로, 국가는 이 시기 이후의 낙태를 원칙적으로 제한하고, 임신한 여성에게 임신의 유지를 기대하기 어려운 극히 예외적인 경우에 한하여 낙태를 허용할 수 있다.

(2) 여성의 생명 및 신체의 안전을 위한 제한

○ 낙태는 여성의 신체에 대한 침습행위로서 여성의 신체와 생명에 위험을 초래할 가능성이 있다. 따라서 임신한 여성의 낙태가 안전하게 이루어질 수 있도록 하여 생명·신체에 대한 위험을 줄이는 것도 실질적이고 중요한 과제이다.

○ 일반적으로 임신 주수가 증가할수록 임신한 여성이 낙태로 사망할 위험이 높아진다. 임신 제1삼분기에 적절하게 수행된 비의료적 이유에 의한 낙태는 만삭분만보다도 안전하고, 낙태로 인한 모성 사망의 상대적 위험도는 임신 8주 이후 각각 2주마다 두 배로 증가한다고 한다. 따라서 이른바 '안전한 낙태'를 위해서는 임신 제1삼분기에 잘 훈련된 전문 의료인의 도움을 받아 낙태가 시행되고, 낙태 전후로 적절한 의료서비스와 돌봄이 제공되는 것이 중요하다. 또한, 낙태에 관한 정보가 필요한 시기에 적절하게 제공될 필요도 있다.

○ 반면, 임신 제1삼분기를 경과한 이후에 이루어지는 낙태는 그 이전에 비하여 수술방법이 더 복잡해지고, 수술과정에서 합병증이나 부작용이 발생할 가능성이 높아지게 되어 임신한 여성의 생명이나 건강에 위해가 생길 우려가 크게 증가하므로, 이에 대하여는 태아의 생명 보호 및 임신한 여성의 생명·건강 보호라는 공익이 더욱 고려될 수 있다.

(3) 임신한 여성의 자기결정권 보장을 위한 기간 부여의 한계

○ 한편, 임신한 여성이 자신의 의사에 따라 일정 기간 중 낙태를 할 수 있도록 할 경우, 그 기간은 숙고와 결정에 필요한 만큼 보장되어야 하는 한편, 그 숙고와 결정이 왜곡되지 않도록 일정한 한계가 지워져야 한다.

다. 심판대상조항들이 과잉금지원칙에 위배되는지 여부

(…)

○ 임신한 여성에게 임신기간 전체에 걸쳐 낙태를 원칙적으로 금지하면서 다만 낙태가 허용될 수 있는 예외적 사유를 법률로써 규정하는 방식은 태아의 생명 보호와 임신한 여성의 자기결정권 사이에서 태아의 생명 보호를 단순하게 우선한 것으로서, 사실상 임신한 여성의 자기결정권을 부정 내지 박탈하는 것이다.

○ 임신한 여성의 안전성이 보장되는 기간 내의 낙태를 허용할지 여부와 특정한 사유에 따른 낙태를 허용할지 여부의 문제가 결합하는 경우, 낙태의 문제는 다시금 임신한 여성에게 낙태를 정당화할 만한 사유가 있는가의 문제로 수렴한다. 임신한 여성의 안전성이 보장되는 기간 내에도 국가가 낙태를 불가피한 경우에만 예외적으로 허용하여 줄 뿐이라면, 임신한 여성의 자기결정권을 사실상 박탈하는 결과가 될 수 있다.

○ 그러므로 태아가 덜 발달하고, 안전한 낙태 수술이 가능하며, 여성이 낙태 여부를 숙고하여 결정하기에 필요한 기간인 임신 제1삼분기에는 임신한 여성의 자기결정권을 최대한 존중하여 그가 자신의 존엄성과 자율성에 터 잡아 형성한 인생관·사회관을 바탕으로 자신이 처한 상황에 대하여 숙고한 뒤 낙태 여부를 스스로 결정할 수 있도록 하여야 한다. 이때 임신한 여성이 스스로 낙태의 의미, 과정, 결과 및 그 위험에 관한 정보를 충분히 수집할 수 있도록 하거나 이에 관한 상담을 받을 수 있는 기회를 제공하는 등의 방법으로써 임신한 여성의 자기결정권을 덜 제한하면서도, 그와 동등 또는 그 이상의 공익을 달성할 수 있다.

(…)

2. 단순위헌결정의 당위성

(…)

○ 그동안 자기낙태죄 조항으로 기소되는 사례가 매우 드물었고, 그 경우도 악의적 동기에서 비롯된 것이 상당수였다는 점을 고려하면 심판대

상조항들이 예방하는 효과가 제한적이고, 형벌조항으로서의 기능을 제대로 하지 못하고 있다고 할 것이어서, 이들 조항이 폐기된다고 하더라도 극심한 법적 혼란이나 사회적 비용이 발생한다고 보기 어렵다. 반면, 헌법불합치결정을 선언하여 심판대상조항들에 따른 기소를 일단 가능하게 한 뒤, 사후입법으로 이를 해결하는 것은 형벌규정에 대한 위헌결정의 효력이 소급하도록 한 입법자의 취지에도 반할 뿐만 아니라, 그 규율의 공백을 개인에게 부담시키는 것으로서 가혹하다.

○ 끝으로, 앞서 본 바와 같이 심판대상조항들 중 적어도 임신 제1삼분기에 이루어진 낙태에 대하여 처벌하는 부분은 그 위헌성이 명확하여 처벌의 범위가 불확실하다고 볼 수 없고, 또한 임신 제1삼분기에 이루어지는 낙태의 처벌 여부에 대하여는 입법자의 입법재량이 인정될 여지도 없다.

○ 재판관 조용호, 재판관 이종석의 합헌의견

1. 자기낙태죄 조항에 대한 판단

가. 인간의 존엄과 태아의 생명, 그리고 국가의 보호의무

(…)

○ 태아는 인간으로서 형성되어 가는 단계의 생명으로서 인간의 내재적 가치를 지니고 있다. 태아와 출생한 사람은 생명의 연속적인 발달과정 아래 놓여 있다고 볼 수 있으므로, 인간의 존엄성의 정도나 생명 보호의 필요성과 관련하여 태아와 출생한 사람 사이에 근본적인 차이가 있다고 보기 어렵다. 출생 전의 생성 중인 생명을 헌법상 생명권의 보호대상에서 제외한다면 생명권의 보호는 불완전한 것에 그치고 말 것이므로, 태아 역시 헌법상 생명권의 주체가 된다고 보아야 한다.

○ 태아가 모체의 일부라고 하더라도 임신한 여성에게 생명의 내재적

가치를 소멸시킬 권리, 즉 낙태할 권리가 자기결정권의 내용으로 인정될 수는 없다. (…)

나. 형사처벌과 침해의 최소성

○ 자기낙태죄 조항은 달성하고자 하는 입법목적이 태아의 생명권 보호로서 매우 중대하고, 생명권 침해의 특수한 성격을 고려할 때 형벌을 통하여 낙태를 강하게 금지할 필요성이 충분히 인정된다. 형벌로써 낙태를 규제하고 있음에도 불구하고 여전히 낙태가 광범위하게 이루어지고 있는 현실을 감안하면, 만일 낙태를 처벌하지 않거나 형벌보다 가벼운 제재를 할 경우 현재보다 낙태가 증가하여 태아의 생명권을 보호하고자 하는 입법목적을 달성할 수 없게 될 가능성을 배제할 수 없다. 따라서 낙태를 원칙적으로 금지하고 이를 위반할 경우 형사처벌하는 것 외에 여성의 자기결정권을 덜 침해하면서 태아의 생명을 동등하게 효과적으로 보호하는 다른 수단을 상정하기 어렵다.

다. 법익의 균형성

(…)

○ 태아의 생명권을 보호하고자 하는 공익의 중요성은 태아의 성장 상태에 따라 달라진다고 볼 수 없으며, 임신 중의 특정한 기간 동안에는 임신한 여성의 인격권이나 자기결정권이 우선하고 그 이후에는 태아의 생명권이 우선한다고 할 수도 없다. 헌법이 태아의 생명을 보호하는 것은 태아가 인간으로 될 예정인 생명체로서 그 자체로 존엄한 존재이기 때문이지, 그것이 독립하여 생존할 능력이 있다거나 사고능력, 자아인식 등 정신적 능력이 있기 때문은 아니다. 인간이면 누구나 동등하게 생명 보호의 주체가 되는 것과 마찬가지로, 태아도 성장 상태와 관계없이 생명권의 주체로서 마땅히 보호를 받아야 한다.

○ 다수의견이 설시한 '사회적·경제적 사유'는 그 개념과 범위가 매우 모호하고 그 사유의 충족 여부를 객관적으로 확인하기도 어렵다. 사회적· 경제적 사유에 따른 낙태의 허용은 결국 임신한 여성의 편의에 따라 낙태를 허용하자는 것인데, 이를 허용할 경우 현실적으로 낙태의 전면 허용과 동일한 결과를 초래하여 일반적인 생명경시 풍조를 유발할 우려가 있다. 헌법 전문(前文)은 "자유와 권리에 따르는 책임과 의무를 완수하게 하여"라고 선언하고 있는데, 성관계라는 원인을 선택한 이상 그 결과인 임신·출산에 대하여 책임을 져야 하는 것이 위와 같은 헌법 정신에도 맞는다.

(…)

라. 입법자의 성찰과 모성보호의 필요성

○ 입법자는 낙태와 같이 극도로 논쟁적이고 인간 존엄의 본질에 관한 탐색을 요하는 문제에 관한 규율을 함에 있어 보다 적극적이고 진지한 성찰을 하여야 한다. 정치과정의 회피와 사법심사로의 도피가 만능의 해결책이 될 수는 없다.

○ 현실에서 임신한 여성은 모성의 보호를 충분히 받지 못하고 있으므로, 국가는 낙태를 형사처벌하는 외에, 미혼부(未婚父) 등 남성의 책임을 강화하는 '양육책임법'의 제정, 미혼모에 대한 사회적 안전망의 구축, 여성이 부담없이 임신·출산·양육할 수 있는 모성보호정책, 임신한 부부에 대한 적극적인 지원과 육아시설의 확충 등 낙태를 선택하지 않도록 유도하는 입법을 하여야 한다.

(…)

나. 2017헌바127 사건에 대한 참고인 의견서

제출자: 고경심(산부인과 전문의, 인도주의실천의사협의회 이사)

제출일: 2018년 4월

I. 서론

1. 쟁점의 정리

(…)

○ 본 참고인은 현행 낙태죄 조항이 여성의 신체적 건강과 정신적 건강, 재생산 건강에 해로운 효과를 초래하여(건강권 제한), 여성의 인간으로서의 존엄과 행복 추구에 반하며(행복추구권 위반), 여성에게 차별적 효과를 가져와 남녀평등에 부합하지 않는다(평등권 위반)는 의견을 주장하고자 한다.

○ 본 참고인은 여성의 동의하에 낙태를 시술하는 의료인(산부인과 의사 등)의 직업 수행의 자유를 지나치게 제한한다(직업선택의 자유 위반)는 의견을 주장하고자 한다.

○ 본 참고인은 현행 낙태죄 조항이 여성의 재생산권 중 임신중단권인 낙태권리를 부당하게 제한하고 있으며, 사회적 변화와 현대의학의 수준 및 국제 기준에 비추어볼 때 **시대착오적인 형법조항**임을 주장하고자 한다.

(…)

II. 한국의 낙태 실태

낙태[26]는 여성 개인의 '사익'을 추구하는 행위라기보다는 피임, 성관계에서 남녀의 주도권과 결정권, 몸에 대한 지식, 의료서비스 접근성 등 다양한 사회적 삶의 맥락 속에서 일어나는 과정이자 사건이다. 따라서 낙태 행위 그 자체만을 불법으로 규정하고, 낙태를 한 여성과 시술의사를 처벌하는 현행 형법은 이러한 과정들을 생략하고 눈 감은 채 도덕적, 형법적 잣대를 적용하는 것이다. 낙태문제를 보는 관점을 여성의 입장에서 봐야 한다고 본다. 여성의 몸에서 일어나는 육체적, 심리적 변화와 부담이 얼마나 큰 것인가, 건강상의 위해를 주지 않는 조건이 무엇인가, 임신유지와 출산의 결정권이 누구에게 있는가를 되물어야 한다고 본다.[27]

(…)

이처럼 대부분의 낙태는 모자보건법의 허용한계를 넘어서는 사회경제적 사유로 행해짐을 알 수 있고, 낙태를 하는 여성과 '낙태하게 한' 의사가 범법자가 되고 있는 현실이다. 한국 사회에서 여성들이 '사회경제적' 사유로 낙태를 해야만 하는 구체적인 정황에 대한 검토와 성찰이 필요한 시점에 와있다. 여성들의 낙태 결심이 사적으로 쉽게 내려지는 것이 아니며, 가족과 배우자, 파트너 등과의 관계 속에서 조정을 거치며, 여성이 처한 사회

---

26 '낙태'라는 용어가 태아를 분만에 앞서 인위적으로 모체 밖으로 배출하거나 또는 태아를 모체 내에서 살해하는 행위를 내용으로 하는 범죄로 규정할 때 사용되고 있다. 세계산부인과학회를 비롯한 의학계와 국제적으로 통용되는 용어는 induced abortion이며 이는 보통 인공유산이라 번역한다. 한편 한국모자보건법 제14조에서는 '인공임신중절'이라 지칭하고 있다. 본 의견서에서는 형법상 규정된 낙태죄에 대한 논의이므로, '낙태'라는 용어를 그대로 사용하되 필요에 따라 모자보건법에서 규정하는 '임신중절'이라는 용어를 병용하기로 한다.

27 고경심. "지정토론문: 여성의 건강과 재생산권의 관점에서 본 낙태", 한국법학원『저스티스』통권 제121호, 2010, 415면.

경제적 요인들을 감안해서 고민과 어려움 속에서 이루어진다는 점을 공감할 필요가 있다.

(…)

○ 성폭력 피해로 인한 낙태지원 실태

모자보건법 제14조 제1항 (인공임신중절의 허용한계)에서 '강간 또는 준강간에 의하여 임신된 경우' 낙태를 할 수 있도록 규정하고 있다. 그렇다면 법적으로 허용되는 강간 또는 준강간, 즉 성폭력에 의한 임신으로 낙태가 발생할 경우의 실태를 한국성폭력상담소의 보고서를 중심으로 살펴보기로 한다. 왜냐하면 낙태죄 조항의 엄연한 존재는 성폭력에 의한 임신에 직면했을 때도 여성들의 태도나 대응방식에 어떤 영향을 주는지 시사하는 바가 크기 때문이다.

(…)

성폭력 피해자들의 경우, 성폭력 피해로 인한 임신이라 하더라도 고소나 신고 등의 요건을 요구하는 성폭력 인공유산 지원 실무로 인해 고소를 원치 않는 경우 일반 산부인과 병원에서 개인적으로 해결하는 경우가 많다. 그러나 일반 병원에서 인공유산 시술을 거부하는 등 개인적인 대처가 어려운 경우 결국 인공유산 필요로 인해 상담 받는 사례가 늘어나게 된다.

(…)

청소년 피해자의 경우 성폭력으로 인한 임신피해 사실을 인지하고 나서도 어떻게 대응해야할지 잘 모르거나, 성폭력피해와 임신 사실이 부모에게 알려지는 것이 두려워 고민하다가 의료지원 시기가 지연되는 문제가 발생한다. 또한 피해학생이 부모에게 알리기를 완강히 거부할 경우 병원에서는 상담기관측에서 책임질 것을 요구하여 상담기관에서 위험을 감수하거나, 결국은 지원을 하지 못하게 되기도 한다.

(…) 성폭력으로 인한 낙태도 성폭력상담소의 상담사실확인서나 고소 또는 신고 여부에 따라 성폭력임을 입증하는 절차를 거쳐야 한다. 그런데

이러한 절차에 대한 규정조차 없어 기관마다 요구하는 사항이 다르다. 이러한 절차가 성폭력피해 사실을 드러내야 하는 용기가 필요하고 고소 또는 신고 등의 관료적이면서도 불편한 절차를 밟아야 하므로, 이러한 공식적인 지원을 회피하게 됨을 알 수 있다.

성폭력으로 인해 임신한 피해자들의 경우 2차 피해가 발생할 수 있다. 학교, 직장 등 피해자가 속한 공동체에서 임신사실로 인해 성폭력피해가 더 쉽게 노출될 위험에 처한다. 피해와 임신 사실이 노출될 경우 피해자의 행실에 대한 부정적 여론이 퍼지고 이로 인해 피해자가 학교나 직장을 떠나야 하는 등 학습권, 노동권 침해로 이어진다. (⋯)

피해자가 겪는 심리적, 사회적 2차 피해는 수술지원을 요청하고 의료지원을 받는 과정에서도 반복된다. 위에서 살펴본 것처럼 임신중절을 위한 지원요청을 하고나면 의료진이나 관련 업무 담당자로부터 피해자성에 대해 의심받는 질문을 받고, 지원을 받기 위해 진짜 피해자임을 입증해야 하는 위치에 놓이면서 피해자는 주체성의 상실 및 스스로에 대한 가치 절하의 과정을 경험하는 것으로 보인다. (⋯)

이는 현행 낙태죄 조항이 낙태 시술의 접근성을 차단하는 것과 무관하지 않다. 교육기관이나 정부당국도 낙태 관련 정보를 제공하지 않아 적절한 대처를 하지 못하게 하고 있으며 낙태 후 돌봄 교육이나 제도적 장치도 없는 실정이다. 또한 청소년 피해자가 대다수로 많았으며, 모자보건법에서 규정하는 24주 제한을 넘어서는 사례도 있었고, 대부분 초기가 아닌 중기 임신 때 수술을 하게 되어 여성 건강의 위험의 소지가 높고 향후 가임력에도 영향을 미칠 가능성이 높음을 알 수 있다. 이렇듯 낙태죄의 존재는 낙태 자체에 대한 공개적인 논의를 차단하므로 정보접근성, 시술 접근성 등을 차단하고 있음을 알 수 있다.

○ 낙태와 관련한 '여성의 목소리'

(…)

2010년 3월 5일 세계 여성의 날을 기념하여 여성계는 안전한 낙태를 할 수 있는 권리와 여성의 재생산권의 보장을 핵심으로 하는 '여성의 임신, 출산 및 몸에 대한 결정권 선언'을 발표하였다. 이후 여성계의 연대활동으로 〈임신출산 결정권을 위한 네트워크〉를 결성하여 2010년 9월 29일에 "낙태는 범죄가 아니다! 낙태 징역형 선고를 규탄한다", 2010년 10월 14일에 "낙태한 여성을 기소한 수원지검 안산지청을 강력 규탄한다" 등의 제목으로 성명서를 발표하면서, 본격적으로 낙태를 여성 개인의 책임으로 묻는 법과 사회를 향해 여성의 판단과 선택을 존중해야 한다는 '여성의 목소리'를 본격적으로 내기 시작하였다.[28]

2016년 10월 17일 여성단체들이 연대하여 〈성과 재생산 포럼〉을 결성하고 "진짜 문제는 '낙태죄'다! 인공임신중절 처벌 강화하는 의료법 개정 입법예고안 철회하고, 형법상의 '낙태죄'를 폐지하라!"는 제목의 공동성명을 발표하고 다음과 같이 요구하였다.[29]

〈우리의 요구〉

인공임신중절 처벌 강화하는 의료법 시행령 개정 입법예고안을 철회하라!

여성의 몸을 불법화하는 '낙태죄' 폐지하라!

장애와 질병에 대한 차별을 조장하는 우생학적 모자보건법 조항 전면 개정하라!

국가는 성평등 정책과 성교육을 체계적으로 강화하고, 모든 여성들이 자신에게 필요한 피임기술과 의료시설에 접근할 수 있도록 보장하라!

28 한국여성민우회. 『있잖아…나, 낙태했어』, 도서출판 다른, 2013.
29 〈성과 재생산포럼〉 제3차 '생명권 vs. 선택권' 판 뒤집기. 2016년 10월 25일. 성과재생산포럼 자료집.

결혼유무, 성적지향 및 성별정체성, 장애와 질병, 경제적 차이와 상관없이 자신의 섹슈얼리티와 모성을 실천할 수 있는 실질적인 권리를 보장하고 이를 실행할 수 있는 조건을 마련하라!

안전하고 건강하게 임신을 중지할 수 있도록 최선의 의료적 선택지를 제공하라!

2017년 9월 30일부터 여성단체뿐만 아니라 일반인들도 청와대 국민청원 게시판 〈낙태죄 폐지와 자연유산 유도약(미프진) 도입〉을 위한 청원에 25만 명이 넘게 참여하였다. 또한 2017년 120여 명에 달하는 생명윤리학·철학·신학 연구자들은 "낙태 반대만이 생명윤리에 부합하는 것은 아니다"는 제목의 성명을 통해 "충분히 고통을 받고 있는 여성을 형법으로 단죄하여 얻을 수 있는 실익이 없으며, 이는 여성에게만 가혹한 불공정한 일이고, 또 낙태를 불법으로 단죄하는 것만이 유일한 바람직한 길이 아니다"라고 주장하였다.[30]

(…)

지금까지 형법의 낙태 범죄화와 뿌리 깊은 가부장제 문화 등에 의한 사회적 낙인에 의해 숨죽여 왔던 여성들이 낙태와 관련한 도덕적 비난을 무릅쓰고 자신의 사회적 고통을 소리 내어 발화하기 시작하였다. 이에 여성은 물론 사회 각 처에서 연대와 지지를 보내고 있으며, 여성의 재생산권과 자기결정권을 강화하는 것만이 여성의 자율권과 행복추구권, 평등권을 획득할 수 있다고 주장하고 있다.

○ 낙태와 관련한 산부인과 의사의 대응

(…)

그러나 대부분의 산부인과 의사를 비롯한 의료진들은 낙태를 원하는 여

---

30   최규진, "낙태죄의 역사", 『의료와 사회(겨울호)』, 2017(8), 2017, 263면.

성 사례들을 접하면서 현행법의 문제점을 가장 피부에 와 닿게 느끼고 있는 전문가 집단이라 할 수 있다. 여성의 건강을 담당하는 의료인으로서 자신의 종교적 신앙이나 개인적 신념과 무관하게, 여성의 건강 측면에서 현행 낙태죄 조항과 모자보건법의 문제점을 심각하게 느끼고 있다. 또한 해외 산부인과 교과서나 논문을 통한 정보 교류와 국제학회 등에서 서구 국가의 의사들과 교류를 통해 낙태죄가 국제적 수준에도 뒤떨어져 있음도 인지하고 있다.

일부 산부인과 의사들이 주도하는 〈프로라이프의사회〉의 낙태 의사에 대한 고발이 있던 2010년에 산부인과 의사들 사이에서 상대방에 대한 비난과 의견충돌이 개진된 바 있다. 이에 대응하여 〈대한산부인과의사회(산부인과 개원의 단체임)〉는 산부인과 개원의를 대상으로 설문조사를 시행하였다. 당시 설문 결과는 첫째, 97.9%에서 현행 모자보건법의 현실적 개정이 필요하다고 응답하였다. 둘째, 90.6%에서 인공임신중절의 사회경제적 허용사유가 포함되어야 한다고 응답하였다. 셋째, 94.6%에서 개정 모자보건법에는 심한 태아 기형이나 태아 질환으로 인한 허용 사유가 포함되어야 한다고 응답하였다.[31]

(…)

그렇다면 현행 낙태 관련법을 둘러싼 일선 산부인과 의사들의 대응은 어떠한가? 낙태를 시술하는 의사들은 형법 제270조 제1항에 따라 '벌금형도 없는' 징역형에 처할 위험을 인지하고 있다. (금고 이상의 형은 의사면허의 취소 사유가 된다.) 또한 〈프로라이프 의사회〉에서 낙태 시술 의사를 고발하겠다는 행동이 나오자, 일선 의사들의 반응은 여러 가지로 나타났다.

(…)

---

31   손영수, "형법상 낙태와 모자보건법상 인공임신중절에 관한 의료법리학적 이해", 『대한산부인과학회지』, 53(6), 2010, 469면.

자신의 신앙이나 신념에 따라 낙태시술을 하지 않는 의사들은 물론, 법적 처벌을 두려워서 위축이 된 의사들은, '울면서 낙태를 호소하는' 여성 또는 가족의 일원, 또는 남성들(때로는 낙태를 해달라고 의사에게 협박하는 남성도 있다)을 돌려보낸다. 이렇게 되면 여성들은 낙태가 가능한 병원을 찾아다니는 힘든 과정을 겪어야 한다. 보통 전화로 낙태가 가능하냐고 문의할 경우, 그렇다고 대답하는 병원은 거의 없으며, 실제 찾아가서 상담을 해봐야 가능한지 알 수가 있다. 이렇게 여성이 시술이 가능한 병원을 찾아다니다가 임신이 계속 지속되고 적절하고 안전하게 시술할 수 있는 임신 시기를 놓치는 경우가 많다.

또 의사가 비밀유지를 전제로 시술을 한다 하더라도 배우자 또는 임신을 하게 한 파트너를 동반하여 오도록 하고 '법적 효력이 없어도' 쌍방의 시술동의서를 받는다. 왜냐하면 모자보건법 상 배우자 또는 미성년자의 경우 보호자 동의 조항이 있으며, 형사고발이 배우자에 의해 진행되는 경우가 많기 때문이다. 그래서 남자친구와 헤어져서 더 이상 연락이 되지 않아 동반하지 못하는 경우, 이혼 소송 중이거나 별거 중이어서 배우자를 동반하기 어려운 경우에는 수술을 거부하는 경우도 많다.

게다가 시술 자체가 불법이므로 의료보험 적용이 되지 않고 시술비용은 의사가 요구하는 대로 고가여서 경제적 취약 계층 여성이나 청소년들은 시술을 하지 못하고 있다. 따라서 이들은 불가피하게 출산 후 영아 유기를 하여 모체의 훼손은 물론 영아의 생명도 위태롭게 하는 사회문제를 야기하기도 한다.[32] 또 낙태로 인한 의료과실, 합병증과 후유증, 불임에 대한 연구는

---

32   현행법 위반 논란이 여전한 베이비박스에 버려지는 영아 수는 2011년 37 명에서 2012년 79 명, 2013년 252 명으로 급격히 늘어난 뒤 매년 200 명 이상에 달한다. 이성택, "[2017 갈등 리포트] 베이비박스, '생명의 상자'인가 '영아유기 조장 불법시설'인가", 『한국일보』, 2017.05.16., http://hankookilbo.com/v/8b7781b2c7cb4b8c8de5f379b903e362 (최종검색일 2023.11.20.)

그 자체가 불법이므로 시행되고 있지 않다. 여성에게 의료과실이나 합병증이 발생하여도 비밀리에 불법으로 시행하였으므로 정당하게 고발을 하거나 문제 삼지 못하는 경우도 생긴다.

산부인과 전공의 수련병원에서도 낙태 시술 교육과 임상실습이 없어서 산부인과 전공의들이 낙태 시술법을 훈련받지 못하게 된다. 이렇게 되면 산부인과 전문의가 되어도 낙태 시술 경험과 지식이 없어, 미숙한 낙태 시술 시 의료과실을 초래할 우려가 있다.

현실과 괴리가 큰 낙태죄 조항으로 산부인과 의사들은 여성들의 요구(배우자와 가족의 요구인 경우도 많다)에도 낙태 시술을 거부하는 경우가 많다. 일부 낙태를 하는 산부인과 의사들도 비밀리에 시행하면서도 심리적 위축감을 느끼며 스트레스를 받고 있다. 또한 산부인과 의사 내부의 비난이 존재하며 사회적 시선도 곱지 않아 적절한 직업수행의 제한을 느끼고 있다. 이렇듯 직업수행의 자유가 심각히 훼손되었다면, 헌법에서 보장하는 직업 선택의 자유 또한 위반하고 있다고 유추할 수 있다. 그리고 이러한 산부인과 의사들의 이러한 혼란스러운 대응방식과 제도적 미비, 적절한 의료서비스의 접근성을 막는 형법의 낙태죄 존재가 고스란히 여성의 건강권과 재생산권의 훼손으로 이어지고 있다.

(…)

III. 낙태관련법 국제 비교

(…)

○ 국제산부인과학회(FIGO) 위원회 보고서: 비의료적 이유에 의한 임신중절의 윤리적 가이드라인과 권고

○ 윤리적 가이드라인(Ethical Guidelines)

(…)

5. 임신 제1 삼분기(임신 첫 14주까지의 기간)에 적절하게 수행되는 비의료적 이유에 의한 임신중절은 만삭 분만보다 더 안전하다.

6. 세계보건기구(WHO)에 의하면, 전세계적으로 매년 4천만 명 이상의 임신한 여성 중 거의 반이 숙련되지 않은 인력에 의해 또는 부적절한 환경에서 안전하지 않은 임신 중절을 받고 있는 것으로 추정된다.

7. 안전하지 않은 중절 이후의 사망률은 안전한 의료 환경에서 시행되는 중절에 비해 수배나 높다. 안전하지 않은 임신중절 이후 매년 7만5천 명의 여성들이 사망하며 훨씬 많은 수가 평생 질병과 후유증, 불임 등으로 고통받고 있다.

(…)

9. 특정 국가가 비의료적 이유(역자 주. 사회 경제적 이유를 말함)에 의한 중절을 허용하는 법률을 제정하면, 임신중절 건수는 의미 있게 더 늘지 않으면서 임신중절로 인한 산모 사망률과 관련 질병 이환율은 현저하게 줄어들었다.

10. 과거에는 임신중절이 대부분 수술로 시행되었으나, 최근에는 경구약이 개발되어 임신 초기에 안전하게 내과적으로 중절할 수 있게 되었다.

11. 또 전통적인 피임법과 응급피임법 사용이 널리 보급되어서 임신을 미연에 방지할 수 있게 되었다. 특히 응급 피임약은 착상 이전 시기에 효과를 발휘하기 때문에 임신중절방법이 아니다. 그러나 이 방법도 일부 사람들은 수용하지 않고 있다.\

○ 권고(Recommendations)

1. 정부와 관련 조직은 여성의 권리, 지위, 건강을 개선하기 위해 노력을 기울여야 하며 교육(성교육 포함), 상담, 가족계획에 대한 신뢰할 만하고 충

분한 정보 및 서비스 제공, 보다 효과적인 피임수단의 개발 등을 통해 원치 않는 임신을 예방하도록 해야 한다. 임신중절이 가족계획의 한 방법이 되어서는 안 된다.

2. 여성은 자신이 아기를 낳을지 말지를 선택할 수 있는 권리를 가진다. 그러므로 여성은 합법적이고 안전하며 효과적이고 수용할만한 피임수단을 충분히 제공받아야 한다.

3. 충분하게 정보를 제공받고 자발적으로 동의하는 과정이 적절하게 이루어졌다는 전제 하에, 여성이 자신의 몸에 대해 자율적으로 결정할 권리를 보장해야 한다. 또한 안전하지 않은 중절을 피할 수 있는 요건을 갖추어 안전한 임신중절이 제공되어야 한다.

4. 의료인을 포함한 대부분의 사람들은 임신 중단을 피하는 것을 선호하며 여성의 상황에서 임신중단이 최선의 길이라고 판단될 수 있더라도 이를 유감으로 받아들인다. 일부 의사들은 어떤 상황이라도 중절은 허용되어서는 안 된다고 느끼기도 한다. 여성의 자율권을 존중해야 한다고 해서, 어떤 의사(또는 의료진의 일원)라도 자신의 신념에 반하여 임신중절을 충고하거나 수행해야 한다는 것은 아니다. 의료진의 경력이 임신중절 서비스 제공 여부로 차별받아서는 안 된다. 그러나 그런 의사들도 임신중절을 원칙상 반대하지 않는 다른 의사 동료들에게 여성을 의뢰할 의무를 가지고 있다.

5. 여성을 상담하는 의무를 가진 어떤 사회나 어떤 의료조직의 일원이라도 임신중절에 대해 자신과 다른 의견을 가진 사람들에게 그들의 종교적 또는 문화적 신념을 강제할 권리를 가지고 있지 않다. 상담은 객관적인 정보 제공으로 이루어져야 한다.

6. 소수자들에게는 매우 조심스럽게 상담이 진행되어야 한다. 충분하게 정보가 제공된 상태에서 자발적으로 동의하는 과정이 가능한 이들의 경우 그들의 요청이 존중되어야 한다. 이러한 과정이 불가능한 이들의 경우는 부모나 후견인의 충고, 경우에 따라서 법원의 결정이 시술 결정을 내리기

전에 고려되어야 한다.

7. 비의료적 이유로 인한 임신 중절은 비영리적인 보건의료 서비스에 의해 제공되는 것이 최선이다. 임신 중절 후 피임 상담이 항상 제공되어져야 한다.

8. 요약하면, 위원회는 다음과 같이 권고한다. 적절한 상담 이후 여성은 임신중절을 위한 내과적 또는 외과적 방법을 이용할 권리를 가지며, 보건의료기관은 가능한 한 안전하게 서비스를 제공할 의무가 있다.

IV. 현대 의학 및 의료기술의 관점에서 본 낙태

현대 의학과 의료기술의 발달로 기존의 생명에 관한 통념을 바꾸고 그 통념을 넘어서는 새로운 여건이 마련됨에 따라 현대 의학의 수준에 맞게 재정의할 필요가 제기된다. 더구나 낙태 논의에서 배아나 태아의 생명권을 어떻게 보아야 할 것이며 여성의 건강권과 재생산권을 지키기 위해 어떠한 점에서 고려해야 할지 새로운 관점이 요청되므로 이를 살펴보기로 한다.

1. 약물에 의한 낙태법
지금까지 낙태를 위한 시술은 의료기관에서 의사 등 의료진의 개입으로 시술되어져야 한다고 여겨지고 있었다. 형법 제270조의 업무상승낙낙태죄는 의사 등 낙태를 하게 한 자를 처벌하도록 하고 있다. 그러나 최근 마취와 수술 없이 여성 스스로 약물을 사용함으로써 낙태가 가능한 약물들이 개발되고 전 세계적으로 허가되고 사용되고 있다.

(…)

한국에서 미페프리스톤 사용이 금지되었지만, 세계화, 정보화 시대에 한국 여성들은 이미 실시간으로 이에 대한 정보를 얻어 그에 따른 수요가 발생하고 있다. 실제 한국에서 최근 낙태유도약 합법화에 대해 10명 중 약 7명이 찬성하였고 특히 미혼이면서 20대 이하에서 찬성의견이 높았다.[33] 실제 낙태를 실제 경험하였거나 시도하였지만 실패한 435명의 여성 중 낙태유도약 미페프리스톤(미프진)을 선택한 경우는 6.7%나 있었다. 그 방법을 선택한 주된 이유는 비용부담이 적어서가 10명 주 3.1명으로 가장 많았고, 임신 초기여서, 시술받기 두려워서도 각 10 명 중 2 명 정도 있었다.[34]

(…) 또한 불법 인터넷 거래나 브로커의 문제도 발생하고 있다. 불법 유통되는 것들 중 가짜약이나 용량을 복약지침대로 사용하지 않을 가능성, 복약 지도와 사전 상담, 유산 후 관리에 대한 안내 없이 약만 배송하는 행태, 초음파로 자궁내임신이 맞는지 확인하는 과정 없이 진행되는 경우 자궁외임신 등 위험이 도사리고 있다.[35] 이 경우 향후 건강상의 위해와 향후 가임력의 훼손도 가져올 수 있다. 실제 현행법의 규제나 정부의 단속만으로 이러한 심각한 문제들을 방지할 수 없는 상황이 되고 있다.

또 약물 낙태방법은 시술에 있어 의료진이 주요 행위자가 아니고 여성 자신이 임신 중절을 선택하는 주체가 된다는 점에서 획기적인 관계의 변화를 가져올 수 있다. 여기서 의료진은 약물 중절 전후에 모니터링을 하고 위험이 있을 때 개입하는 역할을 할 뿐이다.

형법 제269조(낙태) 제 1항에서 '약물 기타 방법으로 낙태한 때에는 ~'라고 낙태죄로 규정하고 있어 약물도입은 불법이다. 그러나 실제 암암리에 사용되고 있는 낙태 약물은 현행 형법 제 269조는 물론, 형법 제270조 제1항이 규정하는 업무상승낙낙태죄의 적용이 필요 없어지거나 무력화되는

33 김동식, 황정임, 동제연, 『임신 중단(낙태)에 관한 여성의 인식과 경험조사』, 한국여성정책연구원(미발표초안), 요약 vii.

34 김동식 외, 앞의 글, 2018, 79면.

35 윤정원, "유산유도제 미페프리스톤의 도입: 외국 사례로 본 건강권으로서의 함의", 『의료와사회』, 제8호, 2017, 100면.

상황이 되고 있는 것이다.

2. 보조생식기술의 발달

의료과학기술의 개입은 배아나 태아를 '인간 생명으로서 권리를 인정할 수 있는 시기'를 언제로 보아야 하는가의 문제를 복잡하게 만들고 있다. 생식세포, 수정란, 배아를 직접 관찰하고 채취하고 다양한 목적으로 이를 이용하거나 여성의 몸에 직접 개입할 수 있게 되며, 태아의 생존 가능성 시기를 단축하게 되면서 의료과학기술이 생명윤리의 판단 기준을 영향을 주게 된 것이다.

보조생식기술(ARTs: Assisted Reproductive Technologies)은 난임 부부가 아이를 낳기 위한 난임 치료기술이고 낙태는 그 반대의 방법이지만 서로 밀접하게 연결되어 있다. 여성과 남성의 난자와 정자의 결합과정부터 임신의 모든 과정, 즉 생식을 위한 기능 증진과 배아의 생성 및 성장, 출산 등에 산부인과 의사나 유전학자 등 전문가가 의료적으로 실험적으로 개입하는 것은 마찬가지이기 때문이다. 이에 대해 다음에 구체적으로 살펴보기로 한다.[36]

(1) 체외수정(IVF: In Vitro Fertilization)

(…)

현재 한국에서 체외수정은 난임 부부의 아이를 낳기 위한 의료적 개입으로 정부의 지원사업의 대상이 되어 활발히 시술되고 있다.

(…)

자궁내 이식된 배아가 착상에 성공하면 여러 개의 배아가 자궁 안에 생

---

36   김선혜, "보조생식기술시대의 낙태논쟁", 〈성과 재생산포럼〉 제3차 '생명권 vs. 선택권' 판 뒤집기. 2016년 10월 25일. 성과재생산포럼 자료집.

존하게 된다. 보통 임신 10-13주 사이에 2-3개의 배아를 남기고 나머지는 선택유산(selective abortion)[37] 시술을 하게 된다. 의사가 염화칼륨 등의 물질을 주사로 태낭 내에 직접 주입하거나 초음파를 이용한 태낭흡입술을 사용한다. 이 후에도 초음파 또는 양수검사로 태아 기형이 발견되는 경우 선택낙태를 하는 경우도 있다.

이러한 배아에 대한 선택 유산은 소위 '태아의 생명권'을 침해하는 행위로 법률적으로나 사회적으로 불법으로 규정되지 않으며 '여성의 결정권'이 '사익'을 추구한다고 간주되거나 비난받지 않는다는 점을 주목할 필요가 있다. 낙태죄의 객체인 태아가 '착상시설(자궁)'에 존재하는 경우인데도, 아이를 낳기 위한 시술이라는 이유로 낙태라고 명명되지 않고 '선택유산' 또는 '선택감수'라는 이름으로 당당하게 용인되며, 정부의 지원까지 받고 있다. 이는 기존의 '태아의 생명권'을 지키기 위한 형법의 낙태죄 규정이 얼마나 일관성이 없는지를 보여주고 있다.

(2) 배아 선별과 착상 전 유전자 진단(PGD: preimplantation genetic diagnosis)

(…)

배아가 체외수정을 통하여 여성의 몸 밖에 존재하게 되므로, 배아는 폐기할 수도 있고, '입양'을 보내 인간으로 출생시킬 수 있는 자원으로 '잠재적 인간'이 되는 것이다. 또 이 때 발생한 '잔여배아' 중 일부는 연구목적으로 '연구용' 배아로 생명공학 연구의 중요한 재료로 사용되고 있다. 따라서 폐기되는 배아는 착상이 될 경우 '인간이 될 가능성'을 가진 넓은 의미의 '태아의 생명권'의 담지자라고 볼 때, 이것이 낙태 논의에서 자유로울 수는

---

37   선택유산은 selective abortion을 번역한 것으로, 선택 감수(selective reduction) 또는 다태임신 감수(multiple pergnancy reduction) 시술이라는 용어를 사용하기도 한다.

없다.

또한 착상 전 유전자진단은 유전자검사로 배아의 유전질환 유무를 검사하는 기술이다. (…) 착상전 유전자 진단으로 유전 질환이 있는 배아를 선별 폐기하는 시술은, 비정상이거나 장애가 있는 사람은 태어나야할 이유가 없다는 차별이 존재하는 것은 아닌지, 우생학적 선별과정의 인권침해에 관한 논의가 필요하다.

(3) 대리임신출산 및 불법 생식세포 거래

(…)

외국의 경우 대리모와 의뢰인의 의사가 충돌하는 사례들이 있다. 초음파 검사 결과 태아의 유전질환이 발견되어 의뢰인이 낙태를 요구하였으나 대리모가 거부하는 사례도 있고 체외수정을 통해 대리모에 세쌍둥이가 임신되었을 때 의뢰인이 하나의 태아를 선택유산을 요구하였으나 대리모가 거절한 사례도 있다. 이렇듯 주로 다태아 임신 또는 태아의 장애와 질병을 이유로 대리모에게 낙태를 요구하는 경우에, 누구의 '선택권'을 존중할 것이며, 누구의 '생명권'을 존중할 것인가의 문제가 발생한다.

(…)

보조생식기술의 발달로 인해 생식세포를 여성의 몸과 분리하여 운반, 조작이 가능하게 되자, 배아를 포함한 불법 생식세포 매매의 문제점도 발생하고 있다. 온라인 모니터링을 시행한 결과 불법적인 생식세포 매매 및 알선행위에 관한 위반 내역은 2012년 총 2025 건에서 2015년 748 건으로 확인되었다.[38]

이상과 같이 보조생식기술의 발달로 야기되는 다양한 문제들은 기존의

---

[38] 문한나, 박소원, 김명희, "온라인 모니터링을 통해 본 한국의 불법 생식세포 매매 실태 및 개선방안",『한국의료윤리학회지』, 19(1), 2016, 36-46면.

'임부의 자기 결정권'과 '태아의 생명권'의 담론으로 설명할 수도 없고 이해될 수도 없다는 점을 드러낸다. '낙태죄' 형법 조항이 발달한 의학과 의료기술의 발전을 따라가지 못하고 현실과 괴리가 크다는 점을 반증하고 있다. 따라서 임신과 출산을 둘러싼 재생산의 문제가 어떤 의학적 기술적 조건하에서 이루어지는 지 재검토해야 할 시점에 와있으며, '태아의 생명권' 보호를 위함이라는 '낙태죄' 조항은 현대 의학 및 의료기술의 수준에 맞추어 관점의 전환을 필요로 한다.

3. 낙태죄와 우생학 논란

(…)

1953년 형법 상 낙태죄 조항의 제정의 근원을 올라가보면 한일병합 이후 일본형법에 근거하여 낙태죄 조항이 만들어졌다.[39] 모자보건법은 박정희 정권 유신체제 하 비상국무회의에서 처리되었는데, 일본의 우생보호법에서 나병을 전염성 질환으로 바꾸었을 뿐 거의 동일하다. 이 일본 우생보호법은 독일 나치의 단종법(Prevention of Progeny with Hereditary Diseases Act, 1933)의 영향을 받아 1940년 만들어진 일제 국민우생법을 모체로 하고 있다. 그래도 일본의 경우 우생보호법으로 바꾸면서 낙태 허용 조건에 '경제적 이유'를 포함시킴으로 일말의 진전을 보았다. 그런데 한국의 모자보건법[40]은 오히려 허용사유에 전근대적인 '우생학적'이라는 표현을 집어넣었

---

39   최규진, 위의 글, 2017.
40   1973년 모자보건법 시행령 제3조는 임신 28주 이내에 인공임신중절 수술을 허용할 수 있는 조건으로 '우생학적 또는 유전학적 정신장애나 신체질환'을 명시하고 있으며 여기에는 유전성 정신분열증, 유전성 조울증, 유전성 간질증, 유전성 정신박약, 유전성 운동신경 원질환, 혈우병, 그리고 '현저한 유전성 범죄경향이 있는 정신장애'가 포함되어 있다. 그리고 1986년에는 인공임신중절을 할 수 있는 '전염성 질환'의 대상으로 '풍진·수두·간염·후천성면역결핍증 및 전염병예방법 제2조제1항의 전염병'이 명시된다. 이러한 조항들은 2009년 인공임신중절의 허용 시기가 24주로

으며 2009년 전문개정 시에도 그대로 유지되었다.[41]

이에 대해 나영(2016)은 "이와 같이 우생학적 요건들을 허용사유로 넣음으로써 인구의 수뿐만이 아니라 인구의 질까지 관리하고자 했던 국가의 의도를 명확히 보여준다. 그리고 이러한 우생학적 선별 과정은 생식세포와 배아의 단계에서 이루어지고 있다. 결국 '낙태죄'를 존치시킴으로 이루어지고 있는 생명에 대한 효과는 '태아의 생명'에 대한 대척점에 여성을 둠으로써 국가의 인구관리 목적에 따라 여성을 언제든 통치가능한 위치에 있도록 유지하는 것이며, 이를 통해 태아와 모체의 관계성을 분리시키고 생명을 선별하는 과정에서 여성의 결정권을 약화시키는 것이다"라고 비판한다.[42]

(…)

마찬가지로 한국의 역사 속 '낙태죄'는 출산 제고 혹은 출산 억제라는 국가의 인구정책적 목적에 따라 변천을 겪어왔다는 비판이 제기되었다. 특히 개발독재기(1960-1970년대)의 낙태죄는 우생학의 지속과 민족주의적 가부장제를 강화 유지하는 방편이 되었다. 따라서 현행 법제 하 임신할 수 있는 몸의 소유자인 여성들의 경험은 과거의 시대적 모순들이 고스란히 집약된 것으로 인식되고 청취되어야 하며, 표피의 법과 정책의 변화를 넘어 재생산을 바라보는 관점 자체의 전환이 요청된다.[43]

앞당겨지면서 전문개정이 될 때까지 그대로 유지되었다. 현재는 '연골무형성증, 낭성섬유증 및 그 밖의 유전성 질환으로서 그 질환이 태아에 미치는 위험성이 높은 질환'으로, 전염성 질환은 '풍진, 톡소플라즈마증 및 그밖에 의학적으로 태아에 미치는 위험성이 높은 전염성 질환'으로 명시되어 있다.

41 일본의 우생보호법은 1996년의 법개정을 통해 '모체보호법'으로 변경되었으면 우생학적 사상에 근가하여 규정되었던 강제적 단종 등에 관한 조문이 삭제되었고 '우생수술'이라는 용어도 '불임수술'로 수정되었다.

42 나영, "삶이 삭제된 생명, '생명권 대 결정권' 논의의 허상을 넘어서기 위하여", 〈성과 재생산포럼〉 제3차 '생명권 vs. 선택권' 판 뒤집기 성과재생산포럼 자료집 2016년 10월 25일.

43 이은진, "낙태죄의 의미 구성에 대한 역사사회학적 고찰", 『페미니즘연구』, 17(2),

이렇듯 형법의 낙태죄 조항이 해방 후 일본형법을 기초로 만들어져서 우생학의 지속적 적용이 그대로 원용되었음을 알 수 있다. 전근대적인 '우생학'은 질병, 장애, 기형을 가지고 태어나는 생명을 선별적으로 낙태를 가능하게 하는 차별적 내용으로 국가적 개입에 대한 비판이 제기되고 있으며, 시대착오적으로 헌법에서 정하는 평등권을 위반하는 문제를 드러낸다.

V. 낙태는 위험한가? - 낙태의 안전성 논란과 건강권

1. 안전한 낙태(safe abortion)와 여성 건강

(1) 안전한 낙태로 인한 여성사망률은 출산으로 인한 산모사망률보다 훨씬 적다.
(2) 안전한 낙태는 여성의 가임력에 영향을 주지 않는다.
(3) 안전한 낙태는 유방암을 일으키지 않는다.
(4) 안전한 낙태는 여성의 정신건강에 악영향을 미치지 않는다.

낙태 반대자들은 낙태라는 선택을 감행하는 여성들이 심리적인 문제, 즉 우울증, 불안, 죄책감, 무감각, 차후 임신과 육아에 대한 불안감으로 고통 받는다고 주장한다.

(…)

한국 여성들은 낙태는 살인이고 범죄라는 형법의 존재와 사회적 낙인 때문에 엄청난 심리적 압박을 느끼고 있다. 한국 여성들은 낙태 허용과 여성의 낙태 결정권에 대해 비교적 수용적인 인식과 태도를 가지고 있는 것으로 분석되었지

2017, 3-46면.

만, 낙태에 대한 사회적 낙인으로부터 자유롭지 못한 경향을 보이고 있다.[44]

(…) 위에서 제시한 서구의 연구들은, 안전한 낙태는 여성의 건강, 장래 가임력, 유방암, 그리고 정신건강(임신 초기에 자신이 원하는 방식으로 낙태 했을 경우에)에 영향을 미치지 않는다고 보고하고 있다. 그러나 한국에서 엄연한 낙태죄의 존재가 여성에게 가해지는 사회적 낙인이 되어 낙태한 여성들의 건강은 물론 정신 건강 상 부정적인 영향을 주고 있다.

2. 낙태죄와 건강권 침해

(…)

(2) 원치 않는 임신과 출산

(…)

자신이 원하는 시기와 상황에 맞지 않게 임신이 되었을 때 낙태를 선택하게 되는 여성의 결정이 쉽게 내려지는 것이 아니며, 출산과 육아를 둘러싼 사회적 돌봄 자원의 부족, 성분업적 역할관과 일과 가정의 양립 곤란 등[45]의 사회적 지지구조의 불충분함을 반영하고 있다. 따라서 여성의 낙태 결정이 단순히 '사익'을 추구하는 차원이 아니며, 가족 상황과 사회경제적 상황 등 복합적인 고려 속에서 이루어지는 어려운 결정임을 이해할 필요가 있다.

---

44   김도경, 허윤주, "낙태에 대한 여성의 인식과 태도-낙태 허용도와 여성의 낙태결정권을 중심으로", 『여성학연구』, 제23권 제3호, 2013, 7-44면.

45   이삼식, 『2015년 전국 출산력 및 가족보건복지 실태조사』, 한국보건사회연구원. 2015, 6면.

(3) 낙태죄와 건강권의 침해

(···)

안전한 낙태의 전제조건은 낙태 비범죄화이다. 안전한 낙태는 여성과 모성의 건강을 보호한다. 낙태를 비범죄화함으로써 안전한 낙태방법(수술과 약물 모두)이 도입되고 의료서비스 제공자인 의료인의 교육과 훈련이 가능해진다. 따라서 낙태 비범죄화는 여성의 신체적 건강과 정신적 건강 및 모성의 보호를 위해서도 필요한 전제이다.[46]

한국의 낙태 관련 정보나 의료 서비스는 유엔 인권조약의 건강권 보장을 위한 사회권 규약에서 제시하는 가용성, 접근성, 수용성, 질 관리 측면에서 비추어 볼 때도 상당한 문제점을 드러낸다.

(a) 가용성: 한국의 공공 보건과 보건의료 시설과 서비스는 일반적으로 충분히 공급되고 있지만, 낙태 시술을 위한 의료서비스만은 예외적으로 이용 가능하지 않다.

(b) 접근성:

○ 비차별: 모자보건법의 허용사유에 해당되더라도 '배우자 동의' 조항을 두고 남성에게는 처벌 대신 여성과 태아에 대한 결정권을 대리할 수 있도록 하고 있으므로 성차별적이다. 장애, 질병, 연령, 경제적 상황, 지역, 혼인 여부, 교육 수준, 가족상태, 국적, 이주상태, 성적 지향, 성별 정체성 등 다양한 조건에 따라 접근성 및 여성의 몸과 태아에 대한 결정권을 행사하는 데 차별이 존재한다.

○ 물리적 접근성: 보건 시설이나 서비스가 물리적으로 도달 가능한 위치에 있으나 낙태 시술을 하지 않는 병의원들이 많아 실제로 접근할 수 없다.

○ 경제적 접근성(경제적 부담가능성): 낙태 시술을 하는 병의원이라 할

---

46   World Health Organization, *The World Health Report 2005: make every mother and child count.* 2005; Grimes DA, Benson J, et al. "Unsafe abortion: the prevention pandemic," The Lancet 2006;386, 1908-19면.

지라도 비밀유지, 또는 위험 부담의 대가로 고비용을 요구한다. 따라서 경제적 취약계층이나 청소년 등은 시술을 하지 못하거나 안전하게 시술할 수 있는 시기를 놓치는 경우가 많다.

○ 정보 접근성: 낙태 논의 자체가 사회적으로 도외시 되고 낙태에 대한 주장이 생명을 존중하지 않거나 성적으로 문란하다는 사회적 낙인이 되고 있는 상태에서 의료인이나 교육기관 또는 정부로부터 정확한 정보를 제공받지 못하고 있다. 효과적이고 수용할만한 낙태 후 피임교육이나 낙태 후 돌봄에 관한 정보도 제공받지 못하고 있다.

(c) 수용성: 여성을 출산율을 높이기 위한 대상으로 보는 정부 정책이나 생명을 경시한다는 사회적 편견, 취약한 여성의 사회적 지위와 여성에 대한 차별적 대우 등 사회문화적 배경 등이 낙태를 수용하기 어렵게 하고 있다.

(d) 질 관리: 낙태를 위한 술기가 의과대학이나 전공의 수련병원에서 적절하게 교육되거나 훈련되지 않아 숙련된 의료인이 배출되지 못하고 있으며, 의학의 발전과 혁신을 받아들이지 못하거나 거부하여 질 관리를 위태롭게 하고 있다.

이와 같이 형법 상 낙태죄 조항과 관련된 한국의 현실이 유엔 인권조약의 건강권 실현을 위한 필수적인 요소들이 보장되지 않아 기본권인 건강권과 재생산권을 침해하고 있음을 알 수 있다.

(…)

공익인권법센터

Center for Public Interest and Human Rights Law
Seoul National University

센터 구성(2024.5. 현재)

센터장: 최계영

참여교수: 공두현, 김도균, 김복기, 신윤진, 양현아, 원유민, 이우영, 한인섭, 홍진영

설립 취지 및 사업

서울대학교 공익인권법센터는 '21세기 세계 속의 한국법의 발전 교육연구단'(서울대 BK 법학연구단)의 연구사업의 일환으로 2000년에 설립되었다. 현재는 서울대학교 법학연구소 산하의 가장 오래된 센터로서 공익과 인권이라는 두 가치를 중심에 두고, 우리 사회의 취약한 영역과 새롭게 대두되는 문제들을 꾸준히 조명해 왔다. 지금까지 〈양심적 병역거부〉를 필두로 30권 이상의 단행본 시리즈를 발간하였고, 〈공익인권법 전문과정〉, 〈국제인권법 강좌〉 등을 통한 대학 안팎의 법률교육을 위해 힘썼으며, 수많은 학술행사, 세미나 등을 기획하고 개최하였다. 공익인권법센터는 서울대학교 법학전문대학원 3대 특성화 분야 중 하나로서 전국 법학전문대학원의 공익인권 분야의 개척을 선도하고 있다.

『공익과 인권』총서
공익인권법센터의 학술활동 결과물을 단행본으로 출간하여 성과의 확산에 기여한다.
『공익인권법 전문과정』
공익과 인권에 관심을 가진 법률가, 시민사회 활동가, 공공기관 종사자들께 공익인권을 둘러싼 법의 이론과 적용 그리고 관련 쟁점을 탐구하는 장을 제공한다.
『국제인권법 강좌』
학부, 법학전문대학원, 일반대학원 학생들을 대상으로 인권에 대한 관심을 고취하고 연구의 저변을 확대하고자 국내외 인권 현안에 대한 전문가의 강연을 제공한다.

[연락처]
서울특별시 관악구 관악로1, 서울대학교 법학전문대학원 17동 301호
Tel. 880-6862 이메일: pihrlaw@snu.ac.kr 홈페이지: http://pihrlaw.snu.ac.kr